儒道释博士论文丛书

元代理学与社会

朱军 著

巴蜀书社

《儒道释博士论文丛书》编委会

丛书创办人：卿希泰
编委会主席：陈耀庭　詹石窗
主　　编：吉宏忠（执行）　袁志鸿（执行）
　　　　　　盖建民（执行）　罗中枢　姚乐野
副 主 编：唐大潮　李　刚　潘显一
编　　委(以姓氏笔画为序)：

马建勋　王　雷　田旭东　刘冬生　刘巧林
吉宏忠　吕建福　余孝恒　李　刚　李　纪
巫金明　陈　兵　陈耀庭　张泽洪　张　钦
罗中枢　林　建　周　旭　周　冶　段玉明
姚乐野　侯安国　唐大潮　郭　武　袁　征
黄小石　盖建民　詹石窗　潘显一

《儒道释博士论文丛书》由上海城隍庙和北京东岳庙资助出版

《儒道释博士论文丛书》缘起

国家"985工程"四川大学宗教、哲学与
社会研究创新基地首席科学家
《儒道释博士论文丛书》
编委会主编　卿希泰

儒道释是中华民族传统文化的三大支柱,源远流长,内容丰富,影响深远,它对中华民族的共同心理、共同感情和强大凝聚力的形成与发展,均起了极其重要的作用,是我们几千年来战胜一切困难、经过无数险阻、始终立于不败之地的精神武器,在今天仍然显示着它的强大生命力,并在新的世纪里,焕发出更加灿烂的光彩。

自从1978年中国共产党第十一届三中全会确立改革开放路线以来,我国对儒道释传统文化的研究工作,也有了很大的发展,在全国各地设立了许多博士点,使年轻的研究人才的培养工作走上了有计划有组织地进行的轨道,一批又一批的博士毕业生正在茁壮成长,他们是我国传统文化研究方面的一支强大的新生力量，是有关各学科未来的学术带头人。他们的博士学位论文有一部分在出版之后，已在国内外的同行学者中受到了关注，产生了很好的影响。但因种种原因，学术著作的出版甚难，尤其是中青年学者的学术著作出版更难。因此还有相当多的博士学位论文难以及时发表。不及时解决这一难题，不仅对中青年学者的成长不利，且对弘扬中华优秀传统文化，促进学术交流也不利。我们有志于解决此一难题久矣，始终均以各种原因未能如愿。直到1999年，经与香港圆玄学院商议，喜得该院慨然允诺捐资赞助出版《儒道释博士论文丛书》，当年即出版了第一批共5本博士学位论文。此后的10余年间，在圆玄学院的鼎力支持及丛书编委会同仁的共同努力下，一批又一批优秀的博士学位论文通过这个平台展现在世人面前，到2013年，已出版了15批共130部；这些论著的作者，有很多已经成长为教授、博士生导师。2014年，圆玄学院因自身经济方面的原因，停止资助本丛书，我们深感遗憾，同时也对该院过往的付出与支持致以敬意和感谢！

令人欣慰的是，当陈耀庭教授得知本丛书陷入困境的消息后，即与上海城隍庙商议，上海城隍庙决定慷慨施以援手。2015年，慈氏文教基金有限公司董事长王联章先生也发心资助本丛书。学术薪火代代相传，施善之士前赴后继。在党中央弘扬中华民族优秀传统文化的英明决策指引下，本丛书必然会越办越好，产生它的深远影响。

本丛书面向全国（包括港澳台地区）征稿。凡是以研究儒、道、释为内容的博士学位论文，皆属本丛书的出版范围，均可向本丛书的编委会提出出版申请。

本丛书的编委会是由各有关专家组成，负责审定申请者的博士学位论文的入选工作。我们掌握的入选条件是：(1)对有关学科带前沿性的重大问题做出创造性研究的；(2)在前人研究的基础上有新的重大突破、得出新的科学结论从而推动了本学科向前发展的；(3)开拓了新的研究领域、对学科建设具有较大贡献的。凡具备其中的任何一条，均可入选。但我们对入选论文还有一个最基本的共同要求，这就是文章观点的取得和论证，都须有科学的依据，应在充分占有第一手原始资料的基础上进行，并详细注明这些资料的来源和出处，做到持之有故、言之成理，避免夸夸其谈、华而不实。我们提出这个最基本的共同要求，其目的乃是期望通过本丛书的出版工作，在年轻学者中倡导一种实事求是地、一步一个脚印地进行学术研究的严谨学风。

由于编委会学识水平有限和经验与人力的不足，难免会有这样或那样的失误，恳切希望能够得到全国各有关博士点和博士导师以及博士研究生们的大力支持和帮助，对我们的工作提出批评和建议，加强联系和合作，给我们推荐和投寄好的书稿，让我们一道为搞好《儒道释博士论文丛书》的出版工作、为繁荣祖国的学术文化事业而共同努力。

2015年10月1日于四川大学宗教、哲学
与社会研究创新基地，道教与宗教文化研究所

编委会按：2017年，慈氏文教基金有限公司因自身原因中止资助，其资助金额由北京东岳庙管委会慷慨承担，谨此致谢。

目 录

绪 论 ………………………………………………………（ 1 ）
第一章　沉默—思考—崇尚：元帝王对理学的态度 ………（ 27 ）
　第一节　宋元之际理学发展的社会背景………………（ 28 ）
　　一　宋元之际的政治转向………………………………（ 28 ）
　　二　宋元之际的经济状况………………………………（ 31 ）
　　三　宋元之际理学的发展延续…………………………（ 33 ）
　第二节　蒙古族统治初期统治者的政治导向…………（ 38 ）
　　一　成吉思汗的治术……………………………………（ 39 ）
　　二　窝阔台的统治与"戊戌选试"………………………（ 51 ）
　　三　蒙古族统治初期释、道政策………………………（ 62 ）
　第三节　忽必烈的"儒术治国"政策……………………（ 67 ）
　　一　潜邸金莲川藩府时期………………………………（ 67 ）
　　二　登帝初期的"汉法"政策……………………………（ 74 ）
　　三　李璮之乱与忽必烈后期的政策转变………………（ 82 ）
　第四节　元仁宗与元代理学官学化……………………（ 88 ）

一　成宗、武宗朝理学的发展 …………………………（89）
　　二　元仁宗的重儒思想……………………………………（93）
　　三　元代科举恢复与理学官学化 …………………………（100）
　本章小结……………………………………………………（109）

第二章　传承中创新：元代程朱理学的发展 …………………（111）
　第一节　元初儒士对理学的传播 …………………………（112）
　　一　北传理学第一人——赵复 ……………………………（113）
　　二　怀卫儒士与理学 ………………………………………（124）
　第二节　元代朱学的发展——以许衡、刘因为例 ………（132）
　　一　元代朱学第一人——许衡理学思想 …………………（133）
　　二　北方朱学的代表——刘因理学思想 …………………（148）
　第三节　元代朱学的学派发展——以北山学派、新安学派
　　　　　为例 ………………………………………………（159）
　　一　元代朱学干城——北山学派理学思想 ………………（160）
　　二　徽州朱学延续——新安学派理学思想 ………………（177）
　章小结………………………………………………………（188）

第三章　会通中发展：元代陆学传承与"和会朱陆"思想
　　　　的创新 …………………………………………………（190）
　第一节　元代陆学的传承与中兴 …………………………（190）
　　一　元代陆学的衰败 ………………………………………（191）
　　二　元初陆学卫道士——刘埙心学思想 …………………（195）
　　三　江浙陆学中兴——陈苑、赵偕的心学思想 …………（204）
　第二节　元代理学思想创新——"和会朱陆" ……………（211）
　　一　"暗合朱陆、引陆补朱"——许衡、刘因、许谦"和会"

思想的萌芽 …………………………………………（211）
　二　"宗朱兼陆"——吴澄的理学思想………………………（220）
　三　"融朱入陆"——史蒙卿、郑玉的和会思想 ………………（237）
本章小结 …………………………………………………………（244）

第四章　文化认同：元代少数民族士人对理学的认知与
　　　　　传播 ………………………………………………（246）
第一节　耶律楚材对理学的批判 ………………………………（247）
　一　批判的理学观 ………………………………………………（248）
　二　金元之际章句训诂之风 ……………………………………（250）
　三　三教融合的思想理念 ………………………………………（253）
　四　经世致用的儒学观 …………………………………………（259）
第二节　西域少数民族士人对理学的接纳与传播 ……………（262）
　一　西域蒙古、突厥后裔——泰不华、不忽木、伯
　　　颜与理学 ……………………………………………………（263）
　二　基督教世家——马祖常、阔里吉思及赵世延与
　　　理学 …………………………………………………………（272）
　三　回回教世家——赡思丁、赡思、丁鹤年与理学 …………（280）
第三节　少数民族理学家的理学思想的传承与创新 …………（291）
　一　保巴的理学解《易》思想 ……………………………………（291）
　二　教育家耶律有尚的理学传播手段 …………………………（297）
　三　女真后裔字术鲁翀的理学传承 ……………………………（302）
本章小结 …………………………………………………………（306）

第五章　文化交融：元代理学的社会关怀与实践 …………(308)
第一节　理学对地方政治的影响 ………………………(309)
一　理学与社会秩序构建 ………………………………(309)
二　乡绅——理学与乡村社会结合的媒介 ……………(312)
三　乡约制定与宗族建设——乡绅的理学实践 ………(315)
第二节　理学影响下的元代教育与取士——以书院与科举为例 ………………………………………………(324)
一　元代理学与书院的互动 ……………………………(324)
二　理学影响下的元代书院学规与教育内容 …………(330)
三　理学与元代科举 ……………………………………(333)
第三节　理学影响下的正统论——元朝政权合法性再解释 …………………………………………………(338)
一　正统观念的演变 ……………………………………(339)
二　"理势相分"的演变理论 ……………………………(342)
三　文化认同与正统论 …………………………………(345)
第四节　理学与宋元时期文道关系演变 ………………(352)
一　从文以贯道到文以害道 ……………………………(353)
二　分裂中的缓和 ………………………………………(361)
三　文道融会 ……………………………………………(370)
第五节　儒士、理学与元杂剧：理学影响下的元杂剧创作 …………………………………………………(379)
一　元代儒士地位的变化与儒士化的书会才人 ………(379)
二　元杂剧中理学伦理思想的体现 ……………………(389)
三　儒士的困境与元杂剧反理学因素的呈现 …………(400)
本章小结 ……………………………………………………(408)

余论:元代理学的发展与历史地位 …………………（410）

参考文献 …………………………………………（421）

后　记 ……………………………………………（443）

绪　论

一　选题缘由

理学是指宋明（包含元及清）时期占据主导地位的学术思想，有广义和狭义之分：广义的理学包含宋代主流的道学也就是程朱理学，以及明中叶兴盛的陆王心学；而狭义的理学则专指程朱理学一派[①]。理学肇始于宋代，是魏晋以来儒家学者不断地进行批判和反思之后，融合佛道思想所产生的新思想。南宋朱熹集理学之大成，形成了一套具有完整理论体系的思想。理学基于儒学而产生，以弘扬传统儒学孔孟之道为核心，同时将以三纲五常为核心的"礼"等伦理观念进一步理论化、哲理化，使"礼"与世界本源"理"和"道"、人的本质"心"和"性"等系统地结合起来，形成一个完整的体系。

元承宋祚，理学也继承和发展于宋代。由于元代理学的成就不及宋明两代，因此长期受到忽视。在时代的发展中，元代理学

---

① 参见陈来：《宋明理学》，沈阳：辽宁教育出版社，1991年版。

不断地总结经验教训并发展创新，形成了属于自己的理论特色，它在整个理学发展史中是不可或缺的环节。理学中包含一套维护封建秩序合法性和封建纲常的治国理论，对于经历了长期战争最终统一中国并入主中原的蒙古族统治者来说，无疑是一套现成的治国理论，有利于从文化上维持他们在军事上取得的胜利。因此理学受到统治者的重视，并最终完成了向官方意识形态的转化。加强对元代理学的研究，有利于全面把握理学的发展。

思想史与社会史相结合，是思想史研究的基点①。思想需要在必要的社会条件下才能产生并发展，思想与社会文化整体背景就像"流"与"源"的关系，只有"流""源"互动发展，注重思想产生的社会背景，思想史与社会史相结合的研究，才能够将思想的发展放在当时的历史情境中，更好地还原一个生动且具体的形象②。而如今学术界对社会与思想的关系并没有深入研究，以元代理学研究为例，现今研究主要侧重于元代理学发展的概况、元代主要理学家的思想、元代各区域理学派别思想及元代理学官学化等几方面，对于产生这些思想变化的社会根源及思想对社会的作用理解较为模糊，很难把握思想与社会的互动。因此了解元代理学与社会的关系，有利于我们理解处于特定历史背景下思想及其演变对社会的反作用③。

---

① 参见张岂之主编：《中国思想史》原序，西安：西北大学出版社，2012年版，第8页。
② 参见范立舟：《深思慎取、气象浑厚：评何俊〈南宋儒学建构〉》，《湖南大学学报》2006年第6期。
③ 参见（德）卡尔·曼海姆（Karl Mannheim）著，姚仁权译：《意识形态与乌托邦》，北京：中国社会科学出版社，2009年版，第3页。卡尔·曼海姆提出了"知识社会学"的概念，认为它要研究的就是处于一定历史环境的具体背景下的思想，以及思想对这一历史环境的反作用。

二 研究现状

(一) 元代理学通论性研究著作

思想学术史的研究有悠久的传统，《庄子·天下》《荀子·非十二子》《伊洛渊源录》《宋元学案》等都是研究思想学术史的重要著作。20世纪初对于理学的研究多继承传统，如曹恭翊的《儒哲学案合编》及黄嗣东的《道学渊源录》（凤山学社刊，1908），皆是模仿《宋元学案》体例，按照理学家的生平和思想作人物传记，创新不足，且未收录元代主要的理学家。由于前辈学者认为元代理学并无创新之处，故而在研究时或避而不谈或仅做简要论述，比如吕思勉的《理学纲要》（商务印书馆，1931年）、杨东莼的《中国学术史讲话》（上海北新书局，1932年）等。与此前相比，徐敬修的《理学常识》（上海大东书局，1925年）、贾丰臻的《中国理学史》（商务印书馆，1936年）、谭丕模的《宋元明思想史纲》（开明书店，1936年），以及谢无量的《中国哲学史》（中华书局，1916年）中的元代部分，对于元代理学论述有所增加，对元代理学派系也有初步划分，但由于重视不足，仍没有细致研究[①]。此时期还有学者因理学家入元为官，将元代理学斥责为理学的异端，持这样说法的学者是蒋伯潜[②]。随着研究的深入，元代理学也开始逐步进入学者研究视野，侯外

[①] 关于20世纪元代理学研究现状亦可参见魏崇武《20世纪大陆地区元代理学研究述评》，《哲学动态》2004年第3、4期。

[②] 蒋伯潜：《诸子与理学》，上海：上海书店出版社，1998年版；蒋伯潜：《理学纂要》，南京：正中书局，1948年版。

庐《中国思想通史》第四卷（人民出版社，1960年）对元代理学有所论及，但仅仅以马端临作为研究对象，受限于篇幅结构，没有全面展开详细论述。

孙叔平《中国哲学史稿》（上海人民出版社，1981年）、徐必珍《中州古代思想家》（河南人民出版社，1982年），以及唐宇元《中国古代著名哲学家评传》（齐鲁书社，1982年）几部著作中简要介绍了许衡、吴澄的生平及思想。侯外庐、邱汉生、张岂之主编的《宋明理学史》（上册）是20世纪关注元代理学较多的著作之一，此书系统地论述了元代理学的基本内容，正如序言中所讲："元代理学的研究长期被忽视……只有掌握了元代理学的特点，才能了解宋代理学是如何经过这个中间环节而转向明代理学。"① 此书对元代理学的研究具有重要推动作用，但是对于篇章安排、金代理学及关中学术的不足等方面仍有补充空间。徐远和《理学与元代社会》（人民出版社，1992年）可谓是研究元代理学的扛鼎之作，如傅云龙评价道："《理学与元代社会》一书……对元代理学的传播和演变作了新的开拓性研究，这是我国近年理学思想研究中的一项很有学术价值的新成果。"② 此书对元代理学进行了系统的介绍，几乎涵盖了元代所有的理学人物和流派，并有许多独到的见解，但其不足之处在于忽略了当时帝王对理学发展的作用，没有对元代少数民族学者进行论述，也没有对理学与社会的互动关系进行深入解析。

---

① 侯外庐、邱汉生、张岂之主编，张岂之修订：《宋明理学史》（上册），西安：西北大学出版社，2018年版，第4页。

② 傅云龙：《理学研究中的一部力作：评〈理学与元代社会〉》，《哲学研究》1993年第5期。

此后对于元代思想进行专门论述的有秦智勇《中国元代思想史》(人民出版社，1994年)，他比较全面地介绍了元代理学的概况，但主要吸收他人成果，缺少独到见解。而与元代理学相关的专门论著有陈谷嘉《元代理学伦理思想研究》(湖南大学出版社，2010年)，他认为元代思想家对道统论、心性论的新说以及更为完备的道德修养论是元代理学伦理思想的主要特色。许衡、刘因、吴澄等理学家在理学伦理思想的继承、创新和普及上做出了各自特有的贡献。同时他也创造性地将元代戏曲和民间传颂的《二十四孝》等内容纳入元代理学伦理思想的研究视野，此书可谓"辨章学术，考镜源流，堪称对提升理学伦理思想研究水平的一次有益探索，是一部人们了解和认知元代理学伦理思想的有益参考书"[①]。

通史著作中论及元代理学时，主要集中在元代理学的主要人物及派别，比如赵吉惠《中国儒学史》(中州古籍出版社，1991年)论述了北方理学、金华学派及江右理学的主要人物及其传承体系，揭示了元代理学的部分特点。黄钟文《中国儒学史·宋元卷》(广东教育出版社，1998年)侧重论述元代理学的发展历程。张岂之、朱汉民主编的《中国思想学说史·宋元卷》(广西师范大学出版社，2007年)，单列理学编论述理学在宋元的发展，其中第九章介绍元代理学的状况，他以赵复、许衡及吴澄等为例，认为元代理学是延续宋代并有所创新，尤其是在务实性和朱陆和会等问题上。朱汉民《宋明理学通论——一种文化学的阐释》(湖南教育出版社，2000年)，汤一介、李中华主编，陈

[①] 唐亚阳：《"辨章学术 考镜源流"——读陈谷嘉教授之〈元代理学伦理思想研究〉》，《湖南大学学报》2010年第6期。

来、杨立华、杨柱才、方旭东著《中国儒学史·宋元卷》（北京大学出版社，2011年）及姜国柱《中国思想通史·宋元卷》（武汉大学出版社，2011年）的最后一章都以许衡、刘因、吴澄等为例，论述了元代理学的特点。张岂之主编的《中国思想史》（西北大学出版社，2012年）第八章"元代思想概述"也论述了赵复、许衡等人的思想。

在论文方面，通论元代理学的论文侧重于研究元代理学的传播与政治的关系。较早的关于元代理学的论文如陈高华《理学在元代的传播和元末红巾军对理学的冲击》（《文史哲》1976年第2期），揭示了元代理学与当时农民战争的关系。姚大力《金末元初理学在北方的传播》（《元史论丛》第二辑，中华书局，1983年）、徐远和《金元之际北方理学发展的特点及社会作用》（《晋阳学刊》1986年第4期），姚、徐两文分别讨论了金元之际理学在北方的发展。萧功秦《元代理学散论——对蒙古贵族统治时代理学的社会政治作用的考察》（《中国哲学》第十三辑，三联书店，1985年）论述了元代理学适应社会变化及在元代政治中的重要作用。郑战友《论儒学在元代的发展的新态势》（《淮北职业技术学院学报》2012年第1期）将元代理学分为三个阶段：初识、复兴及朱陆"和会"，这与徐远和总结的"传播期、形成期、停滞期"[①] 相同，都将元代理学发展分段，两篇文章都强调了理学家的重要作用，以及元代理学在宋明理学中的过渡作用。蒙古族学者乌兰察夫、段文明《理学在元代的传播与发展》（《内蒙古社会科学》1991年第2期）突出强调了元代统治者对理学传播的作用。而周

[①] 徐远和：《论元代新儒学》，《中国哲学》第十八辑，长沙：岳麓书社，1998年版。

良霄《程朱理学在南宋、金、元时期的传播及其统治地位的确立》(《文史》第三十七辑,中华书局,1993)使用丰富材料指出许衡等人及元朝统治者通过教育等手段对元代理学的传播的作用。

(二) 元代理学人物个案研究

当今学界对于元代理学研究主要集中在人物和学派及文本文献的探讨上,这方面学界的成果具体划分可以有当时帝王与理学关系研究、理学人物研究等几方面。

1. 当时帝王与理学关系研究

少数民族建立的元朝对理学这一汉族文化精华的吸收和发展,少不了统治阶级的支持,对于这一点学界研究重点为忽必烈朝的重儒政策及元仁宗朝恢复科举和理学官学化的情况。如巴图巴干《忽必烈汗思想研究》(辽宁民族出版社,2007年)、杨建新、马曼丽《成吉思汗、忽必烈评传》(南京大学出版社,2011年)、李治安《忽必烈传》(人民出版社,2004年)都不同程度介绍了忽必烈的重儒思想。秀凤《儒学与忽必烈的治国方略》(内蒙古民族大学硕士学位论文,2012年)揭示了儒家思想在忽必烈治国方针中的作用。程方平《忽必烈教育思想初探》(《民族教育研究》1989第1期) 一文指出忽必烈的教育理念和教育实践对儒学(理学)发展做出的贡献。舒顺林《忽必烈信用儒术刍议》(《内蒙古师大学报》1998年第5期)运用史料论述了忽必烈任用儒士的过程。全根先《忽必烈的用人与其政治目的》(《社会科学辑刊》1992年第6期)、申友良《论忽必烈与儒士关系的转变》(《贵州民族研究》2006年第1期)、徐黎丽《忽必烈的人才观》(《西北史地》1998年第1期)三篇文章都论述了忽必烈任用儒士的几个阶段,以及在不同阶段人才方针的政治目的。段文明《忽必烈与儒士》(《晋阳学刊》1990年第3期)一文分析了在忽必烈朝时无论是在思想上还是政治上,儒士们都发挥了重要作用。佟德富《忽必烈政治哲学思想管窥》(《中央民族学院学报》1992年第5期)、李凤鸣《试论忽必烈的哲学思想》(《内蒙古师大学报》1996年第4期)两篇文章都指出忽必烈的政治哲学中有任用儒生、以儒治国的思想理念。而颜培建《简析元仁宗的儒家情结》(《船山学刊》2010年第3期)从重视儒臣、推行汉法、尊孔、兴教四方面论述了元仁宗的重儒情怀。孙建平的《元代理学官学化初探》(湖南大学硕士学位论文,2003年)和李海棠的《儒学在元代的影响》(湖南师范大学硕士学位论文,2001)中都有涉及元仁宗在元代理学发展的重要地位。但是对于当时帝王对于元代理学"冷漠→思考→接受→崇尚"的态度转变过程的内在原因探讨不足。

2. 理学主要代表人物研究

关于元代理学代表人物的研究,当今学界取得了丰硕的成果,主要集中于赵复、许衡、吴澄等代表人物。

(1) 赵复

赵复作为元代理学北传的第一人,成为早期研究的重点。学界主要研究赵复对元代理学初期传播的贡献,同时也有对赵复行迹史实的考证。如杨荣国的《简明中国思想史》(中国青年出版社,1962年)简要地介绍了赵复。侯外庐、邱汉生、张岂之主编的《宋明理学史》将赵复单列一节冠以"北方理学的传播者"之名。徐远和的《理学与元代社会》则称赵复为"道北第一人",认可赵复在元代理学北传的首创地位。此外,周良霄、丘居里的《赵复小考》(《元史论丛》第五辑,1993年)、《赵复考略》(《北京师范大学学报》1993年增刊)及魏崇武的《赵复理学活动述考》(《信阳师范学院学报》1995年第1期)等文章,对赵复的生卒年、生平活动等做了一定的研究。吴志根、魏崇武及孙建平撰写的《元初北方理学的传播者赵复》(《江汉论坛》1984年第12期)、《赵复在北方传播理学的意义和贡献》(《殷都学刊》1995年第2期)《赵复和太极书院对元代理学发展的促进》(《湖南大学学报》2005年第5期)三篇文章,揭示了赵复作为元初重要的理学家和理学传播者,对元代理学的发展做出的重要贡献。

(2) 许衡

唐宇元是较早研究许衡的学者,他撰写的《论许衡的哲学思想在中国哲学史上的地位》(《文史哲》1982年第3期)阐述了许衡的哲学思想在中国哲学史上的地位。此后的《宋明理学史》《理学与元代社会》都将许衡单列论述,后者更是将许衡及其后学形成的"鲁斋学派"的思想详加论述,强调许衡的历史地位。陈正夫的《许衡评传》(南京大学出版社,1995年)对许衡的生平事迹、学术渊源、哲学思想及许衡在元代理学发展中的成就、地位、影响等做了深入研究,是对许衡思想研究较为全面的著作。阎秋凤、马倩倩的《论许衡的理学思想及其影响》(郑州大学硕士学位论文,2006年)、《许衡理学思想研究》(山东大学硕士学位论文,2010年)两篇硕士学位论文也较细致地探究了许衡的思想。

细节深入研究的论著有白钢《许衡与传统文化在元代的命运》(《元史论丛》第五辑,中国社会科学出版社,1993年)及唐国军《许衡在元初倡导理学的思想动机及其实践效果》(《广西民族学院学报》1994年第3期），前文是以许衡为例，论述在游牧文化与传统文化交锋中，传统文化的命运变化；后文阐释了许衡在元初传播理学的目的和效果。蔡春娟《许衡的小学教育思想及其实践》（《浙江师范大学学报》2020年第4期）认为许衡将理学思想带入元朝国家最高学府，并通过口语化的改革将理学思想融入小学教育中，在地方社会传播。梁建功《"行道"与"尊道"：元代士人精神构建——以许衡、刘因为中心》（《内蒙古大学学报》2020年第1期）从士人精神构建这一视角入手，对比许衡和刘因的出仕情况，分析了两者传道和弘道的不同方式，进一步肯定了许衡羽翼道统的价值。阎秋凤《许衡在元代理学官学化中的地位》（《河南理工大学学报》2006年第2期）则以许衡的汉法和兴儒的方略为中心，阐释了许衡在元代理学官学化中做出的贡献。陈广恩《许衡与元初蒙古、色目生员之培养》（《湘潭大学学报》2005年第2期）以许衡对蒙古人和色目人的教学方式为例，揭示了许衡在元代"汉法"普及上的作用。此外还有如张长杰《浅谈许衡的"治生"思想和素质教育》（《焦作大学学报》2008年第3期）、谢辉《许衡易学思想考论》（《殷都学刊》2010年第3期）、王蕾《许衡的天人和谐思想及其现实价值评估》（《商丘师范学院学报》2010年第4期）、张立文《许衡的道理心性思想》（《江淮论坛》2010年第1期）、葛荣晋《心灵主宰论——儒家义利观的现代诠释》（《中共中央党校学报》2010年第3期）、卞军凤《许衡的教育心理思想研究》（上海师范大学硕士学位论文，2008年）、蔡方鹿《许衡求理、行道以治经的思想》（《中华文化论坛》2006年第4期）等文都是从不同角度来论述许衡的理学思想。

(3) 吴澄

吴澄研究主要集中在其哲学思想和文学思想两方面。对其哲学思想研究的著作中，《宋明理学史》《理学与元代社会》等书将吴澄专列一章介绍其思想及其后学。方旭东《吴澄评传》（南京大学出版社，2005年）则专门论述了吴澄的一生及其哲学思想。此后不少学位论文也以吴澄作为研究重点，孙美贞、杨璐璐的《吴澄理学思想研究》（中国社会科学院博士学位论文，2000年）、《吴澄哲学思想研究》（安徽大学硕士学位论文，2012年）两文运用史料和详细的论证从生平、思想等方面介绍了吴澄理学思想。而黄义华、王富河所撰写的《吴澄"和会朱陆"的思想研究》（首都师范大学硕士学位论文，2007年）及《和会朱陆——吴澄哲学思想研究》（杭州师范大学硕士学位论文，2010年）则是以"和会朱陆"为主线，揭示元代理学的一大特色。

吴立群研究吴澄的成果颇丰，《吴澄论"尊德性"与"道问学"》（《南昌大学学报》2006年第2期）、《试论元代理学中"太极"之究竟义——吴澄理气论探析》（《周易研究》2010年第1期）、《元代儒者价值观念中的"我"与"为我"——吴澄真儒观探析》（《南华大学学报》2010年第4期）及《"孔颜乐处"在元代理学中的价值底蕴——吴澄境界论探析》（《南华大学学报》2011年第1期）等文，分别阐述了吴澄的"理气观""真儒观"及"境界论"等思想，这些论文对了解吴澄思想具有重要意义。在已有成果的基础上吴立群整理出版了《吴澄理学思想研究》（上海大学出版社，2011年）。

章伟文《略析吴澄易学中的阴阳卦对思想》（《周易研究》1997年第3期）、《试论吴澄易学的理气论思想》（《中国哲学史》2001年第4期）等文章则侧重探讨了吴澄易学思想。三浦秀一著，杨小江译的《学生吴澄与南宋末叶江西书院》（《湖南大学学报》2007年第3期）一文以南宋末年江西书院和地方州学的发展及学术环境的形成为焦点，揭示了吴澄及元代诸儒和会朱陆思想的萌发原因。

王素美、李宜蓬将研究重心放在吴澄的文学成就上。其中王素美有《论吴澄的山水诗》（《河北大学成人教育学院学报》2000年第4期）、《吴澄诗歌的文化内涵》（《邢台职业技术学院学报》2007年第6期）及《吴澄的理学思想与文学》（人民出版社，2005年）一书；李宜蓬则有《诗文"以理为主，气为辅"——试论吴澄的文学创作论》（《绥化学院学报》2005年第3期）、《试论吴澄的文统论》（《牡丹江师范学院学报》2005年第4期）、《吴澄"唐宋七子"说的理论价值——兼论唐宋八大家概念的形成》（《江西师范大学学报》2008年第6期）等，这些论著都探讨了吴澄文学思想及文、理关系。

近年来吴澄的《礼记纂言》成为吴澄研究的热点，姜广辉《评元代吴澄对〈礼记〉的改编》（载杨晋龙主编：《元代经学国际研讨会论文集》，台湾"中央"研究院中国文哲研究所筹备处，2000年）、朱娜娜《吴澄〈礼记纂言〉研究》（南京师范大学硕士学位论文，2013年）及王启发《元代吴澄对〈礼记〉篇章整合重缀的价值探析——以〈丧服小记〉为例》（《湖南大学学报》2019年第2期）、《吴澄对〈礼记·王制〉篇的改变及其意义解析》（《学海》2020年第3期）、《元代吴澄〈礼记纂言〉对〈少仪〉篇改变的价值与意义解析》（《湖南大学学报》2020年第4期）等论文，或从整体角度论述元代《礼记》学的特色，或从单独篇章解析吴澄理学思想影响下的《礼记》改编特点。

(4) 刘因

《宋明理学史》《理学与元代社会》皆系统介绍了刘因的生平、天道观、心性说以及"古无经史之分"的经学思想等，后者还论及其后学所形成的"静修学派"。其后，商聚德《刘因生平思想考辨》(《河北大学学报》1985年第4期)、徐远和《刘因思想探索》(《中国哲学史研究》1987年第2期)两文都通过大量史料详细探讨了刘因的生平及其思想，徐文还侧重揭示刘因学术的独特性。商聚德的《刘因评传》(南京大学出版社，1996年)详细介绍了刘因的生平、思想，可谓刘因研究中的代表作。继吴澄的文学思想研究后，王素美《理势与文势的交融运动与力的表现——论刘因山水诗的创新》(《河北大学学报》2003年第4期)、《刘因诗歌多元继承的创作方法》(《邢台职业技术学院学报》2006年第6期)及后来成书的《刘因的理学思想与文学》(人民出版社，2004年)，都是对刘因诗文进行细致研究。高文、郭秀锋的《刘因和陶诗及其隐逸文化人格探论》(《湖南科技学院学报》2007年第8期)《刘因山水诗的艺术风格》(《运城学院学报》2004年第1期)以诗文为切入点，探讨了理学在刘因诗文中的体现。而商聚德点校整理的《刘因集》(中华书局，2017年)出版后，为后续刘因思想研究奠定了坚实的基础。

(5) 其他主流学者

元代理学的研究不仅仅局限于许衡、吴澄等个别人物，对于元代理学其他主流学者的研究也有进展。

郝经是元代北方理学思想传承的重要人物，研究成果多体现其在元代理学发展中对于南北汇通中的作用。如徐远和《洛学源流》（齐鲁书社，1987年）与《理学与元代社会》首先给予肯定，徐远认为郝经是"南北理学早期的汇合者"。郝宜今《郝经哲学思想简析》（《内蒙古师大学报》1989年第1期）一文对郝经的理气二元论、道气说、心性论等方面进行了较为详细的论述。孙增科《郝经年谱》（河南大学硕士学位论文，2010年）系统的论述郝经的生平。研究郝经民本思想的有田俊才《郝经民本思想的形成与发展》（《岱宗学刊》2010年第4期）。在宋元易代影响下，郝经对程朱理学及其道统论的吸收改造思想，晏选军在《南北理学汇合下的郝经》（《晋阳学刊》2003年第6期）中有所论述。

李远才《虞集哲学思想初探》（《西南师大学报》1986年第3期）首次探讨了虞集对于朱陆合流思想的认可。姬沈育的《宗朱融陆兼容百家——元代著名作家虞集学术思想初探》（《中国社会科学院研究生院学报》2005年第2期）及《"宗朱融陆"虞集学术思想的基本特色》（《中州学刊》2008年第4期）则再次阐述了虞集"宗朱融陆"的思想特色，并以此作为他对理学贡献的标志。

邹林《姚枢与元代理学》（《江汉论坛》2001年第12期）揭示了理学在元代发展的三个条件，统治者认可、赵复北上传道、许衡聚众讲学，同时证明了姚枢在这三方面的贡献。解光宇、朱惠莉的《郑玉"和会朱陆"的思想及其影响》（《合肥学院学报》2004年第4期）论述了元代理学"和会朱陆"的趋向，此文认为和会朱陆在吴澄、刘因思想中都有萌芽，郑玉则是比较客观地分析朱陆，认为其融会两家所长，为理学发展做出贡献。刘成群、韩梦飞的《元儒郑玉〈春秋〉学考述》(《宜宾学院学报》2009年第7期)研究了郑玉独特的春秋学研究法"阙疑"体例,而且认为研究《春秋》应博采诸家,折中程朱,《春秋》的地位在郑玉思想中被抬升。

王振生《柳贯年谱》(郑州大学硕士学位论文,2008年)、李秋丽《胡一桂易学思想研究》(山东大学博士学位论文,2006年)、史硕政《戴良年谱》(广西师范大学硕士学位论文2005年)、唐宸《元代新安理学家唐元考论》(《黄山学院学报》2012年第4期)、刘辉《赵秉文理学研究略论》(《社会科学战线》2009年第12期)、贾秀云《从史论看赵秉文的儒学思想》(《吉林师范大学学报》2019年第2期)等,都是从元代理学家的生平、师承等来研究他们的理学思想。

(6) 少数民族学者

元朝是少数民族统治下的多民族融合的朝代,这使得当时出现了不少了解甚至精通理学的少数民族学者。陈垣《元西域人华化考》(上海古籍出版社,2000年)是研究元代少数民族理学家的代表性著作,他是最先将西域人的儒学引入研究视野的,以廉希宪、不忽木、马常祖等十数人为例,研究了西域人汉化后的儒学思想。陈少彤《保巴生平、著作及其哲学思想》(《孔子研究》1988年第1期)研究了保巴的生平、著作,同时分析了他的本体论、心性论等思想。专门以蒙古人保巴解读《易》学为视角的研究有李秋丽的《论保巴解〈易〉思想理路》(《周易研究》2011年第6期)。而王冉冉的《耶律楚材与易学》(《周易研究》2012年第2期)则是以耶律楚材为中心,阐释《易》学在其思想中的地位及影响。此外翟立伟《略论耶律楚材在蒙古封建化过程中的作用》(《北华大学学报》1989年第3期),何晓芳《论耶律楚材多民族文化融合思想及其对中国历史的贡献》(《中央民族大学学报》1992年第6期),常江《耶律楚材与元初统治》(《辽宁大学学报》2004年第3期),张林、许洪波《论耶律楚材对元初文化的历史贡献》(《东疆学刊》2003年第4期),张林《耶律楚材与元初儒学的兴盛》(《北华大学学报》1995年第7期)等论文,肯定了耶律楚材在蒙古统治初期所做的贡献,从政治角度探究耶律楚材的儒家治国思想。

(三) 元代理学区域与学派研究

以北山学派、新安学派及陆学、关学等地域学派为中心来研究元代理学,也是时下热点。

1. 北山学派

徐远和在《理学与元代社会》中将北山学派单独成章,详细地论述了何基、王柏、金履祥、许谦为首的北山学派的传承与思想。高云萍的《北山学派形成史》(《西安电子科技大学学报》2003年第2期)论述北山学派的发展史,其中包含北山学派的学派传承、思想及后人对于北山学派的认识等内容。高云萍《扩展中异化的后朱熹时代的道学话语——以北山学派为例》(《浙江学刊》2009年第5期)以北山学派为例,通过阐述北山学派对经传的研究内容的转变,以及注重训诂逐渐取代义理研究的变化,论证了朱子后学传播过程中道学话语权的转变,也揭示了朱学陷入困境的原因是多元化发展使其丧失了理论特性。高云萍在其博士学位论文的基础上完成的《宋元北山四先生研究》(浙江大学出版社,2012年)较为系统地阐述了北山学派的发展史,并从中梳理出北山四先生思想的双面性,即坚守朱学正统和质疑朱学创新理学。王锟的《朱学正传：北山四先生理学》（上海三联书店，2010年）论述了作为朱子后学的北山学派发展历程。周春健的《金履祥与〈论孟集注考证〉》（《中国典籍与文化》2009年第1期）及《许谦与〈读四书丛说〉》（《中国典籍与文化》2007年第4期）探讨了金、许二人对朱熹《四书》学的大胆怀疑，谨慎补充路径，并以此阐释北山学派对程朱理学发展的促进作用。

2. 新安学派

元代新安理学是理学发展中重要学派。20世纪90年代有周晓光的《宋元之交与元代的新安理学》（《徽州社会科学》1991年第3期），该文探讨了宋元之际新安理学的发展状况及代表人物的思想。赵华富《元代的新安理学家》（《学术界》1999年第3期）、《元代新安学者弘扬朱子学的文化活动》（《安徽大学学报》2000年第6期），前者简要介绍了元代新安地区的理学发展情况，后者则是结合新安学派的思想及学术活动，研究了新安学派对朱学发展的贡献。李霞《论新安理学的形成、演变及其阶段性特征》（《中国哲学史》2003年第1期）论述了新安理学形成发展的过程中，从"惟朱是从"到"惟真是从"的转变。而刘成群的《元代新安理学从"唯朱是宗"到"和会朱陆"的转向》（《学术探索》2010年第3期）及《元代新安理学从"羽翼朱子"到"求真是"的转向》（《江汉论坛》2012年第1期）认为新安学派的思想是变化的，前者阐述了新安学派后期和会朱陆的思想变化，后者则认为新安理学是从"唯朱是宗"发展为郑玉等人的追求"真是"。

刘成群《新安理学与元代徽州地区的宗族建构》（《学术界》

2010年第8期）则是以理学在新安宗族建设中的作用为中心，论证了理学化的乡绅在社会发展中的作用。而方宁的《新安理学与严州理学》（《黄山学院学报》2012年第4期）将新安学派与浙西严州学派作比较，论述了学派间相互影响对理学发展的作用。深入到新安理学的具体人物的有周晓光《论元末明初新安理学家朱升与郑玉》（《中国哲学史》1994年第2期）、《论元末明初新安理学家赵汸》（《孔子研究》2000年第2期）及苏惠慧、周洁《论元代新安理学家陈栎》（《安徽师范大学学报》2005年第3期）、《元末明初新安理学家汪克宽》（《安徽师范大学学报》2009年第2期）等，都详细介绍了新安学派中部分学者的思想。

3. 关学与陆学

学界对元代关学关注较少，在陈俊民《张载哲学及其关学学派》（人民出版社，1986年）一书中对元代关学发展状况作了简要的论述，主要是讲宋末对于元代关学的影响，认为元代关学主要是继承张载的思想。王晓清的《元代关学试探》（《孔子研究》1995年第1期）、《元代关学探颐》（《内蒙古大学学报》1995年第4期）两文，从元代关学的分派、思想特质等方面系统分析了原来并不受重视的元代关学。方光华《关学及其著述》（西安出版社，2003年）在第二章"金元时期元代理学的延续"中，介绍了元代理学的概况及关中理学家杨奂的思想。

关于元代陆学，陈高华的《陆学在元代》（《中国哲学》第九辑，三联书店，1983年）一文叙述了元代陆学的代表人物刘埙、陈苑、赵偕等人的思想，并对元代陆学的传承及朱陆和会的思想现象做了简要描述。《宋明理学史》及《理学与元代社会》

两书都将陆学单列一章论述，前者介绍了朱陆和会的具体情况，后者则以陈埙等主要人物为中心，论述了元代陆学的发展。张东海《元代江西陆学教育哲学思想研究》（江西师范大学硕士学位论文，2002年）以江西陆学为中心，内容涉及陆学心性论、道德观及教育思想。张帆的《元代陆学的北传》（《邓广铭教授百年诞辰纪念论文集》，中华书局，2008年）论述了元代陆学由南向北传播的过程与方式。

就其他地区而言，金莲川是忽必烈潜邸时期与知识分子交往的重要地区，对此地的探究侧重于金莲川文人思想及其对忽必烈思想的影响。如任红敏的《金莲川藩府文人群体之文学研究》（南开大学博士学位论文，2010年），《金莲川藩府文人仕与隐的冲突》（《中央民族大学学报》2011年第3期），《忽必烈潜邸文人的金莲川情结》（《民族文学研究》2012年第6期）等文章以忽必烈时期金莲川幕府中的文人儒士为中心，介绍了他们思想及其文人气质、仕隐，以及与忽必烈的关系等内容，研究对象也包括金莲川地区的理学家许衡、姚枢、郝经等。

理学在河北、河南、江西等地也有发展，如罗贤佑《试论元初北方汉儒的民族观及其政治抉择》（《民族研究》2011年第4期）、李超《元人吴澄的江西地域文学观》（《兰州教育学院学报》2010年第6期）及胡蓉《金元时期河北作家综述》（《小说评论》2012年第3期）等，皆以元代理学家地域分布为视角，介绍理学家的思想及其著述。

（四）元代理学与文献学、文学研究

1. 元代理学与文献

元代儒家典籍的整理及理学家对经典注解的研究也引起了学

界的重视。周春健《许谦与〈读四书丛说〉》(《中国典籍与文化》2007年第4期)、《金履祥与〈论孟集注考证〉》(《中国典籍与文化》2009年第1期)分别以《读四书丛说》和《论孟集注考证》为代表,阐述金、许二人的理学思想。张玉霞的《许衡〈大学直解〉与〈中庸直解〉的口语注释初探》(《重庆邮电大学学报》2007年第2期)以许衡的《大学直解》与《中庸直解》两书注释的口语化为例,揭示了儒学的理论的通俗化,也标志着汉语口语的发展。周春健的《元代新安学派的四书学》(《中国哲学史》2007年第7期)在研究元代新安地区的四书学时,以陈栎的《四书发明》、倪士毅的《四书辑释》和胡炳文的《四书通》为例,在介绍新安四书学发展的同时也阐述了新安后学对朱熹思想的传承与创新。周春健《元代四书学研究》(华东师范大学出版社,2008)则是在上文的基础上,增加了对其学术背景,学派传承及谱系等内容的论述,论证了四书学在整个元代的发展。孙小超《从〈四书集义精要〉看刘因的解释思想》(《时代文学》2009年第15期)以《四书集义精要》作为刘因《四书》学思想的代表,论述了刘因的解经思想及其对于朱熹《四书》学的补充。曹继华《元代〈诗〉学困境蠡测》(《时代文学》2011年第8期)、冯新华《元代〈诗经〉学述论》(《汉语言文学研究》2012年第1期)都以元代《诗》学特色为中心,研究了元代理学影响下的文人心态。张延昭《元代"小学"教材的编撰、传播与理学的社会化》(《湖南师范大学教学科学学报》2010年第2期)揭示了元代"小学教材"以理学为指导思想,促使元代"小学"教材内容形式的变化,促进了元代理学社会化的进程。

2. 元代理学与文学

文学创作在理学发展的大环境下必然与之产生联系，元代理学"流而为文"是学界的一种观点。近年来理学与文学的联系成为学界研究的关注热点，这些研究主要集中在理学与文学思潮之间的关系、元代理学与文学创作之间的相互关系等方面。

有关理学与文学思潮关系的研究，有王忠阁《元初儒学与文学思潮》（《信阳师院学报》1995年第4期）、查洪德《理学与元代文学思潮》（《文史知识》1998年第9期）、许总《理学演化与宋金元文学思潮变迁》（《求索》1999年第6期）一文与其《宋明理学与中国文学》（百花洲文艺出版社，1999年）第八章"理学分化与宋金元文学的变迁"，以及查洪德《元代理学"流而为文"与理学文学的两相浸润》（《文学评论》2002年第5期）、朱军《理学与宋元时期文道关系的演变》（《中国哲学史》2018年第4期）等，他们都论述了元代文学在理学影响下的走向，同时也涵盖了理学中出现的"朱陆和会"现象。元代诗文作家部分是理学家，他们的思想影响了诗文的创作。这其中马积高的《宋明理学与文学》（湖南师范大学出版社，1989年）从理学与文学对立的角度研究元代理学与文学的发展。王琦珍《论理学北移对元代诗文复兴的影响》（《江西师范大学学报》2000年第3期）认为理学北传对文人素养增强及文学繁荣有促进作用。王素美、王星汉的《理学家的视角 儒者的情怀——吴澄的丧乱诗的特点》（《河北大学学报》1999年第3期）、杨亮的《元代散文的创获与发展——袁桷散文创作论》（《江南大学学报》2010年第1期），以及杨明侠的《理学家心境下的词——刘因、姚燧词研究》（暨南大学硕士学位论文，2006年）

在论述元代理学对文学的影响时以诗词为中心。而娜日娅的学位论文《儒学对元代蒙古族作家汉文创作的影响》（内蒙古师范大学硕士学位论文，2003）则是从蒙古作家为例，揭示了其在儒学典籍及理学传播影响下的文学创作。

戏曲与杂剧是元代文学创作的重要形式，理学对其兴衰有一定影响。吕薇芬《元代后期杂剧的衰微及其原因》（《文学评论丛刊》1979 年第 3 辑）、马积高《宋明理学与文学》第五章"元杂剧的盛衰与科举、理学"、佟德真《理学流变与元杂剧兴衰》（《学术论坛》1995 年第 4 期）、张璞《元杂剧的兴衰与理学》（《柳州师专学报》1996 年第 4 期）等论文先后指出元朝统治者提倡程朱理学是元代后期杂剧衰微的一个重要原因。徐振贵则持相反态度，他在《元杂剧与理学的关系略论》（《齐鲁学刊》2010 年第 2 期）一文中辩驳了前人认为理学对于元杂剧有阻碍的观点，阐述了理学与杂剧的复杂关系，并开启了关于元杂剧与理学关系的新辩论。王显春《儒、道、佛文化合流与元杂剧的道德观》（《社会科学研究》1992 年第 3 期）、范冬梅的《试析元杂剧的反传统道德倾向》（《赤峰学院学报（汉文哲学社会科学版）》2007 年第 3 期）分别对元杂剧内容中反理学与传统的内容进行探析。

现有的研究成果为进一步的研究指明了方向。纵观现有的研究概况，学界对元代理学研究已经取得丰硕的成果，但是仍有不足，主要是现今研究集中在个案研究中，缺乏对元代理学整体的把握，同时侧重于思想研究而缺乏与社会史相结合的研究，这样容易使元代理学研究仅仅停留在形而上的思想层面，而失去了思想与社会之间的互动。因此将元代理学整体把握，并将其与社会史的内容相结合，能够明晰的阐述元代理学及其地位。

三 研究方法及内容

（一）研究方法

目前国内的思想史研究主要采取三种方法，即哲学史的路径、学术史的路径和社会史的路径①。中国思想史是交叉学科，必然要以三种方式相结合研究。

首先，对历史资料总结归纳，利用文献学基础研究方法，为课题研究奠定翔实的文献基础。不论是三种路径的任何一种，都要先进行文献研究，不能平地起高楼。先要对可能存在的文献进行搜集，进而对其进行鉴别整理。通过对文献资料的整理，为课题的研究提供科学的依据。

其次，对元代理学主要人物的思想进行研究。思想的发展必然有其内涵，研究元代理学也不能例外，通过对理学家理学思想的阐释，才能了解元代理学具体的思想内涵。

再次，任何思想都离不开一定的学术土壤，要结合历史事实，运用学术史的研究方法，来阐发学术发展的概况。一种学术思想的发展，必然有其产生的历史渊源和演变的原因；在这一学术思想内部也会存在不同的分支，相互影响、相互作用。通过学术史的研究方法，我们就能了解这些细节变化。相对于"元代理学与社会"这一研究，通过这种方法，我们就能系统地了解元代理学的产生发展与宋代及明代理学的内在联系，同时厘清元

---

① 参见方光华：《中国思想史研究的三个向度》，《学术月刊》2007年第4期。

代理学内部各分支的学术渊源和内在联系。

第四，思想史与社会史相结合是侯外庐所开创的思想史研究的重要方法。"任何一种社会思潮和思想体系的产生，都有社会历史的原因，不是凭空出现的。"① 所以研究思想史不能只关注思想内在的逻辑演变或者单纯的研究概念范畴。因此研究必须是在宏观视野下，全面考察社会思潮和思想体系形成时整个时代的全貌，包括社会的政治、经济、文化等各个方面。我们探讨元代理学的发展与元代社会，就是将理学的发展与元代当时的社会状况、历史背景等相结合考察，以期了解元代理学发展的具体路径及产生这些发展变化的原因。此法归旨在历史与逻辑的统一，体现在文中即理学与社会的统一。

(二) 研究内容

首先，考察元代理学与社会的情况，对宋元之际的社会状况、理学的发展及宋金元之际理学的变化的背景进行考察是研究元代理学的前提之一。本书认为需要探讨的问题在两方面，第一是宋元朝代更迭，社会动荡之后政治经济的恢复对于理学发展的影响，第二是宋金元之际理学由宋代义理之学兴盛到金及元初章句训诂的转变的概况。以此论证思想并非思想家的逻辑活动，而是一种与社会发展的必然产物，并借此为后文研究元代理学的发展做铺垫。

其次，一种学术是否能够盛行于当时，统治者的采纳与否是重要的原因。元代有别于唐宋等汉族政权，形成于宋代且主要在汉族人群中传播的理学思想如何在元代发展？元帝王对理学的态

---

① 张岂之主编：《中国思想史》原序，第8页。

度是重要因素。具体来说有以下几点：一是蒙古统治初期包括成吉思汗、窝阔台等对汉族文化与思想的接受程度；二是忽必烈的汉法政策及重儒思想；三是元仁宗重视儒学的态度及延祐恢复科举的政治实践。以此可发现元帝王的态度在理学发展过程中呈现出"沉默—思考—崇尚"的变化，进而可研究其对理学发展起到的作用。

再次，在元代特殊的社会背景下，元代理学必然有自身独特的内涵。那些名臣、儒士，诸如许衡、吴澄、刘因等，当然也包含少数民族的部分学者如保巴、耶律有尚、孛术鲁翀等，他们通过研习儒家传统经典及宋代理学家的注疏，对理学的本体论、心性论、工夫论等主要问题提出独到的见解，并试图纠正宋代理学出现的弊端。通过剖析元代理学家的思想，我们能了解元代理学的特质及元代理学在理学发展史中的地位。

第四，理学在元代这个少数民族统治的朝代发展，必然会与少数民族固有的思想产生碰撞。元代理学对元代社会思想的影响也是理学社会化的一个重要方面，而元代理学对少数民族思想影响的一个重要特点就是"少数民族思想的汉化"，在这一时期不少蒙古族、回回、西域人接受了理学思想并在实践中对理学思想进行传播。由此我们就能了解，元代理学在元朝民族认同、文化认同中做出的重要贡献。

第五，元代理学是理学世俗化的一个重要阶段，这一时期理学的受众面逐渐扩展，社会基层人士对于理学的接受也是研究"元代理学与社会"的重要内容。元代对于儒生来说不是个幸运的时代，相对于宋代重文的情况，宋亡后，八十年未开科举，对于儒生来说无疑是大的打击，他们或隐居不仕，或为吏，或转为书会才人,通过书写杂剧、元曲渗透他们的思想。本书也通过对这些人物、事件的研究,了解元代理学在基层社会中传播的状况。

第一章 沉默—思考—崇尚：
元帝王对理学的态度

兴起于漠北地区的蒙古族，经历了长期的征服战争，统一南北，结束了中国南、北分裂的局面，建立了统一的政权体系。蒙古族依靠强大的军事实力统一全国，但是其文明程度与其军事实力并不匹配，因此蒙古贵族对中原地区汉族较高的文明充满向往。蒙古人在克服了统一全国的阻碍后，也开始推进文明发展进程。这一点也印证了历史发展的不变规律："野蛮的征服者总是被那些他们所征服的民族的较高文明所征服。"[①] 蒙古文明在发展的过程中，借鉴汉族中央集权的统治方式，建立了一套蒙古族与少数民族、汉族上层联合的集权政治体制。蒙古统治者同时也意识到思想上的统一也是巩固统治、证明政权合法化的重要条件。故而在意识形态层面，蒙古统治者选择了系统的、维持政治

[①] （德）卡尔·马克思（Karl Marx）、（德）弗里德里希·恩格斯（Friedrich Engels），中共中央著作编译局译：《马克思恩格斯选集》第二卷，北京：人民出版社，1971年版，第70页。

秩序和社会伦理观念的儒家理论。儒家文化在宋代形成的新形态——理学，逐渐进入统治者的视野，被看作指导政治实践的思想依据。

一种学术要在新的王朝得以发展，首先需要得到统治者的认可和支持，蒙古族从成吉思汗时期开始东征西讨，经过一系列的兼并战争得以统一全国。成吉思汗、窝阔台正是在战争中接触到了汉文化；在与南宋对峙时期，他们对汉文化的认识逐渐加深，从而影响他们的统治理念。忽必烈建元之后，统治者更加认可汉族的文化及政治理念对其政权合法化的作用。这一系列的思想转变，使蒙古族统治者对于理学的重视程度加深，更加速了理学官学化的进程。

第一节 宋元之际理学发展的社会背景

一 宋元之际的政治转向

13世纪，蒙古族崛起于漠北，由于草原游牧文化及战争的需要，成吉思汗时期蒙古王朝采用的是军政一体、兵民合一的千户制度。成吉思汗利用这一制度统一了蒙古各部族。成吉思汗开始东征西讨，中原地区也成为其目标之一。这一时期蒙古社会是由蒙古人、汉人、契丹人、女真人以畏兀儿的行政管理方式和社会习惯所组成的一个复杂结合体①。随着战争的推进，蒙古社会也逐渐从游牧走向定居，早期的千户制度已经不能适用于这种复杂社会结构，在文明程度较高的中原地区则更加行不通。在征伐过程中，统治者开始重视汉族的有识之士：在成吉思汗时期，长春真人丘处机就曾远赴漠北，觐见大汗以求全真教的发展。此外统治者对于儒学之士亦是非常重视，注重网罗名士，其中著名的学者有儒生耶律楚材②、元好问、郝天挺等人。这些儒士在传授一般的儒家理论皆以北方金朝原统治地区的章句训诂之学为主，并非宋代的理学；窝阔台时期，蒙古攻陷南宋，因南方地区存有大量学习理学的儒生，理学南传。杨惟中、姚枢等人随军南征俘获理学名士赵复，从而拉开了理学北传的序幕。

至元十三年（1276），元军攻陷南宋都城临安，统一全国，改国号为元，经过长时间战乱后的社会趋于稳定。作为整个中国的统治者，忽必烈对理学的态度直接决定着理学能否在元朝统治区域内传播、发展。从其潜邸时期的任人政策就可以看出他是一位开明的帝王。忽必烈喜好儒家，他针对成吉思汗以来蒙古存在的不重视文治的弊病，提出"以儒治国"的方略，史称"世祖度量弘广，知人善任使，信用儒术，用能以夏变夷，立经陈纪，所以为一代之制者，规模宏远矣"③。

---

① 参见（德）傅海波（Herbert Franke）、（英）崔瑞德（Denis Twitchett）编，史卫民译：《剑桥中国辽西夏金元史》，北京：中国社会科学出版社，1998年版，第373页。

② 耶律楚材思想较为复杂，其思想中有儒家思想，也包含有大量佛教思想，就其儒士之称谓，参见《宋明理学史》，此处不赘述，本书第四章将详细论述耶律楚材的理学观。

③ [明]宋濂：《元史》卷十七《世祖十四》，北京：中华书局，1977年版，第377页。

忽必烈招揽天下有识之士在史传中有诸多记载，苏天爵记载"世祖之在潜藩也，尽收亡金诸儒学士及一时豪杰知经术者而顾问焉"①，"帝在潜邸，思大有为于天下，延藩府旧臣及四方文学之士，问以治道"②。这里所讲的"四方文学之士"即包含姚枢、窦默、刘秉忠等人，也不乏许衡、郝经之类的理学名士。忽必烈认识到儒臣对于治理国家的重要作用并将其应用于政治实践中。因此忽必烈被张德辉等人奉为"儒教大宗师"③。忽必烈信任儒士，在攻城略地时采纳徐世隆、姚枢的建议，改变了"杀诏使者，城拔必屠"的祖宗之法。其设立十路宣抚司，由赛典赤、李德辉、宋子贞、姚枢、张文谦、廉希宪等人分别担任宣抚使及副使，这些都是当时有名的儒臣。这对于理学的传播也是非常有利的。在统治者与儒士的共同努力下，理学在这一时期的确得到了发展，虽然在后来发生了"李璮之乱"④，由于与李璮交游、议论朝政的汉人并不在少数，因此忽必烈对汉人的信任大幅削弱，并对汉族世家进行了压制，影响到对儒士的任用，在一定程度上影响了理学的传播。但是这一事件并未使忽必烈彻底放弃儒学治国的政策。总体来说，从成吉思汗的蒙古扩张开始到忽必烈建元，宋元之际的社会从动荡到趋于稳定，这一时期整体的政治环境对于儒学的发展是有利的，同时也为理学的发展奠定了基础。

---

① ［元］苏天爵编：《元文类》卷四十一《进讲》，北京：商务印书馆，1936年版，第547—548页。
② ［明］宋濂：《元史》卷四《世祖一》，第57页。
③ ［明］宋濂：《元史》卷一百六十三《张德辉传》，第3824页。
④ 中统三年（1262），山东李璮拥兵自重，反抗元朝统治，遭忽必烈镇压。参见《元史》卷五《世祖五》、卷二百零六《李璮传》。

二 宋元之际的经济状况

北宋末年金兵南下，东北地区的女真人大量迁入中原地区，与汉族人民共居，这在一定程度上有利于当时社会经济文化的发展。南宋建国，偏安一隅，社会发展也较为稳定。随着政权的稳固，金与南宋的统治阶层都出现了腐化堕落的现象，歌舞升平、纵情声色取代了进取之心，社会问题不断出现，加上不断的对外战争使原本脆弱的经济再次恶化。阶级矛盾和民族矛盾激化，给蒙古大举进攻中原创造了机会。

蒙古的崛起及征伐战争并未脱离血腥屠杀和掠夺的本质。蒙金数十年的战争对北方地区的经济生产造成了毁灭性的打击，有记载："凡二十余年，数千里间，人民杀戮几尽，其存者以户口计，千百不一余。"[1] 更有甚者称蒙古铁骑所到之处"马蹄之所及，则金荡靡粉；兵刃之所临，则人物劫灰。变谷为陵，视南成北。比屋被诛，十门九绝。孑身不免，万无一存。漏诛残喘者，孤苦伶仃；覆宗绝嗣者，穷年索寞"[2]，"比近井落，至百里无人声"[3]。北方广大民众恐惧蒙古军队，为了逃避战争纷纷大举迁移，希望远离战争的危害，因此在蒙金战争期间出现了"祯祐

---

[1] ［元］刘因撰，商聚德点校：《刘因集》卷九《武强尉孙君墓志铭》，北京：人民出版社，2017年版，第169页。
[2] ［元］姬志真撰：《知常先生云山集》卷四《鄢陵县黄箓大斋之碑》，《北京图书馆古籍珍本丛刊》第91册，北京：书目文献出版社，1991年版，第132页。
[3] ［元］柳贯撰，魏崇武、钟彦飞点校：《柳贯集》卷十二《太康王氏扶城墓表》，杭州：浙江古籍出版社，2014年版，第336页。

南迁"和"壬辰北渡"两次大的人口迁移①。南方地区的经济状况与北方相似,宋元的战争使长江中下游地区的经济也受到巨大影响。湖北、安徽等地是宋元交战的主战场,元军征战江南,"先是,荆湖行省阿里海牙以降民三千八百户没入为家奴,自置吏治之,岁责其租赋,有司莫敢言。雄飞言于阿里海牙,请归其民于有司,不从"②。数以千计的人民在战争后变民为奴,更有甚者惨遭杀戮,姚枢曾记:"今自夏徂秋,一城不降,皆由军官不思国之大计,不体陛下之深仁,利财剽杀所致。扬州、焦山、淮安,人殊死战,我虽克胜,所伤亦多。"③又如:"右丞阿塔海分帅锐师以出,渡淮至中流,皆殊死战,宋军大溃,追数十里,斩首数千级,夺战舰五百余艘,遂解正阳之围。"④甚至曾有一战结束后"横尸委仗,江水为之不流"⑤。这说明了当时战争对经济的严重破坏。

元初统治者的政策也加剧了经济的崩溃。战争造成人口大量逃窜和死亡,大片土地无人耕种,土地荒芜,农业生产遭到严重破坏。但是统治者并未意识到农业经济问题的严重性,反而以此建议变更原来的农业生产模式,产生了"虽得汉人亦无所用,不若尽去之,使草木畅茂以为牧地"⑥的想法,将草原游牧民族

---

① "贞祐南迁"指贞祐二年(1214)金宣宗被迫南迁开封,《牧庵集》卷二十《同知行宣政院事张公神道碑》记:"岁甲戌宣宗播汴,河朔逃兵之民皆扶携妇子从之而南。""壬辰北渡"是指金末年蒙古人将黄河以南大部分难民强行驱赶至黄河以北,时人称:"壬辰,汴梁破,人皆北渡。"(《文渊阁四库全书》第1201册,台北:商务印书馆,1986年,第611页下)
② [明]宋濂:《元史》卷一百六十三《张雄飞传》,第3821页。
③ [明]宋濂:《元史》卷一百五十八《姚枢传》,第3715页。
④ [明]宋濂:《元史》卷一百三十五《塔出传》,第3274页。
⑤ [明]宋濂:《元史》卷一百五十六《董文炳传》,第3671页。
⑥ [元]苏天爵编:《元文类》卷五十七《中书令耶律公神道碑》,第832页。

的生产方式移植到汉族地区。世祖意识到战争的破坏、落后的农业政策,造成了严重的国库空虚,故而并未支持这一建议。经济状况严重影响着政局的稳定,因此忽必烈选择改革,任用儒士是其最初选择,他依靠姚枢、许衡等人提出的重农主张,实行屯田、劝课农桑,逐渐恢复了统治区的农业生产。

战争的破坏是毁灭性的,仅靠农业生产并不能迅速解决王朝出现的财政危机。为了迅速增加国家收入,忽必烈不得不启用具有经营才能的"理财派",其中主要是入元以来的回回人。阿合马、桑哥等人通过兴铁冶、铸农器官买、增加盐课、增加税收、清核诸官府、追讨欠款等手段,帮助忽必烈迅速增加国家财政收入,虽然有些手段并不得当,但是在当时的局面下,它为忽必烈解决了许多难题。而此时的儒士则强调"王者仁政",如许衡就建议忽必烈"尊信而坚守之,不杂小人,不责近效,不恤流言,则致治之功庶几可成矣"①,指责阿合马等人为小人,以其手段所得为"小利",否定了忽必烈为增加财政收入所做出的努力。儒生们将"义""利"绝对对立之后,也将自己推向了忽必烈政策的对立面,加之经历了"李璮之乱"的忽必烈本对汉人已有嫌隙,此时儒士的举措使忽必烈与汉人之间的嫌隙进一步扩大。

三 宋元之际理学的发展延续

元代理学的发展,要追溯到宋元之际。理学肇始于北宋,北宋五子创始的理学中,二程的伊洛之学发展最广。随着宋金战争

---

① [明]宋濂:《元史》卷一百五十八《许衡传》,第3719页。

的爆发,宋室南渡,理学也随之南传,在南宋统治区域,理学在杨时南渡后经历了罗从彦、李侗、张九成、胡安国等人的传播,到朱熹时真正成为集大成的学术。南宋宁宗、理宗朝,理学的地位不断上升,朝廷相继对朱熹等理学名士进行封赏①,理学地位在理宗朝达到鼎盛。但是理学家对于社会、政治日益的腐败并不能及时做出应对,反而一味地高谈性命义理,在南宋政治一步一步走向覆灭时,他们并不能解决南宋出现的社会危机,故儒学的致用性也是在元灭宋后理学家们反思的一个重要问题。

与南方不同,北方地区在元朝建立前被金朝统治,理学在金灭北宋后虽有残存,但是相对于南方则处于劣势。金朝学术更流行的是荆公新学,元好问曾言:"国初经术,祖金陵之余波。"②此外苏轼蜀学也在北方受到推崇,清人翁方纲曾言金朝学术是"程学行于南,苏学行于北"③,这是金灭宋时北方学术的真实写照。时至金元之际,北方地区的汉族士人对知识的渴求,促使理学思想慢慢地在北方地区蔓延开来,这一时期出现以下三种情况。

首先,北方地区学者对于北宋学术思想的继承。这里所谓的北宋学术专指理学在北方的残留。宋室南渡,理学思想也随之传

---

① 参见《道命录》卷八至卷十,嘉定、淳祐年间相继对程颢、程颐、朱熹等理学大家进行封赐,如颁布《晦庵先生赠官封爵指挥》《晦庵先生赠太师追封信国公制词》《濂溪明道伊川横渠晦庵五先生封爵指挥》等,此外对理学家的后人也纷纷褒奖任用,详见《嘉定录用伊川先生后人诏旨》《伊川先生四世孙源授迪功郎制》([宋]李心传辑,朱军点校:《道命录》,上海:上海古籍出版社,2016年版)。

② [清]黄宗羲原著,[清]全祖望补修,陈金生、梁运华点校:《宋元学案》卷一百《屏山鸣道集说略》,北京:中华书局,1986年版,第3326页。

③ [清]翁方纲:《石洲诗话》卷五,《续修四库全书》第1704册,上海:上海古籍出版社,2002年版,第188页。

到江南地区，但是这并不代表北方没有遗留。洛学的创始人程颢一生历官多处，与其弟程颐曾兴办学校、教授生徒，在北方多地有理学传承。山西泽州就是洛学的继承地，刘因在《泽州长官段公墓碑铭》中论述泽州理学的渊源云："宋治平中，明道程先生为晋城三年，诸乡皆立校。暇时亲至，为正儿童所读书句读。择其秀异者，为置学舍粮具，而亲教之。去邑经十余年，服儒服者已数百人。由是，尽宋与金，泽恒号称多士。"[①] 就其所言，山西泽州理学皆为洛学传人。泽州洛学传人中最为著名的要数元初理学名士郝经，史称："经之先世高，曾而上，亦及先生之门，以为家学。传六世而至经，丰城余蓄，弗敢失坠。"[②] 郝经六世祖曾从学时任泽州令的程颢，并将其学术置为家学传承，其后经郝震传承，"陵川学者，以郝氏为称首。郝氏之学，浚源趋本而张大之者自东轩君始。君讳震，字子阳……讲道艺，渊汇日邃，以经旨授学者，折之以天理人情，而不专于传注。尤长于理学"[③]。郝经家学渊源深厚，造就了郝经这位元初理学名家。此外根据郝经《宋两先生祠堂记》所记，泽州李俊民也跟从程颢学习理学，"鹤鸣李先生俊民得先生之传，又得邵氏《皇极》之学，廷试冠多士，退而不仕，教授乡曲，故先生之学复盛"[④]。

---

① [元]刘因撰，商聚德点校：《刘因集》卷八《泽州长官段公墓碑铭》，第158页。

② [元]郝经撰，邱居里、赵文友点校：《郝文忠公陵川文集》卷二十七《宋两先生祠堂记》，《儒藏精华编》第245册，北京：北京大学出版社，2012年版，第455页。

③ [元]郝经撰，邱居里、赵文友点校：《郝文忠公陵川文集》卷三十六《先曾叔大父东轩老人墓铭》，《儒藏精华编》第245册，第616页。

④ [元]郝经撰，邱居里、赵文友点校：《郝文忠公陵川文集》卷二十七《宋两先生祠堂记》，《儒藏精华编》第245册，第454—455页。

此先生之学即二程洛学,《元史·李俊民传》中也称:"从之者甚盛,至有不远千里而来者。"① 除了山西以外,二程兄弟还曾游历多地,如京兆府路华州(今陕西华县)人杨庭秀"雅善文词,注程、杨《易》传"②。洛学在北方地区以"家学"或"乡学"的独立形式保留下来,直至金末元初开始慢慢复苏。

其次,宋金元之际北方理学还有一部分是南方朱学北传。根据《宋史》《金史》的《食货志》记载,北宋年间对于边境贸易中书籍的管理是相当严格,如在宋辽边境榷场中只允许出售"九经书疏"③。相对而言,南宋的边境管制就相对松弛,民间往来不断,其中也不乏走私书籍:"其间穷僻无人之处,则私得以渡;水落石出之时,则浅可以涉。"④ 这样一来使南宋理学书籍有传向北方的可能。加之南宋与金之间往来的使臣也携带了很多书籍,许有壬曾记:"理学至宋始明,宋季得朱子而大明。前辈言,天限南北时,宋行人箧《四书》至金,一朝士得之,时出论说,闻者叹骇,谓其学问超诣,而是书实未睹也。"⑤ 此处所说的《四书》应该指的是朱熹的《四书集注》。所得此书的人以此来"论说""谓其学问超诣",可以证明北方学人初见朱熹理学著作的惊叹。使臣的交流也包括金朝使臣访宋,金使臣在南宋

---

① [明]宋濂:《元史》卷一百五十八《李俊民传》,第3733页。
② [清]李师沆、葛荫南纂修:《凤台县志》卷五《宦绩》,据光绪十九年本影印,台北:成文出版社,1989年版,第142页。
③ 参见魏崇武:《金代理学发展初探》,《历史研究》2000年第3期。《宋史·食货下八》:"(景德)三年,诏民以书籍赴沿边榷场博易者,非九经书疏,悉禁之。"又:"元丰元年,复申卖书北界告捕之法。"
④ [清]徐松辑:《宋会要辑稿》食货三八之三十四,北京:中华书局,1957年版,第5483页。
⑤ [元]许有壬撰:《至正集》卷三十三《性理一贯集序》,《文渊阁四库全书》第1211册,台北:商务印书馆,1986年版,第234页下。

的见闻也传播了理学,刘祁记载了金朝使者被南宋理学影响的事例:"王渥仲泽,后名仲泽……因使宋至扬州,应对华敏,宋人重之。回为太学助教,充枢密院经历官。……博学,无所不通。长于谈论,使人听之忘倦。"① 王渥所接触的就是南宋的程朱理学,而其回到北方后的教学活动也带动了南宋朱学的北传。

再次,金代佛教盛行,统治者多崇尚佛教,大肆建立佛教寺院,北方的佛教思想与汉地南宋佛教思想相接近,正如《大金国志》所载:"浮图之教,虽贵戚、望族,多舍男女为僧尼。惟禅多而律少,在京曰国师,帅府曰僧录、僧正,列郡曰都纲,县曰维那。披剃威仪与南宋等。"② 儒学与佛教都想在学术思想上占据主导地位,因而相互非难。金代儒学依靠科举站稳脚跟,其钻研内容仍是汉唐辞章、经义,缺乏创新,金代儒士为求创新,抵制佛教,对北宋理学产生兴趣,徐之纲则认为辞章之学未有新意,"以河南二程、江南朱张胡蔡为根柢,穷《春秋》《易》二经"③。与此相对,喜佛之徒则奋起反击,站在佛教立场上排挤理学。李纯甫作为佛教的忠实拥护者,对于理学思想给予不遗余力的批判。南宋末年有人辑周、程、张、朱等理学家的思想于一书,名曰《诸儒鸣道集》,李纯甫则作《鸣道集说》对北宋司马光、二程及南宋朱熹等理学家逐条批驳,全祖望云:"(李纯甫)

---

① [金]刘祁撰,崔文印点校:《归潜志》卷二,北京:中华书局,1983年版,第18页。
② [金]宇文懋昭撰,李西宁点校:《大金国志》卷三十六《浮屠》,济南:齐鲁书社,2000年版,第272页。
③ [元]袁桷撰,杨亮校注:《袁桷集校注》卷二十九《滕县尉徐君墓志铭》,北京:中华书局,2012年版,第1375页。

所著《鸣道集说》一书,濂、洛以来,无不遭其掊击。"① 李纯甫对理学的抨击引起了学界的广泛关注,理学界与反理学界的争斗反使李纯甫受到攻击,也影响到赵秉文、王若虚等人对理学的态度,不论是因学术创新还是反对理学,都在客观促进了理学思想传播。

姚枢自德安带回赵复及程朱理学典籍后,北方学术界逐渐从金代章句训诂的程式中挣脱出来。他们逐渐认识到了圣人精义之所在,跳出了章句儒学的约束,理学在这样的土壤下开始发芽。

在宋金元三朝易代之时,政治经济文化都发生重大转变。政治上,统治者的态度改观;经济上,战争后国家经济逐渐稳定;文化上,宋金元之际对于思想文化重新认识。这些都是理学在元代得以发展的重要因素,虽然这期间也有不少阻碍理学传播发展的因素,但是并不足以阻止元代理学在此时生根发芽。

第二节　蒙古族统治初期统治者的政治导向

蒙古作为游牧文化的代表,在忽必烈建元以前,统治者将精力主要投向战争方面,开疆扩土、征服民众成为统治者最为乐道的事情。随着征伐战争的推进,统治者的思想也随之发生转变,从单纯的掠夺战争转变为全面征服,这其中重要方面是思想文化方面的征服。统治者开始思考如何在征服的领地上建立较为稳固的政权、如何治理好建立的国家。在接触到汉族传统文化之后,

---

① [清]黄宗羲原著,[清]全祖望补修,陈金生、梁运华点校:《宋元学案》卷一百《屏山鸣道集说略》,第3318页。

这些在战场上纵横驰骋的大汗们也开始重视文化建设，不想做"只识弯弓射大雕"的统治者[①]。成吉思汗、窝阔台和蒙哥是其中的典范，他们在蒙古文化建设中借鉴了很多汉族的优秀传统文化，理学在当时作为儒学中的一部分，蒙古人在接受儒学的同时也囫囵吞枣般地接触到理学，不过他们对儒学与理学的认识是模糊的，在当时并没有明确地指出那些是理学，但是统治者认可儒学的态度为后来理学的发展奠定了基础。

一　成吉思汗的治术

成吉思汗——孛儿只斤·铁木真（1162—1227），蒙古帝国可汗，蒙古族历史上著名的政治家、军事家。成吉思汗出生在12世纪动荡的蒙古草原，此时期的蒙古地区充斥着各族贵族争夺权利、利益的战争，"天下扰攘，互相攻劫，人不安生"[②]。各部落间相互偷袭、掠夺财富、侵占土地、抢夺奴婢[③]。经过一系列的兼并战争，蒙古草原逐渐形成若干实力相当的集团，包括：蒙古、塔塔儿、克烈、蔑儿乞、乃蛮五大部落。他们之间展开了争夺蒙古地区最高权力的斗争。

[①] 近年来学界对于成吉思汗的研究，已经突破了"只识弯弓射大雕"的观念禁区，尤其是韩儒林的论著对成吉思汗等给予了很高的评价，以及札奇斯钦对于成吉思汗的成功因素等做出了分析。参见杨建新、马曼丽著：《成吉思汗　忽必烈评传》，南京：南京大学出版社，2006年版，第5页。

[②] ［元］佚名撰，路芜点校：《元朝秘史》卷十三，济南：齐鲁书社，2000年版，第180页。

[③] ［元］陶宗仪：《南村辍耕录·奴婢》卷十七记载："今蒙古色目人之藏货，男曰奴，女曰婢，总日驱口。盖国初平定诸国日，以俘到男女匹配为夫妻，而所生子孙永为奴婢。"北京：中华书局，1959年版，第208页。

成吉思汗就出生在这样一个征战杀伐的时代，他幼年丧父，在一个没落得只剩孤儿寡母的家庭中成长，终日食不果腹，甚至被敌对势力追杀。早年的磨难造就了他坚毅、果敢的性格及杰出的领导才能，最终赢得了人民的支持，并通过卓越的政治手段统一了蒙古地区，建立了蒙古汗国。

（一）成吉思汗的政治思想

早期的蒙古地区社会秩序相对混乱，就像13世纪伊朗史学家志费尼所说："每一部落或两部落分散生活……他们有些人把抢劫、暴行、淫猥和酒色看成豪勇和高尚的行为。"① 社会上出现"子不尊父教，弟不聆兄言，夫不信妻贞，妻不顺夫意，公公不赞许儿媳，儿媳不尊敬公公，长者不保护幼者，幼者不接受长者的教训……轻视习惯和法令"②，甚至是杀兄夺妻的现象，这些都是早期蒙古文化落后、野蛮蒙昧的表现。成吉思汗统一蒙古，建立蒙古汗国之后，就开始对蒙古进行改造。

首先是对国家进行分封。成吉思汗建立了一套完备的分封体系和系统的军事体系怯薛制度。他先是分封自己的子孙术赤、窝阔台、拖雷等，让他们建立自己的封地。而后封木华黎为左翼万户，博尔术为右翼万户，纳牙阿为中军万户③，万户以下设置约九十五个世袭的千夫长，千户长下又设置百户长、十户长，并将全蒙古草原的牧民，按照这样的制度分配下去，各个部落重新分

---

① （伊朗）志费尼（Ata-Malik Juvaini）著，何高济译：《世界征服者史》上册，呼和浩特：内蒙古人民出版社，1981年版，第23页。
② （波斯）拉施特（Rashid al-Din）著，余大钧译：《史集》第一卷第二分册，北京：商务印书馆，1983年版，第354页。（瑞典）多桑著，冯承钧译：《多桑蒙古史》则记载"子不从父教，弟不从兄教，夫疑其妻，妻忤其夫，富不济贫，下不敬上，而盗贼无罚"（第157页）。
③ 参见［明］宋濂：《元史》卷一百一十九《木华黎传》《博尔术传》。

封，分别成为不同千户的属民，牧民有了新的称谓"百姓"。此种制度下的百姓相较原来的奴婢而言，他们被固定在所归属的千户领地下，按照千户等的命令耕作休息、缴纳贡赋，他们拥有一定的财产和"人身自由"[①]。百姓、千户长、统治者就建立起一个系统的归属关系，避免了不必要的财产和人口的争斗。同时改革原始草原部落的贵族亲兵制度，将千户、万户等子弟聚集起来，建立保护大汗政权的"质子护卫队"，一方面起到了保护大汗的作用，另一方面则是变相地控制"人质"，以防止叛乱发生。

其次是消除野蛮制度，完善伦常观念。草原部落时期的蒙古民族对于伦理观念弃之不顾，杀父弑兄、夺妻杀子的事件频频发生，成吉思汗在统一战争中其妻也曾被抢夺。在蒙古诸部统一之后，成吉思汗也认识到蒙古落后的传统观念，影响了他的统治，因此成吉思汗吸收了汉族儒家忠孝信义观念，作为他政治实践的指导思想。

孝是中华民族的传统美德，但是蒙古族却有"贱老"的习俗，有言"鞑人贱老而喜壮"[②]。成吉思汗则身体力行要改变这一陋习，要求践行孝子义务。年幼丧父的成吉思汗在其母诃额伦的教导下成长，因此他对其母极为孝顺。因萨满巫师阔阔的挑拨，成吉思汗疑其弟合撒儿欲与其争帝位，几乎酿成兄弟相残之祸，其母赶至审讯处："见母至，成吉思汗大骇，惧母矣。母怒

[①] （苏联）符拉基米尔佐夫（B. j. Vladimirtsov）著，刘荣焌译：《蒙古社会制度史》，北京：中国社会科学出版社，1980年版，第182页。
[②] [宋] 孟珙撰，[清] 曹元忠校注：《蒙鞑备录校注》，《续修四库全书》第423册，上海：上海古籍出版社，2002年版，第527页。

不可遏,盘腿而坐,出其两乳,掂于双膝上曰:见之否,汝等所哺之乳在此,此等龇吼驰逐自嗜胞衣者每,合撒儿何为之耶"①,成吉思汗感言"受母之怒,惧则惧矣,羞则羞矣,吾其退乎"②。由此可见成吉思汗孝顺其母,在《蒙古秘史》中常有提及,成吉思汗常认为蒙古帝国是他和他母亲一同建立起来的。

忠信是中国古代儒家衡量品德的重要标准。在治理国家、维护政权稳固方面,忠信也是必要的手段。成吉思汗在其统治期间,将忠作为其一个重要的信条,战争期间不免有投诚者出现,这些人甚至有诛杀自己的主人的行为。成吉思汗对这种行为甚为不满,对于这样弑主投诚之人,下场无外乎"或斩或责,决不欢迎"③。而对于那些忠心保护主人的将领,虽被抓获,成吉思汗仍会对其劝说归降并委以重任,如王罕部下合答黑把阿秃儿。史上记载王罕与成吉思汗一战,王罕被围,合答黑把阿秃儿"厮杀了三昼夜,至第三日,不能抵当,方才投降"④。成吉思汗对他非常赞赏,称其"不肯弃他主人,教逃命走悼远着,独与我厮杀,岂不是丈夫?可以做伴来"⑤。不仅没有杀戮,而且提拔他在自己身边。成吉思汗非常重视信义理念,其妻曾为蔑儿乞部所掳,成吉思汗从未因此伤害她的尊严,可谓至诚至信。对其妻如此,对于朋友亦是如此,成吉思汗与札木合相为安达,札木

---

① 道润梯步译注:《新译简注蒙古秘史》,呼和浩特:内蒙古人民出版社,1978年版,第276页。
② 道润梯步译注:《新译简注蒙古秘史》,第276页。
③ (俄)乔治·维尔纳德斯基著,札奇斯钦译:《蒙古与俄罗斯》(一),香港:中华文化出版社,1955年版,第81页。
④ [元]佚名撰,路芜点校:《元朝秘史》卷七,第115页。
⑤ [元]佚名撰,路芜点校:《元朝秘史》卷七,第115页。道润梯步译注:《新译简注蒙古秘史》,第167—168页。

合嫉妒成吉思汗，纠集多个部落攻打成吉思汗，再三忍让后成吉思汗还击并打败联军，因信义而不忍杀之，有言"今我二人相合矣，吾其相伴之乎？"①札木合羞愧难当，最后自请赐死。忠孝信义是成吉思汗在治理国家中运用的儒家道德理念，对巩固他的统治有着不容小觑的作用。

（二）成吉思汗与儒学、道教

成吉思汗出生时，蒙古人对于汉族文化知之甚少，而他在北伐西夏、金朝的过程中，认识到文化的重要性，其中重要部分就是汉族文化。他注重任用提拔知识分子，如成吉思汗了解到畏兀儿人塔塔统阿"性聪慧，善言论，深通本国文字，乃蛮大歇可汗尊之为傅，掌其金印及钱谷。"②因此任命他"教太子诸王以畏兀字书国言"③。

此时成吉思汗与汉族人士的交往并不多，但是由于他重视人才且不计较民族，所以在成吉思汗朝也出现了许多精通汉文化的少数民族人才。这其中最具代表性的是儒士耶律楚材和全真道的丘处机，他们分别代表着汉族文化中的儒家和道家。

太祖二十年（1225）成吉思汗攻占燕京，遍访契丹后裔，耶律楚材此时为左右司员外郎，战败被俘，耶律楚材因"博极群书，旁通天文、地理、律历、术数及释老、医卜之说，下笔为

---

① 道润梯步译注：《新译简注蒙古秘史》，第212页。
② ［明］宋濂：《元史》卷一百二十四《塔塔统阿传》，第3048页。
③ （瑞典）多桑著，冯承均译：《多桑蒙古史》上册，第159页；《元史》卷一百二十四《塔塔统阿传》，第3048页。

文，若宿构者"①，引起成吉思汗重视②，但是也有反对之声，其中"善造弓"的夏人常八斤尝见知于帝，因每自矜曰："国家方用武，耶律儒者何用?"楚材曰："治弓尚须用弓匠，为天下者岂可不用治天下匠耶。"③ 耶律楚材一语"治天下匠"使成吉思汗欣喜不已。对人曰："此人，天赐我家。尔后军国庶政，当悉委之。"④ 耶律楚材也用自己的才能证明了他所言非虚，耶律楚材的政绩涵盖了政治、经济、文化各个方面，他为蒙古统治者制定了一系列的政策法令，使蒙古统治者能够尽快应对新征服地区不同的生产方式，最大限度地促进了蒙古王朝封建化的进程，如《元史·粘合重山传》所载："凡建官立法，任贤使能，与夫分郡邑，定课赋，通漕运，足国用，多出楚材，而重山佐成之。"⑤

成吉思汗赏识耶律楚材的学识，同时也看中他的直率、忠诚。成吉思汗用人最为注重忠诚，认为耶律楚材与其他契丹后裔

---

① [明] 宋濂：《元史》卷一百四十六《耶律楚材传》，第3455页。
② 成吉思汗最初对于耶律楚材的使用并非用其治国理念，有学者认为因为耶律楚材懂得"卜筮"之术，成吉思汗信仰萨满教，耶律楚材的占卜之术正好为其所用，《耶律楚材传》中记载楚材观"长星见西方"预示金章宗死亡得以应验，此后成吉思汗令楚材"处之左右，以备咨访""帝每征讨，必命楚材卜"。
③ [明] 宋濂：《元史》卷一百四十六《耶律楚材传》。成吉思汗对耶律楚材的欣赏并不仅仅是因为其学识，还有一方面是为吸收契丹后裔，对抗金朝。金代实行猛安谋克制，将契丹人归入女真部落以加强监视，金朝的民族歧视政策刺激了契丹人的反抗，正如投诚成吉思汗的移剌捏儿所言："闻太祖（成吉思汗）起兵，私语所亲：'为国复仇，此其时也。'"（《元史·移剌捏儿传》）石抹也先则对其父言："年十岁，从其父文宗国之所以亡，即大愤曰：'儿能复之。'"（《元史·石抹也先传》）成吉思汗正是利用了契丹人后裔对于金朝的仇恨来攻击金朝。在《中书令耶律公神道碑》中也记载，成吉思汗到达中都后"尝访辽宗室近族，（耶律楚材）至是征诣行在"，并在接见耶律楚材时即对其言："辽与金为世仇，吾与汝已报之矣。"（同上书）成吉思汗也看中了耶律楚材是辽东丹王后裔的身份，欲使其成为契丹人归顺元朝的典范。
④ [明] 宋濂：《元史》卷一百四十六《耶律楚材传》，第3456页。
⑤ [明] 宋濂：《元史》卷一百四十六《粘合重山传》，第3466页。

第一章　沉默—思考—崇尚：元帝王对理学的态度　　·45·

相同，痛恨金朝的灭国之仇，便在召见之时对耶律楚材言："辽与金为世仇，吾与汝已报之矣。"① 成吉思汗想以此换取耶律楚材的感激之情。但耶律楚材却言："臣父祖以来，皆尝北面事之，既为臣子，岂敢复怀贰心，仇君父耶！"② 耶律楚材因其父曾事金朝，不敢有仇恨之心，所以并未对成吉思汗灭金之言有任何感激之情。可这样的回答却正合成吉思汗之意。成吉思汗认为主从关系的忠诚是君臣之间最为重要的，对于臣下的叛乱，成吉思汗定是严惩不贷，楚材此言虽可以理解为对旧朝的怀念，但也同时表现了对前主的忠诚。成吉思汗认为对前主忠诚，正表现了耶律楚材为人之道，既然归顺蒙古，自然也不会背叛自己，因而"帝重其言，处之左右"③。

耶律楚材在得到成吉思汗赏识之后非常激动，心中大志得以施展，他对成吉思汗的雄才大略颇为赞赏，在其《过闾居河五首》中可以看出：

　　一圣龙飞德足称，其亡凛凛涉春冰。
　　千山风烈来从虎，万里云垂看鹏举。
　　尧舜徽猷无阙失，良平妙算足依凭。
　　华夷混一非多日，浮海长桴未可乘。④

在此诗中，耶律楚材对于成吉思汗的称赞极高，将成吉思汗比作"圣人""龙""尧舜"，应天受命，用张良、陈平来比喻

---

① ［元］苏天爵编：《元文类》卷五十七《中书令耶律公神道碑》（以下简称《耶律公神道碑》），第831页。
② ［元］苏天爵编：《元文类》卷五十七《耶律公神道碑》，第831页。
③ ［明］宋濂：《元史》卷一百四十六《耶律楚材传》，第3455页。
④ ［元］耶律楚材撰，谢方点校：《湛然居士文集》卷五《过闾居河四首》（其三），北京：中华书局，1986年版，第103页。

自己的才能。"华夷混一非多日,浮海长桴未可乘"表达了耶律楚材对于天下一统的期待,希望通过自己的协助,使成吉思汗完成"华夷混一"的统一大业。

成吉思汗与道教的联系主要体现在西征期间召见全真教长春真人丘处机。丘处机,字通密,号长春子,登州栖霞县滨都里(今山东登州栖霞)人。师从全真教创教人王重阳,后成为全真教重要人物。成吉思汗得闻全真教长春真人为得道高人,故下旨征召丘处机到漠北觐见。丘处机以"年事已高,不便远行"为由,拒绝成吉思汗的召见。可是成吉思汗并未放弃,连续三次委派刘仲禄寻访丘处机,如其诏文所述:

> 成吉思皇帝敕真人丘师:省所奏应召而来者,具悉。惟师道逾三子,德重多方,命臣奉厥玄瞟,驰传访诸沧海。时与愿适,天不人违,两朝屡召而弗行,单使一邀而肯起。谓朕天启,所以身归,不辞暴露于风霜,自愿跋涉于沙碛。书章来上,喜慰何言!军国之事,非朕所期,道德之心,诚云可尚。朕以彼酋不逊,我伐用张,军旅试临,边陲底定,来从去背,实力率之故。然久逸暂劳,冀心服而后已。于是载扬威德,略驻车徒。重念云轩既发于蓬莱,鹤驭可游于天竺。达磨东迈,元印法以传心;老氏西行,或化胡而成道。顾川途之虽阔,瞻几杖以非遥。爰答来章,可明朕意。秋暑,师比平安好,旨不多及。①

成吉思汗一方面以"达摩东迈""老氏西行"比喻丘处机此行的重大意义,以此来感动丘处机;另一方面又让刘仲禄放出狠

---

① [元]陶宗仪撰:《南村辍耕录》卷十《丘真人》,第122页。

话如"不限岁月，期必致之"来胁迫丘处机。最终在第三次征召后，丘处机在并非完全顺从个人意愿的情况下踏上了西行觐见之路，丘处机对此行前途表示不确定，其临行前言："行止非人所能为也，兼远涉异域，其道合与不合，未可必也。"① 他将此事归结于天命使然②。最终在经历了两年的长途跋涉后，丘处机在漠北见到了成吉思汗。

成吉思汗召见丘处机的原因有三：

其一，求长生之术。丘处机为全真教高人，在成吉思汗看来，其必有修身延生之术，因此遣使寻访丘处机以求长生之术便为其最直接的目的，这一点在时人的记载中屡见不鲜。成吉思汗在第一次遣使征召丘处机的诏文中就有"以恤朕保身之术"③。所谓"保身之术"虽说的委婉，但亦可明显看出成吉思汗对长生的渴望。耶律楚材在《西游录》中记载了一段话，侧面表达成吉思汗召见丘处机是因其"长生之愿"：

> 昔刘姓而温名者，以医术进。渠谓丘公行年三百，有保养长生之秘术，乃奏举之。诏下，征至德兴。丘公上表云，形容枯槁，切恐中途不达，愿且于德兴盘桓。表既上，朝廷以丘公惮于北行，命仆草诏，温言答之，欲其速至也。既至行在，丘公数拜致敬，然后入见。奉诏，且令寻思干城居。

---

① ［元］李志常撰，党宝海译注：《长春真人西游记》，石家庄：河北人民出版社，2001年版，第22页。
② 李志常记载："我之行止，天也。非若辈之所及知。当有留不住时，去也。"参见［元］李志常：《长春真人西游记》，第4页。
③ ［元］陶宗仪：《南村辍耕录》卷十《丘真人》，第121页。

此丘公进见之所由也。①

刘温即刘仲禄，为成吉思汗所遣使臣。此文吹嘘丘处机行年"三百"，有长生之术，耶律楚材将此认定为"丘公进见之所由"。此外在祥迈的《至元辨伪录》中也转引此言："而刘温诳诈太祖言，丘公有三百余岁，及太祖问以年甲，伪云不知，故湛然居士编此语在《西游录》中。"②

丘处机弟子李志常也在对其师此行所作的总结《长春真人西游记》中记载丘处机到达漠北，斡辰大王向丘处机问"延生事"③，而成吉思汗则直言："真人远来，有何长生之药以资朕乎。"④ 种种迹象可见，成吉思汗召见丘处机最直接的目的就是寻求长生之药。

其二，借助宗教思想，安抚民众。蒙古族统治初期，金元战争不断，北方地区遭到严重破坏，如丘处机在出行前给一位道友诗中所言："十万兵火万民愁，万千中无一二留。去岁幸逢慈诏下，今春须合冒寒游。不辞岭北三千里，仍念山东二百州。穷急漏诛残喘在，早教身命得消忧。"⑤ 民众在战争中受尽折磨，需要在精神上寻求一种寄托，而全真教思想中解释了现实生活中的

---

① ［元］耶律楚材撰，向达校注：《西游录》，北京：中华书局，1981年版，第14页。
② ［元］祥迈：《至元辨伪录》卷四，《续修四库全书》第1289册，上海：上海古籍出版社，2002年版，第453页。
③ ［元］李志常撰，党宝海译注：《长春真人西游记》卷上，第28页。
④ ［元］李志常撰，党宝海译注：《长春真人西游记》卷上，第70页。
⑤ ［清］顾嗣立编：《元诗选二集》壬集《复寄燕京道友》，北京：中华书局，1987年版，第1339页。

困苦和死亡的必然性，同时以"苦己利人"①为主旨，符合当时统治者稳定民心的需求。将丘处机作为标榜树立起来，无疑对于安抚民心具有事半功倍的作用，这也是成吉思汗册封丘处机为"国师"的一个原因。

其三，求辅政之道。在成吉思汗看来，召见丘处机的主要目的是访求长生不老之术，最后才是询问治国辅政之道。这一点在征召丘处机的诏书中也有体现："朕践祚已来，勤心庶政，而三九之位，未见其人。访闻丘师先生，体真履规，博物恰闻，探赜穷理，道充德著……朕心仰怀不已。岂不闻渭水同车，茅庐三顾之事，奈何山川弦阔，有失躬迎之礼。朕但避位侧身，斋戒沐浴，选差近侍官刘仲禄备轻骑素车，不远数千里，谨邀先生暂屈仙步，不以沙漠游远为念，或以忧民当世之务，或以恤朕保身之术，朕亲侍仙座钦惟先生将咳唾之余，但授一言，斯可矣。"②此文中虽有求"保身之术"暴露了征召的目的，但仍有"渭水同车""三顾茅庐"等典故突显其求贤若渴之情③。丘处机觐见成吉思汗也进献了许多安邦治国之道，比如讲求"世人爱处不

---

① 元初名士徐琰在《郝宗师道行碑》曾评论道："其修持大略以识心见性、除情去欲、忍耻含垢、苦己利人为宗。"

② 陈垣：《道家金石略》，北京：文物出版社，1989年版，第445页；陶宗仪撰：《南村辍耕录》卷十丘真人，第121页。

③ 此征召文书内容的确可见求贤若渴之情，但就其语言及诏文写作惯例，此文并非出自成吉思汗之手，经考证，此文出自耶律楚材。成吉思汗在西征时召见丘处机，此时的成吉思汗对于汉族文化虽有所喜好，但那是为了了解征服地区文化，任用的汉人也多为维护统治之用，同时他也不一定懂得甚至无心去了解"渭水同车""三顾茅庐"等典故，他所需要的人才是军人、工匠等，并不可能像刘备任用诸葛亮一样，委任丘处机这样的宗教领袖为丞相，这篇诏文仅是耶律楚材所作的官样化的文章，表达的并不是成吉思汗最直接的意图。(参见赵文坦：《成吉思汗与丘处机关系辨析》，《东岳论丛》2009年第10期)

爱，世人住处不住。去声色以清静为娱。屏滋味，以恬淡为美"，"天地之生人为贵，是故人身难得，如麟之角……上至帝王，降及民庶，尊卑虽异，性命各同耳……陛下修行之法无他，当外修阴德，内固精神耳。恤民保众，使天下怀安则为外行；省欲保神为乎内行"①。将修身养性与安抚百姓相结合。在对待汉人的观念上，首先，丘处机反驳蒙古上层废良田改放牧的说法，赞扬农耕文明的优势，有言："海外之国不啻亿兆，奇珍异宝，比比出之，皆不及中国天垂经教，世出异人，治国治身之道，为之大备。山东河北，天下美地，多出良禾美蔬，鱼盐丝枲，以给四方之用。自古得之者为大，所以历代有国者惟重此地耳。"②其次，批判蒙古旧俗。丘处机褒奖汉族"孝"道，批评蒙古人多不孝其父母，故而有言："雷，天威也。人罪莫大于不孝，不孝则不顺乎天，故天威震动以警之。似闻境内不孝者多，陛下宜明天威，以导有众。"③ 由此可见虽然成吉思汗虽并非真心问政，但是作为汉族文化的重要代表，丘处机仍想用自己的思想去影响成吉思汗。

成吉思汗在征伐中从对手那里了解到了不同于蒙古文明的先进文化。成吉思汗与耶律楚材所代表的儒家文化和丘处机所代表的道家文化的交往，增加了成吉思汗对于汉文化的接触。虽然成

---

① ［元］耶律楚才：《玄风庆会录》，《道藏》第3册，北京：文物出版社，上海：上海书店，天津：天津古籍出版社，1988年版，第388页。
② 陈垣：《道家金石略》，第636页。
③ ［明］宋濂：《元史》卷二百零二《释老志》，第4525页。

吉思汗也曾在燕京设立宣圣庙①，但他所关注的主要是巫术卜筮、养生之道，这些举动并未能让他真正领略到汉文化的精髓，更无法触及理学这样的精深学问。但是在蒙古族从蒙昧的游牧文明向先进的农耕文明转化的过程中，成吉思汗无疑起到了重要的作用，他为后世皇帝做了表率，为元王朝封建化开启了一个良好的开端，对汉文化甚至是理学在元朝的发展起到了举足轻重的作用。

二　窝阔台的统治与"戊戌选试"

孛儿只斤·窝阔台（1186—1241），成吉思汗第三子，蒙古帝国可汗，太宗元年（1229）继承王位。成吉思汗晚年将其征伐得来的领土分封给他的四个儿子和一些亲戚近臣，使他们各自享有对封地的行政主导权。窝阔台所得的封地仅是今天的塔城、阿尔泰地区及蒙古草原的西部②，他在登基之后出兵灭金伐宋。太宗二年（1230），窝阔台按照成吉思汗临终的计划开始灭金之战，进而南下伐宋，他与成吉思汗西征不同点在于征伐地区多为汉地，因此在战争中也受到汉族文化颇多影响。窝阔台不但骁勇善战，也是一位思想开明的君主。随着战争的推进，窝阔台清醒地认识到汉文化在社会治理中的意义，认为社会出现的诸多问题

---

①　[明]宋濂：《元史》卷七十六《祭祀五》："宣圣庙，太祖始置于燕京。"卷八十一《科举》有记载"国初，燕京始平，宣抚王楫请以金枢密院为宣圣庙"，卷一百五十三《王楫传》记："时都城庙学，既毁于兵，楫取旧枢密院地复创立之，春秋率诸生行释菜礼，仍取旧岐阳石鼓列庑下。"

②　成吉思汗长子术赤分得了里海以北的钦察草原，次子察合台分到了今哈萨克斯坦等中亚地区以及我国新疆伊犁河谷地带和焉耆以南地区，四子托雷继承了原成吉思汗蒙古草原的土地。此时窝阔台基本上控制了托雷的土地。

需要他在治术上有所改变，因此他在保持蒙古合理制度的同时吸收了许多汉人的经验。

（一）窝阔台政治改革

蒙古游牧民族靠征伐、劫掠来获得土地和人口。战争过程中，锦衣玉帛的诱惑是激发军队战斗力的保证，被攻占的城市躲不过一场劫掠。分封领地的制度制定之后导致了战利品的分配出现问题，因此窝阔台将目光转向中原汉族地区。传统的劫掠式征服并不适用于中原地区，面对征服地区较高的文明与先进的生产方式，窝阔台和他的蒙古统治上层茫然无措，而耶律楚材的课税政策便成为解燃眉之急的重要举措。

连年征战导致这位刚刚继位的新汗并没有殷实的家底，有言："自太祖西征之后，仓廪府库无斗粟尺帛。"[①] 再加上不适应中原地区农耕生产方式，有近臣甚至提出："虽得汉人亦无所用，不若尽去之，使草木畅茂，以为牧地。"[②] 这样的政策也遭到许多大臣的反对，而耶律楚材就认为："夫以天下之广，四海之富，何求而不得，但不为耳，何名无用哉！"[③] 用中原的地大物博来反驳别迭的"无用"之说，并建言恢复中原地区原有的课税制度："陛下将南伐，军需宜有所资，诚均定中原地税、商税、盐、酒、铁冶、山泽之利，岁可得银五十万两、帛八万匹、粟四十余万石，足以供给，何谓无补哉？"[④] 以此来为窝阔台征战的日常开销提供帮助。如此的诱惑让窝阔台心动，对耶律楚材

[①] ［元］苏天爵编：《元文类》卷五十七《耶律公神道碑》，第832页。
[②] ［元］苏天爵编：《元文类》卷五十七《耶律公神道碑》，第832页。
[③] ［元］苏天爵编：《元文类》卷五十七《耶律公神道碑》，第832页。
[④] ［明］宋濂：《元史》卷一百四十六《耶律楚材传》，第3458页。

委以重任，诏曰"卿试为之"①。

太宗二年（1230）窝阔台于燕京、宣德、西京、太原、平阳、东平、真定、北京、平州、济南十地设置课税所，设课税使一名，副使两名，都由儒者担任，其中陈时可、刘中、赵昉等皆为知名儒士。全国开始推行课税制，《元史·食货志》和《中书令耶律公神道碑》中记载了全国推行课税制度的情况：

> 是岁（丙申年），始定天下赋税，每二户出丝一斤，以供官用，五户出丝一斤，以与所赐之家。上田每亩税三升半，中田三升，下田二升，水田五升。商税三十分之一，盐每银一两四十斤，已上以为永额。②

> 元之取民，大率以唐为法。其取于内郡者，曰丁税，曰地税，此仿唐之租庸调也。取于江南者，曰秋税，曰夏税，此仿唐之两税也。丁税、地税之法，自太宗始行之。初，太宗每户科粟二石，后又以兵食不足，增为四石。至丙申年，乃定科征之法，令诸路验民户成丁之数，每丁岁科粟一石，驱丁五升，新户丁驱各半之，老幼不与。其间有耕种者，或验其牛具之数，或验其土地之等征焉。丁税少而地税多者纳地税，地税少而丁税多者纳丁税。工匠、僧道验地，官吏、商贾验丁。③

窝阔台设立课税制的同时也规定了如何处理税制缴纳时的特殊情况，以及对于违反税制者的惩罚措施。随着税制的不断完

---

① [元] 苏天爵编：《元文类》卷五十七《耶律公神道碑》，第832页。
② [元] 苏天爵编：《元文类》卷五十七《耶律公神道碑》，第834页。
③ [明] 宋濂：《元史》卷九十三《食货志》，第2357页。

善，国库得到了实际的经济回报，还缓解了贪污腐败之风。杨奂在评价耶律楚材的税制改革时曾言："不重其权，则无以划其弊，故官吏污滥，得廉纠之，刑赋舛错，得厘正之，至于风俗之疵美、盗贼之有无、楮货之低昂，得季奏之。"① 此外，课税制所包含的重大意义不仅在于经济利益的回报，还在于蒙古帝王对汉族制度文化的认可，这也是窝阔台汉法策略的开端。

（二）窝阔台的文化政策

税制改革使窝阔台收到了丰厚的经济回报，故而使窝阔台对于中原地区的汉人产生了浓厚的兴趣，既包括他们的政治制度，也包括思想文化。耶律楚材屡次进说周、孔之教，而且有言："天下虽得之马上，不可以马上治。"② 治天下者当用儒臣的理论被窝阔台接受。因此窝阔台在执政期间开始重视儒家思想，在选贤任能中增加了儒臣的比重。

1. 召儒生，复祭孔

窝阔台召集儒者、恢复祭祀孔庙，因为他认为儒生是儒家文化传承的载体。蒙古初期战争中，蒙古军队在攻城略地中大肆烧杀抢掠，大量有识之士死于兵祸，耶律楚材意识到儒士的重要性，建议招揽儒士以资国用。窝阔台随即下令在征服地区寻访儒士。太宗四年（1232）窝阔台攻占汴京，向金朝索要"翰林学士赵秉文、衍圣公孔元措等二十七家，及归顺人家属，蒲阿妻子，绣女、工匠、鹰人又数十人"③，此后更是大规模地寻访知

---

① ［元］杨奂撰，孙学功点校：《元代关学三家集·还山遗稿》卷上《立课税所》，西安：西北大学出版社，2015年，第418页。［元］苏天爵辑撰：《元朝名臣事略》卷十三《廉访使杨文宪公》注文，北京：中华书局，1996年版，第257页。
② ［元］苏天爵编：《元文类》卷五十七《耶律公神道碑》，第832页。
③ ［元］脱脱：《金史》卷十七《哀宗本纪上》，第386页。

名儒士，窝阔台命令姚枢与杨惟中"军中求儒、道、释、医、卜者"①。这样的举措使得窝阔台网罗了大量的儒士，其中就有攻陷德安时俘获的理学名士赵复。姚枢将赵复与所得的大量程朱理学的书籍一同带回燕京，这为后来太极书院的建立及理学的传播奠定了基础。

重视儒学必定需要恢复儒学的社会地位，恢复孔庙祭祀即是重要手段。蒙古族对于儒学的轻视及战争的破坏，使各地的孔庙及相关的祭祀活动随之废止，正像耶律楚材感叹："典礼已随前代废，遗音犹怨后庭哀。"② 他看到元代佛寺、道观盛行，而孔庙却损毁殆尽的情况后痛心疾首，感慨："试问中州士君子，谁人不出仲尼门。"③

成吉思汗曾经在燕京设置宣圣庙，但是形式大于文化传播的意义，收效甚微。耶律楚材认为要恢复儒家的地位，就必须修建孔庙，并恢复对孔夫子的祭祀。因此他在窝阔台执政期间大力宣扬孔庙的重要地位，在其倡导下云内、太原、天山等地的孔庙相继建立起来④。1233年窝阔台正式下诏，令孔子五十一世孙孔元措沿袭"衍圣公"，恢复孔氏后人世袭罔替的地位，并于太宗五年（1233）和八年（1236）两次敕修曲阜孔庙⑤。窝阔台还给予孔氏后人优待政策，豁免了他们的赋税："孔氏子孙一十五家，

---

① [明] 宋濂:《元史》卷一百五十八《姚枢传》，第3711页。
② [元] 耶律楚材撰，谢方点校:《湛然居士文集》卷十《和渔阳赵光祖二诗》其二，第224页。
③ [元] 耶律楚材撰，谢方点校:《湛然居士文集》卷十三《重修宣圣庙疏》，第283页。
④ 参见 [元] 耶律楚材撰，谢方点校:《湛然居士文集》卷十三《贾非熊修夫子庙疏》、卷十四《周敬之修夫子庙》《太原修孔子庙疏》，第280、311、321页。
⑤ [明] 宋濂:《元史》卷二《太宗本纪》，第33、34页。

亚圣颜子后八家，邹国公后二家，庙户依旧百户，记一百二十五户，奉上丝线、颜色税额、军役大小差发并行蠲免，上项户计尽行豁除，不属州县所管。"历代所赐孔庙土地也"免赋役，供给祭祀"①。窝阔台册封衍圣公、修缮曲阜孔庙、豁免圣人赋税的举措，可见其对儒家的重视。

2. 修建经籍所与太极书院

搜罗儒家士人、恢复孔庙祭祀等表明了窝阔台在统治时加强了对儒学的重视，但是要让儒学在元代继续发展，传播儒学，这就需要建立学校、编译书籍，如元好问所言："士之有立于世，必籍学校教育、父兄渊源、师友之讲习，三者备而后可。"② 他认为只有建立学校，并通过学校学习儒学，在相互切磋中才能成为真正的儒学名士。

蒙古族统治初期战争的残酷性不仅仅体现在对人的伤害方面，对于书籍也是一个灾难，大量书籍随着城市的陷落而散佚，直至耶律楚材、姚枢等才开始重视保护汉族文献。姚枢在攻占德安后，俘获赵复，并搜罗大量程朱理学的典籍，这也是姚枢等学习理学的契机③。而耶律楚材则认识到仅靠搜罗文献并不能解决燃眉之急，因此在抬高儒学地位的举措中，又大胆提议建立编撰整理经史子集的编修所。耶律楚材于太宗八年（1236）建议窝阔台建立收集整理典籍的机构，窝阔台下令："立编修所于燕

---

① ［金］孔元措：《孔氏祖庭广记》卷五《历代崇重》，《丛书集成初编》，北京：中华书局，1985年版，第48页。亦可参见蔡美彪：《元代白话碑集录·一二九七年曲阜文庙免差役碑》，第42页。
② ［元］元好问：《遗山集》卷三十九《癸巳岁寄中书耶律公书》，《文渊阁四库全书》第1192册，台北：商务印书馆，1986年版，第447页下。
③ ［明］宋濂：《元史》卷一百五十八《赵复传》"是先，南北道绝，载籍不相通，至是，复以所记程、朱所著诸经传注，尽录以付枢"，第4314页。

第一章 沉默—思考—崇尚：元帝王对理学的态度

京，经籍所于平阳，编集经史，召儒士梁陟充长官，以王万庆、赵著副之。"① 梁陟、王万庆、赵著等皆对儒家文化了解至深，此人管理"印造经籍事"②，进一步促进儒学传播。随着燕京、平阳经籍所的设立，儒学典籍慢慢开始增加。在此后的发展中，大量书籍在燕京、平阳处刊刻印制，有史籍记载："（姚枢）自版小学书、《语孟或问》《家礼》，俾杨中书版《四书》，田和卿版《尚书》《声诗折衷》《易程传》《书蔡传》《春秋胡传》，皆于燕。"③ 平阳则刊刻有《湛然居士文集》《尚书注疏》《毛诗注疏》《丹渊集》《滏水集》等④。此后经籍所被忽必烈搬至京师，改名"弘文馆"，成为儒士们出版经籍的机构。这些重要的成就虽然在窝阔台之后出现，但是不可否认窝阔台建立经籍所的首创意义。

随着文化机构的建立，儒学典籍的增加，儒学之风逐渐盛行，讲学之风开始在窝阔台朝盛行，书院也就应运而生。其实早在1233年，耶律楚材就曾"命收太常礼乐生，及召名儒梁陟、王万庆、赵著等，使直释九经，进讲东宫。又率大臣子孙，执经解义，俾知圣人之道"⑤。窝阔台召集梁陟等儒臣设教于东宫，教授皇子皇孙，足见其对于汉文化教育的重视，但是真正形成书院应始于太极书院。太极书院始建于1236年，姚枢与杨惟中谋

---

① [明]宋濂：《元史》卷二《太宗本纪》，第34页。
② [金]李俊民：《庄靖集》卷八《孟氏家传》，《文渊阁四库全书》第1190册，台北：商务印书馆，1986年版，第632页上。
③ [元]姚燧：《牧庵集》卷十五《中书丞相姚文献公神道碑》，《文渊阁四库全书》第1201册，第546页下。
④ 潘国允、赵坤娟编：《蒙元版刻宗录》，呼和浩特：内蒙古大学出版社，1996年版，第68—69、134—135页。
⑤ [明]宋濂：《元史》卷一百四十六《耶律楚材传》，第3459页。

划建立书院以推广程朱之学,随即奏请"立周子祠,以二程、朱、杨、游、朱六君子配食,选取遗书八千余卷,请复讲授其中"①。赵复乃程朱后学,太极书院传授程朱理学,从此"伊洛之学遍天下"②。

3. 戊戌选试

中原历代王朝对于人才的选拔方式迥然不同,从汉代的举孝廉到魏晋的九品中正制,再到隋唐以来形成的比较完善的科举制,历代都有一套相对固定的选拔人才的方式。就历史经验来看科举制创立对人才的选拔有着重要的意义,它也是儒士参与治国的重要途径。宋代科举兴盛,通过科举取士获得大量人才,金朝虽为少数民族所建,但是金统治者亦十分重视儒学与科举,根据《金史·选举志》记载,金代开国不到十年即开科取士,"金设科皆因辽、宋制,有词赋、经义、策试、律科、经童之制"③。后来经过不断的修改完善,金朝形成了一套适合金朝的选举制度,这样就使许多辽宋遗民,如虞仲文、张通古、宇文虚中、高士谈等人被金朝所召,清人庄仲方曾言金朝是"借才易代"④。蒙古人入主中原却未能及时实行科举,大量人才无法跻身仕途,儒士的政治地位一落千丈。设科举选人才最初的尝试是在成吉思汗时期,《元史·选举制》曾记载:"太宗始定中原,即议建学,设科取士。"⑤ 但是由于战争的因素而未能实施。

---

① [明]宋濂:《元史》卷一百八十九《赵复传》,第4314页。
② [元]郝经撰,邱居里、赵文友点校:《郝文忠公陵川文集》卷二十六《太极书院记》,《儒藏精华编》第245册,第439页。
③ [元]脱脱:《金史》卷五十一《选举志》,第1130页。
④ [清]庄仲方选编:《金文雅》卷首序言,清光绪辛卯江苏书局重刊本,第1页。
⑤ [明]宋濂:《元史》卷八十一《选举志》,第2032页。

窝阔台朝是科举实行的契机，在成吉思汗朝并没有发挥最大作用的耶律楚材此时得到重用，他的眼光并未局限在自身能力的发挥，他看到了儒生参与国家政治治理的重要性。当他看到儒生的地位衰降时悲痛地发出感慨"自惭忝位司钧轴，可怜多士无梯媒"①"野有遗贤犹未用，中书宁得不胡颜"②。他感慨有识之士不得重用，甚至有些被地方的世家所网罗以对抗统治者，所以他认为让更多的儒士参加到国家建设中最直接的办法就是开科取士。

耶律楚材认为治理汉地需要的是饱读诗书的儒士，并非纵横沙场的猛将，主张因材而用："制器者必用良工，守成者必用儒臣。儒臣之事也，非积数十年，殆未易成也。"③ 积累儒臣的方法就是开科取士，所以他希望能够通过恢复科举选拔儒士进入上层，这一点得到窝阔台的认可，于是太宗九年（1237）八月二十五日窝阔台颁布"丁酉诏令"，《庙学典礼》中记载：

> 丁酉年八月二十五日，皇帝圣旨道与呼图克、和塔拉、和坦、谔噜、博克达扎尔固齐官人每：自来精业儒人，二十年间学问方成。古昔张置学校，官为廪给，养育人才。今来名儒凋丧，文风不振。所据民间应有儒士，都收拾见数。若高业儒人，转相教授，攻习儒业，务要教育人材。……此上委令断事官蒙格德依与山西东路征收课程所长官刘中，遍行

---

① ［元］耶律楚材撰，谢方点校：《湛然居士文集》卷十一《用张道亨韵》，第236页。
② ［元］耶律楚材撰，谢方点校：《湛然居士文集》卷十二《又和仲文二首》其一，第264页。
③ ［明］宋濂：《元史》卷一百四十六《耶律楚材传》，第3461页。

诸路一同监试，仍将论及经义、词赋分为三科，作三日程试，专治一科为一经，或有能兼者，但不失文义者为中选。其中选儒人，与各住处达鲁花赤、管民官一同商量公事勾当者。①

太宗十年（1238）考试正式举行，因为1238年为戊戌年，所以此次科考被称为"戊戌试"。从丁酉诏令可以看出，窝阔台意识到名儒凋零的现象，决定开科取士，网罗民间儒士。诏书中规定，地方上以"路"为单位，对儒生进行考核，考试科目是传统意义上的经义和词赋。但是这个考试也不是最终的结果，即便中选，之后还要接受进一步审核。

此次铨选在全国"得士凡四千三十人"，凡是中选的儒生"若有种田者，输纳地税，买卖者，出纳商税，开张门面营运者，依行例供出差发，除外，其余差发并行蠲免"②。但凡入为儒籍，即可免除大量的杂役，专心致力于学。根据当时规定，他们逃离了作为驱口的厄运。虽然这次考试对于儒生有积极的影响，但是并没有达到耶律楚材所预想的目标。主要是科考的复试未能如期举行，原计划通过二次考试以审核科考的结果，最终决定录用的人员，但是由于多方的质疑和反对，以及战争时期对于武力的崇尚，使得这项计划中途流产，即便通过考试的人员也未能得到任用。这在史籍中即可得到答案，陶宗仪曾有记录中举者

---

① ［元］佚名：《庙学典礼》卷一《选试儒人免差》，《文渊阁四库全书》第648册，台北：商务印书馆，1986年版，第325页下；个别地方根据《元史》卷十八《选举志》校对，文中所提到的蒙格德依，《元史》卷二《太宗本纪》作术虎乃。

② ［元］佚名：《庙学典礼》卷一《选试儒人免差》，《文渊阁四库全书》第648册，第325页下。

的境遇:"国朝儒者,自戊戌选试后,所在不务存恤,往往混为编氓。"① 由此可见戊戌选试中得以入仕为官的寥寥无几,即便是那些为官的儒士,基本上都是得到了耶律楚材等特别推荐,例如杨奂。不过随着社会的发展,那些默默无闻的中举儒生也陆续出现在政治舞台上,其中包括许衡、张文谦等对元代理学贡献颇多的大儒。

戊戌选试总体来说是一场失败的科考,或者说并不是一个严格意义上成型的科举考试,但是它对于元代人才选拔制度来说是一次创新,开创了元代"科考"的先河,并为七十余年后元仁宗的延祐科举提供了不可多得的经验。

窝阔台相较成吉思汗而言,更进一步学习汉法。在治术上,以儒治国政策取得了重大的成果;经济上,汉族税制变革为政治的稳定奠定了坚实的经济基础;文教上,保护儒生、恢复孔庙祭祀使儒家的地位进一步提高,建立经籍所、太极书院,增加了儒学典籍,并教育出大量的儒生。尤其是其对赵复的重视,可谓元代理学的开端;科举制度的尝试,虽然并未取得预期的效果,但是在保护儒生、提高他们的地位上意义重大。窝阔台在政治上的这一系列改变,进一步推进了蒙元"汉法"政策的实施,在一定程度上为元代理学的发展起到奠基作用,也为元代后世君主起到一个典范作用,虽然此后的贵由、蒙哥在此基础上未有太大的进步,但是到了忽必烈时期,元代儒学文化及理学又一次飞速发展。

---

① [元] 陶宗仪:《南村辍耕录》卷二《高学士》,第24页。

三 蒙古族统治初期释、道政策

蒙古族统治初期,蒙古统治者对文化的包容性亦突显在宗教政策上。前文已经叙述了元朝统治者对儒学的学习和推崇,因为在汉文化的发展中,儒释道是不断的相互批判、相互学习,宋代理学即是在儒学的基础上糅合了佛教、道教思想而形成的。蒙古族统治初期统治者对佛教和道教的政策,对元代理学的发展也起到一定的影响。

蒙古族并没有明确的宗教教派意识,成吉思汗等帝王仍然延续蒙古族的信仰传统,信奉起源于远古时期的一种原始自然崇拜的萨满教。但蒙古族并不只有单一的宗教信仰,萨满教虽然深得帝王崇尚,如成吉思汗、窝阔台等都是萨满教的忠实信徒,可是他们却不曾因萨满教是祖先传承的遗产,而排斥其他的外来宗教。相反,他们对于其他宗教表现出的是一种包容的态度,正如陈垣在《道家金石略·万寿宫披云真人令旨碑》中记载:"依着已前成吉思汗皇帝圣旨、哈罕皇帝圣旨、蒙哥皇帝圣旨、今上皇帝圣旨里:和尚、先生、也里可温、达失蛮,不拣什么差发休着者。"①

又如志费尼所言:

> 因为不信宗教,所以,他没有偏见,不舍一种而另取另一种,也不尊此而抑彼……他一面优礼相待穆斯林,一面极

---

① 陈垣:《道家金石略》,第631页。陈垣此文中,和尚指佛教、先生指道教、也里可温指基督教、达失蛮指伊斯兰教。

为敬重基督教和偶像教徒。他的子孙中好些已按所好,选择一种宗教,有皈依伊斯兰教的,有归奉基督教的,有崇拜偶像的教的,也有仍然恪守父辈、祖先旧法,不信仰任何宗教的;但最后一类现在只是少数。他们虽然选择一种宗教,但大多数不露任何宗教狂热,不违背成吉思汗的札撒,也就是说,对各教一视同仁,不分彼此。①

据此碑记记载,从成吉思汗到窝阔台,再到蒙哥、忽必烈诸汗,对宗教派别都采取的是一种积极开放、大度包容的态度,这也使得蒙古族统治初期的宗教思想呈现出多元的特点。

在蒙古族统治初期,成吉思汗为求长生之药而三次征召丘处机前往漠北,对全真道的包容政策的出发点是维护政权,更因为丘处机承认成吉思汗是"承天受命"。成吉思汗早年历经磨难而不死,一方面是成吉思汗自身原因,同时他也把幸免于难的原因归结于"长生天"的保佑。所以他在每次出征时都要占卜,以看长生天的意愿,如符拉基米尔佐夫所言:"成吉思汗不只是宗教的,而且是迷信的……这种迷信上的恐怖,是从他幼年时代起便为他周围的一切现象所逐渐注入他的脑海里的。"② 而丘处机给予成吉思汗的赞许也承认成吉思汗是上天所命,就连西赴漠北时也明言:"我之行止,天也。"③ 成吉思汗看中的正是丘处机能为其统治寻求一种合法性。

---

① (伊朗)志费尼(Ata-Malik Juvaini)著,何高济译:《世界征服者》上册,第29页。

② (苏联)符拉基米尔佐夫(B. j. Vladimirtsov)著,余元盦译:《成吉思汗传》,上海:上海巨轮出版社,1950年版,第104页。

③ [元]李志常撰,党宝海译注:《长春真人西游记》,第4页。

成吉思汗也看中了道教教义上在安己、安民上的作用。战争破坏对于宗教发展无疑是一个契机：社会百废待兴，人民生活困苦，人心灵上需要找到一种寄托，而此时的全真教思想中宣传修道超脱生死的思想，让人获得对某种生活的向往，对继续生存有了一定希望。同时全真教的思想在一定程度上解释了现实中充满困苦和死亡的必然性，这种生活的不确定性并不会因为遵从社会道德和准则而有所改变①。所以全真教的思想抚慰了处于战乱之下的民众心灵，起到了稳定社会的作用，这也使全真教成为元统治者获取民心的一个重要工具。陈垣在其《南宋初河北新道教考》中对道教作用有所评价，他说："天佑下民，作之君，作之师，有人焉，出万物之表，建非常之事，卓然自成一家，使人崇奉而厌服之，决非偶然者。必上天明神，降生下界，藉名以救世，不然，何神通灵应，恍惚变化，如雷霆，如风雨，而不可测也。皇帝清心省事，讳兵哀刑，所以护育百姓之道甚备，然犹推尊道家之教。其意若曰，解人之厄，蠲人之役，福人之善良，求诸冥冥中，舍方外法门，将何所据依，此始终信敬而不怠者也。"②

丘处机及他所代表的全真教在消弭人民反抗，缓和阶级矛盾、民族矛盾，帮助统治者获取民心，巩固统治上起到了重要作用，这正是成吉思汗重视道教的原因。

蒙古族统治初期蒙古统治者与全真教交往密切，但是这也不妨碍他们与佛教僧人的往来，海云印简与那摩便是重要代表。

海云印简禅师，俗姓宋，法名印简，号海云，金朝山西岚谷

---

① 参见夏当英：《成吉思汗礼遇丘处机分析——以权力与宗教互动的视角》，《温州大学学报》2011年第3期。
② 陈垣：《南宋初河北新道教考》，第113页。

人，临济宗传人，佛法高深，深得多位可汗重视，程文海在《海云印简和尚塔碑》记载："海云大宗师师历事太祖、太宗、宪宗、世祖，为天下禅门之首。"① 最初在1219年，成吉思汗命令木华黎攻取岚谷，海云与其师中观沼公被携北行，宣传佛法。成吉思汗欣赏中观及海云印简的学识，因此嘱咐木华黎特别照顾："尔使人来说底长老、小长老，实是告天的人；好与衣粮养活著，教做头儿，多收拾那班人，在意告天，不拣阿谁，休欺负交达里罕里行者。"② 并封中观为"慈云正觉大禅师"，海云印简为"寂照英悟大禅师"③。

太宗十年（1238），太宗窝阔台试选天下，此次也包括僧道人士，蒙古官员以是否认字作为选拔僧尼的标准："识字者可为僧，不识字者奚令还俗。"④ 海云禅师巧妙地以是否知佛法、知自性作为评判标准，否定了考官以是否识字来评判的标准，同时也进言国运昌盛之道⑤，窝阔台得闻后召见。贵由皇帝则命他统领僧众，并赐白金万两。蒙哥皇帝继位后，佛教地位上升，他重视海云印简禅师，在对僧道的管理上"以僧海云掌释教事，以道士李真常掌道教事"⑥。海云印简掌管全国的佛教事务。宪宗还曾将海云印简禅师请至上都叩问佛法，当然这次受到佛法熏陶

---

① ［元］程文海：《雪楼集》卷六《海云简和尚塔碑》，《文渊阁四库全书》第1202册，台北：商务印书馆，1986年版，第70页下。
② ［元］释念常：《佛祖历代通载》卷二十一，《大正藏》第49册，台北：新文丰出版有限公司，1986年版，第703页上。
③ 道教大师丘处机，和佛僧海云和尚等都从成吉思可汗及蒙古朝廷得到"告天人"的称谓。《蒙古秘史新译并注释》第244节"注释"。
④ ［元］释念常：《佛祖历代通载》卷二十一，《大正藏》第49册，第703页下。
⑤ ［元］释念常：《佛祖历代通载》卷二十一，《大正藏》第49册，第703页下。
⑥ ［明］宋濂：《元史》卷三《宪宗本纪》，第45页。

的还有未继位世祖忽必烈:"壬寅,忽必烈大王请师(印简)赴帐下,问佛法大意,师初示以天人因果之教,次以种种法要,开其心地。王生信心求授菩提心戒。"① 忽必烈以师礼事之,足见其对佛教的重视,也对后来忽必烈的佛教政策有很大影响,这是后话。此外就是那摩,他是继海云后另一位掌管全国佛教的僧人,"宪宗尊那摩为国师,授玉印,总天下释教"②。

由于教派争端,蒙古族统治初期的佛道两家亦有冲突,全真道在成吉思汗朝受到礼遇,对于佛教十分抵触,二者时常相互抨击。《至元辨伪录》有记载:"今之道士,专饰诈力,天阋他门,苟骋奸心,蔽蒙觉路。不荷国家宽恩洪溥,更恣私臆,广撰谤文,言无入圣之诠,文有乱真之诳。窃佛圣教,妄作伪书,恣其猖狂,不思颠蹶。睹法华教,即云在莲华中;见金光明,便说坐火焰上。全迷至理,巧会经名。丑语似于枭魅,暴戾过于狼噬。悖言乱德,妖诈惑人,玷辱宪章,蠹伤风化。"③ 蒙哥汗因此组织了一场释道辩论。但是这场辩论并没有明显的胜负,因为统治者主张宗教平衡共存,使佛道仍然处于平等地位,如蒙哥汗所言:"今先生言道门最高;秀才言儒门第一;迭屑人奉弥失诃,言得生灭;达失蛮叫空谢天赐与。细思根本,皆难与佛齐。帝时举手而喻之曰:譬如五指,皆从掌出,佛门如掌,余皆如指。"④

蒙古早期帝王对待儒释道三家的政策并没有厚此薄彼,采用了包容的宗教政策,而对于释道的利用则凸显了实用性。统治者

---

① [元] 释念常:《佛祖历代通鉴》卷二十一,《大正藏》第49册,第704页中。
② [明] 宋濂:《元史》卷一百二十五《铁哥传》,第3075页。
③ [元] 祥迈:《至元辨伪录》卷四,第456页。
④ [元] 祥迈:《至元辨伪录》卷三,第449页。蒙哥所谓迭屑人是指基督徒,达失蛮是指伊斯兰教徒。

主要利用的是道家、佛教精神层面对于饱受战争困扰的人民的安抚功效，这源于道家清静无为、佛家淡泊名利的出世态度。相较之下，儒家"修齐治平"的入世思想对于维护封建秩序，巩固蒙古帝国统治的作用更加吸引统治者的目光。在蒙古帝王思想逐步深化的过程中，他们也认识到儒学的重要性，在政策的制定中，儒学所占比重在不断上升。

第三节 忽必烈的"儒术治国"政策

经过成吉思汗、窝阔台、蒙哥等可汗的努力，汉文化中的精髓——儒家文化在蒙古帝国发展起来。尤其是窝阔台在位的十三年，在耶律楚材辅佐下，窝阔台整肃了中原政治、经济秩序，平抚了前期战争所造成的伤害，使汉文化得到了发展。忽必烈是成吉思汗等大汗的优秀继承者，他是大元王朝真正意义上的开国之君，他不仅继承了蒙古人骁勇善战的传统和成吉思汗等人统一中国的志向，同时也像其祖辈们一样对汉族文化充满兴趣。长时间与汉人接触使得忽必烈认识到"汉法"在治理国家中的重要作用，以及儒学和儒生在施行"汉法"中的地位和价值，因此其在位的三十多年中，儒学得到了真正的重视。

一 潜邸金莲川藩府时期

（一）开设幕府

忽必烈是个有才华的君主，潜邸时期便受到其兄蒙哥的器重并被委以重任,让忽必烈管理漠南汉地军事庶务,驻扎在爪忽都,也就是我们后来所说的金莲川①。忽必烈在此处理大小事务,与汉人的接触相较其他帝王要更为频繁。忽必烈也认识这些地区由于战乱引发的民族矛盾和文化冲突日益严重,如果不及时解决,不仅影响他在漠南地区的地位,甚至影响到整个蒙古王朝的稳定,所以汉人统治区的政策法令要与蒙古统治地区有所不同。儒学就在忽必烈急欲寻找解决问题的方法的时候进入了他的视线。

忽必烈意识到"以马上取天下,不可马上治天下"②,他仰慕唐太宗李世民的丰功伟绩,"闻唐文皇为秦王时,广延四方文学之士讲论治道,终致太平,喜而慕焉"③。漠南汉地在战乱的摧残下土地荒芜,人民流离失所,急欲恢复社会生产。如邢州(今河北邢台)是战争破坏比较严重的城市,百姓逃亡,居民所剩无几。忽必烈听从刘秉忠、张文谦等人建议"邢吾分地也,受封之初,民万余户,今日减月削,才五七百户耳,宜选良吏抚循之"④,在制定治理"邢州"的政策时重视官吏能力,任用脱兀脱及张耕为邢州安抚使、刘肃为商榷使,治理邢州,此后"邢乃大治"。这件事使忽必烈认识到汉族良吏治理国家的优势,也坚定了忽必烈在金莲川地区广泛的招募汉族文人,为其实施各项政策储备优秀人才的决心。

儒生们面对金亡的局面,失去了原来的安身立命的依靠。由

---

① 金莲川,原名曷里浒东川,金世宗大定八年(1168)五月,以"莲者连也,取其金枝玉叶相连之义",将曷里浒东川命名为金莲川。
② [明]宋濂:《元史》卷一百五十七《刘秉忠传》,第3688页。
③ [元]苏天爵辑撰:《元朝名臣事略》卷十二《内翰王文康公》,第238页。
④ [明]宋濂:《元史》卷四《世祖本纪一》,第57页。

第一章　沉默—思考—崇尚：元帝王对理学的态度

于帝国早期肆意的征伐、杀戮，大量的儒生被俘为奴。居无定所、朝不保夕的生活让这些儒生与平常百姓一样的无助，他们希望改变这样的局面，希望能成为改变乱世的"英豪"，但是科举这条晋身仕途被堵死，金元之际实践理想的途径少之又少。儒家以"修齐治平"为志，以平治天下为己任，所以儒生们的政治理想必须与君王联系起来，得到君王的任用，才能光明正大地实现自己的政治理想。真正的明君凤毛麟角，大量的儒生拥挤在寻找明君的道路上，机会稀少加上生命的短暂，因而他们集中精力寻找明君。忽必烈的出现迅速吸引了儒生们的注意。他重视儒家思想，实行汉法，重视读书人，这使急欲寻找明君的士人们眼前一亮。一方面，士人们急欲寻找能帮助自己实现政治理想和个人价值的明君；另一方面，忽必烈希望通过任用汉族知识分子改变蒙古族原有的统治模式，帮助他治理汉地，进而增加他未来继承皇位的筹码。两者一拍即合。因此在忽必烈开设金莲川幕府后，大量儒生相互引荐进入幕府，"帝在潜邸，思大有为于天下，延藩府旧臣及四方文学之士，问以治道"①。

金莲川幕府的建立不是偶然，因为忽必烈在很早就对汉族文化产生兴趣。忽必烈广交有识之士，乃马真后元年（1242）忽必烈与佛教禅师海云印简会晤于漠北，忽必烈问政于海云："佛法中有安天下之法否？"海云曰："宜求天下大贤硕儒，问以古今治乱兴亡之事。"② 海云并未囿于门户之见，而是真诚给予治世良言。于是忽必烈开始招纳精通儒术的良才，赵璧、王鹗、刘

---

① ［明］宋濂：《元史》卷四《世祖本纪一》，第57页。
② ［元］释念常：《佛祖历代通载》卷二十一，《大正藏》第49册，第704页中。

秉忠算是最早进入忽必烈幕府的一批儒士①。应召入府的刘秉忠等人在讲道的同时也相继推荐了真定名士李德辉与太宗旧臣窦默、姚枢、杨惟中等人。此外忽必烈还从东平严氏的幕府中请来宋子贞、商挺等，进一步地充实金莲川幕府的人才队伍，使其成为一个儒士们聚集地②。李谦在《中书丞相张公神道碑》中记载了这一盛况："世祖始居潜邸，招集天下英俊，访问治道，一时贤士大夫，云合辐凑，争进所闻。迨中统、至元之间，布列台阁，分任岳牧，蔚为一代名臣者，不可胜纪。"③ 郝经在此时也处于忽必烈金莲川幕府中，他的《入燕行》赞许金莲川"鱼龙万里入都会，颒洞合沓何扰扰"④。为了接纳更多的人才，忽必烈决定在金莲川地区建立长久性的城市作为政治、经济文化发展的中心，于是在忽必烈的号令下，刘秉忠等人于金莲川地区建立开平城，《元史》记载："帝命秉忠相地于桓州东、滦水北，建城郭于龙冈，三年而毕，名曰开平。继升为上都，而以燕为中都。"⑤ 金莲川幕府及后来开平城的建立，为忽必烈储备了大量

---

① 赵璧，字宝仁，云中怀仁人，"世祖为亲王，闻其名召见，呼秀才而不名。赐三僮，给薪水，命后亲制衣赐之，视其试服不称，辄为损益，宠遇无与为比。命驰驿四方，聘名士王鹗等"（《元史》卷一百五十九《赵璧传》）。王鹗，字百一，曹州东明人，金正大元年状元。1242年世祖访儒士，王鹗入幕府，"及至，使者数辈迎劳，召对。进讲《孝经》《书》《易》，及齐家治国之道，古今事物之变，每夜分，乃罢"。刘秉忠，字仲晦，曾得海云禅师赏识，向忽必烈推荐刘秉忠。《元史》卷一百五十七《刘秉忠传》记载："世祖在潜邸，海云禅师被召，过云中，闻其博学多材艺，邀与俱行。既入见，应对称旨，屡承顾问。秉忠于书无所不读，尤邃于《易》及邵氏《经世书》，至于天文、地理、律历、三式六壬遁甲之属，无不精通。"
② 任红敏《金莲川幕府文人群体之文学研究》（南开大学博士学位论文，2010年）将金莲川地区看作汉族文人聚集的中心，但是经考证，金莲川幕府中还有廉希宪等少数民族，不能用汉族儒士以偏概全。
③ ［元］苏天爵编：《元文类》卷五十八《中书左丞张公神道碑》，第844页。
④ ［清］顾嗣立编：《元诗选》初集·乙集，郝经《入燕行》，第402页。
⑤ ［明］宋濂：《元史》卷一百五十七《刘秉忠传》，第3693页。

精通儒术的人才，为他之后实行汉法政策奠定了坚实的基础。

(二) 金莲川幕府与儒学

自乃马真后元年（1242）开始，忽必烈在金莲川地区广开幕府，下诏礼贤下士，大量有识之士相互举荐，进入金莲川幕府中。现今史籍可考的各界士人约有六十人左右，其中既有满腹经纶的儒家学者，又有精通谋略的治国良才，还有骁勇善战的将领，他们包含了当时各个领域的精英，这些人组成了一个文武兼备的政治集团。此处我们主要了解的是金莲川幕府里面的儒生。

金莲川幕府是忽必烈为了网罗天下名士而建立的临时性政治集团，此性质就决定了它的人员成分会比较复杂，不是单一的地区性组织，幕府中的幕僚来源不一，文化背景、师承渊源均有差异。根据地域分可以分为四类：苏门（今河南新乡辉县）理学人士，邢州学派，东平、真定、顺天三地的汉族世侯，以及跟随忽必烈来金莲川的文人侍从。

在金莲川幕府的文人群体中，尤其需要关注的是苏门地区的理学群体。蒙古族统治初期的几位帝王在汉人的浸染下开始主动地去接触儒家文化，成吉思汗时期的契丹儒士耶律楚材，窝阔台时期的杨惟中、姚枢等人，他们不遗余力地向当时的统治者宣传儒家思想。到了忽必烈时期，他更加重视儒者。赵复携带程朱理学的典籍北上，为北方带来了理学之风，忽必烈的重儒政策自然也吸引了不少理学名士。苏门地区是理学人士主要来源地，最主要的要数"苏门三先生"——姚枢、许衡、窦默。姚枢在窝阔台朝已经出仕，随驾南征搜罗儒学典籍，机缘结识赵复，倾心于理学的精深，接收赵复所藏理学书籍，并与杨惟中等人与燕京建立太极书院传播理学，后因与燕京官员不和而辞官归隐苏门山，潜心著书立说。许衡、窦默此时在大名隐居。姚枢得闻二人之贤，赴大名与二人探讨学问，许、窦感慨姚枢所言理学的深刻内涵，三人共赴苏门山切磋理学。

忽必烈出于对人才的渴望，自然不会忽略姚、许、窦等人。窦默最先出仕，他与忽必烈讨论治国之道，窦默指出"首以三纲五常为对"，又言："帝王之道，在诚意正心。心既正，则朝廷远近莫敢不一于正。"① 忽必烈极为赞许。窦默向忽必烈推荐深谙理学的姚、许二人，姚、许二人相继向忽必烈进献治国之道，姚枢曾言："首陈二帝三王之道，以治国平天下之大经，汇为八目，曰：修身，力学，尊贤，亲亲，畏天，爱民，好善，远佞。"② 许衡则是苏门三先生中最晚出仕的，忽必烈征召许衡为京兆提学，自此"郡县皆建学校，民大化之"③，理学人士受到忽必烈的重视。虽然忽必烈并未真正对理学思想进行深入了解，仅是利用姚、许、窦等人的儒家之道来治理汉地，但是不可否认的是，许衡之辈入朝为官，传播思想，使统治者在不自觉中也了解了理学思想，这为以后理学的发展埋下伏笔。

邢州学派也是人才辈出，刘秉忠、刘秉恕、张文谦等都为当世大儒。但是邢州学派却非纯儒，他们的思想比较博杂，兼及儒释道，而且涉及自然科学等实用知识。刘秉忠就是其中代表，他治学广泛，身兼儒释道三家学问，史传记载："通晓音律，精算数，仰观占侯、六壬、遁甲、《易经》象数、邵氏《皇极》之

---

① ［明］宋濂：《元史》卷一百五十八《窦默传》，第3730页。
② ［明］宋濂：《元史》卷一百五十八《姚枢传》，第3711页。
③ ［明］宋濂：《元史》卷一百五十八《许衡传》，第3717页。

书，靡不周知"①。张文谦则跟从刘秉忠学习，深得其学，史书记他"蚤从秉忠，洞研术数"。张文谦具有治国之才，忽必烈治理邢州的建议就出自张文谦。邢州学派的学者虽不像苏门三先生深谙理学，但是他们也接触四书五经，对儒学之道了解甚深。

在忽必烈的侍从中也有崇尚儒学的学者，廉希宪是其中的代表。陈垣在《元西域人华化考》中言："元色目人中，足称为理学名臣者，以希宪为第一。"②廉希宪曾"从名儒许衡、姚枢辈，资访治道"③。他好读书，尤爱孟子。《元朝名臣事略》曾记载廉希宪一趣闻："公于书嗜好尤笃，虽食息之顷，未尝去手。一日，方读《孟子》，闻急召，因怀以进，上问：'何书?'对曰：'孟子。'上问其说谓何，公以'性善义利之分，爱牛之心，扩而充之，足以恩及四海'为对，上善其说，目为'廉孟子'。"④廉希宪对于儒学可谓推崇备至，此事也证明他对孟子喜爱有加，士人称廉希宪为廉孟子。

建立金莲川幕府，网罗天下人才是忽必烈潜邸时期做出的最为重要的一项决定。幕府为忽必烈汉法政策的施行提供了一个人才储备的基础，他们此时在幕府中充当幕僚，在未来忽必烈登基后，或为台谏，或为经筵，或为翰林，大量儒士被集中到统治集团的周围，儒家思想在政策制定和实施的过程中影响深远，这为汉文化在元代的发展起到至关重要的作用。金莲川幕府中的士人民族成分多样，多民族的士人相互切磋、相互学习，促进了汉文

---

① [元] 苏天爵辑撰：《元朝名臣事略》卷七《太保刘文正公》，第113页。
② 陈垣：《元西域人华化考》，上海：上海古籍出版社，2000年版，第10页。
③ [明] 宋濂：《元史》卷一百二十六《廉希宪传》，第3085页。
④ [元] 苏天爵辑撰：《元朝名臣事略》卷七《平章廉文正王》，第125页。

化,尤其是儒家文化在各民族中的传播,使当时各民族涌现出了一大批精通儒家文化的少数民族学者。金莲川幕府中网罗了像许衡、姚枢等理学名士,他们在建言、讲学的过程中也不断地传播理学思想,也为理学在统治者内部传播起到了促进作用。

二 登帝初期的"汉法"政策

(一) 忽必烈夺汗

蒙古族的继承制度与其他游牧民族一样,并没有明确的规定,推举贤人、长子继承、兄终弟继是较为普遍的方式。宪宗蒙哥去世,其弟忽必烈、旭烈兀和阿里不哥成为王位的有力竞争者。旭烈兀西征之后留在波斯,后被分封于该地,实质上进行皇位继承者之争的双方是忽必烈与阿里不哥。忽必烈在漠南汉地治理收到很好的效果,为其登基称帝奠定了基础;汉族士人在忽必烈夺汗之争中亦做出了巨大的贡献。

阿里不哥被蒙哥留在和林,而忽必烈则被委任治理汉地。在治理漠南汉地时期忽必烈建立金莲川幕府,并任用汉人制定政策。如在武将选择上,忽必烈任用世家大族的史天泽、张柔、董俊等人,在文臣选择上,重用姚枢、张德辉、窦默。忽必烈重视汉人引起了部分蒙古贵族守旧大臣的不满,他们向蒙哥进言,希望蒙哥亲自管理漠南汉地[1]。但是据史料记载,蒙哥对忽必烈的

---

[1] [明]宋濂:《元史》卷一五十八《姚枢传》,第3713页。蒙古守旧贵族因忽必烈亲近汉族士大夫,随即进谗言于蒙哥,设立"钩考局",遣阿蓝答儿大为钩考,置局关中,以百四十二条推集经略、宣抚官吏,下及征商无遗。忽必烈采纳姚枢建议,将"王邸妃主自归朝廷",然后亲自见蒙哥,蒙哥更加信任忽必烈,遂罢钩考局。

信任并未因此消减。这也使后来在争夺帝位时，蒙古守旧贵族担心被报复而站在阿里不哥阵营中。在蒙古守旧大臣的支持下，阿里不哥与忽必烈的王位之争演化成一场残酷的武装冲突。

汉族士人在忽必烈的夺汗之争中充当了重要的角色。一方面，儒臣如郝经、姚枢等人在忽必烈身旁出谋划策。蒙哥汗去世之时，忽必烈正在南下攻宋的前线①，此时蒙哥的死讯和阿里不哥在蒙古贵族支持下谋划夺汗的消息一同到达鄂州前线，汉族士大夫将汉法实行的希望寄托在忽必烈身上，自然在这时要积极出谋划策。战争是残酷的，儒士鉴于关爱大众的考虑，希望能够通过谈判解决冲突，所以在宋元战场上，如郝经主张"宜遣人禀命于行在所，大军压境，遣使喻宋，示以大信，令降名进币，割地纳质。彼必受命，姑为之和，偃兵息民，以全吾力，而图后举，天地人神之福也"②。而得闻蒙哥死讯之后，郝经催促忽必烈班师回朝夺取皇位，希望忽必烈登基为帝，并借此来实现自己的政治理想，此时郝经改变主张，建议"至于汝南，既闻凶讣，即当遣使遍告诸帅各以次退，修好于宋，归定大事，不当复进也而遽进"③，并在帮助忽必烈分析了南下攻宋与汗位之争的利弊及当时的时势后认为："第吾国内空虚，塔察国王与李行省肱髀相依，在于背胁；西域诸胡窥觎关陇，隔绝旭烈大王；病民诸奸各持两端，观望所立，莫不觊觎神器，染指垂涎。一有狡焉，或启戎心，先人举事，腹背受敌，大事去矣。且阿里不哥已行赦

---

① 1258年蒙哥、兀良合台、忽必烈三路攻宋，蒙哥于1259年死于重庆合川钓鱼台之战，此时忽必烈正在鄂州前线。
② ［明］宋濂：《元史》卷一百五十七《郝经传》，第3701页；郝经对夺汗之战的分析亦见于《郝文忠公陵川文集》卷三十二《东师议》《班师议》。
③ ［明］宋濂：《元史》卷一百五十七《郝经传》，第3705页。

令，令脱里赤为断事官、行尚书省，据燕都，按图籍，号令诸道，行皇帝事矣。虽大王素有人望，且握重兵；独不见金世宗、海陵之事乎！若彼果决，称受遗诏，便正位号，下诏中原，行赦江上，欲归得乎？"① 指明如今阿里不哥已夺位在先，应"断然班师，亟定大计，销祸于未然"②。关于皇位的归属和社稷的安定之间的关系，郝经的主张是"大宝有归，而社稷安矣"③。郝经的建议引起忽必烈的重视，随即安排留守官兵继续向南宋施压，自己则班师回朝。1260年忽必烈在开平，在合丹（窝阔台子）、阿只吉（察合台孙）等诸侯拥立推举下称汗④。

另一方面，汉族将领则在战场上为忽必烈争夺汗位英勇作战：赵良弼与廉希宪在川陕地区击杀刘太平、霍鲁怀部队，清缴川陕阿里不哥势力；汪良臣则奉忽必烈之命，出兵西凉府围堵阿蓝答儿、浑都海，中统元年（1260）汪良臣与王合丹、合必赤出师讨伐阿蓝答儿，"大败其军于姑臧，斩阿蓝答儿及浑都海，西土悉平"⑤。陕甘川地区的阿里不哥势力被汉族将领清缴完毕。

忽必烈在汉族儒生和武将的协助下最终取得了王位争夺战的胜利，这场并不持久的武装冲突使忽必烈对于汉人的认识进一步加深。一方面，在王位争夺战之后，忽必烈的主要控制地区在漠南汉地，这也注定了汉人在他的统治中占重要地位；另一方面，虽然忽必烈荡平阿里不哥的主要势力，但是蒙古守旧贵族的势力

---

① ［明］宋濂：《元史》卷一百五十七《郝经传》，第3707页。
② ［明］宋濂：《元史》卷一百五十七《郝经传》，第3707页。
③ ［明］宋濂：《元史》卷一百五十七《郝经传》，第3708页。
④ 1260年忽必烈称帝并非完全统一蒙古王朝，与此同时，阿里不哥也在和林称汗，势力范围遍及漠北、中亚、西亚地区，此时忽必烈自立为汗，但实际统治地区是漠南汉人区。直至1264年阿里不哥投降，忽必烈才真正赢得了这场武装冲突的胜利。
⑤ ［明］宋濂：《元史》卷四《世祖本纪一》，第68页。

仍然不可小觑①，因此重用儒臣、巩固势力，是抗衡蒙古守旧贵族的主要手段。这在王位争夺战中，已经通过姚枢、郝经、汪良臣等儒臣汉将的表现得以证明。忽必烈在儒家思想的影响下认识到"帝中国，当行中国事"②的重要性，这为忽必烈登基初期实行汉法奠定了思想基础。

（二）汉法的盛行

1260年忽必烈称汗为了证明其继承皇位的合法性，下诏曰："求之今日，太祖嫡孙之中，先皇母弟之列，以贤以长，止予一人。"③诏文中又言："朕惟祖宗肇造区宇，奄有四方，武功迭兴，文治多缺，五十余年于此矣"，"爰当临御之始，宜新弘远之规。祖述变通，正在今日。务施实德，不尚虚文"④。忽必烈在诏书中明确指出蒙古虽在战争中胜绩累累，但是自成吉思汗起至今，对于文教事业关注不够，并表示在其统治期间要变革政策，多行文教，以适应中原地区的统治需求。

至元八年（1271），在忽必烈攻打南宋的最后时刻，统治区

---

① 蒙古贵族集团可以大致分为两部分，其中一部分蒙古贵族通过征伐，部分移居至漠南地区，在与汉人的接触中，他们认识到原来的生活习惯和思维方式已经不适应领土扩张后的局面，具有一定远见的他们放眼整个中国，尤其是中原地区。他们知道汉族士大夫的重要作用，因而选择与汉人合作，这其中的突出代表就是忽必烈。另一部分就是长期生活在漠北蒙古的贵族，他们仍然坚持草原游牧民族的生活习惯和思维方式，他们所谓有效的统治方式就是按照蒙古地区的方式改造汉地，也就出现了"废地放牧"的建议，他们对重用汉人持否定态度，这其中的代表就是阿里不哥。在杨建新、马曼丽《成吉思汗 忽必烈评传》中，作者认为还有第三集团，那就是中亚、西亚、东欧的一部分蒙古贵族势力，他们统治着该地区，他们并不希望建立一个统治蒙古全境的国家，急欲分裂独立。这也就是后来分裂出的几个蒙古的汗国。
② ［明］宋濂：《元史》卷一百六十《徐世隆传》，第3769页。
③ ［明］宋濂：《元史》卷四《世祖本纪一》，第64页。
④ ［明］宋濂：《元史》卷四《世祖本纪一》，第64页。

政治趋于稳定，他意识到蒙古国号并不能代表其中国之主的地位，故在其诏书中有言：

> 诞膺景命，奄四海以宅尊；必有美名，绍百王而纪统。肇从隆古，匪独我家。且唐之为言荡也，尧以之而著称；虞之为言乐也，舜因之而作号。驯至禹兴而汤造，互名夏大以殷中。世降以还，事殊非古。虽乘时而有国，不以利而制称。为秦为汉者，著从初起之地名；曰隋曰唐者，因即所封之爵邑。是皆徇百姓见闻之狃习，要一时经制之权宜，概以至公，不无少贬。①

文中罗列了秦汉隋唐等国号来由，仔细审视，其中所言秦、汉国号来自地名，而隋、唐国号则来源于封邑，在忽必烈看来此皆为"经制之权宜"，此中暗含忽必烈对于蒙古国号的理解，蒙古之名与之秦汉隋唐一样，因蒙古族而名。忽必烈意图统一全中国，因此他需要更改国号，同时避免出现蒙古字样，减少体现少数民族特色的标志。随即他接受刘秉忠等儒臣更改国号的建议：

> 我太祖圣武皇帝，握乾符而起朔土，以神武而膺帝图，四震天声，大恢土宇，舆图之广，历古所无。顷者，耆宿诣庭，奏章申请，谓既成于大业，宜早定于鸿名。在古制以当然，于朕心乎何有。可建国号曰大元，盖取《易经》"乾元"之义。②

忽必烈在解释改国号为"元"时运用到《周易》，新的国号

---

① [明] 宋濂：《元史》卷七《世祖本纪四》，第138页。
② [明] 宋濂：《元史》卷七《世祖本纪四》，第138页。

不仅体现了儒学的内涵,同时"乾元"之意也表明新朝统治疆域的广大,"奄四海以宅尊"。忽必烈改元标志着他所统治的国家已不仅仅是蒙古王朝,而是整个中国。随后忽必烈也正是在汉族儒臣和将领的协助下,于至元十三年(1276)顺利灭南宋,真正实现了南北统一。

忽必烈的汉化并不仅仅停留在国号的变更上,在他登基初期的改革政策中,也体现了儒家文化在其施政方针中的地位。

首先,忽必烈在建国初期,即开始着手建立一套符合汉族地区统治的官僚系统。这套系统早在窝阔台时期已被统治者重视,窝阔台任命耶律楚材为中书令,镇海为右丞相等即是在模仿汉制,但是由于时机不成熟,中书令等仍隶属于蒙古大断事官下,并未起到相应的效果。

忽必烈统治时期,在吸收汉族政治体制的改革后,元朝中央也形成了较为完备的官制。中统元年(1260),忽必烈初继位便建立中书省,任命王文统为平章政事、张文谦为左丞,王文统成为忽必烈朝的第一位宰相。当年五月忽必烈设置十路宣抚使,管理全国各地事宜,而在这十路宣抚使及副使中,除两个回回人及受汉人影响颇深的女真人和畏兀儿人以外,其他的都是儒臣[1]。这些宣抚使皆为当时有名望的儒士和儒家思想的倡导者,由此可以看出忽必烈对儒生和儒术治国的作用的重视。

---

[1] [明]宋濂:《元史》卷四《世祖本纪一》记载:"赛典赤、李德辉为燕京路宣抚使,徐世隆副之;宋子贞为益都、济南等路宣抚使,王磐副之;河南路经略使史天泽为河南宣抚使;杨果为北京等路宣抚使,赵昞副之;张德辉为平阳太原路宣抚使,谢瑝副之;勃鲁海牙、刘肃并为真定路宣抚使;姚枢为东平路宣抚使,张肃副之;中书左丞张文谦为大名、彰德等路宣抚使,游显副之;粘合南合为西京路宣抚使,崔巨济副之;廉希宪为京兆等路宣抚使。"

其次，忽必烈在重视儒生和儒家教育上的主张在建国初期继续施行。自金莲川幕府时期到登基初，忽必烈的身边围绕着大批儒士，他们积极在忽必烈的各项政策中出力献计。忽必烈要统一全国，最先一步就是南下攻宋，出于对儒生的惺惺相惜，姚枢等人建议忽必烈改变屠城策略，保护儒生。忽必烈听取建议，"诏军中所俘儒士听赎为民"[1]。同时在被占领区"举文学才识可以从政及茂才异等，列名上闻，以听擢用"[2]。这不但保护了儒生，为忽必烈执政吸收人才，同时也为其赢得了汉族儒士们的认可。

保护南宋儒生，网罗天下儒士只是当下的权宜之计。对忽必烈力求长治久安的治国理念来说，需要做的不仅仅是集中已有的儒士，还应发展教育、培养人才。忽必烈较早认识到蒙古王朝"文治多缺"，所以要完善教育，学习汉族、女真等先进民族的知识。忽必烈建国初，王鹗就曾进言战争造成"诸路学校久废，无以作成人材。今拟选博学洽闻之士以教导之，凡诸生进修者，仍选高业儒生教授，严加训诲，务要成材，以备他日选擢之用"[3]，并奏请"请于各路选博学老儒一人，提举本路学校，特诏立诸路提举学校官，以王万庆、敬铉等三十人充之"[4]。忽必烈采纳王鹗等人的建议设立十路提举学校官，规定"凡诸生进修者，严加训诲，务使成材，以备选用"[5]，并且于至元八年（1271）在中央设立国子学，"命设国子学，增置司业、博士、

---

[1] [明] 宋濂：《元史》卷四《世祖本纪一》，第47页。
[2] [明] 宋濂：《元史》卷四《世祖本纪一》，第47页。
[3] [元] 佚名：《庙学典礼》卷一《设提举学校官》，《文渊阁四库全书》第648册，第326页下；[元] 王恽撰，杨亮、钟彦飞点校：《王恽全集汇校》卷八十二《中堂记事下》，北京：中华书局，2013年版，第3421页。
[4] [明] 宋濂：《元史》卷四《世祖本纪一》，第74页。
[5] [明] 宋濂：《元史》卷八十一《选举一·学校》，第2032页。

助教各一员,选随朝百官近侍蒙古、汉人子孙及俊秀者充生徒"①。此后忽必烈对于地方学校的教育机构不断进行改革,在各州县设立小学、书院等,任命学正、山长、学录、教谕等职,为国家建设培养人才。

在学校的教授选择上,忽必烈选择大量知名儒士担当,许衡就数次被征召充任国子祭酒②,《元史·世祖本纪》记:"(中统二年)以许衡为国子祭酒。丁未,以姚枢为大司晨,窦默仍翰林侍讲学士。先是,以枢为太子太师,衡为太子太傅,默为太子太保,枢等以不敢当师傅礼,皆辞不拜,故复有是命。"③ 而后至元二年(1265)忽必烈再次征召许衡。此外各地州府县学则选取当地老成儒士充任教者,教授生徒。

在教学内容上,忽必烈接受了董文忠等儒臣的主张:"士不治经讲孔孟之道而为诗赋,何关修身,何益治国!由是海内之士,稍知从事实学。臣今所诵,皆孔孟之言,焉知所谓道学!而俗儒守亡国余习,欲行其说,故以是上惑圣听,恐非陛下教人修身治国之意也。"④ 所以他认为"孔子之道,垂宪万世"⑤。在教材选取上如《元史》所记:"凡读书必先《孝经》《小学》《论语》《孟子》《大学》《中庸》,次及《诗》《书》《礼记》《周礼》《春秋》《易》。"⑥ 以儒家经典作为教授生徒的教材。

---

① [明]宋濂:《元史》卷七《世祖本纪四》,第90页。
② 根据《元史》记载,中统二年(1261),至元四年(1267),至元八年(1271)许衡三次被征召充任国子祭酒。
③ [明]宋濂:《元史》卷四《世祖本纪一》,第73页。
④ [明]宋濂:《元史》卷一百四十八《董文忠传》,第3502页。
⑤ [元]佚名:《庙学典礼》卷四《崇奉孔祀教养儒生》,《文渊阁四库全书》第648册,第372页下。
⑥ [明]宋濂:《元史》卷八十一《选举一·学校》,第2029页。

继成吉思汗、窝阔台之后，忽必烈在中统三年（1262）修缮了宣圣庙，而且于至元十年（1273）由中书省下令"春秋释奠，执事官各公服如其品，陪位诸儒襕带唐巾行礼"①。忽必烈下令对孔子进行春秋祭奠一方面体现了他对儒家的重视，但在另一方面，忽必烈在一定程度上将儒家看成一种宗教，对于孔子的祭祀类似他对基督教例行仪式的态度②。这样的举措虽主要为笼络人心，却取得了明显的收获，忽必烈获取了汉族儒士的心，客观上也帮助儒家提高了自身的地位，同时传播了儒学思想。

忽必烈热衷汉法，而且希望这种思想能够延续下去，所以在其子女的教育上也加入了儒家元素。忽必烈看重皇嗣真金，并命姚枢、窦默等人为太子及贵族子弟授课，系统地传授儒家思想，希望能够对未来汉法政策的实施培养一个有力的接班人，真金三十岁时被册封为王储，这正体现了忽必烈希望通过真金将汉法政策延续。

三 李璮之乱与忽必烈后期的政策转变

忽必烈对待儒士的态度并非一成不变。从潜邸金莲川到其与阿里不哥汗位之争再到登基为帝，他对儒士的信任度不断增加，在其政府中儒士逐渐得到重用。但是随着李璮之乱的爆发、阿合

---

① ［明］宋濂:《元史》卷七十六《祭祀五》，第1892页。
② 马可·波罗曾记载过忽必烈参加基督教仪式的事件："他十分庄严地下令将《圣经》用香薰几次，然后很虔诚地对它行一个吻礼，并命令所有在场的贵族行同样的礼节。每当基督教主要节日如复活节、圣诞节，他总是这样做的。即使是萨拉森人、犹太人或偶像崇拜者的节日他也举行同样的仪式。"参见《马可·波罗游记》第二卷《大汗凯旋汗八里城和他赐予犹太人、基督教及其他臣民的荣耀》。

马理财政策的施行，忽必烈对儒士的态度开始转变，这也影响到汉法政策的实行以及儒学的发展。

李璮（？—1262），南宋降将李全养子，经历了窝阔台、贵由两朝，李璮驻守益州，重兵在握。忽必烈为了能够拉拢李璮，在登基初封其为"江淮大都督"，因其南下攻宋有功而奖励"金符十、银符五授璮，以赏将士有功者，且赐银三百锭"，"蒙古、汉军之在边者，咸听节制"①。李璮并不满足，借南宋聚兵涟水之机要求忽必烈增兵，扩大自己的兵力②。经过一系列的准备活动后，李璮自认为时机充分，于中统三年（1262）献三城予南宋，起兵造反。李璮叛乱正发生在忽必烈与阿里不哥争夺皇位之时，忽必烈趁阿里不哥北退之际，班师南下，经过数十战，最终以史天泽斩杀李璮结束了这场叛乱。

李璮叛乱与皇位争夺战发生在同一时期，但是对于汉族儒士和士大夫的影响却截然相反。忽必烈与阿里不哥之争是皇位的争夺，在这场战争中儒士们充当的是智囊团的角色；郝经、姚枢等为忽必烈出谋划策，而商挺、汪良臣等汉将则为忽必烈攻城略地，最终的胜利使忽必烈加深了对儒士和汉将的信任，坚定了忽必烈行"汉法"的决心。而李璮之乱所造成的后果却是相反的，它沉重地打击了忽必烈倚重汉臣的思想，自此之后忽必烈逐渐改变了对待汉人的策略。

王恽《秋涧集》记载了忽必烈在儒生任用上的变化：

---

① ［明］宋濂：《元史》卷二百零六《李璮传》，第4592页。
② 李璮上书忽必烈，进言"宋吕文德合淮南兵七万五千，来攻涟水，且规筑堡以临我。及得贾似道、吕文德书，辞甚悖傲。知朝廷近有内顾之忧，必将肆志于我。乞选将益兵，臣当帅先渡淮，以雪慢书之辱。"以南宋"辞甚悖傲"、渡江"雪慢书之辱"为由，请求忽必烈增兵。《元史》卷二百零六《李璮传》，第4592页。

> 国朝自中统元年以来,鸿儒硕德,跻之为用者多矣!如张、赵、姚、商、杨、许三王之伦。盖尝忝处朝端、谋王体而断国论矣!固虽文武圣神广运于上,至于弼谐赞翼,俾之休明贞一诸人,不无效焉。今则曰:彼无所用,不足以有为也。是岂智于中统之初,愚于至元之后哉?予故曰:士之贵贱,特系夫国之重轻,用与不用之间耳。①

在王恽等人看来,儒士是否被任用不在于是否有才华,是否为国家所用,士人的贵贱只在于帝王的看法,而此时儒士被弃用,主要原因在于忽必烈对汉人的猜忌,李璮之乱便是导火索。

李璮之乱之后,忽必烈对汉人产生猜忌,就连金莲川时期重用的士人也未能逃脱,赵良弼、商挺、廉希宪等人先后受到波及。

《元史》卷一百五十九《赵良弼传》:

> 蜀人费寅以私憾诬廉希宪、商挺在京兆有异志者九事,以良弼为证。帝召良弼诘问,良弼泣曰:"二臣忠良,保无是心,愿剖臣心以明之。"帝意不释。会平李璮,得王文统交通书,益有疑二臣意,切责良弼,无所不至,至欲断其舌。良弼誓死不少变,帝意乃解,费寅卒以反诛。②

又《元史》卷一百五十九《商挺传》:

> 帝召挺便殿,问曰:"卿在关中、怀孟,两著治效,而毁言日至,岂同寅有沮卿者耶?抑位高而志怠耶?比年论王

---

① [元]王恽撰,杨亮、钟彦飞点校:《王恽全集汇校》卷四十六《儒用篇》,第2183页。

② [明]宋濂:《元史》卷一百五十九《赵良弼传》,第3744页。

第一章　沉默—思考—崇尚：元帝王对理学的态度

文统者甚众，卿独无一言。"挺对曰："臣素知文统之为人，尝与赵璧论之，想陛下犹能记也。臣在秦三年，多过，其或从权以应变者有之。若功成以归己，事败分咎于人，臣必不敢，请就戮。"①

又《元名臣事略》卷七《平章廉文正王》：

方逆璮未诛，平章赵璧素忌公勋名，倡言王文统一穷措大，由廉某、张易荐，遂至大用，今日岂得不坐？一日夜半，中使召公入，从容道潜邸事，良久，及赵言，公曰："向行驿驻鄂，贾似道以木栅环城，一夕而办。"圣谕谓扈从诸臣曰："吾安得如似道者用之？"秉忠、易进言："山东有王文统，才智士也。今为李璮幕僚。"诏问臣，臣对："亦闻之，其心固未识也。"上曰："然，朕亦记此。"②

继李璮之后最先伏诛的是王文统，即元朝第一位汉人宰相，由此可见忽必烈对于反叛之痛恨③。商挺、廉希宪等人则因举荐李璮一事被人上书弹劾，虽未受到严惩，但也因此事与忽必烈产生嫌隙。

忽必烈虽因李璮之乱与汉人产生了嫌隙，但是汉法政策给忽必烈的统治带来了很多利益，他并未完全放弃汉法政策，也没有完全弃用儒士，不过此时的忽必烈对于汉法的热情已经大不如前，他将选贤任能的眼光转向更广的范围，即便任用汉人，也会

---

① ［明］宋濂：《元史》卷一百五十九《商挺传》，第3740页。
② ［元］苏天爵辑撰：《元朝名臣事略》卷七《平章廉文正王》，第132页。
③ 王文统为李璮子李彦简的老师，而后将其女嫁于李璮，既是李璮的谋士也是岳父，根据史料可知王文统应该知晓李璮叛乱的预谋，但是以此确定王文统为同谋却有些牵强。

有所顾忌，在其身边设立监视人员，实现蒙汉官员相互牵制，以免李璮之乱重演①。

忽必烈对汉人儒士的态度冷淡原因有很多，除了李璮之乱之外，也与儒士的能力有一定关系。忽必烈在李璮之乱之后经过深入反思，开始着手建立一个多民族人才融合的政府，各有所能，人尽其才。他利用蒙古人骁勇善战的能力来治理军政，保证政权稳固；继续任用儒士负责文化教育工作②；任用具有较强理财能力的回回人来管理财政。任用阿合马理财正是忽必烈对经济进行改革的重要举措。阿合马在执政时期大力征讨赋税，盐、茶、酒、醋税额大增，虽然在一定程度上造成负面影响，但是总体上还是符合忽必烈对于国家发展的要求。而像郝经、许衡辈进言《思治论》《时务五事》等皆为儒家所谓"修齐治平"的理论，其中所包含的主要是安抚民心、轻徭薄赋、风俗教化等内容。这些内容对忽必烈来说，虽然也是维护统治的举措，但是富国强兵的效率却是忽必烈不能接受的。正因如此，在许衡等指责阿合马"责小利，期近效，有用贤之名，无用贤之实"③之时，忽必烈也仅仅是在言语上"嘉纳之"，并没有采取实际的措施。而在忽必烈维护蒙古族特权意识及蒙古贵族的反对态度等诸多因素合力，造成了忽必烈逐渐疏远汉人的局面。

此时我们重新思考一下忽必烈对于汉法的认知，我们会发现

---

① 参见《元史》卷六《世祖本纪三》。
② 忽必烈此时期将许多随其南征北战、出谋划策的汉族士人安置在翰林院管理文教事业，或者任命为太子太傅等，这其中许衡被任命为国子祭酒，窦默为翰林院侍讲学士，王鹗为翰林院承旨兼修国史等等，他们虽然有较高的名位，甚至是太子老师，但是并没有实权，被排除在中央政治之外，这也是忽必烈猜忌汉族士人的一个表现。
③ [明]宋濂：《元史》卷一百五十八《许衡传》，第3722页。

一个问题。忽必烈对郝经、姚枢、许衡等人所提出的治国之策是否能够真正理解？对于一个蒙古帝王来说，即便有着多年在汉地受到文化熏陶的经历，他真的能够了解汉文化的精髓吗？答案可能是否定的。忽必烈对于汉法的理解多数是出于维护统治的需要。他需要一个能够迅速稳定社会，富国强兵的手段，而在汉族人的统治地区，运用儒术这个成型的方式是忽必烈较好的选择。这就决定了他对于儒家的"修身齐家治国平天下"的那套传统的理论并没有多大兴趣，他要的是实际效果，而不是虚文。这也使人更容易理解为什么在李璮之乱之后，忽必烈这么快就与儒士产生嫌隙。

忽必烈早年受到儒家思想的熏陶，深知"行中国法者中国主"的道理，因此他从潜邸金莲川时即开始网罗汉族士人。在汉族儒生和将领的群策群力下，忽必烈登基称帝，建立元朝，得以进一步的推行汉法政策。忽必烈的汉法政策保护了战争中较为孱弱的儒生的生命；在汉法政策的实施中信任儒士，提高了儒生的地位；在教育理念和教育内容上重视儒学，通过凸显理学人士在教育体系中的重要地位也促进了理学思想的传播。虽然在李璮之乱后，忽必烈对汉族士人的信任程度有所削弱，甚至将原来位居要职的儒臣和理学名士赶出权力的中心，强化愚民的宗教思想。但不可否认的是，相对于蒙古时期的帝王，忽必烈的儒家情怀更为深厚，在他统治时期，"以儒治国"的方针提高了儒学的地位，也在一定程度上传播了理学，可以说将理学"准官学"

化,为元仁宗恢复科举①,以及理学全面发展和官学化奠定了坚实的基础。

第四节 元仁宗与元代理学官学化

忽必烈建立元朝,进而统一全国。为适应统一后全国形势的发展,巩固中央集权,他在全国范围内施行"以儒治国"的汉法政策,保护、任用儒臣,一定程度上促进了理学在元代的发展。忽必烈经历李璮之乱后,与儒臣间产生嫌隙,对儒臣的信任大打折扣,这使原本渐趋发展的理学又一次陷入停滞。

成宗、武宗在忽必烈之后仍然保持着对儒家文化的认可态度,元仁宗是元朝建立后的第四任皇帝,受其父辈影响,他自幼喜爱儒家文化,对程朱理学的内容也有褒奖。元仁宗在位期间,他重用儒臣,继续施行世祖时期的汉法政策,普及儒家教育思想。他恢复科举,并将程朱理学的内容作为科考的内容,真正地将理学提高到官学的地位。元仁宗朝成为元代理学发展的鼎盛时期。

---

① 忽必烈时期重用儒臣而未恢复科举是有一定原因的,一方面是忽必烈对于宋金亡国的一点偏见,《元朝名臣事略》卷十记载忽必烈与张德辉的一段对话:"孔子殁已久,今其性安在?或云辽以释废,金以儒亡,有诸?"忽必烈主张"以儒治国",所以在一定程度上将儒学与国家兴亡联系起来,忽必烈此言虽未直接指出儒士与宋金灭亡有直接关系,但是在他眼中,宋金的儒臣过度强调辞章、义理而不重实际,这与宋金亡国不无关系,因此忽必烈对于宋金科举这套儒士进阶之路持否定态度,他明言"科举虚诞,朕所不取"。另一方面也与李璮之乱之后忽必烈对于汉人的猜忌有关,忽必烈虽然任然对部分儒臣委以重任,但是要是将汉人和蒙古、色目等人一同平等对待,参加考试,恐怕忽必烈还是不能接受的。对于人才的认识方面原因,忽必烈认为人才的衡量标准应该是实际的。

一　成宗、武宗朝理学的发展

元世祖忽必烈行汉法的政策收到了较好的效果，在政治、经济、文化上都使元朝有了长足的进步，理学思想逐渐成为元朝学术思想的主流。虽然李璮之乱引发忽必烈对汉人的怀疑，使其未能始终完全信任汉人及其思想，但这并不影响后世帝王在治理国家中推行汉法政策的决心。元成宗、武宗朝继续施行汉法，他们对儒家思想的崇尚也进一步促进了理学的发展。

元成宗铁穆耳（1265—1307）、元武宗海山（1281—1311）分别是元朝建立后的第二、三任皇帝，两位皇帝在世祖忽必烈的影响下坚持执行汉法，崇尚儒学。元成宗在继位诏书中明确绍述世祖忽必烈朝的政治主张。在二人统治的十六年间，儒学的地位进一步提高。

成宗、武宗推崇儒学的集中表现是抬升孔子的地位。元太宗窝阔台最先封赐孔子后人、建立宣圣庙，世祖忽必烈跟随太宗步伐继而设立宣圣庙，并下诏进行春秋祭祀。元成宗承袭了这一传统，他比太宗、世祖更加重视孔子，数次在诏书中褒奖孔子："孔子之道，垂宪万世，有国家者，所当崇奉。"[①] 元贞元年（1295），儒臣上书"京师宜首建宣圣庙学，定用释奠雅乐"[②]。元成宗重视孔子地位，采纳了该意见。大德十年（1306）秋，京师建成首座宣圣庙，这也是元代建国以来第一座建成于京师的

[①]　[元] 佚名：《庙学典礼》卷四《教官任满给由》，《文渊阁四库全书》第648册，第375页下。

[②]　[明] 宋濂：《元史》卷一百六十《阎复传》，第3773页。

宣圣庙。在宣圣庙营建期间，成宗对曲阜孔庙、孔林等多加封赏，于大德七年（1303）下诏"给曲阜林庙洒扫户，以尚珍署田五十顷供岁祀"①，"每年那田地里出来底钱粮呵，修理孔夫子庙，春秋祭丁，朔望祭祀，教养人材者"②，赏赐田地以供给祭祀、用于修缮孔庙，也覆盖培养人才的开销。同时为防止地方氏族对孔庙孔林地产的觊觎，又下诏"禁犯曲阜林庙者"③，以此保护曲阜孔庙、孔林的安全，避免不必要的骚扰。

相较成宗，元武宗对于孔子的推崇更为直接。在元武宗朝，孔子的地位被提升到一个新的高度，大德年间武宗继位，采纳平章政事阎复等人对孔子进行加封的请求，于至大元年（1308）下诏："（孔子）加号大成至圣文宣王，遣使阙里，祀以太牢。"④ "大成"即是指孔子"集三圣之事为一大圣之事，如作乐者集众音之小成而为一大成"⑤。孔子是儒家的代表人物，历代皇帝都为实现政治稳定而推崇孔子、修建孔庙，或加封孔子封号，唐玄宗追赠孔子为文宣王，宋真宗加号至圣文宣王，元武宗此次更以"大成"封赐孔子，可谓将孔子地位提升到更高的层

---

① ［明］宋濂：《元史》卷二十一《成宗四》，第465页。
② ［元］佚名：《庙学典礼》卷四《教官任满给由》，《文渊阁四库全书》第648册，第375页上。
③ ［明］宋濂：《元史》卷二十一《成宗四》，第452页。
④ ［明］宋濂：《元史》卷七十五《祭祀五》，《元文类》卷十一《加封孔子制》：大德十九年"盖闻先孔子而圣者，非孔子无以明；后孔子而圣者，非孔子无以法。所谓祖述尧舜，宪章文武，仪范百王，师表万世者也。朕纂承丕绪，敬仰休风，循治古之良规，举追封之盛典，加号大成至圣文宣王，遣使阙里祀以太牢。於戏，父子之亲、君臣之义，永惟圣教之尊。天地之大，日月之明，奚声名言之教，尚资神化，祚我皇元。"
⑤ ［元］刘敏中：《中庵集》卷十一《济阳文庙加封圣号记》、沈涛：《常山贞石志》卷十九《加号大成诏书碑》，《石刻史料新编》第18册，台北：台湾新文丰出版公司，1989—2006年版，第13507页。

面。而更为特殊的是，此次提升孔子地位的是一位少数民族政权的统治者，这一点相对唐宋帝王来说无疑是一种进步，代表了蒙汉两个民族对孔子的认同。至大二年（1309）在丞相三宝奴的建议下，全国各地的孔庙都立碑纪念："在先孔夫子汉儿帝王虽是封赠了，不曾起立碑石来，如今行与文字封赠了，与瞻学地土子粒钱内交立碑石呵，今后学本事的人肯用心者。"① 如此以来，全国各地孔庙立碑盛行，至今仍保存大量至大年间所立孔子加封诏书碑，可见当时孔子在武宗朝的地位。

元成宗、元武宗对儒家的推崇并没有仅停留在形式上加封孔子，他们在实际政策中也推动了元朝政府对儒学的接纳。元朝统治者首先建立学校学习汉文化来表达对先进的汉族文化的仰慕。忽必烈于至元八年（1271）开设蒙古国子学，并将《通鉴节要》译成蒙文，教授给蒙古、汉人百官及怯薛歹官员，以此来提升他们的文化素质，而成宗、武宗举措则是增加国子学的生源数量②。

元成宗、武宗重视兴建庙学培育人才，元成宗在世祖忽必烈的影响下，在登基初就下令"勉励学校，蠲儒户差役"③。除了中央的国子学以外，成宗还继承了忽必烈修建县学、庙学的政策，在其统治期间共修建庙学三十九所。武宗在位三年，所建庙学较少，有记载的仅有三所，多数是在重修④。虽然数量不及忽

---

① 《江苏金石志》卷十九《加封孔子诏书碑》，《石刻史料新编》第13册，第9933页。
② [明]宋濂：《元史》卷三十一《选举·学校》，第2027页。
③ [明]宋濂：《元史》卷二十二《武宗本纪一》，第479页。
④ 胡务：《元代庙学——无法割舍的儒学教育链》中记载，元武宗朝至大年间建三所新的庙学，分别是云阳县学、宁津县学、南皮县学。重修庙学三十所，分别在今河北、河南、安徽、江浙等地。成都：巴蜀书社，2005年版，第61、63、73页。

必烈时期的一半,但是成宗时期兴建学校的分布有创新之处。成宗修建庙学的地点除在文教昌盛地区以外,在边远地区和基层地区也出现了庙学的身影,如遂平县学、新蔡县学等位于豫东,汴梁路内乡县学位于豫西,六安州学则地处皖西豫东交界。四川、陕西和云南等地的县学则位于各行省彼此的交界处,这标志着元成宗时期教育开始涵盖偏远地区,向基层扩展,这样的布局也扩大了教育的受众面。

更值得注意的是,元成宗的重儒思想已经影响到了蒙古贵族阶层,在这些庙学中全州路学(今内蒙古赤峰境内)是大德年间皇姑鲁国大长公主与驸马济宁王修建的,这所庙学在弘扬儒家文化,教化民风上起到重要作用,同时也体现了蒙古贵族汉化的成果。如后世碑文中称赞的:"鲁国大长公主的后人皇姊大长公主用姑舅既往之志,鲁王温恭教学,世世舅甥于皇家,是济宁王能于采地兴学,其后嗣又能绍述前人,可以谓之贤矣。"①

从中央到地方,儒家典籍成为学校传授知识主要内容。成宗先是在各路设置儒学提举,勉励学校,同时选取通晓经书者为学师教授生员。成宗于大德四年(1300)在江浙等地设立小学书塾训习生徒,而在教学内容上则选取理学家所注经典,《庙学典礼》中记载:"合用朱文公《小学》书为先,次及《孝经》《论语》。早晨合先讲《小学》书,午后随长幼敏钝分授他书。《孝经》,合用文公刊误本,《语》《孟》用文公《集注》,《诗》《书》,用文公《集传》订定传本讲说。"② 成宗在选择教材的时

---

① 《满洲金石志》卷四《全宁路新建儒学记》,《石刻史料新编》,第17321页。
② [元]佚名:《庙学典礼》卷五《行台坐下宪司讲究学校便宜》,《文渊阁四库全书》第648册,第382页上。

候非常注重程朱理学的思想结晶，五经中但凡朱熹作注的皆被选用，而小学用书则选择朱熹刊本，这直接促进了理学在元代学校中的传播。为避免学校贯彻不力，成宗诏书明文规定每个学校"置买四书、九经、《通鉴》各一部，装背完整，以备检阅，不许借出学"①。元武宗在中书右丞孛罗铁木儿进呈国字译《孝经》后大为感慨其内容之精微，下诏："此乃孔子之微言，自王公达于庶民皆当由是而行。其命中书省刻版模印，诸王而下皆赐之。"② 程朱理学被定为学校学习的基本内容，这为元仁宗恢复科举、理学官学化作了铺垫。

元成宗、武宗延续了忽必烈的汉法政策，元成宗在其继位诏书中所言："成宗承天下混壹之后，垂拱而治，可谓善于守成者矣。惟其末年，连岁寝疾，凡国家政事，内则决于宫壸，外则委于宰臣；然其不致于废坠者，则以去世祖为未远，成宪具在故也。"③ 成宗亦被称为"守成皇帝"。但是成宗、武宗朝在庙学分布的区域、在学校教育内容上都有所创新。成宗、武宗对程朱理学的态度不但促进了理学的发展，也为理学在仁宗朝的官学化奠定了基础。

二 元仁宗的重儒思想

元仁宗，孛儿只斤·爱育黎拔力八达（1285—1320），他是

---

① [元] 佚名：《庙学典礼》卷五《行台坐下宪司讲究学校便宜》，《文渊阁四库全书》第648册，第384页上。
② [明] 宋濂：《元史》卷二十二《武宗本纪一》，第486页。
③ [明] 宋濂：《元史》卷二十一《成宗本纪四》，第472页。

元代的第四任皇帝。仁宗久居汉地，自幼受到儒家文化的熏陶。他早年跟随太长少卿李孟学习儒家思想。李孟（1255—1321），字道复，博通经史。成宗朝，徽仁裕圣皇后求名儒辅导武宗、仁宗，即有人进荐"布衣李孟有宰相才，宜令为太子师傅"①。幼年的儒家教育经历，为仁宗喜好儒术、崇尚理学奠定了思想基础。在李孟的影响下，他对儒学的崇尚相较成宗、武宗有过之而无不及，在他在位的九年间，重儒政策继续施行，最重要的是恢复科举，使理学的地位进一步提升，成为元代的官方学术。

（一）重用儒臣

仁宗倡导汉法，自然认可元代汉法的首倡者忽必烈的做法。他曾效法忽必烈礼贤下士，他在潜邸时期所招纳儒士的规模并不比忽必烈小，这使崇尚儒学的仁宗身边一直围绕着一个儒士群体。仁宗登基之初便对武宗朝过于腐败奢靡的政治生活进行改革，任用贤人则是其改革的重要手段。仁宗招揽很多元世祖时期较有声望的汉族儒臣，这其中就有程钜夫、保巴、郝天挺、刘敏中等大儒，虽然这些老臣都已年近花甲，但是他们深谙儒学，是提倡汉法的不二人选。

仁宗认识到了儒臣在汉法政策中的重要作用，曾言"修身治国，儒家为切"②。加之完泽、李孟等大臣进言："方今进用儒者，而老成日以凋谢，四方儒士成才者，请擢任国学、翰林、秘书、太常或儒学提举等职，俾学者有所激劝。"③他们希望通过增加儒者在翰林、秘书等职位的人数，来激励学者入仕为官的信

---

① ［明］宋濂：《元史》卷一百七十五《李孟传》，第4084页。
② ［明］宋濂：《元史》卷二十六《仁宗本纪三》，第594页。
③ ［明］宋濂：《元史》卷二十四《仁宗本纪一》，第545页。

心。仁宗嘉许二人的建议，此后更加重视儒臣，并在全国范围招揽儒士。李孟作为仁宗老师不止一次受到仁宗的封赏，甚至仁宗钦命画工为李孟画像、制匾赐号："尝召绘工，惟肖其形，赐号秋谷，命集贤大学士王顒大书之，手刻为扁而署其上。又侧注曰大德三年（1299）四月吉日为山人李道复制。"① 仁宗赞扬书画双绝，博通文史的赵孟頫："文学之士，世所难得，如唐李太白、宋苏子瞻，姓名彰彰然，常在人耳目，今朕有赵子昂，与古人何异。"② 他将赵孟頫与李白、苏轼相提并论，并细数赵孟頫七项优点。此外元仁宗访寻隐士中的大儒，曾下诏："比岁设立科举，以取人材，尚虑高尚之士，晦迹丘园，无从可致。各处其有隐居行义、才德高迈、深明治道、不求闻达者，所在官司具姓名，牒报本道廉访司，覆奏察闻，以备录用。"③ 而这其中就包含元代理学大家吴澄和关中名儒萧㪺④。仁宗选贤任能，重视儒士之风盛行，此时形成"一时贤能材艺之士，悉置左右"⑤ 的境况。

元仁宗将儒臣招至麾下，将其多数安置于翰林院、国史院，

---

① ［元］姚燧：《牧庵集》卷四《李平章画像序》，《文渊阁四库全书》第1201册，第447页下。

② 陈衍辑：《元诗纪事》卷四《赵孟頫》，《续修四库全书》第1710册，上海：上海古籍出版社，2002年版，第93页。

③ ［明］宋濂：《元史》卷八十一《选举·学校》，第2035页；《元典章》卷之一典章二《举贤才》，第47页。

④ "延祐三年，（吴澄）召拜集贤直学士，以疾不赴；至治三年，召拜翰林学士。武宗、仁宗累征萧㪺，授集贤学士、国子司业，未赴，改集贤侍讲学士。又以太子右谕德征，始至京师，授集贤学士、国子祭酒，谕德如故。"《元史》卷十一《选举一》，第2035页。

⑤ ［元］苏天爵撰，陈高华、孟繁清点校：《滋溪文稿》卷十《故集贤大学士光禄大夫李文简公神道碑》，北京：中华书局，1997年版，第153页。

或者充任太子太傅，不过此时的翰林院与忽必烈朝不同，忽必烈因为猜忌汉人，基本未给予翰林院任何权力。甚至可以理解为翰林院、国史院只是忽必烈笼络汉人的手段。但是仁宗却有不同看法，他曾下诏："翰林、集贤儒臣，朕自选用，汝等毋辄拟进。人言御史台任重，朕谓国史院尤重，御史台是一时公论，国史院实万世公论。"① 由此可以看出，仁宗利用翰林院、国史院中的儒臣对古今兴衰的研究，为治国提供重要的建议，真正发挥了儒臣们的作用。

（二）祭祀孔孟及后世诸儒

孔子为儒家先师，曲阜祭孔是历代儒者所推崇的。作为崇尚儒学的帝王，元仁宗也不例外。至大四年（1311）仁宗继位初即命国子祭酒刘赓前往曲阜以"太牢"祭祀孔子，并于皇庆二年（1313）册封孔子五十三代孙承袭封衍圣公。

元仁宗朝也提升颜子、孟子的地位。延祐三年（1316）政府为配合至圣先师孔子的祭祀，仁宗下诏："诏春秋释奠先圣，以颜子、曾子、子思、孟子配享。"② 同时加封孟轲父为邾国公，母为邾国宣献夫人。制曰：

> 朕惟由孔子至于孟子百有余岁，而道统之传独得其正，虽命世亚圣之才，亦资父母教养之方也。其父夙丧母以三迁之教励天下后世，推原所自功莫大焉。稽诸往代，实缺褒崇，夫功大而位不酬，实着而名不正，岂朕所以致怀贤之意

---

① ［明］宋濂：《元史》卷二十四《仁宗本纪一》，第549页。
② ［明］宋濂：《元史》卷七十六《祭祀五》此后至顺元年，以汉儒董仲舒从祀。齐国公叔梁纥加封启圣王，鲁国太夫人颜氏启圣王夫人；颜子，兖国复圣公；曾子，郕国宗圣公；子思，沂国述圣公；孟子，邹国亚圣公。

哉，肆颁宠命，永贲神休。①

在祭祀孔子的同时，元政府也给予孟子后世子孙诸多关照，根据《延祐元年曲阜文庙免差役赋税碑》中所记山东曲阜孟惟敬请旨免赋役："孟氏子孙合该税石，于丁酉年间奉圣旨，依僧道例将各家合该地税免除了。当惟敬等二家，原籍系滕县住□不向统摄，未蒙免除。"② 曲阜邹县最终决议："亚圣兖国公颜氏子孙颜宽等捌家税石，已经呈准省部免除了升。亚圣邹国公孟氏子孙孟信、孟成贰家，乙未、壬子二年籍面内明：该滕县孟信、孟成系孟子五十代孙，鄹县孟在系孟子四十九代孙。即与都堂钧旨连送户部，更为照勘地亩税石数目，如无违碍，依上施行。"③

元仁宗对孔孟及颜子等人的祭祀和对孔庙、孟子后人的关照，都彰显崇儒之风，扩大了孔孟先师的影响。与此同时，仁宗还于皇庆二年（1313年）下诏："以宋儒周敦颐、程颢、程颐、张载、邵雍、司马光、朱熹、张栻、吕祖谦及故中书左丞许衡从祀孔子庙廷。"④ 藉此提升宋代理学家的地位，还追封理学开山

---

① ［清］岳濬等修：《山东通志》卷十一之三，《文渊阁四库全书》第539册，台北：商务印书馆，1986年版，第541页下。
② 蔡美彪：《元代白话碑集录·一三一四年曲阜文庙免差役赋税碑》，北京：科学出版社，1955年版，第71页。
③ 蔡美彪：《元代白话碑集录·一三一四年曲阜文庙免差役赋税碑》，第71页。致和元年（1328），泰定帝下诏："颜孟二庙，各赐邹县牧地三十顷，征其所入以给常祀。"
④ ［明］宋濂：《元史》卷二十四《仁宗本纪一》，第557页。

周敦颐为道国公①。此处可以看出仁宗的崇儒尚学之风实质上已经转向崇尚程朱理学，他的这种态度也助力了理学发展的势头。

(三) 学校建立与书籍印刷

仁宗朝也借助学校教育来促进文化建设。首先是中央官学方面，继世祖忽必烈建立国子监，经历成宗、武宗相继扩充人数之后，仁宗继位继续要求增加生源，"国子学，世祖皇帝深所注意，如平章不忽木等皆蒙古人，而教以成材；朕今亲定国子生额为三百人，仍增陪堂生二十人，通一经者，以次补伴读，著为定式"②。在国子监师儒的选择上看中的是才学，而不拘泥于官阶品级，这些师儒都是"精通经史、能文辞者"。学校所授内容是《四书》《易》《书》《诗》《春秋》③，学校并按照不同的授课内容和学生的水平确立不同的层次；依照李孟等人建议，"学校人材所自出，卿等宜数诣国学，课试诸生，勉其德业"④，以此来提高学生质量。

元仁宗在地方办学的措施也延续了前朝帝王的政策，经历了武宗朝办学的低迷，仁宗朝地方办学的数量又一次提升。他认为农桑、学校为王政之本。因此在继位诏书中即言："学校为治之本，风化之源，仰各道肃政廉访司官、管民提调正官常加勉励，

---

① [明] 宋濂：《元史》卷二十六《仁宗本纪三》、李心传《道命录》卷十《濂溪先生加封道国公制词》，仁宗延祐六年（1319）十二月追封周敦颐为道国公。受此影响，元朝帝王对于宋代理学家的重视增加，相继于明宗天历二年（1329）文宗、至顺元年（1330）、顺宗至正二十二年（1362）颁布《江南行台请加封二程先生公爵状》《明道先生加封豫国公制词》《伊川先生加封洛国公制词》《晦庵先生改封齐国公制词》，对程朱进行敕封，彰显对理学家的崇敬。
② [明] 宋濂：《元史》卷二十四《仁宗一》，第545页。
③ [明] 宋濂：《元史》卷八十一《选举·学校》，第2064页。
④ [明] 宋濂：《元史》卷二十四《仁宗一》，第538页。

务要作成人才，以备擢用。"①仁宗在位九年数次颁布劝学诏书，勉励建设学校，他对孔孟、程朱等人的褒奖也刺激了学校的建立。仁宗也曾下诏鼓励民间士人捐资建立学校，并对捐资建书院的好学之士进行褒奖②。一时间兴建学校之风在各地兴起，吴澄、袁桷等都记载了此时民间学校教育的繁荣局面，其中吴澄所作《临川县学记》则可窥见仁宗朝学校修建的景象。仁宗一朝新建州县学19所，重修更是有107所之多③。

建立学校就要选择教授内容，书籍是教学的必备品，元初的战火使许多典籍被焚毁，同时元代建立者为蒙古人，文字也是阅读汉文典籍的障碍，因此在元仁宗朝搜寻典籍和翻译出版儒家典籍是理学得以发展的重要条件。

大德十一年（1307）武宗即位，宣布仁宗为皇太子后，仁宗便开始搜罗各种典籍，他曾"遣使四方，旁求经籍，识以玉刻印章，命近侍掌之"④。此外，翻译古籍也是仁宗的重要举措。仁宗登基之初喜读唐太宗的《贞观政要》，并谕翰林侍讲阿林铁木儿曰："此书有益于国家，其译以国语刊行，俾蒙古、色目人诵习之。"⑤还令李孟、忽都鲁都儿迷失等将《资治通鉴》翻译成蒙古文赐予臣下学习。而理学典籍中，仁宗最先接触到的是真德秀的《大学衍义》。早在大德十一年（1307）搜访典籍时有人

---

① 陈高华、张帆、刘晓点校：《元典章》卷之一典章二《兴学校》，北京：中华书局；天津：天津古籍出版社，2011年版，第52页。
② 参见《山右石刻丛编》卷三十五《麟山孔庙记》，见《石刻史料丛书》甲编，第22册，第36页上。
③ 胡务著：《元代庙学——无法割舍的儒学教育链》，第63、73页。
④ ［明］宋濂：《元史》卷二十四《仁宗一》，第536页。
⑤ ［明］宋濂：《元史》卷二十四《仁宗一》，第544页。

进呈《大学衍义》，武宗评价其曰"治天下，此一书足矣"①，并命詹事王约等取其精要翻译，延祐四年（1317）翰林学士承旨忽都鲁都儿迷失、刘赓等将《大学衍义》译文再次进呈仁宗，仁宗览之谓群臣曰："《大学衍义》议论甚嘉，其令翰林学士阿怜铁木儿译以国语。"②并且命令"以江浙省所印《大学衍义》五十部赐朝臣"③。由此可见仁宗对此书的喜爱。除此之外在仁宗朝还刊行《图象孝经》《列女传》，唐代陆淳的《春秋纂例》《辨疑》《微旨》及农书《农桑辑要》等。这些儒学典籍都被刊印并部分赐予臣下诵习，增加了儒学在社会的影响。在这些典籍中有许多理学家的作品，其中真德秀的《大学衍义》更是深得仁宗喜爱，大量理学典籍被用于教学和研习，对理学的传播起到重要作用。

三　元代科举恢复与理学官学化

（一）科举复兴

元仁宗沿袭前代崇尚儒学、实行汉法，建学校、刊印书籍，这些都对元代理学的发展起到一定的促进作用，而其对元代理学的最大贡献莫过于恢复了废止三十年余年的科举考试。元代科举恢复过程并非一帆风顺，而是经历了漫长的讨论，"倡于草昧，条于至元，议于大德，沮尼百端，而始成于延祐"④，在这过程

---

① ［明］宋濂：《元史》卷二十四《仁宗一》，第536页。
② ［明］宋濂：《元史》卷二十六《仁宗三》，第578页。
③ ［明］宋濂：《元史》卷二十六《仁宗三》，第586页，
④ ［元］许有壬：《至正集》卷三十五《秋谷文集序》，《文渊阁四库全书》第1211册，第254页上下。

中，仁宗居功至伟，而科举的复兴也正式将理学推向官学化的高峰。

元代的民族政策是四等人政治。世祖忽必烈朝虽然重用儒臣，但是根本上仍然坚持蒙古人第一等地位，对中央机构官员的任命，"其长则蒙古人为之，而汉人、南人二焉"①。所以在不影响政治运作的情况下，统治者剥夺了多数汉人的政治权利。

元代不重视科举，但出仕为官的方法很多，并没有固定的途径，按照《元史》记载："然当时仕进有多岐，铨衡无定制，其出身于学校者，有国子监学，有蒙古字学、回回国学，有医学，有阴阳学。其策名于荐举者，有遗逸，有茂异，有求言，有进书，有童子。其出于宿卫、勋臣之家者，待以不次。"② 这其中世袭与举荐又占重要一部分，重要职位的官吏都是世袭的，例如中书令、枢密使多数由皇子兼任。一般的官吏则实行保举制，规定各级官吏均可以推举廉能之士，由皇帝和吏部选择任用。这样的选任制度在元初也为中央贡献了许多官吏，所以在没有科举的年代并没有引起统治者对于人才匮乏的足够重视。

社会地位及科举废止使大多数的汉族士人不能出仕为官，有识之士隐居乡野，耶律楚材意识到科举的重要性，主动促成了窝阔台朝的"戊戌选试"，但它并不是真正意义的科举考试。这次选举中中选的汉族士人部分被任命为各路的议事官，他们在政治群体中的比重增加直接引起蒙古贵族的恐慌，因担心影响到自身的利益，戊戌试最终在蒙古守旧贵族的干预下，成为昙花一现的记忆。

---

① ［明］宋濂：《元史》卷八十五《百官一》，第2120页。
② ［明］宋濂：《元史》卷八十一《选举一》，第2016页。

即便如此，汉族士人的努力并没有停止，世祖朝王鹗倡导广建学校的同时也针对儒士为官之艰难提出意见"贡举法废，士无入仕之阶"①，多数儒生无奈从事胥吏，甚至是成为工匠，因此"以今论之，惟科举取士，最为切务，矧先朝故典，尤宜追述"②，并且"依前代立国学，选蒙古人诸职官子孙百人，专命师儒教习经书，俟其艺成，然后试用，庶几勋旧之家，人材辈出，以备超擢"③。王鹗此奏疏不但言明当今应以恢复科举广纳人才为先的急迫性，同时也表示此举不会侵害到蒙古人的利益。忽必烈虽对此议大加赞许，但是仅仅表示为"良法"，并未贯彻实施。追究其本质，仍是源于忽必烈对汉人的防范心理，终其一朝也未能开科取士。但是在王鹗、留梦炎、许衡的多次建议下，复科举、罢诗赋、重经学的思想已经开始蔓延。

世祖朝的李璮之乱及诛杀阿合马、桑哥等事件证明忽必烈的选官任人政策出现问题，也使此后的继任者意识到选官方式的重要性。成宗朝中书省建言："近者阿合马、桑哥怙势卖官，不别能否，止凭解由迁调，由是选法大坏；宜令廉访司体覆以闻，省台选官核实，定其殿最，以明黜陟，其廉访司官，亦令省台同选为宜。"④成宗朝曾多次制定铨选之法⑤，继任者武宗也提及

---

① [明] 宋濂：《元史》卷八十一《选举一》，第 2017 页。
② [明] 宋濂：《元史》卷八十一《选举一》，第 2017 页。
③ [明] 宋濂：《元史》卷八十一《选举一》，第 2017 页。
④ [明] 宋濂：《元史》卷十八《成宗一》，第 391 页。
⑤ 元贞元年（1295），诏："诸路有儒通吏事、吏通经术、性行修谨者，各路荐举，廉访司试选。每道岁贡二人，省台委官立法考试，必中程式，方许录用。"大德元年（1297），成宗制定《铨调选法》，大德七年（1303）再次改革："自今除枢密院、御史台、宣政院依旧奏选，诸司毋得擅奏，其举用人员并经中书省。"大德八年（1304）下令："台、院、部五品以上官，各举廉能识治体者三人，行省台、宣慰司、廉访司各举五人。"

"兴学校,议贡举"①,但提议虽多,终因防汉政策而未能真正开科取士。这些建议出现已经表明蒙古统治者在选举政策上的动摇,此时可谓"事虽未及行,而选举之制已立"②。

仁宗是位有志于国的皇帝,任用儒臣、实行汉法就是其沿袭前朝的治国表现。世祖等朝选举之法多而无用,虽每年可得官千余人,但"其中欺伪,岂能悉知,坏乱选法,莫此为甚"③。人才难得,使仁宗认识到选举制度的重要性。儒家之道在经历了数代帝王的检验后成为重要的治国理念,而宋代形成的程朱理学所具有的社会教化和伦理纲常的功能对统治有着重要的意义,有利于维护君权统治。而在人才选择方法上,元仁宗在总结戊戌试及成宗、武宗朝的经验的基础上,对科举产生了极大兴趣,而此时的中书省的儒臣看准时机,于皇庆二年(1313)上书:"科举事,世祖、裕宗累尝命行,成宗、武宗寻亦有旨,今不以闻,恐或有诅其事者。夫取士之法,经学实修己治人之道,词赋乃摘章绘句之学……今臣等所拟将律赋省题诗小义皆不用,专立德行明经科,以此取士,庶可得人。"④

对于人才的渴望促使元仁宗接受了中书省的奏议,他于皇庆二年(1313)正式颁布诏书:

> 惟我祖宗以神武定天下,世祖后帝设官分职,征用儒雅,崇学校为育材之地,议科举为取士之方,规模宏远矣。朕以眇躬,获承丕祚,继志述事,祖训是式。若稽三代以

---

① [明]宋濂:《元史》卷二十二《武宗一》,第493页。
② [明]宋濂:《元史》卷八十一《选举一》,第2018页。
③ [明]宋濂:《元史》卷二十四《仁宗一》,第548页。
④ [明]宋濂:《元史》卷八十一《选举一》,第2018页。

来，取士各有科目，要其本末，举人宜以德行为首，试艺则以经术为先，词章次之。浮华过实，朕所不取。爰命中书，参酌古今，定其条制。其以皇庆三年八月，天下郡县，兴其贤者、能者，充赋有司，次年二月会试京师，中选者朕将亲策焉。①

科举制废除三十年余后，于元仁宗朝再次开始。仁宗效仿唐宋科举制式，选取人才，会试中选者仁宗亲自策试，足见其重视程度。科举内容在诏书中清晰可见，元仁宗认为汉唐词赋之风过于浮华，不切实际，而将经术定为重点，如中书大臣所建议的"德行明经科"。而这里的明经科并不是传统意义上的汉代经学内容，而是以义理解经的宋代理学。元代理学家虞集曾评价："延祐初，天子慨然思见儒者之治，命执政讲求取士之法，执政者退而与廷臣议焉，曰：唐、宋科举之制，先朝议论常及之，盖周人乡举里选之遗也，以为可尽得天下之士乎！……今为是举者，本之德行，以观其素求之经学，以观其实；博之以文艺，以观其华；策之以政事，以观其用通。此其庶几矣，而或者以为此四者自古之人据其一已足名世，今欲兼之不亦难乎？是不知本出一原，体用无二致也。"②"本原""体用"皆为宋代理学探讨本体、心性的重要内容，这一点证明仁宗已经将程朱理学作为治国的理想学问。

开科取士有利于儒士们入朝为官实现远大抱负，因此在当时儒生人群中产生巨大反响。儒士们给予了很高评价，苏天爵

---

① [明]宋濂：《元史》卷八十一《选举一》，第2018页。
② [元]虞集撰：《道园学古录》卷六《本德斋送别进士周东扬赴零陵县丞诗序》，《文渊阁四库全书本》第1207册，台北：商务印书馆，1986年版，第92页。

《滋溪文稿》中评价仁宗复兴科举之举曾言："仁宗皇帝独出睿断，肇兴贡举，网罗贤能，于是人材辈出"①，"于皇世宗，景运天开。肇兴贡举，网罗异才。如风驱云，如山有台，博带褒衣，群贤鼎来"②。

(二) 科举程式

元仁宗开科取士规定每三年举行一次，举人由原籍官府推举，凡满二十五岁，且品格端正、通晓经书的读书人，即可参加考试。考试的规程和方式则仍按照"四等人制"分开选试，蒙古人和色目人一组，第一章考经书问题，在四书出题，成绩则按照义理的精确度和文辞典雅与否来做评判，第二场以时务命题考策论；汉人和南人一组，第一场内容是明经、经疑，题目亦在四书中选择，四书校注本的选取皆以朱熹《四书章句集注》为准。而汉人与南人经义题则须任选一经作解："经义一道，各治一经，《诗》以朱氏为主，《尚书》以蔡氏为主，《周易》以程氏、朱氏为主，已上三经，兼用古注疏，《春秋》许用《三传》及胡氏《传》，《礼记》用古注疏。"③

从上面的内容和程式中可以明显看出，考试的内容是以四书五经为主，而且依据是程朱注经的内容，四书所依据的版本是朱熹章句集注，而经义科考试内容则是从五经选取一经，五经中朱熹注解过的《易》《诗》皆在入选之列，其余三经朱熹虽未注解，但其所用蔡沈注《尚书》、胡安国注《春秋》、古疏《礼》

---

① [元] 苏天爵撰，陈高华、孟繁清点校：《滋溪文稿》卷十三《元故翰林直学士赠国子祭酒谥文安谢公神道碑铭》，第198页。
② [元] 苏天爵撰，陈高华、孟繁清点校：《滋溪文稿》卷十三《元故翰林直学士赠国子祭酒谥文安谢公神道碑铭》，第201页。
③ [明] 宋濂：《元史》卷八十一《选举一》，第2019页。

均为朱熹所赞许的理学注解，亦可以理解为程朱之学的代表。这样的规定使程朱理学成为科举考试的官方学问，如苏天爵所言："迨仁宗临御，肇兴贡举，网罗俊彦。其程序之法，表章六经。至于四书，专以周、程、朱子之说为主，定为国是，而曲学异说，悉罢黜之。"①

宋代科举考试以诗词歌赋为取舍标准。虽然理学在宋代发展兴盛，但是仍然不能成为士子登科的途径。士子们纠结于理学与词赋之间，最终将精力放于能够"举业"的词赋，而无暇精研理学，也就有士人感慨道："颇闻迩来士子急于场屋科举之业，往往视（程朱理学）为迂缓，置不复观。"② 由于北宋亡国，众多学人迁怒于理学空谈，批判理学在南宋时期成为一些昏庸无能之辈欺世盗名的工具，周密就曾说："凡治财赋者则目为聚敛，开阃扦边者则目为粗材，读书作文者则目为玩物丧志，留心政事者则目为俗吏。其所读者，止《四书》《近思录》《通书》《太极图》《东西铭》、语录之类，自诡其学为正心修身、齐家治国、平天下。"③

同时，地位不高致使理学的发展不够广泛，即便是文化发展较为繁盛的江南地区也未能普及程朱理学的著作，戴表元曾记载浙中理学书籍传播情况："于时朱氏书犹未盛行浙中，时从人传抄之以相启发恍，然如扬雄问《方言》、蔡邕见《论衡》之喜。

---

① ［元］苏天爵撰，陈高华、孟繁清点校：《滋溪文稿》卷五《伊洛渊源录序》，第74页。
② ［宋］真德秀撰：《西山文集》卷四十《劝学文》，《文渊阁四库全书》第1174册，台北：商务印书馆，1986年版，第618页上。
③ ［宋］周密撰、吴企明点校：《癸辛杂识》续集卷下《道学》，北京：中华书局，1988年版，第169页。

及甲辰、乙巳间,有用其说取甲科者,四方翕然争售朱学,而吾乡以远僻,方获尽见徽文公所著书。大抵诸书惟《易本义》《四书注》、小学书最为完备,其余或未经脱稿,或杂出他手非全书也。"① 由此可见即便是在理学昌盛的宋代,理学也因未能成为科考的内容,而未能取得广泛的传播效果。

相较之下,元仁宗将程朱理学定为科考的官方学术,这一举措使大量儒士为了能走上仕途,纷纷将程朱理学奉为圭臬,以至于"伊洛名公后,宋诸儒集解纂疏论之详矣。近年上而公卿大夫,下而一邑一郡之士,例皆讲读"②。

元代科举虽不如宋代科举完善,但是元代科举对于落第举人的安抚政策却是比较完备,元代开科取士较少,进士及第人数也少(天历后,每科取士一百人),而更多的是落第的举人,延祐年间开科取士,丞相帖木迭儿、平章李孟等人奏请皇帝关注落第举人,根据《元史·选举志》所记:"下第举人,年七十以上者,与从七品流官致仕;六十以上者,与教授;元有出身者,于应得资品上稍优加之;无出身者,与山长、学正。受省札,后举不为例。今有来迟而不及应试者,未曾区用。"③ 皇帝给予未能进士及第的举人一定的恩赐,故而元仁宗则"依下第例恩之"。

时至泰定帝三年(1326),朝廷再次颁布诏书对落第举人进行安抚:"下第举人,仁宗延祐间,命中书省各授教官之职,以

---

① [元]戴表元撰,陆晓东、黄天美点校:《戴表元集》卷七《于景龙注朱氏小学书序》,杭州:浙江古籍出版社,2014年版,第160页。
② [元]王恽撰,杨亮、钟彦飞点校:《王恽全集汇校》卷四十三《义斋先生四书家训题辞》,第2056页。
③ [明]宋濂:《元史》卷八十一《选举一》,第2026页;《元史》卷二十五《仁宗本纪二》,第569页。

慰其归。今当改元之初,恩泽宜溥。蒙古、色目人,年三十以上并两举不第者,与教授;以下,与学正、山长。汉人、南人,年五十以上并两举不第者,与教授;以下,与学正、山长。先有资品出身者,更优加之。不愿仕者,令备国子员。后勿为格。"①在这样的恩赐政策下,没有考中的举人们都被授以各路府学及书院的学正、山长等职位,他们虽然没有通过科举登科入仕,恩赐政策在一定程度上也解决了大量儒生的前途问题,出任学正、山长不但提高了他们的社会地位,也促进了理学在地方社会上的传播。

元朝科举自仁宗开始,仁宗朝共举行两次科举,分别是延祐二年(1315)和延祐五年(1318),廷试得进士106名(分别是56人、50人)②。此后元朝科举经历过一次兴废的变更,最终科举制度赢得了统治者的信任,一直延续到元朝灭亡③,不过整个元代开科取士的人数较之前代取士人数甚微,据《元史》本纪、《元史·选举志》《续通志·选举》《续通典·选举》中统计,元代一共开科16次,共录取进士1135名,与宋代大量的开科取

---

① [明]宋濂:《元史》卷八十一《选举一》,第2027页。

② [明]宋濂:《元史·仁宗本纪》记载:"延祐二年三月乙卯,廷试进士,赐护都沓儿、张起岩等五十六人及第、出身有差","五年三月戊辰,御试进士,赐忽都达儿、霍希贤以下五十人及第、出身有差"。第582页。

③ 世祖朝防汉政策,蒙古守旧贵族对于科举持否定态度,延祐科举之后仍有反对之声,至元元年顺帝朝中书平章彻里帖木儿第一个建议停止科举,虽未得到皇帝认可,但是引发了丞相伯颜与许有壬关于科举作用的争论,许有壬认为:"科举若罢,天下人才觖望。"伯颜则以"举子多以贿败,又有假蒙古、色目名者"进行反驳,同时伯颜认为即便没有科举也可以选拔官员,最终伯颜取得了辩论的胜利,科举遂罢。(《元史》卷一百四十二《彻里帖木儿传》)但人才匮乏,儒士晋身无路最终导致至正元年"遂命脱脱为中书右丞相、录军国重事,诏天下。脱脱乃悉更伯颜旧政,复科举取士法,复行太庙四时祭"(《元史》卷一百三十八《脱脱传》)。统治者最终的选择证明只有笼络汉族的小地主和知识阶层才能稳定统治。

士、网罗人才相比可谓微不足道，而且由于四等人制这种歧视政策在科举考试中的存在，使入选的汉人更是数量甚少。但是正如仁宗在解释复兴科举时所言："朕所愿者，安百姓以图至治，然匪用儒士何以致此，设科取士，庶几得真儒之用，而治道可兴也。"① 使百姓安居乐业，笼络汉族氏族地主、知识分子，以程朱理学来维护元朝统治的目的足以实现，同时元仁宗开科取士，即便人数甚微，但对于原来无法实践自己理想的儒士来说机会已经相当可贵，它给予汉人、南人一个入仕为官的机会。同时增加蒙古人、色目人学习汉文化的机会，为治理国家提供更多的人才。理学自此得到统治者的充分认可，正式成为元代的官方学术。如葛兆光所言："宋代形成的理学便在元代与政治权利开始结合，不仅形成了有权力的知识话语，而且成了有知识的权力话语。"②

本章小结

理学作为一种学术思想，其是否能够在社会传播，与统治者的态度息息相关。肇始于宋代的理学，即便是在提倡理学的理宗朝也未能正式成为官方学术。宋元易代，蒙古帝王成为中国的统治者，他们对待理学的态度并非一成不变的，而是随着王朝的发展逐渐转变。以成吉思汗为代表的蒙古王朝时期，他们对汉文化

---

① ［明］宋濂：《元史》卷二十四《仁宗本纪一》，第558页。
② 葛兆光：《中国思想史》第二卷，上海：复旦大学出版社，2000年版，第392页。

的态度起初是不解、排斥和冷漠，但随着自身政治、经济的发展，蒙古社会结构的转变，他们逐渐意识到汉文化的作用。蒙古族统治初期的帝王对理学进行了思考和再认识，在此时期，理学仅作为儒学的一部分被蒙古人囫囵吞枣般接受，他们对理学与儒学的分界是模糊的。随着认识的加深，理学的形象逐渐在蒙古族帝王的心中树立起来。直至元仁宗朝恢复科举，将程朱理学作为科举指定内容后发生巨大转变，元仁宗对理学的推崇直接使原本属于民间的学术被提升为官方学术，这在理学产生的宋代也是很难想象的，更何况是一个少数民族统治下的政权。蒙古统治者作为元朝的统治阶层，他们在理学与元代社会发展中占据着决策者的地位，他们的支持是元代理学得以发展的重要原因。虽然仅仅是在政策上支持，但这足以让理学摆脱束缚，成为主流学术。相对于宋代，这样的举措无疑是一个进步。正是在这样的基础上明初成祖朱棣主持编纂《五经大全》《四书大全》《性理大全》，其内容"悉去汉儒之说，而专以程朱专注为主"①，尤其是《性理大全》涵盖宇宙天地、性命义理等各个方面，以程朱等性理之书为蓝本，将程朱理学进一步定为官方意识形态，这无疑是元代理学官学化的延续。

---

① [明]何良俊：《四友斋丛说》卷三《经》三，《续修四库全书》第1125册，上海：上海古籍出版社，2002年版，第532页上。

第二章 传承中创新：元代程朱理学的发展[①]

理学在元代的发展需要借助统治者的支持，元帝王入主中原，逐步地认识到汉文化的优势所在，出于维护中原地区统治的需要，他们对理学的态度由反对转向默许再到支持，并在仁宗朝将理学提升为官方学术，这是理学在元代得以发展的重要因素。而元帝王本质还是蒙古族，虽然其崇尚汉文化的态度使得理学逐渐受到重视，但是他们做所的仅仅是在政策上加以支持，这对理学的进一步发展是远远不够的。由于元帝王语言的局限性，他们并不能完全理解义理，对于理学的内容也只是一知半解，在蒙古守旧贵族的反驳下也会产生像忽必烈朝对汉法实施那样的反复。在这样的情况下，理学的发展就需要一些真正懂得理学内涵的士人来维系与推动。

[①] 20世纪以来元代理学研究成果颇丰，关于具体的理学家的研究也有较多论文，本书以"元代理学与社会"为题，对元代著名的理学家自然不能置若罔闻，本章在总结前人对元代理学家已有的研究成果同时，论述理学家在宋元理学发展中的创新及这些理学家在理学传播中与社会、政治的关系。

这些深谙理学的士人就是元代的理学家群体，他们以维护和发展宋代理学为己任，极力促进理学的北传，扩大理学的传播范围。元代理学家们采用不同的方式促进理学发展：有的入仕为官成为一代名臣，在帝王左右不断地鼓吹理学对巩固统治的优势所在，并举荐理学家入仕为官，以此增加统治阶层倡导理学人群的比例，改变那些对理学态度暧昧不明的帝王，增加了他们对理学的信任，这一点在仁宗朝表现最为明显，科举制的恢复和理学官学化是元代理学发展的最大推动力。元代理学家除了在政治上鼓吹理学，同时也精研理学思想。宋代理学就义理上分为朱陆两派，发展至元代，朱陆的传人仍旧沿袭先贤思想，为发展理学而在各自的领域里发挥着作用。

元代理学家们大多以程朱理学的传承者自居，以发扬理学为己任，坚持道统意识，继续理学的传承；精研程朱理学的思想内涵，并根据特定的时代背景在宋代理学的基础上进行发展创新。在这个理学家群体的作用下，理学得到了元朝统治者的信任，并在少数民族统治的特殊时代扩散开来。本章主要选取有代表性的程朱后学为例，阐述他们在特定的历史时期对程朱理学的发展和创新。

第一节 元初儒士对理学的传播

宋金元之际，民族割据，自五代十国时期，北方被少数民族统治，金元之际，南北战争不断，政治经济文化交流几乎断绝，正如黄宗羲所言："自石晋燕、云十六州之割，北方之为异域之

第二章　传承中创新：元代程朱理学的发展

久矣，虽有宋诸儒叠出，声教不通。"① 宋代形成的理学虽经朱熹集大成而兴盛于南宋，但是北方多不闻此学。随着蒙古大军的推进，南北统一之势渐渐明了，南北文化开始交融；思想家以传播理学为己任，开始将理学思想向北方传播。这些理学家多数活跃在元太宗窝阔台至元世祖忽必烈几朝，他们之中有以宋代理学的传承者自居的赵复，也有对理学推崇有加的儒臣姚枢、窦默、许衡等，他们继承、传播宋代程朱理学的思想。由于理学在金代的沉寂，此时学者们对理学的认识并不深入，故而没有在理论上有重大的创新，但是他们是元代理学北传的首批学者，为理学在北方发展奠定了坚实的基础。

一　北传理学第一人——赵复

赵复，字仁甫，德安云梦人（今湖北云梦），生卒年约为1185年至1265年前后②。学者尊称其为江汉先生。赵复为宋理宗宝庆（1225—1227）、绍定（1228—1233）年间乡贡进士，廷试未及仕。未能中举并未影响赵复，在落榜之后"（赵复）以所

---

①　[清]黄宗羲原著，[清]全祖望补修，陈金生、梁运华点校：《宋元学案》卷九十《鲁斋学案》，第2995页。
②　赵复存世文献较少，史传中也未能明言赵复生卒年，但可根据赵复存世数文与他人文集中的记载课大概推断其生卒年。此处存疑，《宋明理学史》与《理学与元代社会》中关于此问题有争议，有1215—1306 或 1185—1265 两种说法。

闻濂洛关闽之学教授于城南文笔峰下"①。在入元之前，赵复已经接触到很多程朱理学的知识，这也为他日后传播理学奠定了基础。南宋理宗端平二年（1235）蒙古军南下，攻陷德安城，忽必烈命姚枢等人遍访求儒、道、释、医、卜者，赵复便在其中。赵复被俘北上，次年便受诏讲学于太极书院传授程朱理学，自此理学开始北传，正如黄百家所言："自赵江汉以南冠之囚，吾道入北，而姚枢、窦默、许衡、刘因之徒，得闻程朱之学以广其传，由是北方之学郁起，如吴澄之经学，姚燧之文学，指不胜屈，皆彬彬郁郁矣。"② 吴鼎元在为《先儒赵子言行录》作序中甚至将赵复与周敦颐、二程相比："其先生（赵复）当残毁俘囚之余，膺大义微言之寄矢匹夫终身之节，存千秋万世之思，其有功于圣门，不在濂洛诸子下。"③ 可见赵复可谓元代理学传承中最重要的一个人物，后人称其为"道北第一人"并不为过。

根据《元史·赵复传》等记载，赵复平生所作主要有《传道图》《伊洛发挥》《师友图》《希贤录》等，但多佚失，赵复的思想仅在《先儒赵子言行录》以及其他同时代人的著作中窥见大概，赵复对于理学北传的作用主要在于"传理学、正道统、辟邪说、否功利"。

---

① ［清］陈廷钧编：《先儒赵子言行录》卷上《宋乡贡进士赵江汉先生事迹岁考略》，湖北崇文书局同治九年本，第4页。关于赵复的师承关系，有几种说法，其一是《宋元学案》记载赵复为"朱学续传"，但未明确说明关系。王梓材则认为赵复私淑朱子，并非朱子门人；第二种是侯外庐、张岂之、朱汉民等人认为赵复只是学术上属于程朱理学，并未师承；第三种是我国台湾罗光和大陆邹林认为赵复从学真德秀，但是未明确说明依据，按照赵复的思想和史料记载，暂从《宋明理学史》及《宋明理学通论》等书观点，赵复学术上宗程朱，但无明确师承。
② ［清］黄宗羲原著，［清］全祖望补修，陈金生、梁运华点校：《宋元学案》卷九十《鲁斋学案》，第2995页。
③ ［清］陈廷钧编：《先儒赵子言行录》序，湖北崇文书局同治九年本，第1页。

（一）传理学、正道统

元太宗七年（1235）姚枢携赵复北归，理学北传自此而始。赵复早年接触理学，深感理学之精微，廷试落第后便教授濂洛关闽之学于城南，可谓乡间大儒。姚枢奉忽必烈命遍寻儒、道、释、医、卜者，他认为赵复是奇人，劝说赵复随军北归。此时南北战争，声教不通，儒家经籍自然也未能相互传递，理学典籍在北方见之甚少，皮锡瑞曾言："北人虽知有朱夫子，未能尽见其书。"① 赵复作为理学传承者肩负起经籍北传重任，"尽录所记程朱性理诸书，并所谓文数十篇付枢"②。自此之后理学开启了在北方地区发展的新篇章。

赵复北上燕京引起不小震动，士人感慨赵复的学问，一时间"朝贵咸望丰采缔交，盛名如金遗老元裕之好问"③。赵复也在小范围内开始传播理学，传授程朱理学知识。他以自己所收集的程朱理学的经典注本书籍作为教材。《元史·赵复传》中记载了当时赵复传道的盛况："学子从者百余人。"④ 这其中就有当时名臣如姚枢、杨惟中、杨奂等人，杨惟中更是对赵复的学问佩服之极，据《元史·赵复传》记载，杨惟中听闻赵复讲学后"始嗜其学"，并与姚枢建议设立太极书院，"立周子祠，以二程、张、杨、游、朱六君子配食，选取遗书八千余卷，请复讲授其中"⑤。

---

① ［清］皮锡瑞著，周予同注释：《经学历史》，北京：中华书局，1959年版，第281页。
② ［清］陈廷钧编：《先儒赵子言行录》卷上《岁考略》，湖北崇文书局同治九年本，第5页。
③ ［清］陈廷钧编：《先儒赵子言行录》卷上《岁考略》，湖北崇文书局同治九年本，第5页。
④ ［明］宋濂：《元史》卷一百八十九《赵复传》，第4314页。
⑤ ［明］宋濂：《元史》卷一百八十九《赵复传》，第4314页。

杨惟中建立太极书院的目的是扩大理学的影响，"欲以道济天下"。正如郝经在《太极书院记》中所载：

> 庚子辛丑间，中令杨公当国，议所以传继道学之绪，必求人而为之师，聚书以求其学，如岳麓、白鹿建为书院，以为天下标准，使学者归往相与讲明，庶乎其可乃于燕都筑院，贮江淮书，立周子祠，刻《太极图》及《通书》《西铭》等于壁，请云梦赵复为师儒，右北平王粹佐之，选俊秀之有识度者为道学生。推本谨始，以太极为名，于是伊洛之学遍天下矣。①

按照此记所载，杨惟中建立太极书院是为"传继道学之绪"，以此比肩宋代四大书院之"岳麓""白鹿洞"，并在书院设立周子祠，刊刻周敦颐、张载的著作，可见其对宋代理学推崇至极，因而郝经盛赞当时学术是"伊洛之学遍天下"。

太极书院的营建，成为元代北方理学教育兴起的标杆，赵复、王粹等人在其间教授理学知识，而书院所藏则是赵复北上所带"八千余卷"遗书及姚枢、杨惟中等人随军征讨时期搜罗所得书籍。南宋以来朱熹所著的《四书章句》等书成为南方理学得以发展的重要资料，南北战争不断，北方所得的书籍甚少，洛学余绪残喘流传，而经赵复北传带来书籍，为北方理学发展带来了希望，正如虞集所言："群经、四书之说，自朱子折衷论定，学者（赵复）传之，我国家尊信其学，而讲诵授受，必以是为则，而天下之学皆朱子之书。书之所行教之所行也，教之所行道

---

① ［元］郝经撰，邱居里、赵文友点校：《郝文忠公陵川文集》卷二十六《太极书院记》，《儒藏精华编》第245册，第438—439页。

之所行也。"① 此说虽有夸大之嫌，但一方面也凸显赵复北上对于理学的意义。

南北声教不通日久，赵复担心理学书籍内容广博，学者未必能够贯通，于是着手编订读物，辅助学习：

> 原羲、农、尧、舜所以继天立极，孔子、颜、孟所以垂世立教，周、程、张、朱氏所以发明绍续者，作《传道图》，而以书目条列于后；别著《伊洛发挥》，以标其宗旨。朱子门人，散在四方，则以见诸登载与得诸传闻者，共五十有三人，作《师友图》，以寓私淑之志。又取伊尹、颜渊言行，作《希贤录》，使学者知所向慕，然后求端用力之方备矣。②

赵复在传授程朱理学经典注疏之外，还另行编著有益于理学传播的典籍，这些著作能够帮助此前未能了解理学发展的士人认识理学，促进了理学思想在北方的生根发芽。

在理学家眼中"道"是一个超越历史的、永恒不变的，并凌驾于社会之上的存在，正像董仲舒所言："道之大原，出于天，天不变，道亦不变，是以禹继舜、舜继尧，三圣相受而守一道。"③"道"是亘古烁今永恒不变的宇宙本源，世间真理。唐韩愈、宋二程兄弟及南宋朱熹都看到这一点，并以此建立儒学道统，用来对抗佛老，维护理学的地位。韩愈首先在《原道》中

---

① [元] 虞集：《道园学古录》卷三十六《考亭书院重建文公祠堂记》，《文渊阁四库全书》第 1207 册，第 515 页上。
② [明] 宋濂：《元史》卷一百八十九《赵复传》，第 4314 页。
③ [汉] 班固：《汉书》卷五十六《董仲舒传》，北京：中华书局，1962 年版，第 2518 页。

提出:"尧以是传之舜,舜以是传之禹,禹以是传之汤,汤以是传之文、武、周公,文、武、周公传之孔子,孔子传之孟轲,轲之死不得其传焉。"① 韩愈看到道统断续,希望以此警惕士人传承儒学。

程颐在为其兄撰写墓志中也关注到道统的中断问题,甚至将程颢立为道统的接续者:"先生生千四百年之后,得不传之学于遗经,志将以斯道觉斯民。"② 朱熹则明确指出,"道"的超越性:"道之在天下者未尝亡,惟其托于人者,或绝或续。故其行于世者,有明有晦,是皆天命之所为,非人智力之所能及也。"③ 认为"道"永恒于社会之上,出现"绝续"或者"明晦"取决于所托之人是否能够真正的继承道统,理学集大成者朱熹弟子满天下,其女婿兼高徒黄榦更是将朱熹与孟轲相提并论。

元代是少数民族统治的政权,汉族士人为了保存自己的传统文化,强调复兴道统是首要任务,赵复也不能例外,赵复在战乱之中也意识到了道统观在汉文化遇到危机时的作用,力图恢复理学的道统意识,这是他传道授业的重要内容之一。这在他的著作《传道图》和《师友图》中有集中体现。陈廷钧编《先儒赵子言行录》中保存了赵复作的《传道图》,赵复所列道统图表,上起伏羲、神农,期间接续孔孟,而最终落脚于程朱理学的集大成者

---

① [唐] 韩愈撰,马其昶校注、马茂元整理:《韩昌黎文集校注》第一卷《原道》,上海:上海古籍出版社,1986年版,第18页。
② [宋] 程颢、程颐撰,王孝鱼点校:《二程集·明道先生墓表》,北京:中华书局,1981年版,第640页。
③ [宋] 朱熹撰,朱杰人,严佐之等主编:《朱子全书·晦庵先生朱文公文集》卷七十八《江州重建濂溪先生书堂记》,上海:上海古籍出版社;合肥:安徽教育出版社,2002年版,第3739页。

朱熹①，相较韩愈、二程的道统序列，赵复在"九族俱残"的情况下，身兼光大理学重任，此书的编撰无疑强调了理学接续道统的重要性，无形中提高了理学的地位。

与此同时，赵复不忘将自己归于道统之中，他向往程朱理学，故而作《师友图》以明志，正如《岁考略》中所记："别著《希贤录》以示学者，时上距宁宗庆元六年庚寅晦庵朱子之卒才三十许，恒以不得亲炙其门为恨，故作《师友图》以见志从游之士。"② 赵复将自己与朱熹53位门生弟子并列，"以寓私淑之志"，将自己置放在道统的传承体系中，凸显自身正统学术的地位。

(二) 辟邪说，否功利

赵复的四本主要著作随着时代变迁已佚失，但是我们仍能从史传和他人文集中找寻到其部分理学思想的片段。正如前文所说，赵复的理学思想主要是继承程朱理学的余绪，并没有太大创新，而赵复在元代理学开创时期的思想贡献，主要是对当时异说的一些批判和纠正，当然此处所说的异说主要指金元之际尚辞章的风尚和功利之风。

金代科举制度效仿宋辽，正如前文所述，金代科举中所用的教材皆为汉唐注疏："设科皆因辽、宋制，有词赋、经义、策试、律科、经童之制。"③ 笔者在前文讨论宋代科举考试中对理学的态度时提及，宋代科举考试以诗词、歌赋为取舍标准的做法

---

① [清] 陈廷钧编：《先儒赵子言行录》卷上《传道图》，湖北崇文书局同治九年本，第8页。
② [清] 陈廷钧编：《先儒赵子言行录》卷上《岁考略》，湖北崇文书局同治九年本，第4页。
③ [元] 脱脱撰：《金史》卷五十一《选举》，第1130页。

使理学发展举步维艰，即便是宋理宗这样一个重视理学的皇帝也未能改变这一趋势，理学思想不能成为士子登科及第的手段，所以纠结于学术与仕途之间的士子们往往最终选择能够"举业"的词赋，导致了"颇闻迩来士子急于场屋科举之业，往往视（程朱理学）为迂缓，置不复观。"① 的困境。金代皇帝在沿袭宋代科举的基础上也沿用了这套科举程序，因此终金一代，词赋成为金代学术的主流思想，也就出现了"苏学盛于北，洛学盛于南"之说，甚至在金代出现了许多为官能力不足，却因词赋而得到皇帝赏识的人。

宋金之际，北方洛学余绪虽然未占主导，但是理学思想的点点滴滴也使部分儒学士人认识到金代学术的弊端。史传中记载王郁、徐之纲等人皆赞许理学而对当下文弊表示出不满："故尝欲著书，推明孔氏之心学，又别言之行之二者之不同，以去学者之弊。其论经学，以为宋儒见解最高，虽皆笑东汉之传注，今人唯知蹈袭前人，不敢谁何，使天然之智识不具，而经世实用不宏，视东汉传注尤为甚。亦欲著书，专与宋儒商订。其论为文，以为近代文章为习俗所蠹，不能遽洗其陋，非有绝世之人奋然以古作者自任，不能唱起斯文。故尝欲为文，取韩、柳之辞，程、张之理，合而为一，方尽天下之妙。"② 王郁在接触理学之后认为理学是天下之妙。而徐之纲则由重词赋转向学习程朱经典，侧重《春秋》与《易》学。

金末儒士对于学术弊端的反思也影响到了赵复，赵复以光大

---

① ［宋］真德秀：《西山文集》卷四十《劝学文》，《文渊阁四库全书》第 1174 册，第 618 页上。

② ［金］刘祁撰，崔文印点校：《归潜志》卷三，第 24 页。

理学为己任，对于词赋之学持否定态度，这一观点在其与元好问的交往中即可管窥一二。《元史》中记载赵复对元好问的建议："元好问文名擅一时，其南归也，复赠之言，以博溺心、末丧本为戒，以自修读《易》求文王、孔子之用心为勉。"① 赵复与元好问有交集的时间是在赵复被俘至燕京时，他的学问震惊众多学者，这其中也包括当时已经以诗文名于世的金朝遗老元好问。元好问虽是尚文辞的典范，但是赵复却不为所惧，直接指明元好问重末丧本，未能理解学问的真谛，赵复对元好问的警戒即凸显了他对一味偏重文辞之风的否定。

赵复有着"博溺心、末丧本"的强烈忧患意识，"博溺心"最初出自《庄子·缮性篇》"文灭质，博溺心"②，指人心之间的识查不足以安定天下之时，人就开始用文章来增加博学的外表，而文饰会淹没心灵。宋代理学家们对重文辞之风早有批驳，明确指出"文以害道"，二程兄弟论及此弊曾言："今之学者有三弊：溺于文章，牵于训诂，惑于异端。苟无三者，则将安归，必趋于圣人之道矣。"③ 他们认为当今学者溺于章句训诂，并非追求圣人之道，真正的大道应以修身进德为主。目睹金至元文辞之风盛行的赵复继承了先儒批判的观点，他以"博和心""末与本"的分别来告诫元好问，指出为学不应深陷于词赋、章句之中，以末丧本，并在劝解中建议其读《易》进而达到了解圣贤

---

① [明]宋濂：《元史》卷一百八十九《赵复传》，第4315页。
② 陈鼓应注释：《庄子今注今译·缮性篇》，北京：中华书局，2009年版，第435页。
③ [宋]程颢、程颐撰，王孝鱼点校：《二程集·河南程氏粹言》卷一《论学篇》，第1185页。

之道①。此处赵复言读《易》,可以见得赵复对易学的重视,但同时也指先贤的典籍,他认为只有仔细研读古圣贤书才能探究圣人的本意。

赵复以理学家身份立世,自然认可宋代理学家所反对的功利之学。赵复在其《杨紫阳文集序》中详尽阐述了这一观点,序言中说:"君子之学,至于王道而止。学不至于王道,未有不受变于流俗也。三代圣人,以心学传天下。后世见于伊尹、傅说之训,君子将终身焉。"② 即认为真正的王道盛行于三代,后世之道则受到流俗的影响发生变化:"桓、文功利之说兴,而羲、尧、舜文之意泯矣。"③ 春秋以后"明王不兴",学者更不能理解圣人之意,叔向、子产等人皆因功利所累,奔走于各国以求扬名之功业;董仲舒、贾谊虽得圣人之意却终身不得志;诸葛亮一生为功名所累,也未能成圣人之道;房玄龄、杜如晦虽有盛世之机却未能了解圣人之意。千百年来,圣人之道不明,君子之道不行,引发了赵复的无限感慨。在序文中赵复以杨龟学韩愈"义而不取"、不牟利忘义的君子之道为例,讲明儒家义利之辨,强调儒者即便生存在战争时代,也不应因"流俗"而变,更应该修身立己,真正把握圣人的心意,成就真正的圣人之道。

成就圣人之道的另一重要方面就是修身,根据《大学》"三纲领八条目"的记载,修身是向圣贤看齐的重要一环,赵复在

---

① 徐远和在《理学与元代社会》中将"求文王、孔子之用心"此处的"用心"二字分别解释为"用,即践履","心,即思想",进而指出此句为"体会(文王、孔子)的践履与思想"。本书暂不细加分析,仅将此理解为"圣贤大道之本意"。
② [清]陈廷钧编:《先儒赵子言行录》卷下《杨紫阳文集序》,湖北崇文书局同治九年本,第6页。
③ [清]陈廷钧编:《先儒赵子言行录》卷下《杨紫阳文集序》,湖北崇文书局同治九年本,第6页。

传播理学的过程中也极为重视这一点，他在太极书院以周敦颐"圣希天，贤希圣，士希贤"为由，作《希贤录》，此文即是为了改变北方学者困于修身无标榜可循的局面而作。赵复对北宋理学先贤崇敬备至，对理学开山周敦颐也是如此，在太极书院建立之初，赵复就提倡建立周子祠，而此"希贤"二字也是取自周敦颐《通书·志学第十》中："圣希天，贤希圣，士希贤。伊尹、颜渊，大贤也，伊尹耻其君不为尧舜，一夫不得其所，若挞于市。颜渊不迁怒，不贰过，三月不违仁。志伊尹之所志，学颜子之所学。过则圣，及则贤，不及则亦不失于令名。"① 根据史传所记，赵复选取伊尹、颜渊的言行，汇编成册，以此为士人树立应当仰慕的标杆，以此作为道德修养的起点和努力的方向。

赵复在南北经籍不通的时代，以"南冠之囚"的身份被俘北归，但是他身系理学北传之重任，在北方地区传播程朱理学。此后"先生之学已盛于北方，朝野禽起，从化功令，非程朱之学不式有司"②。赵复作为一名理学家，他将理学推广至北方地区，以此作为思想和社会生活相连的媒介，赵复北传理学不论是对道统观念、圣贤之道的纠正和传播，还是对经籍的传播都有重要意义：使北方的学术思想为之大变。文献虽未记载赵复亲传弟子的传承，然而像姚枢、窦默、许衡、杨惟中等人与赵复交游甚广，皆因赵复在北方讲学，而接受并传播其理学思想，这些人或当朝为官，或隐居教学，他们虽不能像朱熹及其后学那样形成一

---

① ［宋］周敦颐撰，陈克明点校：《周敦颐集》卷二《通书·志学第十》，北京：中华书局，1990年，第22页。
② ［清］陈廷钧编：《先儒赵子言行录》卷上《岁考略》，湖北崇文书局同治九年本，第6页。

套传承体系，但都在利用各种手段传播理学，在一定程度上也可以算是赵复思想的传承者。赵复作为"道北第一人"，他的传道之功远大于他在学术思想的创新。

二 怀卫儒士与理学

赵复将理学传入北方，可以看作元代理学发展的标志，而理学更广泛的传播需要众多儒士们的支持，姚枢、窦默等人则成为了理学传播的首批推行者。这批人虽也能称作理学家，但是他们的主要功绩是在对理学的传播和推广上。这些人主要集中在忽必烈金莲川幕府时期，大多来自怀卫地区，并且对理学有一定的了解，这也是他们能成为推动理学的首批士人的重要原因。

姚枢（1201—1278），字公茂，号雪斋、敬斋。元初政治家、理学家。其先柳城（今辽宁朝阳）人，年少有志于学，因"内翰宋九嘉识其有王佐略"被招募到忽必烈幕府中。姚枢主要活动在世祖朝，源于他对理学的推崇，他的一生为理学的发展做出巨大贡献。

在中央集权的封建制度下，一种学术思想想要立足并发展得力于统治者的支持。而对理学来说，要想在少数民族政权下得以生存发展，帝王的态度尤为重要。姚枢机敏地看到这一点，因此在金莲川幕府时期便开始向忽必烈灌输汉文化。姚枢是较早进入忽必烈幕府的汉族士人，世祖潜邸遣赵璧召见姚枢询问治国之道，姚枢就说："乃为书数千言，首陈二帝三王之道，以治国平天下之大经，汇为八目，次及救时之敝，为条三十。"① 姚枢的积极回应献策，使忽必烈充分认识到实施汉法的重要性，对姚枢则愈加器重，"世祖奇其才，动必召问，且使授世子经"②。我们不能说忽必烈重视汉法政策皆因姚枢，但是姚枢在忽必烈的政治思想中起到很大作用是毋庸置疑的。忽必烈在汉族士人的影响下，逐渐意识到文治的重要性，正如他在继位诏中所言"祖宗肇造区宇，奄有四方，武功迭兴，文治多缺"③。姚枢作为忽必烈身边重要的谋士，同时又是一名崇尚理学的儒士，在他的影响下，无论是忽必烈还是之后的元朝帝王都为理学的传播提供了政治上的可能性。

姚枢的另一贡献是网罗了理学家赵复，促进理学在北方地区的传播，据《宋元学案》记载："自石晋燕云十六州之割，北方之为异域也久矣，虽有宋儒迭出，声教不通。"④ 此言自五代时期开始南北声教不通，金元之际的战争更是加重了这一趋势。与南方理学兴盛相比，北方的理学却因倡导理学人士和书籍的匮乏而无法传播。前文所讲，蒙古族统治初期战争的破坏是严重的，蒙古的策略是稍有反抗便屠城示威，其军队攻陷枣阳之时，"主将将尽坑之，枢力辩非诏书意，他日何以复命，乃蹙数人逃入篁竹中脱死"⑤。而姚枢此时的建议则体现了他的远见，姚枢、杨惟中等建议南下攻宋时禁止屠城并搜罗人才。在姚枢等人的建议

---

① [明] 宋濂：《元史》卷一百五十八《姚枢传》，第 3712 页。
② [明] 宋濂：《元史》卷一百五十八《姚枢传》，第 3712 页。
③ [明] 宋濂：《元史》卷四《世祖一》，第 64 页。
④ [清] 黄宗羲原著，[清] 全祖望补修，陈金生、梁运华点校：《宋元学案》卷九十《鲁斋学案》，第 2995 页。
⑤ [明] 宋濂：《元史》卷一百五十八《姚枢传》，第 3711 页。

下,蒙古军队在此后的战争期间减少屠杀,注重搜罗书籍和知识分子。史传记载此时期收集书籍八千余卷,其中涵盖大量理学典籍,这对于解决元代北方书籍的匮乏的问题无疑是雪中送炭。更重要的是这项诏令保护了大量知识分子,这其中就包含了理学家赵复。赵复在北上时将自己所藏程朱理学的典籍一并交予姚枢:"时濂溪周子之学未至河朔,杨惟中用师于蜀、湖、京、汉,收集伊洛诸书,载送京师,还与姚枢谋建太极书院及周子祠,以二程、张、杨、游、朱六子配食,请赵复为师,选俊秀有识者为道学生,由是河朔始知道学。"① 赵复北传理学与太极书院的建立无疑是理学在北方生根发芽的重要一步,在《元史》《宋元学案》等书及当时文人留下的文集中,对于赵复在北方传播理学给予很高的评价,脱脱有言:"北方知有程、朱之学,自复始。"② 我们还应看到的是虽然赵复是元代北方理学传播的开山之人,但是如果没有姚枢对忽必烈的搜罗人才的建议,没有姚枢对赵复的劝解,赵复或死于战乱,或在被俘期间投湖自尽③,可能也就没有元代理学北方传播的盛况。

姚枢仕途并非一帆风顺,太宗十二年(1240)建立太极书院后,次年任燕京行台郎中的姚枢便与其上司亚鲁瓦赤产生不和,因不满其贪污腐败而不屑与之为伍,辞官而去,隐居辉州苏门山。他在接触赵复之后继而推崇程朱理学,以传播理学为己

---

① [清]黄宗羲原著,[清]全祖望补修,陈金生、梁运华点校:《宋元学案》卷九十《鲁斋学案》,第3003页。
② [明]宋濂:《元史》卷一百八十九《赵复传》,第4314页。
③ 根据《元史·赵复传》记载,赵复德安被俘后,曾有死念。"枢恐其自裁,留帐中共宿。既觉,月色皓然,惟寝衣在,遽驰马周号积尸间,无有也。行及水际,则见复已被发徒跣,仰天而号,欲投水而未入。"在姚枢的劝解下,赵复"强从之"。(第4314页)

任,在朝为官时谋划建立太极书院,即便隐居苏门山也未忘其志。姚枢"携家往辉州苏门山,作家庙,别为室奉孔子及宋儒周、程、张、邵、司马六君子像,刊小学、四书并诸经注以惠后学,读书鸣琴,若将终身"①。根据姚枢神道碑中所载,他在苏门山刊印书籍,如《论语或问》《孟子或问》等书,并且委托杨惟中、田和卿等人刊刻程朱及其后学对经典的注解,如《尚书折衷》《声诗折衷》《程氏易传》《胡氏春秋传》等,姚枢弟子杨古刊印了《小学》《近思录》等与理学相关的书籍②,对理学在社会中的传播起到促进作用,姚枢在苏门传播理学得益最大的要数元代理学大家许衡,许衡在苏门结识姚枢和窦默,他在苏门山"得伊川《易传》,朱子《论孟集注》《中庸大学章句》、或问、小学诸书,乃手写以归"③,自此走上理学道路(许衡下文细述,此处不多赘述)。由此可见,苏门甚至是怀卫地区理学的传播,姚枢功不可没。

在苏门地区与姚枢一同研习理学的名士还有窦默,窦默(1196—1280),字子声,广平肥乡人,少喜读书,《元朝名臣事略》卷八记载:"公(窦默)幼知读书,确然有立志,叔祖旺时为郡工曹,欲使改肄刀笔,公不肯就,愿卒习儒业。"④窦默祖

---

① [清]黄宗羲原著,[清]全祖望补修,陈金生、梁运华点校:《宋元学案》卷九十《鲁斋学案》,第3004页。
② [元]姚燧:《牧庵集》卷十五《中书左丞姚文献公神道碑》:"自版《小学》《书》《语》《孟》《或问》《家礼》,俾杨中书版《四书》,田和卿版《尚书》《声诗折衷》《易程传》《书蔡传》《春秋胡传》皆于燕,又以小学书流布未广,教弟子杨古为沈氏恬版与《近思录》《东莱经史说》诸书散之四方。"
③ 柯劭忞:《新元史》卷一百七十《许衡传》,北京:开明书店,1935年版,第346页中。
④ [元]苏天爵辑撰:《元朝名臣事略》卷八《内翰窦文正公》,第151页;《元史》卷一百五十八《窦默传》,第3730页。

父窦旺因其官职希望他从事诉讼文书写作的学习,而窦默则以"趋近利而弃远图,非计也"①,不改其志。

窦默真正接触到理学是在他逃难南下之际。金元战争使得窦默家破人亡,经过多次避祸辗转,清流河医王氏授窦默医学,窦默曾以医学闻名于世,然而窦默并不仅仅满足于医学知识。他在到达南宋德安之后,得到孝感令谢宪子赏识,二人一见如故,窦默居谢宪子家中"日相与讲明伊洛程张义理之学,比之在北方时,又益精切矣"②。窦默在北方未能真正了解义理精深的理学,而从谢宪子处所学的程朱理学则更为"精切",窦默自己也认为"昔未尝学,而学自此始"③。可见跟随谢宪子游学是窦默崇尚理学的开端,而窦默进一步接触并传播理学则是在大名时期。杨惟中、姚枢等人招募儒、道、释人才北上时,窦默便在其中。未得世祖重用的窦默此时隐居于大名,此时大名有许衡讲学,窦默仰慕许衡学问,虽此时他已经以经术闻名,但仍然谦虚求学:"(窦默)见衡敬礼之,相遇则危坐终日,出入于经史百家之说,互相难问。"④听闻许衡、窦默苦学力行,姚枢以道学传承者自居,亦不能懈怠,立即前往大名,姚枢在此找到了志同道合的学友,而许衡、窦默则是在姚枢处见到赵复所传的程朱理学的典籍。至此姚、许、窦三人"朝暮讲习,至忘寝食"⑤,理学在大名盛行开来。窦默则在后来离开大名返回家乡肥乡,一方面

---

① 李修生主编:《全元文》卷六十二王磐《大学士窦公神道碑》,第271页。
② 李修生主编:《全元文》卷六十二王磐《大学士窦公神道碑》,第271页。
③ [明]宋濂:《元史》卷一百五十八《窦默传》,第3730页。
④ 柯劭忞撰:《新元史》卷一百七十《许衡传》,第346页中。
⑤ [明]宋濂:《元史》卷一百五十八《窦默传》,第3730页。

"以经术教授，由是知名"①，另一方面"病者来谒，无贫富贵贱，视之如一，针石所加，应手良已"②。可见窦默即便在离开大名后，仍然在悬壶济世的同时传播理学。窦默这一系列与理学相关的活动使他的理学思想有了进步，为其后来入朝为官，进一步发扬理学思想奠定了坚实的基础。

忽必烈潜邸金莲川，礼贤下士，北归的窦默随即得到忽必烈的召见，忽必烈即以治道问之，窦默以圣贤之道回之。《元史》记录了其中一次讨论："既至，问以治道，默首以三纲五常为对。世祖曰：'人道之端，孰大于此。失此，则无以立于世矣。'默又言：'帝王之道，在诚意正心。心既正，则朝廷远近莫敢不一于正。'一日凡三召与语，奏对皆称旨。"③ 从窦默进言治世之道中我们可以看出，窦默所倡导的仍是传统儒家的三纲五常，窦默最先让少数民族的统治者了解的是传统儒学的孔孟之道，他希望能通过传统思想推进元代的汉化改革。忽必烈是元初统治者中较为重视汉法的明君，他对儒学的浓厚兴趣也增加了窦默传播理学的信心。在传统儒学的基础上，窦默进而向忽必烈推荐的就是更为精深的理学思想，他所讲的"诚意正心"正是出自《大学》中的名句，忽必烈由此接触到了《大学》，其后令赵璧翻译真德秀的《大学衍义》也与此有关。从这方面看，窦默可谓是向忽必烈传播理学义理思想的第一人。

窦默对元代理学发展的贡献不仅是向忽必烈推荐理学，他在

---

① [明] 宋濂：《元史》卷一百五十八《窦默传》；[清] 黄宗羲原著，[清] 全祖望补修，陈金生、梁运华点校：《宋元学案》卷九十《鲁斋学案》，第3005页。
② [元] 苏天爵辑撰：《元朝名臣事略》卷八《内翰窦文正公》，第152页。
③ [明] 宋濂：《元史》卷一百五十八《窦默传》，第3730页。

举荐贤能、兴办教育等方面也促进了理学的发展。苏门三杰中窦默是最早离开的一人，辗转肥乡传道之后得到忽必烈的任用，他在宣传汉法和理学的实践中，自然需要得力的人才加以辅助，此时正值忽必烈用人之际，窦默即将苏门好友姚枢、许衡推荐给世祖忽必烈。《元朝名臣事略》记录了窦默向忽必烈推荐人才的对话：

> "今之明治道者为谁？"公以姚枢对。
> "朕尝命卿访求魏徵等人，有诸乎？"对曰："许衡即其人也。万户史天泽有宰相才，可大用。"遂拜天泽为丞相。①

姚枢、许衡和史天泽倡导理学，在理学的发展中起到了重要作用，而为他们提供这一机会的正是窦默。除此之外，窦默还举荐数人，他们大多为官出众，为元初政治经济文化建设做出过重要贡献。

重视文教也是窦默为传播理学所作的努力。窦默见元初文教落后，阻碍社会进步，因此上奏建立国学，《元史·窦默传》记载：

> 三代所以历数长久，风俗纯粹者，皆自设学养士所致。方今宜建学立师，博选贵族子弟以教之，以示风化之本。②

窦默在国子祭酒的人选上举荐许衡，以教养胄子。至元年间皇帝下诏建立蒙古国子学，选取蒙古人子弟和一部分的色目人及汉人入学，教授内容主要是儒家经典如《孝经》、小学及"四

---

① ［元］苏天爵辑撰：《元朝名臣事略》卷八《内翰窦文正公》，第152页。
② 陈得芝、邱树森、何兆吉辑点：《元代奏议集录》卷上窦默《请置国学》，杭州：浙江古籍出版社，1998年版，第35页。

书"等，也部分涉及《周易》《尚书》等，国子学的设立提高了蒙古人的知识水平。窦默看到忽必烈留意经学，便与姚枢、商挺等人编纂"《五经要语》凡二十八类以进"①，增加经学学习的比重。

窦默不但建议在中央建立国子学，也鼓励地方建学。早年窦默即在肥乡传道授业，入朝为官并未隔绝窦默对于家乡建设的关心。在他倡导下，肥乡兴办学校，讲学成风，因此他的故里改名为"兴教乡"②。在窦默的努力下，兴办的学校所使用的教材资料多数是儒学、理学典籍，这不仅加速了蒙古人的汉化，同时也促进了理学在元代基层社会中的传播。

南北声教不通、书籍的匮乏、人才的流失使理学不为士人所闻，元初儒士就充当起理学的接续者。如果说赵复是元代理学的开山之人，那么姚枢、窦默、许衡及杨惟中等人就是理学的传承者，赵复将理学带至北方，姚、窦等人作为传递者，将理学传播给更多的人。这一时期理学的发展并不在于义理的创新，他们传播的理学皆因循宋代程朱理学的内容，他们的主要贡献在于为理学传播提供契机。理学思想作为汉族传统儒学的延续，长期受到被少数民族统治的汉人欢迎，同时也被急欲稳定汉族地区统治的蒙古统治者所青睐，于是乎，在赵复、姚枢、窦默等人的倡导下，理学思想在元代少数民族统治下的广阔地区发展开来。

---

① ［明］宋濂：《元史》卷一百五十九《商挺传》，第3740页。
② 参见韩永格、刘秋果：《窦默——元代杰出的政治家、教育家和医学家》，《档案天地》1999年第1期。此外窦默还曾建议过科举取士，姚燧《领太史院事杨公神道碑》、《元文类》卷六十记载："侍讲徒单公履请设取士之科，诏先少师文献公、司徒窦文正公与公（杨恭懿）杂议。"虽未成事，但是窦默之远见足以称道。

第二节　元代朱学的发展——以许衡、刘因为例

理学发展至南宋，经过众多理学名士的努力形成了许多不同派别，最为主要的就是以朱熹为代表的理学和以陆九渊为代表的心学，它们在思想界风靡一时。南宋后期陆学慢慢凋零，程朱理学经朱熹集大成之后形成一套完整的哲学体系，加之宋理宗对程朱理学的重视，理学逐渐呈现出压倒陆学的趋势而成为学术的主流。宋元之际，战乱频繁，声教不通，陆学进一步势衰，朱学勉强发展，按照李清馥的记载："宋元间，学术派别芬如，惟文公之学递传不失，元代赵公仁甫，并姚、许、窦、刘诸公倡明于燕北，何、王、金、许衍派于金华，二胡、定宇幕述于新安，熊、陈、林、丘传薪于闽海。"① 朱学被分为燕北、金华、新安、闽海四支。近代学者陈荣捷则将元代朱学按照地域分为三支，其一为赵复北上传道姚枢，进而传许衡、刘因等，其二为浙江金华地区由朱门弟子黄榦传何基后传王柏、金履祥、许谦等人，其三为江西地区，由黄榦传饶鲁后传吴澄②。综合考察，元代朱学主要是燕北的赵复（详见第二章第一节）、许衡、刘因等为一支，金华四先生所代表

---

① ［清］李清馥：《闽中理学渊源考》卷三十六《温陵傅季谟先生定保学派》，《文渊阁四库全书》第460册，台北：商务印书馆，1986年版，第459页上。

② 参见陈荣捷：《元代之朱子学》，载《朱学论集》，上海：华东师范大学出版社，2007年版，第194—214页。

的金华学派为一支，胡一桂、陈栎等代表的新安学派为一支[1]。本书以此三支为代表，探讨程朱理学在元代的传承与创新。

一、元代朱学第一人——许衡理学思想

许衡（1209—1281），字仲平，怀之河内（今河南沁阳）人，学者称之为鲁斋先生。元初重要的理学家，其一生不论是在政治上还是思想上都为理学在元代的发展做出巨大贡献，可概括其一生功绩为："传朱学、继道统""行汉法、保文化"。

（一）传朱学、继道统

许衡幼有异质，少负奇才，早年见家中有《尚书疏义》，便手抄研读。金元战乱，许衡隐居于岨峿山，与窦默论学，期间得到王弼所注《周易》。此时的许衡学泛诸家，按照《岁考略》记载："出入经传，泛滥释老，下至医药、卜筮、诸子百家、兵刑、货殖、水利、算数之类，靡不研精。"[2] 但是许衡早年即对金元之际北方"落第老儒"视为正统的"章句训诂"之学甚为不满，太宗十三年（1241）许衡在苏门遇到姚枢，得见程朱的《伊川易传》《四书章句集注》等理学书籍，许衡的学术思想彻

---

[1] 按照李清馥及陈荣捷所综合论述，朱学在元代的分布还有熊禾、陈普、林以辨、丘葵传于闽海和江西饶鲁、吴澄的一支，熊禾等人在福建传播朱学，影响并不明显。本书选取朱学在元代较为代表性的地域，故此部分略说，待研究。饶鲁、吴澄一支则态度较为特殊，吴澄在思想上对和会朱陆两家思想做出努力，因此将吴澄等思想单列一节于后（详见第三章第二节），此处不做过多论及。"新安"在此可理解为"新安郡"，即古徽州，宋元明清时期统一府六县（歙县、黟县、休宁、婺源、绩溪、祁门），现为黄山、绩溪及江西婺源，"新安学派"又可以说是"徽州学派"。

[2] ［元］许衡撰，王成儒点校：《许衡集》卷十三《岁考略》，北京：东方出版社，2007年版，第307页。

底转向研讨程朱理学①。耶律有尚也记载了许衡这一变化:"昔者授受,殊孟浪也,今始闻进学之序。若必欲相从,当悉弃前日所学章句之习,从事于小学洒扫应对,以为进德之基,不然当求他师。众皆曰:唯。遂悉取向来简帙焚之,使无大小皆自小学入……自得伊洛之学,冰释理顺,美如刍豢,尝谓终夜以思,不知手之舞、足之蹈。"②从耶律有尚的记载中可以看出许衡从泛学诸家向精研义理转化,成为了程朱理学的拥护者。许衡在宇宙生成论、心性论、功夫论上都继承和发展了程朱理学。

1. 宇宙生成论

宇宙生成论是宋代理学探讨的重要话题,程朱皆孜孜不倦于此,他们在比较理气万物后认为宇宙生成是理生气,气生阴阳,阴阳变化化生万物的关系。许衡的宇宙生成论继承了程朱理学的思想,通过对道、理、气、天地等关系进行论述,阐述了"道(理)—太极—气—天地—万物"的宇宙生成体系。在许衡的思想体系中世界的本源是"道",当然"道"也就是"理",正如

---

① [元] 许衡撰,王成儒点校:《许衡集》卷十三《岁考略》:"雪斋隐苏门,传伊洛之学于南士赵仁甫先生,即诣苏门访求之,得伊川《易传》、晦庵《论孟集注》《中庸大学章句》《或问》《小学》等书,读之,深有默契于中,遂一一手写以还,聚学者谓之曰:'昔者授受,殊孟浪也,今始闻进学之序。若必欲相从,当悉弃前日所学章句之习,从事于《小学》洒扫应对,以为进德之基,不然当求他师。'众皆曰:'唯。'遂悉取向来简帙焚之,使无大小,皆自《小学》入,先生亦旦夕讲诵不辍,笃志力行,以身先之,虽隆冬盛暑不废也。"元人欧阳玄为许衡所撰《神道碑》:"凡伊洛性理之书及程子《易传》、朱子《论孟集注》《中庸大学章句》《或问》《小学》等书,言与心会,召向所从游,教以进德之基,慨然思复三代庠序之法。"参见《圭斋文集》卷九《元中书左丞集贤大学士国子祭酒赠正学垂宪佐理功臣太傅开府仪同三司上柱国追封魏国公谥文正许先生神道碑》,《文渊阁四库全书》第1210册,台北:商务印书馆,1986年版,第72页下。

② [元] 许衡撰,王成儒点校:《许衡集》卷十三《岁考略》,第308页。

他所说："道者，天理之当然。"① 又言："太极之前，此道独立，道生太极，函三为一，一气既分，天地定位，万物之灵，惟人为贵。"② 这里许衡将道提高到一个不可以具体名物形容的至高地位。而在理与太极关系上，许衡与宋代理学家略有不同，理学开山者周敦颐认为"道""理""太极"是同一层面的范畴，太极便是理，所以他说："一阴一阳之谓道……太极，形而上之道也，阴阳，形而下之器也。"③ 而许衡将"道"抬升到"太极"之上，认为"道生太极"，强调了"道"的绝对性④。

确立了"道"（理）的绝对本源的地位，进一步要论述的就是"道"如何化生万物，许衡认为天道流行，造化万物，而这一过程中"气"起到了至关重要的作用。许衡的理气观与朱熹一脉相承："性者即形而上者，谓之道，理一是也。气者即形而下者，谓之器，分殊是也。"⑤ 他认为"理"这个高于一切的精神实体产生"阴阳二气"，然后由"阴阳二气"化生天地万物，产生我们可以见到的有形的世界，此"阴阳二气"是万物生成的材质，"万物皆本于阴阳"⑥。许衡将"气"称为"精气"或"至精之气"，"精气"是造就万物的关键因素，"天地阴阳精气

---

① ［元］许衡撰，王成儒点校：《许衡集》卷五《中庸直解》，第103页。
② ［元］许衡撰，王成儒点校：《许衡集》卷七《稽千古文》，第226页。此处关于"三"和"一"的解释，徐远和先生认为这是对太极的理解，"三"即为天地人三才，而"一"即为太极，太极是涵盖天地人的最高的哲学范畴（参见徐远和《理学与元代社会》，第42页）。
③ ［宋］周敦颐撰，陈克明点校：《周敦颐集》卷一《太极图说》，第4页。
④ 许衡的论述中有矛盾，既言"理生太极"，这一点上说，理是高于太极的绝对存在，但是又言"天下皆有对，唯一理无对，一理太极也。"（《许衡集》卷二《语录下》）太极又与理是相同的。
⑤ ［元］许衡撰，王成儒点校：《许衡集》卷二《语录下》，第27页。
⑥ ［元］许衡撰，王成儒点校：《许衡集》卷一《语录上》，第1页。

为日月星辰，日月不是有轮廓生成，只是至精之气到处便如此"①。在许衡看来，日月星辰、天地万物等具有可见"轮廓"的实体是由"精气"或者"至精之气"生成的。在许衡思想体系中，精气是分阴阳的，具有相对立的矛盾属性："天道二气，此一气消缩，彼一气便发达。此一气来，彼一气必往。无俱往并发之理。"② 在二气的消长中化生万物。当然万物有生即有灭，万物灭亡也与二气相关，《鲁斋语录》有言："凡物之生，都是阴阳之气合，凡物之死，都是阴阳之气散。"③ 万物的生死就是阴阳二气的合散，这一点上许衡与张载的思想也有相通之处。"道"或"理"是世界的本源，然后衍生阴阳二气化生万物，许衡的宇宙生成体系与朱熹的相关命题相似，同时融会了张载的气化理论。源于对宋代朱陆之争的反思，许衡的本体观念中也掺杂着一些心学的观点，如："问一心可以宰万物，一理可以统万事。先生曰：是说一以贯之。"④ 这一点是许衡在本体论中和会朱陆的一种倾向，这也是他在本体论上的一种新的探索（详见第三章第二节）。

2. 心性修养论

许衡在天道观上继承了程朱理学的观点，而他的心性论和修养方法则在延续了程朱思想的基础上有所创新。许衡的理气观与程朱相似，而在心性论上，许衡也继承了程朱关于天命之性和气质之性的观点。"为恶者气，为善者是性"⑤，他继承程朱哲学思

---

① [元] 许衡撰，王成儒点校：《许衡集》卷一《语录上》，第1页。
② [元] 许衡撰，王成儒点校：《许衡集》卷二《语录下》，第45页。
③ [元] 许衡撰，王成儒点校：《许衡集》卷五《中庸直解》，第114页。
④ [元] 许衡撰，王成儒点校：《许衡集》卷二《语录下》，第29页。
⑤ [元] 许衡撰，王成儒点校：《许衡集》卷二《语录下》，第22页。

想以理气关系来完善儒家性善论的体系。前文所讲许衡认为理与物不相分，人也是其中之一，人先天被赋予了天理，而天理是纯善的，这个是"天命之性"，是先天赋予的，是人性的本源。为什么世间有善恶？许衡在解释这一点上重申了程朱理学所讲的"气质之性"，他认为具有本然之性的纯善的人一旦进入社会，必然会沾染上不同程度的气："论生来所禀气，阴阳也。盖能变之物，其清者可变而为浊，浊者可变而为清，美者可变而为恶，恶者可变而为美。"[①] 此处的阴阳就是指"气"，又如他在《小学大义》中所言："人之良心，本无不善，由有生之后气禀所拘，物欲所蔽，私意妄作，始有不善。"[②] 人在气的影响下产生了清、浊、美、恶[③]，气质清美的就成为所谓的圣人，气质浊恶的就成为大恶人，气禀程度不同也形成了介于善恶之间的芸芸众生。受气的程度不同也决定了一个人在现实世界中的智、愚、贤或不肖等差别。

许衡还援引张载《正蒙》中"合虚与气"的观点将程朱所提倡的"理一分殊"与气禀联系起来，以此来解释人世间的旦夕祸福、贫富贵贱等性、命问题。许衡注解："合虚与气，有性之名，虚是本然之性，气是气禀之性。又曰：仁义礼智信是明德，人皆有之，是本然之性，求之在我者也，理一是也。贫富、贵贱、死生、修短、祸福，禀于气，是气禀之命，一定而不可易者也，分殊是也。又曰：性者，即形而上者，谓之道，理一是

---

① ［元］许衡撰，王成儒点校：《许衡集》卷三《论明明德》，第63页。
② ［元］许衡撰，王成儒点校：《许衡集》卷三《小学大义》，第53页。
③ ［元］许衡撰，王成儒点校：《许衡集》卷三《论明明德》，第63—65页。

也；气者，即形而下者，谓之器，分殊是也。"① 其中"虚"即是本然之性，与朱熹的天命之性相同，而"气"是指气禀之性，仁义礼智是人人都具有的，即所谓的"理一是也"，而每个人的富贵贫贱、生死祸福的状态都是不同的"气禀"所造成的，也就是"分殊是也"。许衡在解释人的性、命问题上结合了张载的虚气观念和朱熹的"理一分殊"的思想，仍是程朱理学的延续。

许衡在心性论上继承了朱熹的气质之性的观点，同时也赞同其在变化气质上的修养论方法。人性的善恶之分是在气禀和物欲的影响下产生的，变化气质便能恢复本然之性，而要变化气质要修养自身，修养方法则不外乎持敬、谨慎、审察之类。这样的论述就决定了许衡仍没有脱离朱熹的窠臼②。但是在元初期社会道德水平低下、蒙古贵族浮华贪婪的情况下，许衡虽强调朱熹的修养方法，但是在具体内容上，他更加强调通过治心，提高伦理道德在蒙古贵族心中的地位，以达到普及纲常伦理的目的，这一点上亦可看出许衡有心学的倾向（详见第三章第二节）。

3. 认识论

许衡在认识论上十分注重"格物致知"和"真知践行"。许衡格物致知观基本遵循了朱熹的观点，他对朱熹《大学》"格物致知"补传的第五章表示赞许，他指出："因古时简编坏烂，这一章书如今遂亡失了，朱子补在后面。"③ 同时我们将许衡的《大学直解》与朱熹《大学章句》相比较，虽然许衡同朱子所述语言文字

---

① [元] 许衡撰，王成儒点校：《许衡集》卷二《语录下》，第27页。
② 许衡的修养论强调"持敬""谨慎""审察"这三个方面，在《宋明理学史》第二十四章第二节和《理学与元代社会》第二章第一节皆有介绍，本处不再详述。
③ [元] 许衡撰，王成儒点校：《许衡集》卷四《大学直解》，第77页。

有所差别，但是实质内涵却并无较大差异①。他在阐述"格物致知"此继承了朱熹的观点，认为格物就是推及本心的知识，在格物的步骤上讲求"圣人教人今日学一件，把那一件道理穷究到是处，明日再去为另一件事"②。由此可见，许衡的格物致知理论就是通过对事物一件一件地穷究，一旦达到豁然贯通，就能了解事物或者心中的"理"。这些都是对朱熹的观点的继承，正如苏天爵所称："先生平生嗜朱子学……一以朱子为主。"③

知行观念是许衡在认识论上重视的一点，薛瑄曾记载许衡"鲁斋力行之意多""盖真知实践者也"④。他继承和发展了朱熹的知行观，主张真知践行。许衡认为："圣人教人只是两字，从学而时习为始，便只是说知与行两字。"⑤在知行关系上，许衡延续了朱熹"知行相须互发"的观点，认为"知与行二者当并进"⑥。许衡在语录中援引程颐、朱熹、张栻等人的观点，认为知行不相离，"行之所以不力，只是知之不真"⑦，"力行七年而后成，自此言行一致，表里相应，遇事坦然，常有余裕"⑧。强调知行相互存进，不可偏废。

许衡所说的知行内容于程朱理学有所发挥，这一定程度上与社会背景有关：相对于宋代帝王对理学的需求而言，元代帝王更

---

① 周春健在《元代四书学研究》中对朱熹《四书章句集注》和许衡的《大学直解》做了一些比较，许衡鉴于元代士人文化水平相对低下，在《大学直解》中使用了较多口语化的表述，但是实际内容却基本一致。
② [元]许衡撰，王成儒点校：《许衡集》卷三《大学要略》，第57页。
③ [元]许衡撰，王成儒点校：《许衡集》卷十三《考岁略》，第316页。
④ [元]许衡撰，王成儒点校：《许衡集》卷十四《先儒议论》，第327页。
⑤ [元]许衡撰，王成儒点校：《许衡集》卷一《语录上》，第5页。
⑥ [元]许衡撰，王成儒点校：《许衡集》卷二《语录下》，第37页。
⑦ [元]许衡撰，王成儒点校：《许衡集》卷一《语录上》，第5页。
⑧ [元]许衡撰，王成儒点校：《许衡集》卷七《时务五事·为君难》，第175页。

看重的是理学的实用性,空疏的义理并不能吸引元代帝王的目光。在此背景下,许衡在继承朱熹知行观的同时,也在其中加入了新的内容。在他看来,知不但有封建伦理纲常的内容,同时也包含了一些自然科学知识和文化知识,这一点是对宋代程朱理学空疏学风的一种改善,更加贴近元代所需要的致用要求。

(二)行汉法、保文化

许衡行汉法思想是其在政治上为促进理学发展做出努力的突出表现。在宋金元对峙、战争不断的情况下,许衡清醒地认识到原先华夷之辨的正统观已经不符合实际,在民族斗争的经验下,他精辟地提出"天下一家""华夷千载亦皆人"的民族团结理论①,改变了原来传统的以汉人为中心的夷夏观。在这样思想指导下,许衡对蒙古人入主中原并没有太多的抵触情绪,他站在"素夷狄行乎夷狄"的立场上,针对元朝政权的统治提出行汉法的政治主张。

面对蒙古人入主中原,许衡并未隐居弃世或是反抗蒙古统治,而是选择与"夷狄"为伍②,当然这也并不意味着他完全地被蒙古人同化,他是用汉人的方法去感染蒙古人,认为只有这样才能保存汉文化的精华,为理学的传播打基础。因而许衡入仕为官的首要任务就是鼓动统治者推行汉法政策。许衡希望通过学习

---

① [元]许衡撰,王成儒点校:《许衡集》卷二《语录下》、卷十一《病中杂言》,第45、246页。

② 明代何良俊在《何氏语林》卷五中记载过一则趣闻:"中统初,许鲁斋应召赴都日,道谒刘静修先生。静修言:'公一聘而起,无乃太速?'许答曰:'不如此则道不行。'后至元中,征静修至,以为赞善大夫,未几辞去。及召为翰林学士,复以疾辞。或问之,答曰:'不如此则道不尊。'"此文一许、刘二人对待出仕的态度来讽刺许衡急于"投诚",后来考证此事为虚构,但是其所述许衡言"不如此则道不行",仍可以看出许衡出仕是为了"弘道"。

因此许衡在上书《时务五事》中就建议忽必烈"立国规模，必行汉法"，许衡在《时务五事》中首先以历史上的经验教训为例，言明："昔子产相衰周之列国，孔明治西蜀之一隅，且有定论，终身由之；而堂堂天下，可无一定之制哉？前代北方之有中夏者，必行汉法乃可长久。故后魏十六帝，百七十年，辽九帝，二百有八年；金九帝，百二十年；皆历年最多。其他不行汉法，如刘、石、姚、符、慕容、赫连等，专尚威力劫持卤莽，皆不过二三十年而倾败相继。夫陆行宜车，水行宜舟，反之则不能行。幽燕食寒，蜀汉食热，反之则必有变。以是论之，国家既自朔漠入中原，居汉地，主汉民，其当用汉法无疑也。"① 许衡以魏、辽、金兴汉法故能国运长久，不兴汉法者则过早夭折为例，向忽必烈明言汉法的必要性。而在面对改革中必然出现的阻碍时，许衡思路清晰，指出"万世国俗，累朝勋旧，一旦驱之下从臣仆之谋，改就亡国之俗，其势有甚难者"②。他清楚地认识到上层统治者中的功勋贵族对于改革必定无法完全接受，所以许衡在提出改革意见时并未急功近利，而是提出长久的改革计划："寒之与暑，固为不同，然寒之变暑也，始于微温，温而热，热而暑，积百有八十二日而寒气始尽，暑之变寒，其势亦然。"③ 许衡并指出"以北方之俗，改用中国法，非三十年不可成功"④。他认

---

① [明] 宋濂：《元史》卷一百五十八《许衡传》，第3718页。
② [明] 宋濂：《元史》卷一百五十八《许衡传》，第3719页。
③ [元] 许衡撰，王成儒点校：《许衡集》卷七《时务五事·立国规模》，第176页。
④ [元] 许衡撰，王成儒点校：《许衡集》卷七《时务五事·立国规模》，第172页。

为循序渐进，渐进式的改革，可以尽可能地减少对守旧贵族的冲击，也能缓解他们对汉法政策的阻力。忽必烈最终被许衡的话所触动①，任用大量的汉族士大夫进行汉法改革并用汉法定官制、立法度，更为重要的措施是崇尚儒学。虽然此期间许衡与回回阿合马有用向种施政策略之争，但是汉法政策的确是在许衡等人的努力下得以在元代上层逐渐展开。

明代学者何瑭就对许衡摒弃华夷之辨，积极推动汉法政策的贡献给予较高评价：

> 近世儒者谓公华人也，乃臣于元，非《春秋》内夏外夷之义，有害名教，搢绅之士间有惑于其说者。瑭尝著论辨之。大略以为中夏夷狄之名，不系其地与其类，惟其道而已矣。故《春秋》之法中国，而用夷礼则夷之，夷而进于中国，则中国之。无容心焉。舜生于东夷，文王生于西夷，公刘、古公之俦皆生于戎狄后，世称圣贤焉。岂问其地与其类哉！元之君虽未可与古圣贤并论，然敬天勤民用贤图治盖亦骎骎乎中国之道矣。……况元主知尊礼，公而以行道济时望之，公亦安忍犹以夷狄外之，固执而不仕哉！……公元人也，乃不可臣元欤，然则谓公之臣元有害名教者，妄矣。②

何瑭在肯定了许衡摒弃华夷之辨积极仕元的同时也表彰了许衡在文化认同、民族认同中的作用。

许衡进言忽必烈的《时务五事》和其他的建议中包含了政

---

① 这其中的努力不仅仅是许衡，包括姚枢、窦默、杨惟中等人都对汉法政策的开展做出了巨大贡献（详见第一章第三节）。
② [元]许衡撰，王成儒点校：《许衡集》卷十四《郡人何瑭题河内村祠堂记》，第345页。

治经济文化等各个方面,而对理学发展最为重大的要数许衡在教育制度上的改革意见①。许衡一生致力于传道授业的教育事业,他在忽必烈朝任集贤大学士、国子祭酒等职及在地方开办学校的行为都是许衡教育实践的体现。

许衡的教育理念以"明人伦"和"为国用"为根本宗旨。当时蒙古少数民族的政治经济文化,尤其是习俗上较为落后,许衡教育思想要解决的首要问题就是提高国民素质,如许衡所言:"自上都中都下及司县,皆设学校,使皇子以下至于庶人之子弟,皆从事于学,日明父子君臣之大伦,自洒扫应对至于平天下之要道,十年之后,上知所以御下,下知所以事上,上和下睦,又非今日比矣。能是二者,则万目皆举;不能此二者,则他皆不可期也。是道也,尧、舜之道。"②蒙古族统治初期社会的动荡局面,许衡将此归结于道德缺失,"人伦不明",因此有言:"学则三代共之,皆所以明人伦也。司徒之职,教以人伦而已。凡不本于人伦,皆非所以为教。"③明人伦就是为了使人区别与禽兽,规范人的道德行为,维护封建纲常。除了"明人伦"之外,对许衡而言,教育的另一个目的是培养人才"为国用"。《国学事迹》中记载:"先生尝谓蒙古生质朴未散,视听专一,苟置之好

---

① 许衡在《时务五事》中以"立国规模、中书大要、为君难六事、农桑学校、慎独"等五事几十项为内容,包括蒙古的统治阶层改革中的各个方面,本书侧重讲许衡对元代理学的发展贡献,故而本节具体分析对理学思想最为重要的教育改革。
② [元] 许衡撰,王成儒点校:《许衡集》卷七《时务五事》,第182页。
③ [元] 许衡撰,王成儒点校:《许衡集》卷一《语录上》,第9页。许衡所说的人伦即是指处理君臣、父子、兄弟、夫妇、朋友五者之间关系行为准则,在封建社会更为重要的是君臣、父子、夫妇三者的关系,在蒙古族统治初期由于少数民族风俗的不同,人伦不明,这也是许衡对社会动荡原因的认识,虽有一定原因,但是将主要责任归结于此,有偏颇。

伍曹中，涵养之数年，将来必能为国家用。"①

许衡的教育改革对维护元朝统治有促进作用，故而在忽必烈的支持下，得到了较好的推行，他被任命为集贤大学士兼国子祭酒，而其教育改革从国子学开始。

许衡感悟性命义理之道的精深，同时又从姚枢处学习到程朱理学的精华。因此他教育思想的主要内容便是程朱理学。许衡按照中国传统的小学、大学的分类方法，将学校教育的内容分为两个阶段，他将程朱理学的小学和《四书》作为教材颁行各级学校。许衡非常重视小学教育，认为小学是启蒙教育的基础，如"洒扫应对""射御书数"是立德之基，并规定国子学"使无大小，皆自小学入"②，对其他学问不予理会。只有经过小学训练才能继续深造。此后的学习则以《四书》为主，教育学生格物致知、诚意正心之道，也就是程朱理学真正的旨趣。许衡一生对小学、《四书》敬若神明，在国子学期间所作《小学大义》《大学要略》《大学直解》《中庸直解》等，都代表了许衡对《四书》重视，这也增加了程朱理学思想在教学中的比重。许衡甚至不允许学校教授其他知识："凡指示学者，一以朱子为主，或质以他说，则曰：'贤且专主一家，则心不乱，及江左混一，始得阅其文亦病其太多。'"③ 强调只有专注一家，才能做到"心不乱"。与此同时，许衡将朱熹编纂的小学著作和《四书章句集注》带进国子学作为教材，这也是元代理学发展的一个突破，因为即便是在理学兴盛的南宋理宗朝，理学典籍也未能成为国子

---

① ［元］许衡撰，王成儒点校：《许衡集》卷十三《国学事迹》，第318页。
② ［元］许衡撰，王成儒点校：《许衡集》卷十三《岁考略》，第307页。
③ ［元］许衡撰，王成儒点校：《许衡集》卷十三《岁考略》，第317页。

学的选定教材,而在许衡的努力下,程朱理学典籍正式成为官方教材①。

《元史·学校志》中记载了许衡改革对国子学的影响:

> 设博士,通掌学事,分教三斋生员,讲授经旨,是正音训,上严教导之术,下考肄习之业。复设助教,同掌学事,而专守一斋;正、录,申明规矩,督习课业。凡读书,必先《孝经》《小学》《论语》《孟子》《大学》《中庸》,次及《诗》《书》《礼记》《周礼》《春秋》《易》。……讲则依所读之序,正、录、伴读亦以次之而传习之。次日,抽签,令诸生复说其功课。对属、诗章、经解、史评,则博士出题,生员具稿,先呈助教,候博士既定,始录附课簿,以凭考校。②

许衡对小学、《四书》学的倡导影响了此后的学者,使得学习《四书》成为一种风气。继许衡之后的历任国子祭酒也对此推崇备至,如东明人李好文认为要学习三代先王之道,就要从《孝经》、四书等入手,并且摘抄要义,"取史传及先儒论说有关治体而协经旨者,加以所见,仿真德秀《大学衍义》之例,为书十一卷,名曰《端本堂经训要义》"③,以此作为太子学习用书。国子博士吴师道"在京师,未尝事造请,惟晨夕坐馆中,课诸生,讲明经义,表章正学,惟恐不及。或以为太严者,君闻

---

① 宋理宗崇尚程朱理学,曾下诏推崇《四书》,其言:"朕观朱熹集注《大学》《论语》《孟子》《中庸》,发挥圣贤蕴奥,有补治道,朕方励志讲学,缅怀典刑,深用叹慕。"(《宋史》卷四十一《理宗本纪》,第789页)虽然如此,但是在国子学中未选用程、朱书籍作为教材,直至许衡建议,《四书》才被用于国子监教学。
② [明]宋濂:《元史》卷八十一《学校志》,第2029页。
③ [明]宋濂:《元史》卷一百八十三《李好文传》,第4218页。

之曰：'为人师而可以宽自处乎？吾尽吾职而已，煌及其它？'尝语诸生曰：'圣人之道至朱子而大明，朱子之学至许文正公而后定向，非许公见之之确，守之之固，其不为异论所迁者几希。'故在馆三年，一遵朱子之训，而守许公之法，未尝以私意臆说参错其间，有持异论而来者，君辞而辟之。"① 从上述几段材料可以看出，许衡精研《四书》，影响了国子监的教师和学生，并成为一种风气，促进了理学的传播。

许衡在教育内容上偏重理学思想，而针对少数民族统治的元朝，他在教育方式上也进行了相应的改革，在这方面改革也促进了理学思想的传播。因材施教就是许衡教育思想的一大特色，实际上孔子就有因材施教的论述，宋代朱熹也有关于年龄层侧、知识水平不同教育方法不同的论述。

元代理学面对的人群很大部分是蒙古人和色目人。许衡针对当时蒙古人和色目人汉文化水平程度较低的特质，具体制定了因材施教和循序渐进的教学方法。他继承了韩愈的性三品说："大概人品不一，有夙成者，有晚成者，有可成其大者，有可成其小者。"② 所以他认为教人不仅需要因其资质制定方式，而且还要根据学习进度循序渐进，这样的主张更适合蒙古人和色目人占多数的元代学校。在进学顺序上他主张以小学为先，进而学习《四书》，再后来学习《易》《礼》等。针对蒙古人与汉人对汉文化理解程度的不同，许衡先以明人伦为要务，使蒙古人学习人伦、三纲五常等，先改变蒙古人、色目人嗜杀、好利、纲常观念

---

① ［元］吴师道撰：《礼部集》附录《元礼部郎中吴君墓表》，《文渊阁四库全书》第1212册，台北：商务印书馆，1986年，第304页上。
② ［元］许衡撰，王成儒点校：《许衡集》卷十三《通鉴》，第303页。

淡薄的传统，增加他们对汉文化的认识，进而才能学习具有深刻思想的程朱理学。《大学》《中庸》是儒学重要典籍，朱熹作《四书章句集注》将四书地位提高，成为程朱理学思想的重要载体，而对于少数民族来说，朱熹的解说并非易于理解，许衡在国子监自行编撰教学用书时便注意到这一点，其所作《大学直解》《中庸直解》用更简洁的语言，更口语化的方式将两书阐述出来，这对程朱理学在少数民族群体中的传播做出积极的贡献①。

许衡是继赵复等之后，元代又一位重要的理学家，他一生忠信程朱理学，薛瑄、罗钦顺等皆赞颂其为朱子传人。许衡思想中虽有向心学发展的倾向，但是最终的归宿仍是程朱理学的要义，王磐甚至称赞许衡"继经圣、开来学，功不在文公下"②。许衡积极发展教育，传播程朱理学，在他和一批理学家的努力下，元政府极力倡导并以法律形式强制推行，致使"海内之士，非程朱之书不读"③。由此看来许衡对元代理学发展之功不可谓不大④。

---

① 参见陈广恩：《许衡与元初蒙古、色目生员之培养》，《湘潭大学学报》2005年第2期。
② [元] 苏天爵辑撰：《元朝名臣事略》卷八《左丞许文正公》，第179页。按：《鲁斋遗书》卷十四《先儒议论》将此话归于"眉山刘公"。
③ [元] 欧阳玄撰：《圭斋文集》卷九《元中书左丞集贤大学士国子祭酒赠正学垂宪佐理功臣太傅开府仪同三司上柱国追封魏国公谥文正许先生神道碑》，《文渊阁四库全书》第1210册，第75页上。
④ 有学者认为许衡的学术思想对程朱理学来说并无精进发挥，但是在元代少数民族入主中原，战争破坏导致学术无法传播的情况下，许衡能发展教育，继承和传播程朱理学，这对于理学发展就是最大的贡献，况且在总结宋代理学相对空疏的学风后，注重力行践履，提出"治生"的政治理念，同时在政治上鼓吹理学，也是对理学重大的贡献。

二 北方朱学的代表——刘因理学思想

刘因（1249—1293），字梦吉，保定容城（今河北容城）人。因其仰慕诸葛亮"静以修身"之语，学者称之为静修先生。与许衡、吴澄等同为元代三位重要的理学家，开创了北方重要的理学流派——静修学派。黄宗羲称："有元之学者，鲁斋、静修、草庐三人耳。草庐后至，鲁斋、静修，盖元之所藉以立国者也。"① 可见后世学者将许衡与刘因地位提升到元王朝立国并取得正统地位的重要地位。按照全祖望的分析，"静修先生亦出江汉之传，又别为一派"②，刘因为赵复续传，可以归为朱学，与许衡同样为元代朱学传人。

（一）隐逸学者、传授理学

刘因天资聪颖，喜好读书，"三岁识书，日记千百言，过目即成诵。六岁能诗，七岁能属文，落笔惊人。甫弱冠，才器超迈，日阅方册"③。早年刘因从学于国子司业砚弥坚④。砚弥坚（1235—1289），字伯因，南宋儒生，与赵复同时期被元朝诏至北方，刘因《墓表》云："故国子司业砚公弥坚教授真定，先生

---

① ［清］黄宗羲原著，［清］全祖望补修，陈金生、梁运华点校：《宋元学案》卷九十一《静修学案》，第3021页。
② ［清］黄宗羲原著，［清］全祖望补修，陈金生、梁运华点校：《宋元学案》卷九十一《静修学案》，第3020页。
③ ［明］宋濂：《元史》卷一百七十一《刘因传》，第4007页。
④ 根据《宋元学案》的记载，刘因早年师从国子司业砚弥坚学习章句训诂之法，而后见赵复所传程朱理学书籍，对其深信不疑。从刘因的学术旨趣看，他更趋向于赵复学脉，黄宗羲、全祖望也将刘因归为"江汉别传"，可以归为广义上的朱子门人。

（刘因）从之游，同舍生皆莫能及，独中山滕公安上差可比。砚公皆异待之，谓先生父曰：令子经学贯通，文词浩瀚，当为名儒。"① 刘因在砚弥坚处学习章句训诂疏释之说，但他并不满足于此，坦言："圣人精义，殆不止此。"② 待到赵复将程朱理学传至燕北，刘因始知周、程、张、邵、朱、吕之书，认为高见远识率类此，"一见能发其微"③，因此在刘因的文集中有多处表达了他对周、程、张、邵等理学家的赞许之情，他曾评述理学家"邵，至大也；周，至精也；程，至正也；朱子，极其大，尽莫精，而贯之以正也"④。可见刘因倾心理学的态度。砚弥坚对刘因学术思想有开蒙之功，而赵复携书北传则是刘因崇尚理学的重要因素。

刘因的人生境遇与许衡有很多不同点。刘因祖上为金朝人，在蒙古统一战争中，许衡以故国之因"不献伐宋之策"，而刘因则与其相反，对一些人进言"宋之不可图"的主张持否定态度，他希望国家统一，所以曾预言"我中国将合"⑤，这一点与他们的归属感不同及刘因希望建立统一政权不无关系。另一点，许衡一度官至集贤殿大学士、国子祭酒，致力于教育事业，推动建立国学，在蒙古上层推行理学思想主张；刘因则因为官时间较短，最终选择隐逸民间，从事教学活动。这一点也使一些学者认为刘因在元代理学史上的影响力不如许衡。因此这里有必要对刘因隐

---

① [元] 苏天爵撰，陈高华、孟繁清点校：《滋溪文稿》卷八《静修先生刘公墓表》，第111页。
② [明] 宋濂：《元史》卷一百七十一《刘因传》，第4008页。
③ [明] 宋濂：《元史》卷一百七十一《刘因传》，第4008页。
④ [明] 宋濂：《元史》卷一百七十一《刘因传》，第4008页。
⑤ [元] 刘因撰，商聚德点校：《刘因集》卷二十七《渡江赋》，第448页。

逸的原因做一些具体阐述。

刘因至元十九年（1282）应太子真金之召，擢承德郎、右赞善大夫，但为官不久便以母疾辞归，教授乡里。刘因隐逸原因学界有两种看法：一种是认为元初战争中屠杀政策令刘因不满，明人马平泉记："元之初政，大纲不立，奸匿横恣，世祖虽有图治之心，而酷烈嗜杀，岂大有为之主哉！先生（刘因）所以决去不顾耳。"①似乎可以体现这一点。另一种则认为蒙古只有毡酪之风，不敢苟合，有辱儒道②。全祖望言："文靖生于元，见宋、金相继而亡，而元又不足为辅，故南悲临安，北怅蔡州。集贤虽勉受命，终敝屣去之，此其实也。"③

还有就是当时的政治环境。忽必烈朝政治变换多，元初建朝，世祖有大志于天下，于是大力推行汉法。但元朝是少数民族建立的王朝，忽必烈仍是蒙古人利益的最大代表，为了维护蒙古贵族的特权，在政治日益稳定的局面下忽必烈的政策日趋保守，这也造就了阿合马长期专权。崇尚儒学的太子真金主张学习汉文化，击杀长期压制儒臣的阿合马，一度萎靡的汉族儒士再次燃起希望，刘因也是在此时入朝为官。此时蒙古政坛形成了忽必烈支持的少数民族集团（蒙古与色目人）与真金所支持的汉人集团两大势力，作为汉法政策延续希望的真金在忽必烈的猜忌中忧愤去世，使刘因对蒙古族的政治失去了信心，这也是他离开政坛的

---

① [清]王梓材、冯云濠编撰，沈芝盈、梁运华点校：《宋元学案补遗》卷九十一《静修学案补遗》，北京：中华书局，2011年版，第5462页。商聚德：《刘因评传》，南京：南京大学出版社，1996年版，第75—82页，也持这种观点。

② 侯外庐、邱汉生、张岂之主编，张岂之修订：《宋明理学史》中册，第665页。

③ [清]黄宗羲原著，[清]全祖望补修，陈金生、梁运华点校：《宋元学案》卷九十一《静修学案》，第3026页。

重要原因，退隐的不甘在其《与政府书》中有所体现①。相对而言，这三个理由中躲避政治斗争可能是其隐退的主要原因，但是其他二者对其也有一定影响②。

退隐的刘因以隐居乡里传道授业为务，虽然不像许衡那样在国子监传授理学，但是乡里间的传播也在一定程度上促进了理学思想的"下移"。刘因隐居乡里开馆收徒，著书立说，明代方义壮在为刘因重刊《静修集》作序中言：刘因曾"隐居三台（河北新安县）教授生徒。"③ 在刘因的诗集中出现"十年小学师"④，"今教授余二十年"⑤，足见刘因长期居住乡间教书。他在《乙卯春释菜先圣文》中阐述了自己的教书目的："今此辟馆，惟我之求，讲学有徒，进修有地，研穷参订，亦复有书。于古遗言，于今学者，尚有裨益。"⑥ 他希望通过乡间学校向更多士人传授圣贤之学。

刘因受到理学思想的影响，教学方式并非传统老儒的内容，其徒苏天爵在《精修先生刘公墓表》中将刘因的教学内容与传

---

① 刘因《刘因集》卷七《与政府书》中记载了他对太子真金再次重用汉族儒臣的赞赏，也寄希望能够一展抱负。参见徐远和：《理学与元代社会》第三章，第79页。
② 刘因弟子苏天爵在为其师作墓表时有一段说辞："自义理之学不竞，名节隳颓，凡在有官，见利则动有国家者，欲图安宁长久之计，必崇礼义廉耻之风，敷求硕儒，阐明正学，彰示好恶之公，作新观听之庶，使人人知有礼义廉耻之实，不为奔竞侥幸之习，则风俗淳而善类兴，朝廷正而天下治。世祖皇帝再三聘召先生者，其以是欤。"（《滋溪文稿》卷八《静修先生刘公墓表》，第114页。）从此段文字可以看出，世祖诏刘因入朝为官仅仅是处于正风俗、兴教化，而非真正的希望通过他对朝政有多大的影响，这一点决定了刘因并不能接触到统治核心，这也可能是其退隐的一个因素。
③ ［明］方义壮：《重刊静修集序》，仅见于三贤集本《静修集》附录。
④ ［元］刘因撰，商聚德点校：《刘因集》卷二《和饮酒》（十），第25页。
⑤ ［元］刘因撰，商聚德点校：《刘因集》卷十一《篆隶偏旁伪序》,，第193页。
⑥ ［元］刘因撰，商聚德点校：《刘因集》卷七《乙卯春释菜先圣文》，第142页。

统儒士进行比较，刘因之前的传统儒士教授方式主要是"说经止传疏义，为文尽习律赋"为主①，而刘因则不赞同此道，在教授生徒时以自己的著书作为教材，在经传的解读中加入深刻的思想内涵，传播了理学思想，苏天爵言："闻先生讲贯，阅先生论著，始则谤讪，久亦敬服。"②根据刊行刘因文集的皇帝圣旨中所记：

> 负卓越之才，蕴高明之学。说经奚止于疏义，为文务去乎陈言。行必期于古人，事每论乎三代。汉唐诸子，莫之或先周邵正传，庶乎可继。户外之屦常满，邱园之帛屡来，咸虚往而实归。③

此圣旨将刘因比作周、邵正传，而求学之人络绎不绝，可见刘因讲学受到基层人士的欢迎。刘因讲学时间久，更受到生徒的欢迎，按照苏天爵的记载"文靖弟子，恒以百数"④，刘因弟子众多，其中可考姓名的有二十多人，《宋元学案·静修学案》中记载刘因弟子七人，私淑一人，这其中有隐居山林的隐士李道恒、刘君举，也有入朝为官的郝庸、杜萧；而私淑刘因的安熙更是将静修之学传给苏天爵、杨俊民、李士典三位名士。此后苏天爵将安熙的著作刊行于世，进一步弘扬了静修之学。许衡在国子学向统治者上层传播理学，通过获得统治者的支持来抬高理学的

---

① ［元］苏天爵撰，陈高华、孟繁清点校：《滋溪文稿》卷八《静修先生刘公墓表》，第111页。
② ［元］苏天爵撰，陈高华、孟繁清点校：《滋溪文稿》卷八《静修先生刘公墓表》，第111页。
③ 商聚德：《刘因评传》，第34页。
④ ［元］苏天爵撰，陈高华、孟繁清点校：《滋溪文稿》卷一《杜提学像赞》，第5页。

地位；而刘因则反其道行之，将理学推向基层社会，使更多的人了解理学，两者虽然方式不同，但是最终目的都是传播理学。

(二) 理学思想

1. 宇宙生成论

刘因的宇宙生成论主要有两方面组成，一是"天道（理）"是万物的本源，一是宇宙变化源于"气机"。

刘因的本体论脱胎于程朱理学，他指出："天地之间，理一而已，爰其厥中，散为万事。终焉而合，复为一理"①。这句话是援引程颢"其书始言一理，中散为万事，末复合为一理。"②刘因在此处继承了程朱关于"理"是其哲学体系的最高哲学范畴，认为"理"亦是天地万物的本源，正如他在《宣化堂记》中所言："自天而言之，理具乎乾元之始，曰造化。"③ 理是先于万物存在的，是永恒不变的本源。

天地万物源于"一理"，而此"一理"并非让世间万物无所变化，而是经历了"散为万事"又"复为一理"的过程。根据刘因的解释，"理"具有生生不息的功能，他说："夫天地之理，生生不息而已矣。凡所有生，虽天地亦不能使之久存也。若天地之心见其不能使之久存也，而遂不复生焉，则生理从而息矣。成毁也，代谢也，理势相因而然也。"④ 自然界和人类社会的成毁、代谢都是由于"理势相因而然"。这一点再次证明"理"是世界的本源，是事物变化的根本。

---

① ［元］刘因撰，商聚德点校：《刘因集》卷二十二《希圣解》，第399页。
② ［宋］朱熹：《四书章句集注·中庸章句》序，第14页。
③ ［元］刘因撰，商聚德点校：《刘因集》卷二十四《宣化堂记》，第416页。
④ ［元］刘因撰，商聚德点校：《刘因集》卷十《游高氏园记》，第187页。

在刘因的思想体系中，理所化生的万物是生生不息的，而形而上的"理"是如何化生万物的？变化的原因又是什么？在这里刘因引入了"气化"和"气机"两个概念。

刘因将自然与社会的发展变化动因归结于"气机"，其有言："天地之间，凡人力之所为，皆气机之所使，既成而毁，毁而复新，亦生生不息之理耳。"① 刘因并没有详细地界定何为"气机"，而是援引前代思想，诸如《易传》中的"氤氲"及庄子思想中的"机械"与之相类比。宋代理学家张载曾用"机"来形容引发事物变化的不可言喻的内部原因②，结合起来推测，刘因此处所言的"气机"也许是一种无形的原因、动机，气机就是理化生万物的所以然。解决了事物产生的动因，接下来就是如何由世界的本源"理"来化生万物。刘因吸收了张载的"气化"③观点来解释，"气"即是指阴阳二气，"气"是造就万物、"散为万物"的手段，具体事物都是由气构成的，他说"物则气之所为也"④，"邈哉开辟初，造化惟阴阳"⑤。在结合张载和朱熹等人的思想后，刘因形成了一个以"理"为本源，"气机"为动因，"气化"为方式的宇宙生成体系。

2. 观物思想

刘因在为学上绍述程朱，而在认识论上则非常推崇邵雍

---

① ［元］刘因撰，商聚德点校：《刘因集》卷十《游高氏园记》，第187页。
② ［宋］张载撰，章锡琛点校：《张载集·正蒙》卷一《参两》："凡圆转之物，动必有机，既谓之机，则动非自外也。"（北京：中华书局，1978年版，第11页。）
③ 张载《正蒙·太和》中："太虚无形，气之本体，其聚其散，变化之客形尔"，"气之为物，散入无形，适得吾体"；聚为有象，不失吾常"。
④ ［元］刘因撰，商聚德点校：《刘因集》卷十《何氏二鹤记》，第176页。
⑤ ［元］刘因撰，商聚德点校：《刘因集》卷十三《答乐天问二》，第230页。

"观物"学说,苏天爵曾言:"于邵子观物之书,深有契焉。"①刘宗周也有言"静修颇近乎康节"②。此外,我们看刘因的诗集中也不乏赞颂观物的诗词③。

"观物"是邵雍在《皇极经世书》中阐发的认识论思想,他认为认识事物"夫所以谓之观物者,非以目观之也,非观之以目,而观之以心也,非观之以心,而观之以理也。"④ 正所谓:"以目观物,见物之形,以心观物,见物之情,以理观物,见物之性。"⑤ 邵雍认为"以理观物"能够明心见性,刘因继承了这一观点,并在原因阐释上援引《庄子》"物自齐"的观点,他言:

> 物,齐也;齐之,则不齐矣。犹之东西也,东自东,而西自西,固不齐也。然东人之西,则西人之东也,是曰东亦可,曰西亦可,则是未始不齐也。然东西之形既立,指其西而谓之曰东,则为东者必将起而争之,而不齐者出矣。不齐之,则物将自齐而平矣。东也,西也,吾立于中而制其东、西焉。⑥

---

① [元]苏天爵撰,陈高华、孟繁清点校:《滋溪文稿》卷八《静修先生刘公墓志》,第110页。
② [清]黄宗羲原著,[清]全祖望补修,陈金生、梁运华点校:《宋元学案》卷九十一《静修学案》,第3020页。
③ 参见[元]刘因撰,商聚德点校:《刘因集》卷二《和杂诗(二)》、卷二十四《先天漆砚诗》、卷五《石潭》《百蝶图》等,第32—35、262、95、97页。
④ [宋]邵雍:《皇极经世书》卷十二《观物篇六十二》,《文渊阁四库全书》第803册,台北:商务印书馆,1986年版,第1050页上。
⑤ [清]王植:《皇极经世书解》卷八《观物内篇》,《文渊阁四库全书》第805册,台北:商务印书馆,1986年版,第501页上。
⑥ [元]刘因撰,商聚德点校:《刘因集》卷十二《书康节诗后》,第221页。

在刘因看来，外界事物本来可以说是"齐"的（相对而言），但是受到人为认识的影响就出现了变化，变为所谓的"不齐"，所以人对外界的认识是不真实的、不可靠的。"以我观物"并不能认识到世界的本来面目，正如东人认为西人的东面是西，西人认为东人的西面为东一样。在既定的主观思想下，任何事物都是矛盾的，没有确定的答案，所以应该放弃以自身为标准去认识客观事物，在这里刘因否定了人对世界的可知性，有堕入不可知论的嫌疑；片面地强调事物的相对性，否定事物的绝对性，这也使他的认识论走上邪路。但是在这种情况下，他继承了邵雍的观物说，提出"以道观物"的观点，其实质是放弃主观的对事物的认识，强调精神的自我冥想，依靠内省的方法使主客观达到"与天合一"的境界，这与其"不齐之，则物将自齐而平矣"的观点相互印证。"观物"是刘因认识论中具有特色的地方。

（三）经学思想

刘因主张书无所不读[1]，在《静修集·叙学》中体现了他的治学特色，他在为学次第上继承了朱熹重视《四书》的理念，同时又将《六经》的地位重新抬高。徐远和总结刘因进学之序为："先治《六经》，《六经》既精，而后学史；史既治，则读诸子；诸子既治，则学宋儒议论；最后及于艺、技。"[2]

1. 为学次第——会归《六经》

前文提及刘因早年跟随砚弥坚学习，"初为经学，究训诂疏

---

[1] 这点与北宋新学家王安石的观点类似，荆公在《答曾子固书》中言："自百家诸子之书，至于《难经》《素问》《本草》、诸小说，无所不读，农夫女工，无所不问。然后于经为能知其大体而无疑。"（王水照主编：《王安石全集·临川先生文集》卷七十三《答曾子固书》，上海：复旦大学出版社，2017年版，第1314页。

[2] 徐远和：《理学与元代社会》，第81页。

释之说"①，所以对经学深有研究。自汉代以来，《六经》成为儒家研究重点，被视为圣人垂世的法则，后人对经传进行注疏，在汉唐时期达到鼎盛，而此时的经传疏解多注重章句注疏而轻视对义理的阐发。唐末宋初对经传的阐发逐渐增多，多谈心性义理，也就形成了理学。虽然后来刘因接触到赵复所传的程朱理学，在治学中侧重了更深层次的思想内涵，但这并未改变刘因对经学的重视。

宋代以来，理学集大成者朱熹将《四书》的地位一步一步提高，将其上升为学术的主流，《六经》的地位逐渐下降。刘因对这种情况持反对态度，他认为"《六经》《语》《孟》为大"②，将《六经》与《论语》《孟子》的地位放在同一层面，而且指出："世人往往以《语》《孟》为问学之始，而不知《语》《孟》圣贤之成终者，所谓'博学而详说之，将以反说约'者也。"③刘因认为《语》《孟》不仅是问学的起点，同时也是治学的归宿，《语》《孟》相对于《六经》较为简约，不是所有人都能够体会其中内涵，只有通过《六经》的学习才能领会圣人的真谛。

刘因的为学次第甚至精确到《六经》的顺序，刘因认为《六经》的学习讲求由粗到精，顺序是：《诗》《书》《礼》《春秋》《易》（《乐》经亡佚，刘因未论及），前四部是较为粗、近的部分，《易》是较精深的，因此，"《五经》不明，则不可以学《易》，夫不知其粗者，则其精者岂能知也"④！

---

① ［明］宋濂：《元史》卷一百七十一《刘因传》，第4008页。
② ［元］刘因撰，商聚德点校：《刘因集》卷二十八《叙学》，第467页。
③ ［元］刘因撰，商聚德点校：《刘因集》卷二十八《叙学》，第467页。
④ ［元］刘因撰，商聚德点校：《刘因集》卷二十八《叙学》，第468页。

刘因重新重视对《六经》的义理阐发，但也并未忽视汉唐注疏，他曾总结经学的发展：

> 六经自火于秦，传注于汉，疏释于唐，议论于宋，日起而日变。学者亦当知其先后，不以彼之言而变吾之良知也。近世学者往往舍传注、疏释，便废诸儒之议论。盖不知议论之学，自传注、疏释出，特更作正大高明之论尔。传注、疏释之于经，十得其六、七。宋儒用力之勤，铲伪以真，补其三、四而备之也。故必先传注而后疏释，疏释而后议论，始终原委，推索究竟。①

刘因虽是理学家，他并没有为了抬高探究义理的理学，而贬低汉唐注疏的重要作用。刘因指责宋儒抛开经学本身、摒弃汉唐注疏，任由义理发挥经书，空发臆断的行为。他认为"议论之学，自传注、疏释出"②，其中的"议论之学"便指的是理学，而圣人的真知灼见皆从经传中产生。以此批判那些舍弃传注、疏释便去研究义理的学者舍本逐末。他认为理学源自经传注疏，再次证明《六经》的重要地位，并促使学者治学返求《六经》。

2. 经史无分说

刘因重视《六经》，他认为《六经》蕴含着丰富的历史知识，提出"古无经史之分"的观点。他认为：

> 学史亦有次第，古无经史之分，《诗》《书》《春秋》皆史也，因圣人删定笔削，立大经大典，即为经也。③

---

① [元]刘因撰，商聚德点校：《刘因集》卷二十八《叙学》，第469页。
② [元]刘因撰，商聚德点校：《刘因集》卷二十八《叙学》，第469页。
③ [元]刘因撰，商聚德点校：《刘因集》卷二十八《叙学》，第469页。

刘因把经看作是史书的观点并非首创，早在唐代王通《中说》中便有类似记载："昔圣人述史三焉：其述《书》也，帝王之制备矣，故索焉而皆获。其述《诗》也，兴衰之由显，故究焉而皆得。其述《春秋》也，邪正之迹明，故考焉而皆当，此三者同出于史，而不可杂也，故圣人分焉。"① 王通将《书》《诗》《春秋》看作孔圣人记录的历史，刘因继承了这一观点，认为三者原是史书，经过孔子的删定而成为"大经大典"。刘因的观点对后世影响异常深远，明王阳明就继承了这一观点，认为："以事言谓之史，以道言谓之经，事即道，道即事。《春秋》亦经，五经亦史，《易》是包牺氏之史，《书》是尧舜以下史，《礼》《乐》是三代史，其事同，其道同，安有所谓异。"② 李贽、章学诚等都受到这一观点的影响。

刘因为官日短，并未像许衡那般在国子监传播理学，但是他在学术思想上传承了程朱理学，其半生教授乡里，在理学传播上促进了理学的"下移"，使理学在民间广泛传播。同时，刘因的经学思想独树一帜，在元代理学发展中起到重要作用。

第三节 元代朱学的学派发展——以北山学派、新安学派为例

元代朱学的发展不仅体现在个人的努力上，相同地域、相同

---

① ［唐］王通：《中说》卷一《王道篇》，《文渊阁四库全书》第686册，台北：商务印书馆，1986年版，第526页上。
② ［明］王守仁撰，吴光、钱明、董平、姚延福编校：《王阳明全集》卷一《语录·传习录上》，上海：上海古籍出版社，2011年版，第11页。

师承结成的学术流派，也是元代朱学发展的一个特色，北山学派和新安学派就是元代朱学发展的代表。

一、元代朱学干城——北山学派理学思想①

南宋乾道、淳熙年间，吕祖谦在金华地区开创"婺学"，后人将其与朱熹、张栻并称"东南三贤"，"婺学"蔚然成风。朱熹与吕祖谦皆曾讲学于金华丽泽书院，在此开馆收徒，传播理学，金华地区崇尚理学之风盛行开来。朱熹高足黄榦讲学金华，传何基，何基传王柏，王柏传金履祥，金履祥传许谦，他们被称为"北山四先生"，此四人创立北山学派，在金华地区传播理学，朱学在金华地区风行，正如全祖望所言："勉斋之传，得金华而益昌。说者谓北山绝似和靖，鲁斋绝似上蔡，而金文安公尤为明体达用之儒，浙学之中兴也。"② 北山学派有别于金华婺学，此派上传自朱熹高足黄榦，直承朱学学脉，其思想中保留大量传统朱学的理论，可谓朱子后学的正统嫡传，对元代甚至是后世起到深远影响。北山

---

① 高云萍博士在其《北山学派研究》一文中对北山学派进行了系统的研究，尤其是北山四先生，本书论及元代朱学的发展演变不能忽略北山学派这一重要支派，本节内容在与高博士文中论述北山理思想相同的部分外，还将侧重点一部分落在北山学派与经学的关系上。

② ［清］黄宗羲原著，［清］全祖望补修，陈金生、梁运华点校：《宋元学案》卷八十二《北山四先生学案》，第2725页。金华地区较为崇尚朱子学术，对朱熹思想的学习也分为两种路径，"北山一派，鲁斋、仁山、白云，既纯然得朱子之学髓，而柳道传、吴正传，以逮戴叔能、宋潜溪一辈，又得朱子之文澜，蔚乎盛哉！是数紫阳之嫡子，端在金华也"。一派是继承朱熹的"学髓"，即朱熹的理学思想，另一方面是继承了朱熹的"文澜"，即朱子的文学思想，这两派都是朱子的传人。本书论述元代理学，则主要介绍朱熹理学思想继承者一派。（《宋元学案》卷八十二《北山四先生学案》，第2727页。）

学派从宋元之际的何基、王柏创始，传至元代前期的金履祥、许谦而鼎盛，是元代朱学发展的重要组成部分①。

（一）北山学派的开创者——何基、王柏②

何基（1188—1269），字子恭，婺州金华（今浙江金华）人，后居金华北山盘溪讲学，世称北山先生。何基年少从乡先生陈震修举子业③，但何基并不喜好此道，而爱好阐发义理之学。其父伯熭任江西临川县丞，恰逢此时黄榦为县令④，《宋史》记："父伯熭为临川县丞，而黄榦适知其县事，伯熭见二子而师事焉。"⑤何基从学黄榦得闻程朱理学，正如王柏所记："（黄榦）首教以为学须先办得真实心地，刻苦工夫，随事诱掖，始知伊洛之渊源。临别，告之以但读熟《四书》，使胸次浃洽，道理自

---

① 黄溍《元史载白云先生行实》进一步明确了北山学派的传承："圣贤不作，师道久废。逮二程子起而倡圣学以淑诸人，朱子又溯流穷源折衷群言而统一，由是师道大备。文定何公基，既得文公朱子之传于其高弟文肃黄公榦；而文宪王公柏，于文定则师友之；文安金公履祥又学于文宪而及登文定之门者也。三先生，婺人。学者推原统绪，必以三先生为朱子之传适。文懿许公出于三先生之乡，克任其承传之重，三先生之学卒以大显于世。然则程子之道得朱子而复明，朱子之道至许公而益尊，文懿许公之功大矣！"（［元］许谦撰，蒋金德点校：《许谦集·许白云先生文集》，杭州：浙江古籍出版社，2011年版，第885—886页）

② 何基（1188—1269）、王柏（1197—1274），按照生卒年，何基并未生活在元代，王柏也仅仅在忽必烈中统改元之后活了三年，严格意义上说此二人主要的社会活动是在南宋，或者说是宋元之际，但是北山学派在元代的影响因何基、王柏而起，二人上承黄榦所述朱子之学，下启金履祥、许谦北山学派之门，本节论述何基和王柏的思想，是对北山学派，尤其是金履祥、许谦的学术渊源做铺垫，而此二人在北山学派之地位，不亚于二程开创洛学之功。

③ 参见［宋］何基：《何北山先生遗集》卷四《何北山先生行状》（王柏），《续修四库全书》第1320册，上海：上海古籍出版社，2002年版，第84页。

④ 开禧三年（1207）江西提举赵希怿与高商老辟黄榦知临川县事，嘉定元年（1208）正月黄榦到任，四年（1211）二月期满离任，此后再没任过此职，黄榦在任期间，何基为20—23岁，此时何基受其父命从学于黄榦。参见《宋人年谱选刊》，成都：巴蜀书社，1995年版，第290—292页。

⑤ ［元］脱脱：《宋史》卷四百三十八《何基传》，第12979页。

见。此先生所以终身服习,不敢顷刻忘也。"① 从学黄榦,奠定了何基一生的学术取向,他一生致力传播程朱理学,成为金华地区朱学的重要传承人。清代学者程开业评价何基的地位:"(朱学)在南者则有吾婺何、王、金、许四先生。而四先生受业黄勉斋之门,得亲传朱子之学始,则北山先生者,是朱子之冢孙,而吾婺之首庸也。"② 何基著作有《大学发挥》《中庸发挥》《大传发挥》《易启蒙发挥》《太极通书西铭发挥》《近思录发挥》《语孟发挥》等,但大部分都已遗失,仅存《何北山先生遗集》。

何基所处的宋末,朱学经历了庆元党禁后亟待振兴,何基感慨朱学精微,在接触理学之后以弘扬理学、继承道统为己任。何基将朱熹学术奉若圭臬,他"平时不著述,惟研究考亭之遗书,兀兀穷年而不知老之已至"③。即便有所著述,目的也仅是拱卫朱学,王柏评价何基"纂辑朱子之绪论,羽翼朱子之成书,不敢自加一字"④。

在形而上的宇宙本体层面,何基仍旧承袭了朱熹的理本论。何基结合朱熹的理本论的观点和张载的"气虚"观,指出:"张子所谓虚者,不是指气,乃是指理而言。盖谓理形而上者,未涉形气,故为虚尔。"⑤ 他将张载的"虚气"并入理本体的宇宙观

---

① [宋]何基:《何北山先生遗集》卷四《何北山先生行状》,《续修四库全书》第1320册,第84页。
② [宋]何基:《何北山先生遗集》卷四《何北山先生正学编序》,《续修四库全书》第1320册,第99页。
③ [宋]何基:《何北山先生遗集》卷四《何北山先生行状》,《续修四库全书》第1320册,第87页。
④ [宋]何基:《何北山先生遗集》卷四《系辞发挥后序》,《续修四库全书》第1320册,第83页。
⑤ [宋]何基:《何北山先生遗集》卷一《孟子集注考》,《续修四库全书》第1320册,第71页。

中，在解释气这一概念时，认为气是构成万物的材质，"盖天地只有一个阴阳，无物不体"①。何基在坚持理为宇宙本原的同时，援引"理一分殊"的观点，来解释万物各异的原理，将理定义为"恰好处"，他说："理者，乃事物恰到好处而已。天地间惟一理，散在事事物物，虽各不同，而就其中各有一恰好处，此所谓万殊一本，一本万殊者也。"② 这里的"恰好处"是在表述事物无过不及的中庸思想，而此处的"理"并不是形而上的绝对的本体，而是分殊到具体事物的"理"，这一点上何基是对朱熹"理一分殊"观点的重述，也被此后北山学派的学者所承袭。

何基一生坚守黄榦临别对他研读《四书》的嘱咐，何基非常推崇《四书》，在文集中多次强调《四书》的重要性，他说："《四书》当以《集注》为主，而以《语录》辅翼之。《语录》既出众手，不无失真，当以《集注》之精微，折衷《语录》之疏密，以《语录》之详明，发挥《集注》之曲折。"③ 自此之后，《四书》的研读成为北山学派的基本功。而此种研读并非泛泛而谈，而是要精研其内涵，金履祥赞誉何基："惟先生纂师言以发挥，剔众说之繁芜，以为朱子之言备矣。"④ 这种传统代代相传，精研《四书》，尤其是朱子《集注》，自此，北山学派建立起一套以朱学为中心的《四书》学体系。这是北山学派深得

---

① [宋] 何基：《何北山先生遗集》卷三《解释朱子斋居感兴诗二十首》，《续修四库全书》第1320册，第79页。
② [宋] 何基：《何北山先生遗集》卷一《与门人张润之书》，《续修四库全书》第1320册，第73页。
③ [清] 黄宗羲原著，[清] 全祖望补修，陈金生、梁运华点校：《宋元学案》卷八十二《北山四先生学案》，第2727页。
④ [宋] 何基：《何北山先生遗集》卷四《祭北山先生文》，《续修四库全书》第1320册，第89页。

朱学内涵的重要因素，而开创这一体系的何基可谓居功至伟。

王柏（1197—1274），字会之，婺州金华人，世称鲁斋先生。王柏祖父王愈曾跟随程颐高徒杨时学习《易》《论语》，又与朱熹、张栻、吕祖谦交往①，其父王瀚则登朱熹、吕祖谦门学习，王柏家学与理学可谓渊源深厚。《宋史·王柏传》记："年逾三十，始知家学之原，捐去俗学，勇于求道。"②王柏在了解家学渊源后，对程朱理学产生浓厚兴趣，而其真正开始接触理学则要追溯到与朱子门人杨与立交往。杨与立佩服何基学问，将王柏推荐给北山先生，端平二年（1235）王柏从学何基于盘溪，何基"授以立志居敬之旨，且作《鲁斋箴》勉之"③，与王柏一道受聘丽泽书院，相互学习并传播理学思想。

王柏在政治上注重实践，关心国计民生，在科举制度、理财制度等方面都有相应主张。他认为学者不能只读书，"与圣贤相与周旋于简册"④，而要关心社会利病，因此他与以梅竹清风自赏的何基不同，更加注重社会事功，将理学思想与社会实践相结合。心怀大志的王柏多次受聘于书院讲学，宣传自己的政治主张。但作为学者的王柏的最主要的功绩并不在政治，而是在他对北山学派学脉的传承，对朱熹学术的发展上。

王柏延续了北山学派推崇朱熹学术的传统，维护程朱理学确立的道统论就是重要表现。程朱理学提出的道统观念，为理学的发展奠定了基础，王柏对此非常赞同，在《跋道统序》中说：

---

① 朱熹曾为王愈做《宁庵记》《焕章墓碑》。
② ［元］脱脱：《宋史》卷四百三十八《王柏传》，第12980页。
③ ［元］脱脱：《宋史》卷四百三十八《王柏传》，第12981页。
④ ［宋］王柏：《鲁斋集》卷七《上王右司书》，《文渊阁四库全书》第1186册，台北：商务印书馆，1986年版，第107页下。

"道统之名，不见于古，而起于近世。故朱子之序《中庸》，拳拳乎道统之不传，所以忧患天下后世也深矣。"[1] 他认为朱熹等树立道统之名，是阐发圣人仁义设教的表现，是依据"天理"而存在的，道统不明则学术不行。王柏的道统观念延续了程朱理学的观点，道统观的延续实际是为了树立程朱理学的学术权威。

作为北山学派传人，王柏在哲学思想上也传承了朱子的思想，他基本沿袭了朱熹的理本论，与何基杂糅张载与朱熹的思想不同的是，王柏在本体论上融合了朱熹、周敦颐二人的观点，他认为太极是理，是宇宙最高的本体，他说："维天巍巍，维地回回，人于其中，参为三才。虽曰三才，同一太极，浑合无间，是谓理一。"[2] 天地人"同一太极"或"理一"，太极即是理，是最高本体。而在解释世间万物各异的问题上王柏与何基一样沿用了朱熹的"理一分殊"的观点。王柏言："统体一太极者，即所谓理一也；事事物物上各有一太极者，即所谓分殊也。"[3] 所谓"理一"即天下只是一个理，这个理是超越一切存在的绝对本体；而所谓的"分殊之理"便解释了万事万物为何不同，因为万物中各具一理。

王柏在理学思想上的创新集中体现在其"疑经"思想。王柏对先贤的观点并不是盲从，而是勇于提出质疑，这一点他与其师何基并不相同，何基认为："治经当谨守精玩，不必多起疑

---

[1] [宋] 王柏：《鲁斋集》卷十一《跋道统序》，《文渊阁四库全书》第1186册，第166页上。
[2] [宋] 王柏：《鲁斋集》卷六《中处箴》，《文渊阁四库全书》第1186册，第97页上。
[3] [明] 赵鹤辑：《金华正学编》上卷《理一分殊》，明昌平坂学问所刊。

论。有欲为后学言者，谨之又谨可也。"① 对先儒典籍深信不疑。但是王柏并不这样认为："柏高明绝识，序正诸经，弘论英辨，质问难疑，或一事至十往返，基终不变以待其定。……基文集三十卷，而与柏问辨者十八卷。"② 师徒二人对此有过多次辩论，由此可见王柏善于独立思考，对经典疑问颇多。王柏一生著作颇丰，其作《书疑》《诗疑》《中庸论》《大学沿革说》等文，对儒家经典进行辨疑讨论。作为朱熹学脉的传承者，在其怀疑的经典中也包含朱熹的《四书章句集注》③。可见王柏的疑经思想并非固守门户之见，而是在合理的疑点下进行公允的推断；虽然也有因审慎不足而造成的偏颇言论，但是总体来说对于北山学派理学思想的发展是有利的。王柏的疑经思想对其弟子金履祥影响颇深。

（二）北山学派的鼎盛——金履祥、许谦

北山学派创派人为何基，何基、王柏努力在金华地区传播程朱理学，使金华地区成为程朱理学发展的重镇。建元以后，朱学逐渐的成为元代理学的主流，作为朱学的传承者，北山学派金履祥、许谦二人的思想较为完备。在延续着朱学的特色的基础上，北山学派此时已发展至鼎盛，作为其思想的主要代表人物，他们也在不断地创新中展现自身特色。

---

① ［元］脱脱：《宋史》卷四百三十八《何基传》，第12979页。
② ［元］脱脱：《元史》卷四百三十八《何基传》，第12980页。
③ ［宋］王柏：《鲁斋集》卷九《大学沿革论》（《文渊阁四库全书》，第145—146页），在此文中，王柏对朱熹的《四书章句集注》提出质疑，例如：朱熹认为《家语》为《孔丛子》的伪书，但是在《集注》中又以此证《中庸》的错误；又如朱熹认为《大学》"格物致知之义而今亡佚"，所以作补传，但是又将传文作经文等。参见侯外庐等《宋明理学史》第二十三章第二节，徐远和：《理学与元代社会》第五章第二节。

第二章 传承中创新：元代程朱理学的发展

金履祥（1232—1303），字吉父，号次农，婺州金华人，常居浙江仁山下讲学，学者称之为"仁山先生"。金履祥聪颖过人，天文地理、阴阳律历皆有了解。十九岁仰慕濂洛之学，二十三岁从学王柏，并登何基之门，自此开始学习理学，进而"讲贯益密，造诣益精"①。许谦（1270—1337），字益之，婺州金华人，自号"白云"②，学者称"白云先生"，许谦生逢宋元变革之际，但他勤奋好学，上通天文地理，下知典章制度，可谓："一事一物，可为博文多识之，助者必谨志之。至于释、老之言，亦皆洞究其蕴。"③后跟从金履祥学习理学，以传授程朱理学著称，并与许衡合称"南北二许"。

1. 绍述程朱，继承道统

北山学派在何基与王柏的影响下，崇尚朱熹理学思想，金履祥、许谦作为北山学派顶峰时期的代表人物，其理学思想也沿袭了朱学的传统。首先在本体论上，"理"是朱熹思想中宇宙的本源，而作为朱熹一脉的弟子，金履祥与其师何基、王柏有着相同的观点，也坚持"理"是宇宙的本源。他曾说："天地一理，运而产生阴阳五行之气。"④又言："一理散于事物之间，具真实而非

---

① [元]柳贯撰，魏崇武、钟彦飞点校：《柳贯集》卷二十《故宋迪功郎史馆编校仁山先生金公行状》，第528页。
② [清]王梓材，冯云濠编撰，沈芝盈、梁运华点校：《宋元学案补遗》卷八十二《北山四先生学案补遗》记"清人马平泉曰：号称白云，盖取岭上多白云之意，其所以自怡悦者深矣"（第4858页）。
③ [元]黄溍撰，王颋点校：《黄溍集》卷二十一《白云许先生墓志铭》，杭州：浙江古籍出版社，2013年版，第775页。
④ [元]金履祥：《书经注》卷二，《续修四库全书》，第42册，上海：上海古籍出版社，2002年版，第499页。

虚。……先生（何基）盖灼见于此。"① 仅仅从这两句即可看出，金履祥借评价其老师何基来阐发自己本体论上的观点，而其本体论的基本观点没有脱离朱熹的窠臼。在这一点上，许谦亦是如此，他在程朱的范围内发挥对"理本体"的解释，许氏将"天理""道""太极"等诸多程朱理学的概念融合在一起，如"道者，天理之当然"②，又言"太极者，孔子名其道之辞。无极者，周子形容太极之妙"③。许谦将"天理""道""太极"三者相等同，同时用"无极"来形容其妙用的状态，再次强调了理的终极性。"盖天地间唯一理尔。明乎理则前无古，后无今，亘宇宙，固可一以贯之。"④ 强调理是亘古不变的宇宙主体。就本体而言，金、许二人的观点是基本一致的。而许谦有别与金履祥的一点是他延续了朱熹"理"的"规律性"解释。朱熹曾言："上而无极太极，下而至于一草、一木，一昆虫之微，亦各有理"⑤，"理则就其事事物物各有其则者言之"⑥。许谦延续了这一说法，他认为："礼是天理自然之节文，达礼则见物物有则，而应物处莫不循其道而行之，不可措一毫私意于其间，则气象非尧舜乎？"⑦ 在这里

---

① [元]金履祥:《仁山文集》卷四《祭北山先生文》,《文渊阁四库全书》第1198册,台北:商务印书馆,1986年版,第823页上。
② [元]许谦撰,蒋金德点校:《许谦集·读四书丛说·论语中》,杭州:浙江古籍出版社,2011年版,第197页。
③ [元]许谦撰,蒋金德点校:《许谦集·许白云先生文集》卷之四《答或人问》,第1003页。
④ [元]许谦撰,蒋金德点校:《许谦集·读四书丛说·中庸下》,第102—103页。
⑤ [宋]朱熹撰,朱杰人,严佐之等主编:《朱子全书·朱子语类》卷十五《大学二·经下》,第477页。
⑥ [宋]朱熹撰,朱杰人,严佐之等主编:《朱子全书·朱子语类》卷五《性理二·性情心意等名义》,第215页。
⑦ [元]许谦撰,蒋金德点校:《许谦集·读四书丛说·论语下》,第262页。

"理"与"礼"相联系,既指客观法则,也指人的处事准则。许谦的"理"概念更丰富,也更接近朱熹的观点。

在解释世间万物有所不同时,金履祥沿用了朱熹"理一分殊"的观点,他在惕励许谦学习时就言:"吾儒之学,理一而分殊,理不患其不一,所难者分殊耳"①,指出传承朱熹学术的难点在于如何理解"分殊"之理。金氏有言:"天理散在事物,则莫不各有本然一定之则在焉,是极好处也"②,"理只是恰好处,此便是中……天下万事万物,各各不同,而就每事每物中,有自各有个恰好处,故是理虽不同,到得恰好处则一,此所谓万殊而一本。然其一本者,非有形象在一处,只是一个恰好底道理在事事物物之中,此所谓一本而万殊"③。所谓居"中"的"恰好处"就是对世间万物不同的解释,天地一理的绝对本源之下,事物遵循自己的"中","至善"便可恰如其分,事物虽"万殊",但皆有所谓的"恰好处"的规则和准绳,以此来统一万物。故而这里的"理"("恰好处")不是宇宙本体,而是散落在万事万物中的万殊的"理"的统一性,这正是程朱理学"理一分殊"的观点。许谦则言:"理之原出于天,在天地虽浑然至大,而事事物物各自不同,其理亦流行寓其中,每事物中理虽不同,然只是天理一个大原头分析来,所以谓之一理贯万事。"④从反方向论证事物虽有分殊之理,但最终会由"一理贯万事"

---

① [清]黄宗羲原著,[清]全祖望补修,陈金生、梁运华点校:《宋元学案》卷八十二《北山四先生学案》,第2756页。
② [元]金履祥:《大学疏义》,《文渊阁四库全书》第202册,台北:商务印书馆,1986年版,第4页下。
③ [元]金履祥:《论语集注考证》卷二《里仁》,《丛书集成初编》,北京:中华书局,1985年版,第25页。
④ [元]许谦撰,蒋金德点校:《许谦集·读四书丛说·论语上》,第174页。

而汇归终极的"天理"。

在宇宙生成、万物化生的问题上，结合朱熹"缘有阴阳二气相感，化生万物"①"无一物不有阴阳"②的观点，金履祥与许谦同朱熹一样地引入了"阴阳""气"的概念进行本体论分析，他们认为宇宙中不论是人、物都始于"理"，但是通过"阴阳二气"化生而成，而且事物的始终也是源自"阴阳二气"的合散，金履祥认为："理即气之所生，气即理之所秉。夫自其始而言，则有理而后有是气，盖以太极之妙生阴阳五行之化也。"③许谦亦认为："物之终始，莫非阴阳合散之所为，阴与阳合为物之始，阴与阳散为物之终。"④阴阳二气相聚则是万物开始，二气消散也就预示着事物的消亡，在二气的相互作用下化生了万物，这是对朱熹思想的如实继承。又因理是万物的本体，气是万物化生的材质，所以"天生人物，是气也，而理即在其中，理主乎气，气载乎理，二者未尝可离"⑤，两者不相离。

在认识论上，金履祥十分重视朱熹的格物致知说，他根据朱熹的《大学章句》作《大学疏义》，对朱子的"格物致知"说作了具体的解说。他认为"格物"即是"穷尽事物之理"，而所"格"之物是"心、身、家、国、天下之事物"⑥。至于如何格物，他说："其为法，或索之心术念虑之间，或审之随事接物日

---

① [宋]朱熹撰，朱杰人，严佐之等主编：《朱子全书·朱子语类》卷五十三《孟子》三，第1763页。
② [宋]朱熹撰，朱杰人，严佐之等主编：《朱子全书·朱子语类》卷六十五《易》一，第2159页。
③ [元]金履祥：《大学疏义》，《文渊阁四库全书》第202册，第3页上。
④ [元]许谦撰，蒋金德点校：《许谦集·读四书丛说·中庸上》，第77页。
⑤ [元]许谦撰，蒋金德点校：《许谦集·读四书丛说·中庸上》，第58页。
⑥ [元]金履祥：《大学疏义》，《文渊阁四库全书》第202册，第7页上。

第二章 传承中创新：元代程朱理学的发展

用常行之际，或求之经籍诗书圣贤言行之法，或考之古今治乱人物是非之迹，即事即物推而穷之，莫不求其所以然之故，与其至善之所在而不可易者，此谓格物。"① 即认为"格物"是穷究事物之理。许谦在格物学说中既认可朱熹在《大学》补格物致知传中的理论，但同时受到元代"和会朱陆"思想的影响，在格物中讲求"凡天下之物，莫不因其已知之理而益穷之，以求至乎其极。此正是格物用功处，但只把致格两事统说，在里推极我之心知，在穷究事物之理，格物之理所以推致我之心知，用力之久，一旦豁然贯通。是言格物本是逐一件穷究，格来格去，忽然贯通"②。所以许谦既认为认识世界需要"格物"，亦认为"致知"是推及本心③。金履祥完整的继承了朱子格物论，许谦虽有心学倾向，但推及本心达到豁然贯通是最终的目的，这与朱熹所言："用力既久，一旦豁然贯通焉，则众物之表里精粗无不到"，"吾心之全体大用无不明"④ 的最终目标也是一脉相承的。

在程朱后学非常重视的知行关系上，金履祥和许谦在朱熹的基础上有所创新，金履祥非常重视知行，在探讨"格物致知"时，金氏言："格物者，知之始；诚意者，行之始"⑤ 他将格物比为知，正心诚意、治国、平天下比为行，继而推出知先行后的观点。虽然知行二事有先后之分，但他又认为二者不可偏废，正如他援引"颜子博约是知行并进"⑥ 之说，"知行并进"是他对

---

① ［元］金履祥：《大学疏义》，《文渊阁四库全书》第202册，第8页上。
② ［元］许谦撰，蒋金德点校：《许谦集·读四书丛说·大学》，第35页。
③ 许谦在格物致知中推及本心的认识，有陆学倾向，详见第三章第二节。
④ ［宋］朱熹：《大学章句》，第7页。
⑤ ［元］金履祥：《大学疏义》，《文渊阁四库全书》第202册，第17页下。
⑥ ［元］金履祥：《论语集注考证》卷三《雍也》，第39页。

知行观的新见解。金履祥还第一次提出了"知行合一"的观点，在解释朱熹《论语集注·学而》时金履祥有言："夫圣贤先觉之人，知而能之，知行合一。"① 徐远和认为："这里先觉者即是先知，先觉者知而必行，知之即行之，知行合一，在这里知和行是高度统一的，这种能力是圣人先天所具有的。"② 虽然金氏的理论并不完善，但是他在知行合一上有着明晰的界限，这些都对王阳明等后学的知行观起到重要影响。许谦的知行观接续了金履祥的观点，虽然没有提出"知行合一"，但是他的"知行并行"的观点也是一种创新，在《读论语丛说》中许谦说道："为学之道先立志，欲求至于圣贤，却随事只管低头做将去。晓一分道理，便行一分道理，一边明理，一边力行。"③ 便说明知一分道理，便行一分道理，边明理，边力行，这明显说明许谦的知行观是"致知力行，并行不悖"④。金履祥和许谦的知行观是对朱熹思想的发展创新。

2. 慎疑经、补经传

金履祥、许谦对程朱理学的传承与创新，还体现在对经典的大胆质疑和弥补传注的不足中。金华学者柳贯曾对金履祥的学术有一则评价："有司以谓何公之清介纯实似尹和靖，王公之高明

---

① [元]金履祥：《论语集注考证》卷一《学而》，第7页。
② 徐远和：《理学与元代社会》第五章第三节，第162页。
③ [元]许谦撰，蒋金德点校：《许谦集·读四书丛说·论语中》，第195—196页。
④ 参见高云萍《北山学派研究》。徐远和先生认为许谦的知行观有矛盾，一方面她也赞同许谦的知行观中有"知行兼进"的一面，同时也认为许谦有"知先行后"的观点，援引许谦解析孟子一言："知言以开其先，养气以培其后"（《读四书丛说·孟子·公孙丑上》），在这里知言便是知，养气便是行，这是典型的知先行后的观点。（徐远和《理学与元代社会》，第174页）不过此知先行后的观点仅仅出现在此处，在道德修养中现有道德意识，再有道德践履，是一种修养观的体现，因此处赞同高云萍博士的"致知力行，并行不悖"观点。

刚正似谢上蔡。时称知言，而先生则自其盛年亲承二氏之教，以克之于已者也。"① 金氏受学于何、王二先生，从其学术旨向上看，他对王柏的思想继承较多，尤其是疑经思想明显受到王柏的影响。

金履祥"推本父师之意"②继续对经典作出大胆质疑，尤其是对《尚书》，清人陆心源曾言："（金履祥）《尚书》则用功尤深。"③朱熹对《五经》皆有研究，遍注群经，唯独对《书》无所著录，虽有疑惑但未能完成，仅仅在去世前由门人蔡沈作《书集传》，此书完成于《朱子语录》之前，因此出现多处矛盾之处，金履祥感慨于此便有志于补其缺失，作《尚书表注》"正句画段，提其章指，与其义理之微，事为之概，考证字文之误，表诸四阑之外"④。他在深入研究《尚书》的情况下取得了很多新的成果，王国维就对金履祥《尚书表注》给予很高评价："仁山之说虽与《书序》及古文家说不同，然得其证于后出之卜辞，可知殷之史事在周世已若存若亡，此孔子所以有文献不足之叹欤！"⑤ 相比金履祥，许谦也较为重视《六经》，他认为群经为载

---

① [元]柳贯撰，魏崇武、钟彦飞点校：《柳贯集》卷二十《故宋迪功郎史馆编校仁山先生金公行状》，第536页。
② [宋]何基：《仁山文集》卷三《尚书表注序》，《文渊阁四库全书》第1198册，第818页上。
③ [清]陆心源：《重刊金仁山先生〈尚书注〉序》，金履祥《书经注》卷首，《续修四库全书》第42册，上海：上海古籍出版社，2002年版，第423页下。
④ [元]柳贯撰，魏崇武、钟彦飞点校：《柳贯集》卷二十《故宋迪功郎史馆编校仁山先生金公行状》，第530页。
⑤ 王国维：《观堂集林》卷一《高宗肜日说》，北京：中华书局，1961年版，第30页。

道之器，不应离经寻道①。

源自北山学派疑经的传统，金履祥和许谦将疑经的矛头指向了朱熹的传注，在学术的发展中提出对注疏再作疏义的看法。对朱熹《集注》的怀疑早在王柏的文献中已有出现（详见前节），而金履祥、许谦则直接作《论孟集注考证》《读四书丛说》《诗集传名物钞》等书，对朱熹的著作再作详解。这三本书虽然运用了不同的体例②，但是最终目的都是对朱熹注疏解释，既是校正错误也是为了更好地理解和完善朱熹的著作。金、许二人在公允的研究态度下，对朱熹《集注》中的错误进行了纠正，如金履祥在《论语集注考证》中对"子问公叔文子于公明贾曰：'信乎夫子不言、不笑、不取乎？'朱子注曰：'公叔文子，卫大夫公孙枝也。'"③仔细考证后认为应按照《左传》记载，"当从'公叔发'，《集注》或传写之误"④。他用《左传》经文中的记载纠正了朱熹《集注》中的错讹，诸如此类的还有很多。金履祥发挥自己的经史知识，一一作了补正，这一点并不违背他朱学传人的身份，他为朱熹的著作补正，正是为了更好地传播朱熹思想；另一方面，他们还导读朱子《集注》。宋元易代，南北声教不通，朱熹所作《集注》，文字简约，意义深刻，所以出现难以

---

① [元] 许谦撰，蒋金德点校：《许谦集·许白云先生文集》卷之二《送尉彦明赴开化教谕序》，第952—953页。

② 金履祥《论孟集注考证》运用陆德明《经典释文》的体例标举疑难事例，许谦《读四书丛说》则脱离开体例，仅仅依照"经文—朱子圈内注文—别家圈外之说"的顺序抒发自己见解（详见周春健《许谦与〈读四书丛说〉》，《中国典籍与文化》，2007年第4期），《诗集传名物钞》则是按照朱熹《诗集传》的顺序对其中名物进行考释。

③ [宋] 朱熹：《四书章句集注·论语集注》卷七《宪问》，第143页。

④ [元] 金履祥：《论语集注考证》卷七《宪问》，第81页。

理解的问题。就像许衡针对蒙古士子将《四书》口语化一样，金履祥和许谦也将朱熹的《四书章句集注》的许多精妙处引申发挥。诸如，金履祥《论语集注考证》中一则关于"君子、小人儒"的探讨，朱熹注解："儒，学者之称，程子曰'君子儒为己，小人儒为人。'谢氏曰'君子小人之分，义与利之间而已。然所谓利者，岂必殖货材之谓？以私灭公，适己自便，凡可以害天理者皆利也。子夏文学虽有余，然意其远者大者或昧焉，故夫子语之以此'"①金履祥认为朱熹对程颐、谢良佐的言论理解清晰，但是却并未说明自己的认识，于是沿着朱熹的思路对该句进行深入的分析解释，他说："朱子亦尝疑此说，为初学之时。至于言博学、笃志、切问、近思之后，则不待为此言矣。又曰：圣人为万世立言，岂专为子夏设？观此二条，则文公固自疑谢氏之说为过矣，然汝为二字，专为子夏言，当如文宪之说泛。文公亦尝言子夏太细密谨严，又云其促狭，于子游、叶贺孙之问，亦言其太紧小。如此，则此君子小人只是以度量规模为言，其言君子如大人君子，其言小人是野人小人，若樊须小人之类，盖对大人君子而言，特有小大之分耳，非言善否之殊也。至为学者切已省察，则《集注》之言自在所深省。"②

金履祥借助朱熹《语录》所言将此句引申发挥，详细解释了君子小人之分和义利之辨，将原本未能清楚理解的文字解释得更加清晰。许谦的《读四书丛说》也继承了金履祥的这一特色，在叙述中加入了"图表"，如其在《读四书丛说·读大学丛说》

---

① ［明］胡广、杨荣等纂修，周群、王玉琴点校：《四书大全·论语集注大全》卷六《雍也》，武汉：武汉大学出版社，2009年版，第455页。
② ［元］金履祥：《论语集注考证》卷三《雍也》，第36页。

中绘制"复性图""阴阳五行相涵之图",在《读中庸丛说下》中绘制"中庸始终合一之图"① 用图文的形式更明晰地解释朱熹经典。这样做使朱熹的经典更容易理解,扩大受众面。

再有一点就是补朱熹对"名物"解释的缺失。宋代理学注重性命义理,对名物解释不像汉儒那般苛刻,但也不是完全置之不理,金、许二人对朱熹经典在名物训诂的缺失问题上作了补充。如《孟子·尽心下》"以至仁伐至不仁,而何其血之流杵也"中,"杵"字为何意,朱熹并未做解释说明,而许谦则详细考证并借助金履祥的话来解释此字:"《集注》:'杵,舂杵也,或曰卤,盾也。'作卤者是,然亦非楯。若以为舂杵与楯,苟非血深一二尺,岂能漂之? 虽非武王杀之,而商人自相杀,然亦不至如是之多也。盖卤乃盐卤之卤,谓地发蒸湿,言血渍于地,如卤湿然。"② 又如金履祥《孟子集注考证》中对《孟子·离娄上》的"北海之滨"解释:"孤竹国在辽西令支县,中国去北海甚远,但以辽海为北海。"③ 他们将朱熹未作的解释进行了补充。

金履祥、许谦作为朱子一脉的传人,他们对朱熹经典进行重新疏义的目的并不在反驳,而是在于维护,他们对朱熹著作进行补正、引申发挥,不仅完善了朱熹的经典,正如四库馆臣对许谦《诗集传名物钞》的评价:"是书所考名物音训,颇有根据,足以补《集传》之阙遗。"④ 同时使朱熹的著作更加容易理解,扩

---

① [元]许谦撰,蒋金德点校:《许谦集·读四书丛说》,第12、13、119页。
② [元]许谦撰,蒋金德点校:《许谦集·读四书丛说·孟子下》,第364页。
③ [元]金履祥:《孟子集注考证》卷四《离娄上》,丛书集成初编,北京:中华书局,第37页。
④ [清]永瑢、纪昀等撰:《四库全书总目提要》卷十六《诗集传名物钞提要》,北京:中华书局,1965年版,第126页。

大了受众面,传播了理学。但是不可否认的是,名物训诂在许谦等人的重视下,地位上升也使北山后学渐渐流于训诂,这也正是徐远和先生所说"北山学派固然至许谦而显,然亦因许谦而衰败"①。

元代北山学派继承程朱道统意识,传道、讲学不断,门徒众多,成为元代朱学的重要一支,正如黄宗羲所言:"晦翁(朱熹)生平不喜浙学,而端平以后,闽中、江右诸弟子,支离、舛戾、固陋无不有之,其能中振之者,北山师弟为一支,东发为一支,皆浙产也。"② 在北山学派的影响下,朱学在浙江发展起来,成为元代理学的重要力量,为元代理学的发展做出巨大贡献。

二 徽州朱学延续——新安学派理学思想

徽州理学或称新安理学,是形成于南宋时期徽州的一个理学派别,它以传承朱熹学术为宗旨,是程朱理学的一个重要支派,如黄宗羲所说"二胡(一桂、炳文)、定宇(陈栎)纂述于新安"③,它始于南宋,传于元代,盛于明季,终于清初。元代是新安朱子学发展史上的重要环节,也是元代理学的重要组成部分。

(一) 元代新安朱学

1. 新安理学之形成

新安地区地处南方,学术的肇始可追溯到唐末五代,唐末战

---

① 徐远和:《理学与元代社会》,第173页。
② [清]黄宗羲原著,[清]全祖望补修,陈金生、梁运华点校:《宋元学案》卷八十六《东发学案》,第2884页。
③ [清]李清馥:《闽中理学渊源考》卷三十六《温陵傅季谟先生定保学派》,《文渊阁四库全书》第460册,第459页上。

乱使经济文化中心开始南移，大批中原儒士涌向南方，这其中也包含着新安地区。儒家文化的浸染，尤其是儒家教育思想的传播使新安地区渐渐具备了学术发展的底蕴。此时的安徽休宁县"四方谓新安为东南邹鲁，休宁之学特盛，岁大比与贡者至少千人"[1]。这也为程朱理学在新安地区发展奠定了基础。

在学术体系的选择上，新安学术选择程朱理学。崇尚朱学是有原因的：一方面，南宋理宗之后，程朱理学的地位不断上升，成为统治者的思想基础。元朝虽为少数民族所建，但是在入主中原后，蒙古族上层逐渐意识到儒家思想在统治中的重要地位，加之姚枢、许衡等人的不断建言献策，程朱理学逐渐成为元朝的正统思想，甚至在元仁宗是被定为科举之必考内容。新安地处南方，本身受到蒙古草原风气的影响小，再加上元朝官方对理学的重视，新安地区知识分子便选择了程朱理学。而另一方面，也是更重要的一个原因，即新安与朱熹的渊源。就出生地和学术活动的主要地区来说的，朱熹为福建尤溪人，新安则是朱熹祖籍所在地，故有人称新安为"程朱阙里"。朱熹对新安有种故土情怀，正如他与汪太初信中所言"其心未尝一日而忘父母之邦也"[2]，此"邦"即指新安徽州。朱熹一生三次回徽州探亲扫墓，一次是高宗绍兴二十七年（朱熹27岁），第二次是孝宗淳熙三年（朱熹47岁），第三次庆元三年（朱熹68岁）。除第一次以外，其他两次朱熹皆在新安停留数月，并在婺源汪敏斋家、歙县府学

---

[1] [清]廖腾煃、汪晋征纂修：康熙《休宁县志》卷之一《风俗》，影印康熙三十二年刊本，台北：成文出版社，1970年版，第237页。

[2] [宋]朱熹撰，朱杰人，严佐之等主编：《朱子全书·晦庵先生朱文公文集》卷四十六《答汪太初书》，第2118页。

第二章　传承中创新：元代程朱理学的发展

等处讲学，传播程朱理学的思想。据考证，新安理学传人中众多学者都是这一时期从学朱熹，如婺源的腾磷、腾琪，休宁的程先、程永奇，祁门的许文蔚等①。朱熹在新安开馆收徒，再加上新安是朱熹故里的关系，儒生学者对朱学有着天然的亲和力，因此理学迅速传播，深入人心，以至于"家诵其书，人功其学。而吾邦儒风之丕振，俊彦之辈出，号称东南邹鲁，遐迩宗焉"②。虽然朱熹在新安地区并未久居，但是其所授之徒担负起传播朱学的重任，从学于朱熹的新安儒士效仿朱熹办学，探讨学术，竞相讲学，讲授朱学思想，以此代代相传，新安学风大变，"自唐宋以来，卓行枘文，固不乏人，然未有以理学鸣于世者。至朱子得河洛之心传，以居敬穷理启迪乡人，由是学士争相自濯磨以翼闻道"③。新安朱学在这样的情况下产生、发展，到了明代，新安理学家累计有一百多名，可谓朱学传承重要一支。

2. 新安理学教育思想（童蒙教育）

元代新安朱学的发展处于一个鼎盛的时期。新安朱学能够经久不衰与新安地区设校讲学之风的盛行和朱子门人的讲学收徒、著书立说有密切关系。史传记载："（陈栎）以著书授徒终其身"④，而汪克宽则"犹不废讲学"⑤。

---

①　[清] 施璜编：《紫阳书院志》卷八记载："文公归里，乡先正受学者甚众，今论定高弟子十二人"。
②　[元] 汪克宽：《环谷集》卷五《万川家塾记》，《文渊阁四库全书》第1220册，台北：商务印书馆，1986年版，第699页上。
③　[清] 蒋灿纂修：康熙《婺源县志》卷之二《风俗》，影印康熙三十二年刊本，台北：成文出版社，1985年版，第227页。
④　[明] 程曈：《新安学系录》卷十二《遗文》，《四库全书存目丛书》史部第90册，济南：齐鲁书社，1996年版，第105页。
⑤　[明] 程曈：《新安学系录》卷十三《汪古逸行状》，《四库全书存目丛书》史部第90册，第111页。

新安地区历来重视教育，境内书院、社学、庙学和私塾林立。而且入元以来，多数新安士人选择不与元政府合作的态度，拒绝入朝为官，他们将精力主要放在兴办教育上。据考证，北宋天圣年间绩溪胡忠亭所建的桂枝书院，是徽州历史上第一座书院①。根据《徽州府志》记载，从桂枝书院始建，到清代末年，徽州一共兴建91所书院，其中元代就有17所。元代还在地方建立社学和小学，根据至元二十三年（1286）法令"诸县所属村疃，五十家为一社，择高年晓农事者立为社长。增至百家，别设社长一员"②。这样的社群单位不但能够劝课农桑，同时规定"每社立学校一，择通晓经书者为学师，农隙使子弟入学"③，也有教学的功能。元代盛行的庙学在徽州路也有普及，七所庙学分布于徽州路所领的五县一州④。真可谓书院林立，社学遍地。

元代新安地区收徒传道的不仅仅有官方学校，还有私人家学。新安理学家陈栎便"开于家塾，广纳四方之学子，乐育天下之英材，著述流行，施君子之教，雨熏陶渐染"⑤。此地最为有名的私塾要数汪德懋的"万川家塾"，汪克宽在《万川私塾记》中言："比年矛戟抢攘，列城兵燹，学者逃难解散，非唯里间废学，而郡邑学宫悉为丘墟，此家塾之所为作也。予宗友德懋久从予游，而

---

① 参见解光宇：《"程朱阙里"与新安理学》，《黄山高等专科学校学报》2000年第1期。
② 柯劭忞：《新元史》卷六十九《食货》，第169页上。
③ 柯劭忞：《新元史》卷六十九《食货》，第169页上。
④ 《元代庙学》记载，元代徽州路共七所庙学，歙县县学、休宁县学、祁门县学、黟县县学、绩溪县学、婺源州学，徽州路元代没有新建庙学，所有七所均是宋建。（胡务：《元代庙学》，第294页）
⑤ ［明］程曈：《新安学系录》卷十二《遗事》，《四库全书存目丛书》史部第90册，第104页。

有得者，世居休宁之万川，慨庠序之不兴，而士习日靡，乃以所闻于予者，居家教授，集亲族、闾里之子弟若干人，旦夕修读以自曰助。亦古者家塾教民之遗意也，遂名其堂曰万川家塾。"①

学校盛行，而学校中所传授的知识则是程朱理学，朱熹因此被奉若神明。"一以先师子朱子为归。凡六经传注、诸子百氏之书，非经朱子论定者，父兄不以为教，子弟不以为学也。是以朱子之学虽行天下，而讲之熟、说之详、守之固，则惟推新安之士为然。"② 由于程朱理学高深晦涩，往往难以读懂，因此在教学中，新安理学家对朱熹的书籍进行注疏，以降低初学者的学习难度。程若庸的《性理字训讲义》简明地解释了朱熹学术的性、命、义、理等，方便学者学习、理解③。陈栎则看到学生读书难懂，因此作《论语训蒙口义》，以"施之初学，俾为读（朱子）《集注》阶梯"④。此外如胡炳文《纯正蒙求》、胡方平《易学启蒙通释》、程复心《四书章图》等，这类辅助书籍的出现，都促进了程朱理学在新安地区的传播。

（二）辟异学、正学风——恪守门庭的陈栎、胡炳文

新安理学经历了宋代产生的阶段，传至元代逐渐发展完备。随着朱学逐渐成为官方学术，新安理学家对朱熹的推崇也到了极

---

① ［元］汪克宽：《环谷集》卷五《万川私塾记》，《文渊阁四库全书》第1220册，第699页上。
② ［元］赵汸：《东山存稿》卷四《商山书院学田记》，《文渊阁四库全书》第1221册，台北：商务印书馆，1986年版，第287页上。
③ 程若庸的《性理字训讲义》受到推崇，可谓"八岁未入小学，教之读此甚善"（《新安文献志》卷二十四《书性理字训后》，《文渊阁四库全书》第1375册，第312页上）。
④ ［元］陈栎：《定宇集》卷一《论语训蒙口义序》，《文渊阁四库全书》第1205册，台北：商务印书馆，1986年版，第159页上。

致，但是由于求学经历、认知结构的不同，对朱学的解释也就出现了许多差异，造成"天下学士，群起著书，一得一失，各立门户，争奇取异，附会缴扰"①的状况，导致异论凸显，失朱学之真，出现了"朱子之说，翳然以昏"②的局面，正如周晓光所言："元代朱子学面临的环境，异乎前代。"③所以新安理学家的首要任务是辟异学，传播朱学，这其中的代表人物就有陈栎、胡炳文等。

陈栎（1253—1334），字寿翁，学者称定宇先生；胡炳文（1250—1333），字仲虎，号云峰，此二人都是元代初期新安朱学的代表人物，"崇朱"是他们的学术特点。陈栎曾言："先人授徒非朱子之书不读，余自少受读。唯谨弥道少余十一年耳，师友渊源、朋友丽泽，于今五十余年。"④其好友胡炳文则以朱子为宗著书立说，以《周易本义通释》《四书通》等，羽翼晦庵学术。

正面的传播朱熹思想是传承理学的一方面，而面对朱熹学术发展中的异端邪说，陈栎、胡炳文等自然肩负起朱学"卫道士"的责任。他们首先需要重新正确阐发朱熹思想，而原则就是"以朱子为归"⑤，在这样的前提下，陈栎作《论孟训蒙》《四书发明》《礼记集成》《三传集注》等书。揭傒斯为其师做墓志铭曾言：

---

① ［明］程瞳：《新安学系录》卷十二《陈定宇墓志铭》，《四库全书存目丛书》史部第90册，第103页。
② ［明］程瞳：《新安学系录》卷十二《陈定宇墓志铭》，《四库全书存目丛书》史部第90册，第103页。
③ 周晓光著：《新安理学》，合肥：安徽人民出版社，2005年，第83页。
④ ［元］陈栎：《定宇集》卷二《送王弥道江宁教官序》，《文渊阁四库全书》第1205册，第184页上。
⑤ ［元］陈栎：《定宇集》卷十七《定宇先生墓志铭》，《文渊阁四库全书》第1205册，第442页下。

"（陈栎）慨然发愤圣人之学，涵濡玩索，废寝忘食，贯穿古今，罗络上下，以有功于圣人，莫盛于朱子，惧诸家之说乱朱子本真，乃著《四书发明》《书传纂疏》《礼记集义》等书，余数十万言，其畔朱子者刊而去之，其微辞隐义，引而伸之，其所未备，补而益之，于是朱子之学，焕然以明。"① 从这段记载可以看出，陈栎著述的原则是"惟朱是从"，通过删定补备来"排斥异说"，维护朱子学术的"真"。吴澄曾褒奖陈栎对朱学的贡献曰："寿翁穷经考古，浩瀚汪洋，条理物变之纠纷，昭灼古今之幽缗，整顿词章之纷裂，苏醒汉唐之旧梦，道关百世而功在六经，远尾濂洛而近肩紫阳。"② 陈栎被后世学者公认为"朱子功臣"③。

胡炳文与陈栎相似，亦是"笃志朱子之学"，著书立说。《新安学系录》记载："（炳文）挟其得于父、师者就正之，内资外出，探其粹精，乃著《四书通》《易通》诸书，羽翼晦庵之说，合同辨异，卓然成一家言。"④ 又如黄宗羲评价胡炳文的学问说："饶双峰从事朱学，而为说多与朱子抵牾，云峰因而深正其非，作《四书通》。"⑤ 其编撰《四书通》的目的是为了纠正饶鲁对朱熹《四书》的误解，由此可以看出，在胡炳文心中，虽众人皆言自身倡导朱熹的义理之学，但是并没有了解朱熹"本真"，他作《四书

---

① [元] 陈栎：《定宇集》卷十七《定于先生墓志铭》，《文渊阁四库全书》第1205册，第442页上。
② [明] 程曈：《新安学系录》卷十二《遗事》，《四库全书存目丛书》史部第90册，第104页。
③ [明] 赵吉士：《寄园寄所寄》卷十一《泛叶寄·新安理学》，上海：大达图书供应社，1935年版，第258页。
④ [明] 程曈：《新安学系录》卷十二《遗事》，《四库全书存目丛书》史部第90册，第106页。
⑤ [清] 黄宗羲原著，[清] 全祖望补修，陈金生、梁运华点校：《宋元学案》卷八十九《介轩学案》，第2987页。

通》来警示后学，纠正对朱学的错误理解，起到"正本清源"的作用。此后新安学者程复心、吴师道等人的著述皆遵循此道，批驳异说。这一时期新安理学的著述特点用吴师道的一句话归纳最为恰当："务在发挥义理，而以辟异端为先务。"① 新安学派学者的这一举措在一定程度上保证了朱学的纯洁性。

陈栎、胡炳文等人在此时对朱学的另一贡献主要是针对教育进行改革，使理学受众面扩大。前文已经提到，新安地区历来重视教育，书院、义学、私塾错落林立，而陈栎、胡炳文也深感教育的重要性，致力于传道授业，陈栎"教授于家，不出门户者数十年。性孝友，尤刚正。日用之间，动中礼法，与人交不以势，合不以利迁，善诱学者，谆谆不倦"②。据《定宇集·陈定宇年表》记载，陈栎十五岁时便开始从事教学工作③，终其一生都在传道授业。而胡炳文则曾出任信州道一书院山长、新安明经书院山长，后又为兰溪州学正，可谓讲学不辍，根据《新安学系录》记载，从学于胡炳文的徽州弟子就有数十人，如程可绍、程质等人之后都成为新安学派的骨干。

童蒙教育是为学术的发展打基础，朱熹非常看重小学，在《小学·外篇》中讲述童蒙教育的重要性，陈栎、胡炳文为代表的新安学者也认识到这一点，他们纷纷著述童蒙教材，这些教材中无不渗透着朱学的内涵。陈栎在教学的实践中认识到朱子

---

① ［明］宋濂：《元史》卷一百九十《吴师道传》，第4344页。
② ［清］廖腾煃修，汪晋征纂修：康熙《休宁县志》卷之六《人物》，影印康熙三十二年刊本，台北：成文出版社，1970年版，第764页。
③ 参见《定宇集》卷首《陈定宇年表》："度宗咸淳二年丙寅，先生十五岁出为人师于团圆山。"（《文渊阁四库全书》第1205册，第153页上）。

《中庸》难懂，"初学者未能理会中间多说无形"①，故而作《中庸口义》。此类书籍诸如《论语训蒙口义》《礼记集成》等，都被视为"读《集注》的阶梯"。胡炳文则著《纯正蒙求》将古代嘉言善行集成四字之文，分上中下三卷，分别讲述"立教、明伦、立身、行已、待人接物"②的内容，是重要的启蒙读物，四库馆臣也褒奖其"与朱子《小学·外篇》足相表里"③。陈栎、胡炳文等对童蒙教育的重视，朱子之学辅助读物的出现扩大了朱学的受众面，为新安地区理学人才的出现奠定了基础。

元初到元中期新安理学的特色是"恪守朱学"，他们崇尚朱学、抨击异说的态度在一定程度上保证了朱学的纯正性；但是盲目的崇尚，极深的门户之见也导致元后期的新安理学缺少生机，这一弊端在元末新安理学家的活动中得以改善。

(三) 破门户、开新风——发展创新的郑玉、赵汸

元代新安学者恪守朱学，著书立说，使新安理学日渐兴盛。但是随着时间的推移，学者们对于朱学的崇尚出现扭曲，盲目迷信朱学，唯朱是从、排斥异学，使理学思想出现故步自封的趋势。新安理学虽有庞大的学术队伍，但是缺少思想上的发展，元末新安学者逐渐意识到这一点，开始大胆创新，破除门户之见，

---

① [元] 陈栎：《定宇集》卷一《中庸口义自序》，《文渊阁四库全书》第1205册，第159页下。
② [清] 永瑢、纪昀等撰：《四库全书总目提要》卷一百三十六《纯正蒙求提要》，第1153页。
③ [清] 永瑢、纪昀等撰：《四库全书总目提要》卷一百三十六《纯正蒙求提要》，第1153页。

使新安理学再度发展,这其中的代表人物就是郑玉、赵汸①。

郑玉(1298—1358),字子美,徽州歙县(今安徽歙县)人,自幼聪明好学,精研《六经》,尤其是《春秋》,讲学新安,世人称"师山先生",元代新安理学代表人物②。赵汸(1319—1369),字子长,休宁(今安徽休宁)人,曾师黄泽、虞集、吴澄,得草庐理学传承,在东山筑精舍,传播理学,后人称"东山先生"。

元代新安朱学兴盛之风传至元末,影响深远,郑玉、赵汸二人也在其中,对朱子的推崇也在史传和文集中体现出来。郑玉在《与汪真卿书》中说:"吾新安朱子,尽取群贤之书,析其异同,归之至当,言无不契,道无不合,号集大成,功与孔孟同科矣。"③将朱熹与孔孟同比,并言"学者自当学朱子之学"④。而

---

① 学界对郑玉、赵汸的朝代归属有分歧,因其生活在元末明初。李霞《论新安理学的形成、演变及其阶段性特征》(《中国哲学史》2003年第1期)将郑玉、赵汸归为明代新安理学代表人物;赵华富《元代新安理学家弘扬朱子学的学术活动》(《安徽大学学报》2000年第6期)、解光宇、朱惠莉《郑玉"和会朱陆"的思想及其影响》(《合肥学院学报》2004年第4期)将郑玉、赵汸归入元代新安学。根据史传记载郑玉生于元朝,并在元顺帝曾诏其为翰林侍制,至正十七年(1357)朱元璋攻破徽州,诏郑玉加入起义军,郑玉言:"吾岂事二姓者耶!"被囚后自缢而亡,并未仕明,其学术著作多在元代时完成;赵汸也生于元末,入明后仅在太宗朝参修《元史》,未几而亡,其学术生命多在元代。结合两者,故将郑玉、赵汸作为元代新安理学的重要人物更为贴切。

② 学界关于郑玉的学派归属问题有分歧,冯梓材在《宋元学案·慈湖学案·隐君восп复翁先生传》中言:"先生(郑玉)学于淳安,尝曰:'朝阳先生,吾师之。复翁、大之二先生,吾所资而事之。'朝阳为吴先生暾,大之为夏先生溥,复翁即隐君震老也。"从此文可以看出郑玉乃陆学嫡传弟子,但是又言郑玉"和会朱陆"而"右朱",是由陆入朱学者,考郑玉文集,可见郑玉在思想上有和会朱陆中取二家之所长,并非固守一家,况在新安朱学风气盛行的影响下,郑玉受到朱学影响不可避免,所以本节主要探讨郑玉的朱学思想倾向,第三章第二节将详细探讨郑玉和会朱陆思想。

③ [元]郑玉:《师山集》遗文卷三《与汪真卿书》,《文渊阁四库全书》第1217册,台北:商务印书馆,1986年版,第83页上。

④ [元]郑玉:《师山集》遗文卷三《与汪真卿书》,《文渊阁四库全书》第1217册,第84页上。

第二章 传承中创新：元代程朱理学的发展

赵汸则"初就外傅，读朱子《四书》，多所疑难，乃尽取朱子书读之"①。但是郑玉、赵汸所代表的新安朱学已经有所转变，并非像元代早期一味地唯朱是从，他们在反思中发展朱学。他们认为之前的学者固守门户之见，原意是维护朱学的权威和纯洁性，但是一味如此却走入歧途，违背朱熹本意，郑玉认为唯朱是从只会"得罪于圣人，而负朱子也深矣"②。面对唯朱是从的前辈学者，赵汸则认为新安朱学在朱熹之后虽发展壮大，"然其末流，或以辨析文义，纂辑群言，即为朱子之学。先生独超然有见于圣贤之授受，不徒在于推究文义之间。故其读书，一切以实理求之，反而验之于己，非有以信其必然不已"③。他批评近世学者拘泥于朱子的文字，"推究文义"只会让治学流于末流。

在反思中他们认识到要从"唯朱是从"转向"唯真是从"，郑玉反对"未知本领所在，先立异同"④，主张要探究学术的真谛，而不拘于门户之见。赵汸更是提出求"实理"的观点，"故其读书，一切以实理求之"⑤，此"实理"是指自己推究文义中内涵的"理"。并且赵汸批判那些"取先儒之言以为己言，持先

---

① ［清］张廷玉等：《明史》卷二百八十二《赵汸传》，北京：中华书局，1974年版，第7227页。
② ［清］黄宗羲原著，［清］全祖望补修，陈金生、梁运华点校：《宋元学案》卷九十四《师山学案》，第3127页。
③ ［明］程曈：《新安学系录》卷十五《赵东山行状》，《四库全书存目丛书》史部第90册，第120页。
④ ［元］郑玉：《师山集》遗文卷三《与汪真卿书》，《文渊阁四库全书》第1217册，第83页下。
⑤ ［元］程曈：《新安学系录》卷十五《赵东山行状》，《四库全书存目丛书》史部第90册，第120页。

儒之见以为己见"① 的人，他认为这些人无异于盲人，人云亦云、无知盲从。

郑玉、赵汸在崇朱的同时也注意到陆学思想的内涵，在比较朱陆异同，诸如先天气质、治学方法、思想学说等方面，郑、赵二人皆提出了融合汇通的方法，即我们所说的"和会朱陆"思想。（"和会朱陆"思想详见第三章第二节）

以郑玉、赵汸为代表的元末新安理学家逐渐认识到元代墨守朱学、固守门户之见研究的弊端，这样并不利于朱学的发展。盲目地固守朱学，营造一个封闭的学术空间，虽然能够保证朱学的纯正性，但是没有新鲜血液流入，没有必要的学术交流，即便有强大的学术团体，毫无生机的思想必然会逐渐衰败消失。所以在总结和反思后，他们的思想具有了创新性，包容精神和唯真意识是他们思想的特色，这不仅仅体现在对朱学内部分歧的包容，还有对朱陆分歧的会通。这一点并未影响到朱学的传承，一方面他们仍然以朱学为宗，另一方面，学术的交流又改变了早期新安学派因缺乏争鸣而产生的低迷状态，更有利于朱学的长远发展。这样的改变也影响到整个明代新安理学，他们反对盲目崇拜，促使独立思考、唯真是从的学风逐渐形成。

本章小结

学术思想的传承与创新需要一个承载的主体，而这个主体就

---

① ［元］赵汸：《东山存稿》卷三《答汪德懋性理字义疑问书》，《文渊阁四库全书》第1221册，第232页上。

是深谙这种学术的学者，理学的发展自然也不可缺少这一环节。随着元朝重新实现了大一统，南方地区的理学大师赵复携带程朱典籍北传，理学在元代的发展正式拉开序幕，逐渐成为广泛传播的学术思想，程朱理学也成为元代占主导地位的思想。赵复的北传之功，姚枢、窦默的推动之功，许衡、刘因、北山学派、新安诸儒的发展之功，都体现了对程朱理学的贡献。他们在本体论中坚持"理"本体，在认识论上讲求"格物穷理"，这都延续了程朱理学的传统。但需要注意的是元代程朱理学并非像皮锡瑞所言："元人则墨守宋儒之书，而于注疏所得甚浅。"[1] 通过赵复等人的努力，程朱理学在北方的影响逐渐扩大，许衡、刘因之辈在深入探索朱学奥秘时也在不断地总结反思。这些理学的传播者，将自身的研究与理学的推广相结合，弥补了程朱对经传注解的不足，如许衡将文化知识融入知行观，刘因提出"六经皆史"说，以王柏为代表的北山学派的"疑经"思想，大胆质疑，小心求证，他们将长期在北方地区流行的章句注疏之学，注入理学的性命之学，极大地丰富和发展了理学。这些都是在元代程朱后学积极探索下形成的独到见解，也使它更加适应元代社会的需求。与此同时，更重要的是他们在政治上、文化教育上不遗余力地宣传程朱理学，这也为程朱理学成为官方学术奠定了基础。

---

[1] ［清］皮锡瑞著，周予同注释：《经学历史》，第283页。

第三章　会通中发展：元代陆学传承与"和会朱陆"思想的创新

元代随着延祐科举的复兴，程朱理学上升为官方学术，一枝独秀。但是宋代陆学的余绪并未就此销声匿迹，在一些崇尚者的努力下，元代陆学艰难地发展着。与此同时，一些理学家在反思朱学的内容中逐渐意识到朱学的流弊，他们打破门户之见，在总结两家思想优劣的前提下，提出了"朱陆和会"思想，它一方面弥补了朱学的弊端，另一方面也间接地挽救了陆学，明代王学的产生与此也有一定关系。

第一节　元代陆学的传承与中兴

"陆学"是指南宋时期由理学家陆九渊所创立的一个思想学派，该学派以探究"本心"为核心，又被称为"心学"。南宋中后期，陆学与朱熹所创朱学、吕祖谦所创婺学成为风靡南宋的三个学术流派，可以与朱、吕分庭抗衡。朱、陆死后，朱学在朱熹弟子的传承下仍然兴盛，但陆学却因诸多原因逐渐衰落。到了元代，朱学逐渐被统治者推崇并最终定为官方学术，而相较朱学的强势发展，陆学却时断时续、时有时无，比南宋末年更加消沉，逐渐淡出历史舞台。元代陆学虽然未被官方认可，也不能像朱学那样代代传承，但仍由部分陆学的推崇者在延续传统的基础上吸收程朱理学思想内涵，延续着陆氏心学的传承，确保学脉不断，直至明代王阳明重新将心学发扬光大。可见，元代陆学对心学的传承、延续不可谓无功。

一 元代陆学的衰败

陆学的创始人陆九渊与朱熹一样，在南宋思想界较为活跃，他所创立的心学一派是南宋理学的重要分支，与朱学分庭抗衡。虽然陆学自开创以来并非影响巨大，但是其学术也算遍及一方。陆九渊曾讲学江浙，江西后学槐堂诸儒虽然在义理上并无创新，却在维护师说、拱卫师门上做出巨大贡献，使陆学在江西得以传承延续；而作为陆学在浙江的传承者，甬上四先生"杨简、袁燮、舒璘、沈焕"则使陆学大盛于四明，他们不仅在学派观念上强调以陆学为宗，同时在义理上发展陆学，自此士人"始知陆学"，更有"朱文公之学行于天下，而不行于四明；陆象山之学行于四明，而不行于天下"[1]的说法。浙江四明成为陆学发展

---

[1] ［元］方回：《桐江续集》卷三十一《送家自昭晋自庵慈湖山长序》，《文渊阁四库全书》第1193册，台北：商务印书馆，1986年版，第652页上。

的主要地区。

在陆九渊与朱熹相继离世后①,朱陆两派的命运逐渐发生转变,从南宋末到元代,陆学渐渐消沉衰败。南宋之后朱、陆两派的发展出现鲜明对比,元代陆学传人刘埙曾叹息道:"晦庵殁,其徒大盛,其学大明,士大夫皆宗其说。片言只字,苟合时好,则可以掇科取士。而象山之学反郁而不彰。"②这种社会风气代表着宋末直至元代陆学的境地。陆学的第一代弟子,不论是槐堂诸儒还是甬上四先生,都不同程度扩大了陆学的影响,但后学却寥寥无几,值得称赞的更是屈指可数。由于朱子门人的昌盛③,使四明这一陆学重镇渐渐被朱学所代替,出现了众多"叛陆归朱"的现象,黄宗羲评价史蒙卿就曾言:"四明史氏皆陆学,至静清始改而宗朱。"④在朱熹学术思想的传承渗透下,王应麟、黄震皆转投朱学,可谓"朱氏之学始行于四明"⑤。

入元以后,相比朱学更加强势的发展趋势,陆学的势头相对消沉。朱子后学赵复、许衡、刘因之辈看到了蒙古贵族对中原文

---

① 何俊在《庆元党禁的性质与晚宋儒学的派系整合》(《中国史研究》2004年第1期)曾言:"儒学由自由的学说竞争转型为正统的意识形态。……儒学的派系得以整合,朱学因此而成为主流,涵盖了陆学与浙学。"他认为庆元党禁之后的学派整合,在一定程度上促进了朱学的发展,变相的压制了陆学和浙学,此后陆学便开始向下发展。

② [元] 刘埙:《隐居通议》卷一《朱陆》,《文渊阁四库全书》第866册,台北:商务印书馆,1986年版,第24页下。

③ 何俊先生曾有统计朱陆二人的门人,陆学弟子:第一代47人,第二代42人,第三代10人,第四代1人;而朱学门人第一代438人,第二代93人,第三代76人,第四代48人,陆学前两代弟子勉强可以算是学术群体的话,第三、四代弟子只能说是硕果仅存,足以见朱陆兴衰的对比。

④ [清] 黄宗羲原著,[清] 全祖望补修,陈金生、梁运华点校:《宋元学案》卷八十七《静清学案》,第2910页。

⑤ [元] 王祎:《王忠文集》卷六《送乐仲本序》,《文渊阁四库全书》第1226册,台北:商务印书馆,1986年版,第114页下。

化的渴望，因此在统治者上层大力鼓吹朱学（详见第二章第一、二、三节），如北归赵复将程朱理学北传，再如许衡入国子监、将程朱理学带入国子学等。在他们的积极努力下，统治者为巩固汉族地区的统治，使程朱理学逐渐受到重视，令程、朱等人相继从祀孔庙、晋封公爵，地位上升①。朱熹的牌位被供奉进了孔庙，与此形成鲜明对比的是陆九渊的祠堂，残破不堪、无人问津②。元中期科举恢复，朱熹的《四书章句集注》等被定为科举教材，所谓："海内之士，非程、朱之书不读。"③ 朱学的地位再一次被提高，陆学就更加无法撼动朱学，以至于几乎消失，吴莱曾感慨："自近年科举行，朱学盛矣，而陆学殆绝。"④

宋末至元，陆学衰败的原因有很多值得注意之处，元人刘埙总结说："顾其学不如朱学之盛行者，盖先生不寿，文公则高年；先生简易不著书，文公则多述作；先生门人不大显，朱门则多达官羽翼其教，是以若不逮。"⑤ 在这段文字中刘埙用朱陆寿命长短、著作多少，以及门人是否为官显赫来论证陆学势衰而朱学显达的原因，虽然归纳出了影响陆学发展的因素，但是仅以此

---

① 参见李心传《道命录》卷十，此卷中记录了周敦颐、二程、朱熹等人晋封的奏议，但是未曾提及陆九渊。
② [元] 程钜夫：《雪楼集》卷十二《青田书院记》记载"青田陆氏闻天下，中更寇毁，星分瓦解，陆氏先祠亦不能屋矣。"（《文渊阁四库全书》第1202册，第154页下）可见陆氏祠堂之衰败，无人问津，直至至元二十三年（1286）由广平程某提议，重人集资才重修青田书院。
③ [元] 欧阳玄：《圭斋文集》卷九《元中书左丞集贤大学士国子祭酒赠正学垂宪佐理功臣太傅开府仪同三司上柱国追封魏国公谥文正许先生神道碑》，《文渊阁四库全书》第1210册，第75页上。
④ [元] 吴莱：《渊颖集》卷十一《石塘先生胡氏文抄后序》，《文渊阁四库全书》第1209册，台北：商务印书馆，1986年版，第184页上。
⑤ [元] 刘埙：《水云村稿》卷七《象山语类题辞》，《文渊阁四库全书》第1195册，台北：商务印书馆，1986年版，第392—393页。

证明陆学发展受阻是偏颇的，陈高华和刘建立对此进行了补充①。究其原因，统治者的态度也是一方面，陆学倡导直求本心，注重个人能力，这种思想就决定了陆学不服从于权威的特点，这在统治者看来是不可容忍的。元代少数民族入主中原，思想意识水平本就不高，无法理解陆氏的思想内涵；且本身就对汉人心存猜忌，陆学这种藐视权威的心态自然不可能得到统治者的重视。

除此之外还有一点就是陆学文献在元代的影响，陆九渊不提倡著述，著作甚少，再加上元代文献的传播较少。即便是后来兴盛的程朱理学典籍也仅在赵复北归后才得以在北方传播，陆学典籍就更为稀少。张帆考证元代最早出现陆九渊文献记载的是方回的《桐江续集》，根据其中内容，推断"重刊《象山集》，流布北方不晚于成宗元贞二年"②，也就是1296年。而根据吴澄《陆象山语录序》中所言："杨敬仲门人陈埙尝锓板贵溪象山书院，至治癸亥金溪学者洪琳重刻于家（青田书院），乐顺携至，请识其成。"③直至至治三年（1323）《象山集》才付梓刊刻，传至北方。当然现存"至治三年"这一记载只是鉴于材料推测，不排除因为战乱损害或者是学者之间相互攻击而不愿提及的状况。不过就现存史料推断，陆九渊著作北传时间、影响广度与朱熹著作的北传时间、影响深远相比，形若云泥，这一点也决定了元代

---

① 参见陈高华：《陆学在元代》，《二十世纪儒学研究大系》，北京：中华书局，2003年版。刘建立：《南宋后期的陆学》，《孔子研究》2012年第2期。
② 张帆：《关于元代陆学的北传》，《邓广铭教授百年诞辰纪念论文集》，北京：中华书局，2008年版。
③ ［元］吴澄：《吴文正集》卷十七《陆象山语录序》，《文渊阁四库全书》第1197册，台北：商务印书馆，1986年版，第191页上。

陆学从开始传播便无法撼动朱学地位。

二　元初陆学卫道士——刘埙心学思想

刘埙（1250—1319），字起潜，江西南丰人。刘埙少负奇才，喜读书，是宋元间有才学的儒士，而且"才力雄放，尤长于四六"[①]。著有《隐居通议》《水云村稿》等存世，还有《经说讲义》《思华录》等亡佚。

（一）定义道统，推崇陆学

江西是陆学的发源地，刘埙更是受到陆学的熏陶，在哲学思想的归属上，刘埙倾向于陆学，"尊陆九渊为正传"[②]。所以在朱学盛行的宋元之际，作为陆学传人的刘埙的重要使命就是重新建立陆学的传承，而他所做的正是重新定义道统。

在上博简、郭店楚简中可见儒家为维护道统已经开始构建自己的道统体系[③]，发展至唐宋，唐代韩愈及宋初孙复、石介等为了抵御佛道的挑战，重新提起"道统论"这一概念。在程朱理

[①]　［清］永瑢、纪昀等撰：《四库全书总目提要》卷一百六十六《水云村稿提要》，第 1426 页。

[②]　［清］永瑢、纪昀等撰：《四库全书总目提要》卷一百二十二《隐居通议提要》，第 1049 页。但刘埙的思想并非完全地墨守陆学，而是在陆学的基础上对朱学有选择的吸收，即其所谓的"朱陆合辙"，因此在侯外庐、邱汉生、张岂之主编《宋明理学史》中言："在陆学的系统中，除少数墨守师说的陈苑、赵偕（以及陈苑的四大弟子）以外，其他陆学的人物，固然坚守陆学反求自悟的本心论，但也吸取朱学致知穷实的功夫。"

[③]　参见陈战峰的《简帛文献所见炎黄信仰与儒家道统的关系及意义》(《管子学刊》2014 年第 4 期）、梁涛的《清华简〈保训〉与儒家道统说》(《邯郸学院学报》2013 年第 1 期)，两文皆从简帛入手，探讨郭店楚简、上博简及清华简中关于黄帝至孔孟的儒家道统体系。

学传承者的眼中,这个统绪中程朱一派是为正统,陆九渊被排除在道统体系之外。刘埙为抬高陆九渊的地位,首要任务就是重新定义道统的内涵。他在《道统遗论》中说道:"自孟子推明道统,见于七篇之末章;其后韩文公作《原道》、伊川公序明道,皆承其意推明之,而皆不能无遗论。孟子说见知、闻知,而武王、周公不得与于,太公望散宜生之列,昌黎论传道,而曾子、子思不得续孔子之脉,伊川则又谓孟子之后一人而已。千四百年间,汉董生、唐韩子,以至宋周子,俱不与焉,非遗论欤?"[1]由这段文字可以看出,刘埙认为道统中遗忘了许多人物,并非尽善尽美,正如孟子的统绪中忘却了武王、周公;韩愈的统绪中遗落了曾子、子思;程颐更是直接忽略了孟子之后所有的儒家传承者,认为自己直承孟子;等等。此皆体现了道统观的不完备性。而在刘埙所述的"道统"中最不应被遗忘的接传道统的人是陆九渊。其为陆九渊祠堂所作记中继续阐释说:"鸿蒙未分,道涵太极。太极既判,道属于群圣贤。自尧、舜累传,而达乎孔、孟。自孟氏失传,而俟夫宋儒。故有周、张、二程浚其原,而周则成始者也,有朱、张、吕、陆承其流,而陆则成终者也。脉理贯通,心境融彻,殆天地重开而河洛复泄也。道之统绪略见是矣。"[2] 在这里,刘埙并未否定韩愈的道统论,而是继承并改造它。刘埙同样认为从天地分,尧舜传开始,孟子之后圣学不传,其后得宋儒复兴;但有所不同的是,在刘埙这里抬高了陆九渊的

---

[1] [元]刘埙:《隐居通议》卷一《道统遗论》,《文渊阁四库全书》第866册,第23页上。
[2] [元]刘埙:《水云村稿》卷三《陆文安公祠堂记》,《文渊阁四库全书》第1195册,第361页下。

地位，认为理学自周敦颐"始"，而"终"于陆九渊。这无疑是往朱学占统治地位的元代扔下的一颗重磅炸弹。陆学虽然势衰，但是刘埙并未气馁，要发扬陆学，就要坚定对陆学的信心。刘埙定义的道统优势在于并未偏于门户之见，将程朱等剥离出去，他的做法是将陆九渊与朱熹、张栻、吕祖谦并立为宗，而在其内心，陆九渊才是第一位，正如其所言："晦庵殁，其徒大盛，其学大明，士大夫皆宗其说。片言只字，苟合时好，则可以掇科取士。而象山之学，反郁而不彰。然当是时虽好尚一致，而英伟魁特之士未尝不私相语曰：'时好虽若此，要之陆学终非朱所及也。'"① 他认为陆九渊"诚一世之天才也"②，其思想是朱熹这些依靠政府支持的学者的思想所不能匹敌的。刘埙将陆九渊纳入儒家道统体系中，通过重塑道统抬升了陆九渊的地位。

（二）明心见性、参悟本心

刘埙作为元代陆学重要人物，作用不仅表现为在拱卫师门方面做出巨大贡献，更重要的是在哲学思想上传承发展了陆学。

在宇宙本体上，刘埙与陆九渊一样认为"心"是宇宙本源，具有统摄万物的能力，他在《陆文安公祠堂记》中曾说："鸿濛未分，道涵太极。太极既判，道属于群圣贤。"③ 此处即认为"道"是高于一切的独立的精神存在，但是道一旦脱离原始状态，就被寓于圣人的心中。这样就把客观的道转化为主体的心，

---

① ［元］刘埙：《隐居通议》卷一《朱陆》，《文渊阁四库全书》第866册，第24页下。
② ［元］刘埙：《隐居通议》卷一《朱陆》，《文渊阁四库全书》第866册，第24页下。
③ ［元］刘埙：《水云村稿》卷三《陆文安公祠堂记》，《文渊阁四库全书》第1195册，第361页下。

进而将"心"等同于"理"。刘埙又言:"宇宙在此方寸中,不过太虚浮云尔"①,这里的"方寸"自然指的是"人心",而宇宙在此方寸中,自然是心中含有宇宙。就此而言,心是一个绝对的超然存在,是绝对的精神本体。在理学家眼里,宇宙的本原应该是绝对的存在,不存在生死存亡,所以在论述"心本体"的时候,刘埙认为这个心也是没有生灭的,"若其方寸之耿耿,终不以死生而存亡"②,这就印证了心本体无生灭这一恒久不变的论点。而对于那些在心外寻找世界本原的人,刘埙也在诗文中映射讽刺一番,他作《观心赞》说:"心观万物,又谁观心?床上叠床,向何处寻?"③ 又作《观我赞》言:"我即是我,观者是谁?骑牛寻牛,笑倒牧儿。"④ 在这两首诗中,刘埙提出的"心""我"两个概念,其实都是说心是世界的本原,以无观心与观我之物来阐释"心"或"我"是宇宙最高存在,在此之上再无存在,而讽刺那些在心外和我之外寻求世界的本原的人无异于"床上叠床""骑牛寻牛"。

在世界本原上,刘埙坚持了陆九渊的心本体。但在宇宙生成、化生万物上,刘埙吸收了程朱理学家的"气"这一概念。陆九渊坚持"塞宇宙一理耳"⑤,"万物森然于方寸之间,满心而

---

① [元] 刘埙:《水云村稿》卷三《方寸地记》,《文渊阁四库全书》第1195册,第363页上。
② [元] 刘埙:《水云村稿》卷六《自赞》,《文渊阁四库全书》第1195册,第382页上。
③ [元] 刘埙:《水云村稿》卷六《观心赞》,《文渊阁四库全书》第1195册,第383页下。
④ [元] 刘埙:《水云村稿》卷六《观我赞》,《文渊阁四库全书》第1195册,第383页下。
⑤ [宋] 陆九渊撰,钟哲点校:《陆九渊集》卷十二《与赵咏道》四,北京:中华书局,1980年版,第161页。

第三章 会通中发展：元代陆学传承与"和会朱陆"思想的创新 ·199·

发，充塞宇宙，无非此理"①，认为万物存在于内心之中，不外乎是心所臆想，这样就在一定程度上否定了世界的客观存在性。而刘埙则不否认客观世界是存在的，他认为世界是由"气"化生的。他在《天地有初》中论述了其气化理论，"祗裯新袭，虮虱生之；洲沼创出，虫鱼产焉，一气之初，万物相见，故虽天地必有初"②，指出"心"是世界的本原，而通过这个天地之初的"气"化生万物，正所谓"聚则形，散则气"③，刘埙在结合程朱理学的气化理论的基础上创造性地发挥了陆学的宇宙生成论，在一定程度上承认外界客观事物的存在性和发展变化。

陆学的认识论有别于程朱理学，他们不讲格物致知，主张在心为本原的世界里存心、发明本心。刘埙认同这一点，他说："儒者职分，不在于作文，而在于讲学，讲学不在于章句，而在于穷理，穷理不在于外求，而在于存心。"④ 在他这里否定了章句训诂之儒，认为儒学的本质在于穷理尽性，但有别于朱学以格物致知的方式"求"于外界事物，他的观点与陆九渊相同，强调认识在于直求本心，在于"存心"。

如何存心？如何发明本心？刘埙提出了"悟"，这一点被清代四库馆臣总结为"以悟为宗"⑤。陆学本身讲求简易工夫，所

---

① [宋]陆九渊撰，钟哲点校：《陆九渊集》卷三十四《语录上》，第423页。
② [元]刘埙：《隐居通议》卷二十八《天地有初》，《文渊阁四库全书》第866册，第237页上。
③ [元]刘埙：《水云村稿》卷三《水云村记》，《文渊阁四库全书》第1195册，第359页下。
④ [元]刘埙：《隐居通议》卷一《理学·儒者职分》，《文渊阁四库全书》第866册，第23页上。
⑤ [清]永瑢、纪昀等撰：《四库全书总目提要》卷一百二十二《隐居通议提要》，第1049页。

以刘埙就要求在存心的基础上达到"彻悟"。从认识层面分，刘埙的"悟"有大小之分。"小悟"是指童蒙时期对于世界的简单认识，如认字、识图等，刘埙谓："儿童初学，蒙昧未开，故懵然无知。及既得师启蒙，便能读书认字，驯至长而能文，端由此始，即悟之谓也。"① 这只是"一重粗皮，特悟之小者耳"②。更高层次的认识是有一定知识的"学道之士"才能领悟，这就是所谓的"透彻精深，谓之妙悟"③。而要从"小悟"达到"妙悟"方法则在于多闻、久思，方法得当则"悟"便在一瞬间。刘埙用以染匠听道为喻，强调为学为事"久之忽大悟"④。陆氏后学有近禅倾向，这一点在刘埙的"悟"中也有体现，在《论悟》一则材料中刘埙论述："自言出家从师，久而无获。一日师令往某处，正雪中，既寒且饥，因结屦，忽有悟。"⑤ 在此事中并未有"多闻"或"久思"的过程，而是瞬间觉悟，正如他所形容的"忽有悟"，这可以与禅宗的顿悟相联系。

"悟"是刘埙认识论的精华，然而刘埙虽讲"悟"，也记载了许多悟道的例子，可他自己却始终"不及竟其蕴"，他说："然前辈又有谓人患不入悟境耳，果能妙悟，则一理彻万理融，

---

① ［元］刘埙：《隐居通议》卷一《论悟二》，《文渊阁四库全书》第866册，第28页上。
② ［元］刘埙：《隐居通议》卷一《论悟二》，《文渊阁四库全书》第866册，第28页上。
③ ［元］刘埙：《隐居通议》卷一《论悟二》，《文渊阁四库全书》第866册，第28页上
④ ［元］刘埙：《隐居通议》卷一《论悟》，《文渊阁四库全书》第866册，第27页下。
⑤ ［元］刘埙：《隐居通议》卷一《论悟》，《文渊阁四库全书》第866册，第27页下。

所谓等级固在其间,盖一通而万毕也。此论未知当否?"① 因为刘埙自己未能到"悟"的境界,所以他自身对此持保守的怀疑态度。这种存疑态度虽然是严谨的,也反映了他自身近禅和理论不完善的情况,同时这种不完备也在一定程度上使后学学习其思想时陷入矛盾境地。

(三) 破除壁垒、朱陆合辙

刘埙虽在道统论、本体论及认识论上推崇陆学,但并未囿于门户之见,而是在公允的态度下总结朱陆异同,提出"朱陆合辙"的方式来传播陆学。

鹅湖之会后,朱陆间关于尊德性与道问学之争逐渐明晰,而朱陆死后,朱陆后学争执愈发激烈。刘埙作为陆学传人,并未延续此风,而是认为朱陆两家皆为孔孟圣贤后学,因而"乃取象翁文集手钞焉。且复取晦翁语录,摘其推尊文安者,着于篇端,以诏来世,会而通之。水中之月,即天上之月也。蜀日越雪何为者?故更名其集曰《朱陆合辙》云"②。他以水中之月与天上之月为喻,来解释朱陆思想为何相似,可惜《朱陆合辙》之文不存,但从其他文章中也可窥见刘埙"朱陆合辙"的思想。

首先,刘埙认为朱陆两家学术溯源皆可追溯至孔孟圣贤之学,实则为一。除了上述以水天之月为喻之外,他在《朱张吕陆》中引吴子良的《三贤堂记》,将朱陆产生差异的原因归于"资禀"差异,刘埙说:"合朱、张、吕、陆之说,溯而约之于

---

① [元]刘埙:《隐居通议》卷一《论悟》,《文渊阁四库全书》第866页,第27页下。
② [元]刘埙:《水云村稿》卷五《朱陆合辙序》,《文渊阁四库全书》第1195页,第375页下。

周、张、二程；合周、张、二程之说，溯而约之于颜、曾、思、孟；合颜、曾、思、孟之说，溯而约之于孔子。"① 朱陆二人的学问皆为圣贤之学的后传，之所以表现不同，则是因为两人"资禀之异"，晦庵"宏毅笃实"，象山"颖悟超卓"②，所以朱熹主张格物穷理、下学上达，而陆九渊则主张明心见性、简易工夫。

其次，刘埙还揭示了朱陆两家矛盾的起因。他认为朱陆二位先生没有故意立异，而真正造成矛盾的原因的是后学间的相互攻讦。刘埙言："朱、陆之学，本领实同，门户小异。故陆学主于超卓直指本心，而晦翁以近禅为疑；朱学主于著书，由下学以造上达，而象山翁又以支离少之。门分户别，伐异党同，末流乃至交排互诋，哗竞如仇敌。遂令千古圣学之意滋郁弗彰矣。"③ 门人后学的分朋植党是两家争斗的主要原因，所以刘埙将朱子后学中批判陆学言辞激烈的人定义为"一等狂生"，认为他们甚至已经背叛了朱熹的教导。

再次，刘埙在应对朱子后学攻击陆九渊的行为进行反驳时，并不直接对朱熹门人进行攻击，而是通过朱熹的行为和言论来证明朱熹并未批判陆学，甚至曾称赞陆九渊。刘埙曾记载朱熹评价陆学"平心服善"，并非其门人言辞激烈、恶意攻击，并且在其著作中多摘录朱熹文集中对陆氏的褒奖之文，刘埙曾言："公

---

① ［元］刘埙：《隐居通议》卷一《朱张吕陆》，《文渊阁四库全书》第866页，第26页上。
② ［元］刘埙：《隐居通议》卷一《朱陆》，《文渊阁四库全书》第866页，第24页下。
③ ［元］刘埙：《水云村稿》卷五《朱陆合辙序》，《文渊阁四库全书》第1195页，第374—375页。

（朱熹）于象山殊加敬"①，同时赞许陆九渊兄弟"无许多功利术数"②，"子寿兄弟气象甚好"③等。由此再次论证朱子后学忽视了其师在对待其他学术上尤其是陆学上的公允态度，一味否定陆学，才造成朱陆争斗愈演愈烈。

最后，刘埙还认为朱熹学术在晚年有所改变，其称："（朱熹）至晚年则亦悔注释，有诗曰：'书册埋头无了日，不如抛却去寻春。'"④该文认为朱熹在晚年对文字注疏等下学功夫的态度有所改变，有悔恨之意，借此向世人说明朱熹与陆九渊思想的相似性。虽然这样的言论被许多朱子后学斥为推崇陆学，是对朱熹的无端污蔑，但是这些论证"朱陆和会"的言论，影响了后学对朱熹学术的认识，尤其是王阳明，他曾评论朱熹思想："及官留郡，复取朱子之书而检求之，然后知其晚岁固已大悟旧说之非，痛悔极艾，至以为自诳诳人之罪，不可胜赎。"⑤虽然王阳明与刘埙表述不同，但是都认为朱熹晚年思想有"悔过"且偏向陆学的倾向，刘埙的"朱陆合辙"思想为王阳明的《朱子晚年定论》开了先例。

---

① ［元］刘埙：《隐居通议》卷二《朱陆一》，《文渊阁四库全书》第866册，第31页下。
② ［元］刘埙：《隐居通议》卷二《朱陆二》，《文渊阁四库全书》第866册，第32页下。
③ ［元］刘埙：《隐居通议》卷二《朱陆二》，《文渊阁四库全书》第866册，第32页上。
④ ［元］刘埙：《隐居通议》卷二《朱陆一》，《文渊阁四库全书》第866册，第31页下。
⑤ ［明］王阳明撰，吴光、钱明、董平、姚延福编校：《王阳明全集》卷三《朱子晚年定论》，第145页。

三 江浙陆学中兴——陈苑、赵偕的心学思想

江浙地区是南宋陆学发展的重要地区，槐堂诸儒和甬上四先生之后陆学血脉勉强残存。时至元代，江西陈苑与浙江赵偕在自身努力下，维系着陆学传承。

（一）江西陆学复兴

江西是陆学发源地，陆九渊在江西创立陆氏心学，槐堂诸儒在拱卫师门的方面做出巨大贡献。宋末朱学兴起，陆学衰微，但是江西地区陆学余绪仍有流传，黄宗羲曾言："径畈殁而陆学衰。石塘胡氏虽由朱而入陆，未能振也。中兴之者，江西有静明，浙东有宝峰。"① 元代陆学在江西有"中兴"之势，其倡导者就是陈苑。

陈苑（1256—1330），字立大，江西上饶人，元代重要的陆学传人。陈苑幼为业儒，遇异人授金丹之术，但此并未改变陈苑儒者本质。陈苑著作今已不存，在其门人李存为其撰写的《墓志铭》中可一窥其陆学的传承状态。李存有记载："（陈苑）既得陆氏书读之，喜曰：此岂不足以致吾知耶，又岂不足以勉吾之行耶，而他求也。于是尽求其书及其门人如杨敬仲、傅子渊、袁广微、钱子是、陈仲和、周可象所著，《易》《书》《诗》《春

---

① ［清］黄宗羲原著，［清］全祖望补修，陈金生、梁运华点校：《宋元学案》卷九十三《静明宝峰学案》，第 3096 页。径畈指徐霖（1214—1261），字景说，西安（今衢县）人，陆学传人。晦静（汤巾）门人，晦静由朱入陆，传之东涧（汤汉）；晦静又传径畈。杨、袁之后，陆学之一盛也。（《宋元学案》卷八十四《存斋晦静息庵学案》，第 2841 页）

秋》《礼》《孝经》《论语》等书读之，益喜，益知，益行。"①陈苑遍读陆氏及其弟子所注经典，以倡明陆学为己任。

陈苑经历了宋元易代学术主流的变迁及程朱理学在元代的复兴。元初朱学在许衡、刘因等人的推动下逐渐成为官方学术，尤其是元祐科举恢复之后，朱学更是成为举业之学，可谓"非朱子之书不读"。但是陈苑并未随波逐流，他在分析当代学术时曾言："宋淳熙间，陆文安公出，大发古圣贤之旨，时承流继觉甚盛。而近世溺于训诂词章科目杂艺尤甚，无肯道其学者。"② 他先是对金元之际的章句训诂之学进行了批判，然后对陆九渊"发古圣贤之旨"表示赞同，期间并未提及朱学。在陈苑研读陆九渊及其弟子所注典籍后，有言："此岂不足以致吾知耶，又岂不足以勉吾之行耶，而他求也。"③ 认为陆九渊的学问已足以让自己了解圣贤之学，不必再外求其他学术。

面对当时以朱学为举子业的状况，陈苑并未违心于科举之业，而是用心去追求学术的真谛，黄宗羲曾言："科举方用朱子之学，闻先生说者，讥非之，毁短之，又甚者求欲中之，而先生誓以死不悔，一洗训诂支离之习。"④ 此言中"支离之习"便是指代朱学。正是陈苑这种不顾时论、真心追求陆学真谛的为学态

---

① ［元］李存：《俟庵集》卷二十四《上饶陈先生墓志铭》，杨敬仲指杨简、傅子渊指傅梦泉、袁广微指袁甫、钱子是指钱时、陈和仲指陈埙、周可象。（《文渊阁四库全书》第1213册，台北：商务印书馆，1986年版，第757页下。）
② ［元］李存：《俟庵集》卷二十四《上饶陈先生墓志铭》，《文渊阁四库全书》第1213册，第757页下。
③ ［元］李存：《俟庵集》卷二十四《上饶陈先生墓志铭》，《文渊阁四库全书》第1213册，第757页下。
④ ［清］黄宗羲原著，［清］全祖望补修，陈金生、梁运华点校：《宋元学案》卷九十三《静明宝峰学案》，第3097页。

度，对周边学者起到强大的感召力，所以出现"从之游者，往往有省，由是人始知陆氏学"①的场景。

陈苑没有存世的著作，其思想只能从弟子的文集及《宋元学案》中找到只言片语，也可以从其弟子的言行中找到他思想的影子。陆学所提倡的推明本心是陈苑思想的核心，也是其影响其弟子的最主要的部分。正如李存所言陈苑之学"大抵谓圣贤之业之见于言语文字者，无非明夫人心，而学焉者亦必于此乎"②。由此可知陈苑继承了陆九渊对本心的探索，其弟子李存、曾振宗等人皆在与陈苑对话及学习中传承了这一思想。

陈苑虽未有著录存世，但其教导弟子却有光大师门之意义，陈苑讲学江西，"浮沉里巷之间，而毅然以昌明古道为己任"③故而从游者甚众。在陈苑的教导之下，其弟子们"笃于陆氏本心之学"④，且"论学以省察本心为主"⑤，"惟日孜孜究明本心"⑥。按《宋元学案》记载其弟子存名者有六人，其中祝蕃、李存、舒衍、吴谦并称"江东四先生"，此四人著述讲学，为光大陆学出力甚多。其师陈苑在陆学的传播上起到至关重要的作

---

① ［清］黄宗羲原著，［清］全祖望补修，陈金生、梁运华点校：《宋元学案》卷九十三《静明宝峰学案》，第3097页。
② ［元］李存：《俟庵集》卷十六《别汪子盘序》，《文渊阁四库全书》第1213册，第691页上。
③ ［清］黄宗羲原著，［清］全祖望补修，陈金生、梁运华点校：《宋元学案》卷九十三《静明宝峰学案》，第3097页。
④ ［清］黄宗羲原著，［清］全祖望补修，陈金生、梁运华点校：《宋元学案》卷九十三《静明宝峰学案》，第3103页。
⑤ ［清］永瑢、纪昀等撰：《四库全书总目提要》卷一百六十七《俟庵集》，第1447页。
⑥ ［清］黄宗羲原著，［清］全祖望补修，陈金生、梁运华点校：《宋元学案》卷九十三《静明宝峰学案》，第3104页。

用，正如黄宗羲云："陈静明乃能独得于残编断简之中，兴起斯人，岂非豪杰之士哉！"①

（二）浙东陆学的传承

浙东陆学在甬上四先生时期曾盛极一时，是除陆学发源地江西之外传播最为繁盛的地区，正可谓："朱文公之学行于天下，而不行于四明；陆象山之学行于四明，而不行于天下。"② 元初朱学兴盛，四明地区甚至是整个浙东都被朱学所包围，陆学衰败的趋势直到元末才有改善，赵偕等人的出现使浙东陆学呈现复苏的趋势。

赵偕（？—1364），字子永，浙江慈溪人，南宋宗室之后，少有才华，早年曾有心举业，但最终"以不窥乎圣涯即弃去"③，他认为科举"是富贵之梯，非身心之益也"④，故而其后隐居不仕，讲学终老，学者称其为"宝峰先生"，有著作《赵宝峰先生文集》存世，遗文有《宝云堂集》，因兵火不完⑤。

赵偕世为业儒，早年读杨慈湖著述深感道学精微，如其门人

---

① ［清］黄宗羲原著，［清］全祖望补修，陈金生、梁运华点校：《宋元学案》卷九十三《静明宝峰学案》，第3097页。
② ［元］方回：《桐江续集》卷三十一《送家自昭晋自庵慈湖山长序》，《文渊阁四库全书》第1193册，台北：商务印书馆，1986年版，第652页上。
③ ［元］赵偕：《赵宝峰先生文集·乌斯道序》，《四库全书存目丛书》集部第21册，济南：齐鲁书社，1996年版，第2页上。
④ ［清］黄宗羲原著，［清］全祖望补修，陈金生、梁运华点校：《宋元学案》卷九十三《静明宝峰学案》，第3098页。
⑤ 赵偕在著书立说的立场上与陆九渊相似，陆九渊一生著述甚少，讲求内省感悟，赵偕也持此种观点，以此在评价南宋末年钱时时，赵偕言辞激烈："钱时小人，行己著书，趋时悖道，罔众干名，乃斯文中之大罪人也。"（《赵宝峰先生文集》卷二《书示门弟子》，第38页上）他认为钱时著作过多，妄发己意，损害到陆学的发展。在这一点上刘埙的态度较为折中，刘埙认为陆氏不常著书立说，所以造成"罕有传世而道不显"（《隐居通议》卷二《朱陆一》，第31页下），这也一定程度表明刘埙并非固守陆学，在朱陆关系上的和会倾向。

祭文中所言："上师杨文元公有得于反观灼然信夫古圣之学不外乎此，以为三代之政可行，百家之言可一，挺然而立，毅然而行。时人争笑窃议，且詈且排，先生不惑纷呶，自守不渝。"①自此赵偕成为陆学的忠实信徒，传播陆学成为他的学术志向。

在宇宙本体上，陆九渊鼓吹"宇宙便是吾心，吾心即是宇宙"②，又言："万物森然于方寸之间，满心而发，充塞宇宙，无非此理"③，"盖心，一心也；理，一理也。至当归一，精义无二，此心此理，实不容有二。故夫子曰：吾道一以贯之"④。在陆九渊看来，宇宙只是心中存在的一种精神，并非实际存在的客观事物，所谓"万物"不过是存在于"方寸之心"的映射。这一点得到赵偕的赞誉，并有言："万象森罗，浑为一体，吾道一贯之意，曰：道在是矣，何他求为！"⑤万象皆是一体，且此一体并非实体，而是精神的存在，这正是在赵偕阅读《慈湖遗书》之后的感悟，可见陆氏"心学"对其影响深刻。既然在赵偕的思想体系中"心"是本源，那么这个"心"就不是平常的"心"，而是"道心"，此"心"无生死，正如他所说："万物有存亡，道心无生死"⑥。赵氏门人也言："心无生死，此先生平日

---

① ［元］赵偕：《赵宝峰先生文集·门人祭宝峰先生文》，《四库全书存目丛书》集部第 21 册，第 3 页上。
② ［宋］陆九渊撰，钟哲点校：《陆九渊集》卷二十二《杂说》，第 273 页。
③ ［宋］陆九渊撰，钟哲点校：《陆九渊集》卷三十四《语录上》，第 423 页。
④ ［宋］陆九渊撰，钟哲点校：《陆九渊集》卷一《与曾宅之》，第 4—5 页。
⑤ ［清］黄宗羲原著，［清］全祖望补修，陈金生、梁运华点校：《宋元学案》卷九十三《静明宝峰学案》，第 3098 页。
⑥ ［元］赵偕：《赵宝峰先生文集》卷二《题修永斋》，《四库全书存目丛书》集部第 21 册，第 25 页上。

之言"①，在此处心不但是包罗万象的本体，同时也是不生不灭的永恒存在，赵偕将心提高到一个绝对的、永恒的本体高度。

赵偕与陈苑一样，认为陆氏提倡的发明本心是认识世界的重要手段，陈苑认为认识世界就是去除私欲，发明本心。存世文献中并未提及具体的方法，仅从其后学传人处可略知一二。在这一点上赵偕有所发展，他继承了陆九渊及杨简的理念，即"反观静坐"。陆九渊所创心学对格物致知的认识论进行批驳，主张通过自身的内在体验来认识世界，因为他们所认识的世界是"心"所形成的，不需要外求，陆九渊曾言："古先圣贤，未尝艰难其途径，支离其门户……人孰无心，道不外索，患在戕贼之耳放失之耳。古人教人，不过存心、养心、求放心。"②又曰："或问：先生之学当来自何处入？曰：不过切已自反，改过迁善。"③杨简则曰："人皆有至灵至明、广大圣智之性，不假外求，不由外得，自本自根自神自明"④，"直心诚实，何思何虑，思虑微起，则支则离"⑤，"尝反观，觉天地万物通为一体，非吾心外事"⑥。赵偕继承了静坐反观就可以认识世界这一观点，在他与周坚的一段话中可窥知大概："处士（周坚）闻日用寻常即道之诲，意殊喜。作而问曰：见道之功安在？宝峰曰：其反观乎，昔杨夫子犹

---

① ［元］赵偕：《赵宝峰先生文集》卷一《门人祭宝峰先生文》，《四库全书存目丛书》集部第 21 册，第 3 页下。
② ［宋］陆九渊撰，钟哲点校：《陆九渊集》卷五《与舒西美》，第 63—64 页。
③ ［宋］陆九渊撰，钟哲点校：《陆九渊集》卷三十四《语录上》，第 400 页。
④ ［宋］杨简撰，董平点校：《杨简全集·慈湖先生遗书》卷之二《绝四记》，杭州：浙江大学出版社，2016 年，第 1856 页。
⑤ ［宋］杨简撰，邓新文点校：《慈湖易传》卷十六《井》，上海：上海古籍出版社，2021 年版，第 283 页。
⑥ ［清］黄宗羲原著，［清］全祖望补修，陈金生、梁运华点校：《宋元学案》卷七十四《慈湖学案》，第 2466 页。

反观入道，某亦尝事此，良验，子其试哉！"① 周坚问"见道之功"即是问如何认识世界，而赵偕则用杨简的"反观"进行回复，认为反观内省即可以达到发明本心、认识世界，体会到"忽见天地万物有无一体，不知我之为我，惟光明满室而已"②的境界。陈高华、徐远和都认为赵偕在这一点上比刘埙、陈苑更进一步地阐发了发明本心，刘埙始终未言"悟"道真谛，而赵偕则言"事此，良验"③，在得以验证的情况下去教导弟子，能使陆学传播得更为久远。

赵偕在继甬上四先生之后使浙东陆学又一次得以复苏，其弟子众多，可考者有三十多人，其中乌斯道、桂彦良等一生讲学著书、发明师说，在元末明初时期对理学的传播功劳甚伟。

元代陆学在刘埙、陈苑、赵偕等人的努力下得以再次发展，但由于此时的朱学已经渐成官方学术，陆学的发展收效甚微，仅仅在浙东江西等地区小范围地传播，在朱学的重压下再次消沉。但是陆学一派的思想却在部分传人的努力下被程朱理学的倡导者所吸收，出现了元代特有的"和会朱陆"思想（详见第三章第二节）。"和会朱陆"思想的产生，也间接地保留了陆学思想的余绪。同时元代陆学在明代阳明学的兴起上也有重要作用，即便发展微小也是不容忽视的。

---

① ［清］黄宗羲编纂：《明文海》卷四百四十《周皓斋墓铭》，北京：中华书局，1987年版，第4665页。
② ［清］黄宗羲编纂：《明文海》卷四百四十《周皓斋墓铭》，第4665页。
③ 参见陈高华：《陆学在元代》，第369页；徐远和：《理学与元代社会》，第238页。后人在对比刘埙、陈苑及赵偕的思想时，认为赵偕在心学上更加倾向于"禅"（《宋元学案》卷九十三《静明宝峰学案》，第3098页），赵偕是元代陆学中近禅倾向的典范。

第二节 元代理学思想创新——"和会朱陆"

元代朱学虽在延祐年间被定为官学，成为一枝独秀的学术体系，但是这并未使陆学完全衰竭，正像前一节所论述的浙东、江西陆学也在传承者的努力下得到延续。自朱陆相继去世后，两派弟子相互攻击指责，势同水火，由学术争鸣转变为门派间的私斗。朱子学和陆学发展至此，流弊日显。朱陆后学有识之士看到两者思想内涵相契合之处，总结两家学术，试图调和朱陆两家，这其中有朱学传人，也有陆学弟子，他们兼取朱学的"笃实"工夫，也吸收陆学的"发明本心"，形成了兼具两家学术旨趣的会通思想，这就是元代特有的"和会朱陆"思想，也是学术发展的必然。这其中代表人物不乏大家，如吴澄、郑玉等人，本节就从具有"和会朱陆"思想的理学家入手，探讨元代乃至后世理学发展的趋势。

一 "暗合朱陆、引陆补朱"
——许衡、刘因、许谦"和会"思想的萌芽

心、性、情是传统儒学探讨的重要问题，到宋代理学形成之后，"理"被渐渐拔高，提升到宇宙本原的地位，而与此相对立的陆学则将"心"提升为宇宙的本原，两派观点相悖。朱陆在心、性、情三个概念各有侧重，从本体出发所造成的道德修养工夫路径皆有不同，因此朱陆死后两派争斗不断扩大。朱学在南宋

后受到重视并在元代上升为官方学术,然而由于朱学传人固守学派,并未在理论上有所创新,而朱学繁琐的认识方法等流弊逐渐显现,朱学传人也在逐渐清醒地认识到这一点。入元以后,朱学的部分传人心中将与陆学在思想上的对立逐渐淡化,他们在不自觉的情况下吸收了部分陆学的观点来弥补朱学的不足,许衡、刘因就是其中代表。

朱熹与陆九渊学术争论的最核心的问题即"宇宙的本原究竟是什么"?朱熹认为是"理",陆九渊认为是"心"。早在先秦时期孟子已经开始重视到心的作用,他说:"尽其心者,知其性也,知其性者,则知天矣。"[①] 这里心是思维器官,同时又与"性"相关联,是道德规范。到了宋代理学家那里,他们沿袭孟子将"心"作为思维器官的说法,如程颢所言:"人心莫不有知,惟蔽于人欲,则忘天德(理)也。"[②] 与此同时,宋代理学家重新定义了"人心""道心"的概念,提出了"心统性情"的观点。朱熹则主要研究心、性、情的关系问题,以朱熹为首的理学家认为心是理与气结合之后有的,性在于心而非心即性,理具于心中而非心即理。陆九渊则不这么理解,他反对将心性情分离,认为三者实为一物,心即理即性。心是一种伦理性的实体,是万物的根源,是宇宙的本原,宇宙万物的理都蕴含在心中,所以心就是世界,以此为基础在认识论上建立了"发明本心""明心见性"的观点,故而在认识方法上强调"简易工夫"。

---

① 杨伯峻译注:《孟子译注》卷十三《尽心上》,北京:中华书局,1960年版,第301页。
② [宋]程颢、程颐撰,王孝鱼点校:《二程集·河南程氏遗书》卷十一《师训》,第123页。

第三章 会通中发展：元代陆学传承与"和会朱陆"思想的创新

许衡的本体论思想在前文已有论述，他继承了宋代理学家，尤其是朱熹的理气思想，但是他也认识到朱熹思想中格物穷理的繁琐，所以在其思想中不自觉地引入了陆学的部分观点，以此来补充朱学①。

在许衡的文集中有许多关于心的论述，最为直接的要数"心与天地一般"说和"印版"说。许衡在论述心的时候曾言："人与天地同，是甚底同？人不过有六尺之躯，其大处、同处指心也，谓心与天地一般。"② 在这里，"天地"便是指宇宙万物，即天理，而"心与天地一般"即可以说是心就是天理；又如许衡的"印版"说，《元史》记载裕宗向王恂询问心之所守，王恂说：

> 许衡尝言：人心如印板，惟板本不差，则虽摹千万纸皆不差；本既差，则摹之于纸，无不差者。③

---

① 关于许衡思想中的心学倾向学界有分歧，侯外庐等《宋明理学史》中认为许衡引用了陆九渊弟子的话语，在恪守朱学的情况下也适当的吸收了部分陆学的思想，在朱学繁琐的工夫论上吸取了陆九渊直取本心的方法等；陈正夫在《许衡评传》中则认为许衡不但具有心学思想，同时也对陆学"作了改造和发挥"（第69—79页）徐远和在《理学与元代社会》中曾对许衡的心学倾向有较为细致的分析，承认许衡有心学思想。与侯、徐、陈三人观点略有不同的是张帆先生，他在《关于元代陆学的北传》一文中对许衡的心学倾向进行分析，他认为三位先生对许衡的心学思想过分夸大，只能说是许衡在理论中有与陆学相似的地方，并不能说明许衡对陆学有多大认可，此言论依据一方面是薛瑄曾有"朱子之心学"的说法（《薛文清公读书录》卷三《诸儒》，《丛书集成初编》，北京：商务印书馆，第51页），另一方面是由于在许衡存世文献中并未提及陆九渊及其门人和著作。相比四位学者的认识，许衡的思想中有陆学倾向这一点不可否认，虽未提及陆九渊及陆学并不能完全肯定是未见，也可能是学派争斗中故意略去，当然这只是猜测，但从许衡文集中看出许衡的心学倾向是可以肯定的，所以此处将许衡的陆学倾向概括为"暗合朱陆"较为妥当，取折衷之意。

② ［元］许衡撰，王成儒点校：《许衡集》卷二《语录下》，第24页。

③ ［明］宋濂：《元史》卷一百六十四《王恂传》，第3844页。

这里王恂认为许衡将客观世界看作心这个"印版"的摹本，世界是在心影响下产生的，世道系于人心。在这个层面，心决定了世间万物，人心是客观世界的本原，这与陆九渊"宇宙便是吾心，吾心即是宇宙"① 有异曲同工之妙。

许衡又言：

> 盖上帝降衷，人得之以为心，心形虽小，中间蕴藏天地万物之理，所谓性也，所谓明德也。虚灵明觉，神妙不测，与天地一般。②

> 一念方动之时也。一念方动，非善即恶。③

在这里"心"的作用被再次放大，心"神妙不测""蕴藏万物之理"，同时，世间善恶好坏皆系于一念之间。

虽然许衡在一定程度上扩大了"心"的作用，但为了传承朱学道统，以及调和朱陆，许衡并未有所偏执。在他的思想体系里，"心"是"神妙不测"的，而"心"中蕴含天地之"理"，这既与陆九渊心学相似，又与朱熹的"心具众理"相似。正如有人询问许衡"心、理、性"三者关系之时，许衡所答"一以贯之"④，用等同的观念来调和朱陆矛盾。

许衡倡导躬行实践，薛瑄曾言："鲁斋力行之意多"，"盖真知实践者也"⑤。他推崇朱熹"格物致知"之说，延续朱熹观点，讲求"圣人教人今日学一件，把那一件道理穷究到是处，明日

---

① [宋] 陆九渊撰，钟哲点校：《陆九渊集》卷二十二《杂说》，第273页。
② [元] 许衡撰，王成儒点校：《许衡集》卷三《论明明德》，第63页。
③ [元] 许衡撰，王成儒点校：《许衡集》卷二《语录》下，第28页。
④ [元] 许衡撰，王成儒点校：《许衡集》卷二《语录》下，第29页。
⑤ [元] 许衡撰，王成儒点校：《许衡集》卷十四《先儒议论》，第327页。

再去为另一件事"①。但是随着"心"地位被提升,许衡在总结朱熹认识论的过程中,也运用陆学的"简易工夫"来调和朱熹繁琐的认识论,他将认识的主体转向内在,他说:"人心本自广大"②,所以"心之所存者,理一"③,"理"在"心"中所存,所以格物穷理并不需繁琐地向外求,而是像陆学那样,内求本心之奥秘,即"尽心",所以许衡说:"万物皆备于我,反身而诚,乐莫大焉。"④

格物致知是为了修身,亦是为了修心,故而许衡曾言:"心是一身的主宰,若要修治自家一身,必先端正自家的心常在道理上不可有些放肆,所以说修身者先正其心。"⑤ 许衡主张反身求己,内向地寻求心灵的安稳,寻找自身的"良知善端",这种"良知"人人皆有,如其所言:

> 夫妇之愚可以与知焉,及其至也,虽圣人亦有所不知焉。子思说:这君子之道就一事上说,虽至愚的夫妇,他也有个自然之良知,不待学而知者,若论到那。全体至极处,虽生知的圣人,也有知不尽处。⑥

即便是"至愚"之人,也有良知、良能,而通过本心之悟便可体认天理,达到"至诚"之道,与天地合一。

---

① [元]许衡撰,王成儒点校:《许衡集》卷三《大学要略》,第57页。
② [元]许衡撰,王成儒点校:《许衡集》卷五《中庸直解》,第140页。
③ [元]许衡撰,王成儒点校:《许衡集》卷二《语录下》,第22页。
④ [元]许衡撰,王成儒点校:《许衡集》卷二《语录下》,针对这句话侯外庐《宋明理学史》中认为许衡是复述了陆学人物的话,而张帆教授则认为此点存疑,因为此句非常类似陆学话语,并未能证明是否附属,此处不能对两人观点进行准确判断,只能说明许衡在言论上有近陆倾向。
⑤ [元]许衡撰,王成儒点校:《许衡集》卷四《大学直解》,第68页。
⑥ [元]许衡撰,王成儒点校:《许衡集》卷五《中庸直解》,第108页。

许衡这种认识论和修养论，既延续了朱熹的"格物致知"的思想，躬行实践以求对客观事物有所认知；同时吸收陆九渊的"直求本心"，决绝朱学日益琐碎的支离之弊，最终使人人皆有"良知良能"得以展现。这种会通虽不系统，但可视为王阳明良知说的开端。

我们可以看到许衡在思想体系中抬高了"心"的地位，同时在认识论中主张向内求，这都在一定程度上体现了他在弥补朱学的不足方面做的努力，可以说他间接地吸收了陆学思想。但是许衡始终没有提"心即理"，将心明确地说成世界的本原，即便有人问他"心也、性也、天也，一理也，何如？"许衡的回答也只是"便是一以贯之"①。心中可以藏万物之理，在其《心法录》中他又提出"圣人之心，即道心"②，又言"道心也，便是天理"③，这又回归到程朱的"人心""道心"范畴之中。虽然许衡将"心"的地位抬高许多，但是他始终是朱学的传人，恪守并发展程朱理本论是他的重任，许衡只是在看到朱学流弊时，用陆学的知识去补充朱学的不足，这是许衡作为学者的自觉，是在总结朱学陆学基础上的"暗合"。许衡的这一观点影响了吴澄等人的思想。

与许衡同时期的刘因亦是如此。刘因兼习诸家进而总结朱陆流弊，他在学术上推崇朱学，但是并非故步自封，而是兼取诸家，其《叙学》有言："宋兴以来，诸公之书，周、程、张之性理，邵康节之象数，欧、苏、司马之经济，往往肩汉唐而踵三

---

① ［元］许衡撰，王成儒点校：《许衡集》卷一《语录上》，第1页。
② ［明］王厚烷：《许文正公遗书》卷末《重刻心法序》。
③ ［元］许衡撰，王成儒点校：《许衡集》卷二《语录下》，第23页。

代，尤当致力也。"① 又言："学者苟能取诸家之长，贯而一之，以足乎已，而不蹈袭縻束，时出而时晦，以为有用之文，则可以经纬天地，辉光日月也。"② 正如《宋明理学史》就此总结："刘因在理学上，虽属朱学范围，但他并不是严守朱学门户，往往杂入陆学自求本心。"③ 由此可见刘因兼习诸家之所长，学术包容性较强，这也使他具有暗合朱陆思想的可能性。

相较许衡而言，刘因的文集中直接出现了陆九渊的相关文字。刘因在至元十三年（1276）作《太极图后记》，文中有言：

《太极图》，朱子发谓周子得于穆伯长。而胡仁仲因之，遂亦以谓穆特周子学之一师。陆子静（陆九渊）因之，遂亦以朱录为有考，而潘《志》（即潘兴嗣《周敦颐墓志铭》——笔者注）之不足据也。盖胡氏兄弟于希夷不能无少讥议，是以谓周子为非止为仲、穆之学者。陆氏兄弟以希夷为老氏之学，而欲其当，谬加无极之责，而有所顾藉于周子也。然其实则穆死于明道元年，而周子时年十四矣。是朱氏、胡氏、陆氏不惟不考乎潘《志》之过，而又不考乎此之过也。④

按照张帆考证，这是刘因文集中唯一一次提及陆九渊，也是现存元代北方学者提及陆九渊的最早记录⑤，是否最早暂且不说，此文记录朱、陆两家关于"太极"的争辩。无极太极之辨

---

① ［元］刘因撰，商聚德点校：《刘因集》卷二十八《叙学》，第472页。
② ［元］刘因撰，商聚德点校：《刘因集》卷二十八《叙学》，第474页。
③ 侯外庐、邱汉生、张岂之主编，张岂之修订：《宋明理学史》中册，第665页。
④ ［元］刘因撰，商聚德点校：《刘因集》卷七《太极图后记》，第138页。
⑤ 参见张帆：《关于元代陆学的北传》，《邓广铭教授百年诞辰纪念论文集》，北京：中华书局，2008年版。

是朱陆论争中的重要部分，在陆九渊文集中可见与此相似的言论，由此可见，刘因接触过陆九渊思想是不容置疑的。

刘因虽在本体问题上传承程朱，"其书始言一理，中散为万事，末复合为一理"①，但是并未完全忽视"心"的价值。在朱熹"心具众理"思想的基础上，刘因更是提出"理、心无间"的观点，其诗文有言："心同义理元无间，从此俱看未忍时。"②心理之间并无差异和间隙，因而"妙此理而宰此事者，心焉而已矣"③。"心"在此处有与理等同的地位，可见他引入了陆九渊的"心"学观点。

而在《玉柱双清香》的注文中，刘因又言："'心无外，体无间。'吾《薰炉铭》也。"④"心无外"即是孟子所谓"万物皆备于我"、朱熹所谓"心包万理，万理具于一心"⑤，而"体无间"更像二程所言"浑然与物同体"，这与其"理、心无间"都印证了刘因引入陆氏心学的思想。

与许衡相似，刘因也在认识论上引入陆学的成分，有返求于己的倾向，他曾说："天生此一世人，而一世事固能辨也，盖亦足乎已而无待于外也。"⑥"无待于外"即是不向外求，返求于自身。继而刘因在《驯鼠记》曾说：

---

① [宋] 朱熹：《四书章句集注·中庸章句》序，第 14 页。
② [元] 刘因撰，商聚德点校：《刘因集》卷五《讲八侑首章》，第 107 页。
③ [元] 刘因撰，商聚德点校：《刘因集》卷七《唯诺说》，第 132 页。
④ 七律《玉柱双清香》，《刘因集》卷十六注文 "二气元从太极分，浮风起灭见来真。白虹贯日豪华散，底柱中流意象新。方寸有灵涵大块，头颅无物隔苍曼。蓝田万顷烟生玉，未办晴窗半穗春。"
⑤ [宋] 朱熹撰，朱杰人，严佐之等主编：《朱子全书·朱子语类》卷九《学三·论知行》，第 306 页。
⑥ [元] 刘因撰，商聚德点校：《刘因集》卷二十二《读药书漫记》二条，第 404 页。

心之机一动而气亦随之,迫火而汗,近冰而栗。物之气能动人也,惟物之遇夫人之气也亦然。鼠善畏人者也,一日静坐,有鼠焉出入怀中,若不知予之为人者,熟视之而亦不见其为善畏人者。予因思先君子尝与客会饮于易水上,而群蜂近人,凡扑而却之者皆受螫,而先君子独不动,而蜂亦不迫焉。盖人之气不暴于外,则物之来不激之而去,其来也如相忘,物之去不激之而来,其去也亦如相忘。盖安静慈祥之气与物无竞,而物亦莫之撄也。平吾之心也,易吾之气也,万物之来,不但一蜂、鼠而已也。虽然持是说以往,而不知所以致谨焉,则不流于庄周、列御寇之不恭而不已也。①

在这段文字中,刘因用人与蜂、鼠的关系来论证"物我关系",主张"视物若无,专务其静,专一而不放逸"②。物在来去间逐渐与人如"相忘",进入一种无分物我的状态,在这种状态下,世界是合一的,人也就不存在外求事物的必要,只需要静坐内省即可认识世界。在这里,刘因的思想并没有体现朱学的特质,而是继承了陆学直求本心的方法。

刘因还在认识论上吸取了邵雍的"观物"说(见第二章第二节)。在"观物说"的影响下他认为世界本来是"齐"的,加入人的主观意念才出现"不齐",由此导致人对客观世界不真实的认识。在这种情况下,人应该放弃外求,超脱于客观世界,依靠对内心的自省来达到主客观相统一,即"与天合一"的境界,这样自然就认识了世界,这与《驯鼠记》最终要达到的"无分

---

① [元]刘因撰,商聚德点校:《刘因集》卷十《驯鼠记》,第175—176页。
② 侯外庐、邱汉生、张岂之主编,张岂之修订:《宋明理学史》中册,第669页。

物我"实际是一样的。

刘因在认识论上放弃朱学繁琐的外求方式,采取陆学直求本心的方法。这是他在总结朱陆思维方法上的进步。但是,刘因也未有"心即理"的言论,本质上他还是朱学的传人。

许衡与刘因都是元初程朱理学的重要传承者,但是他们看到南宋朱子后学愈发支离的弊病,加之他们处于元初解除了南北分裂格局、多民族文化融合成为主流的时代,学术间的整合、创新使许衡和刘因在维护朱学道统之时,必须打破门户之见,兼习诸家学术,引入陆九渊的"心""尊德性",以陆补朱,以"和会"思想来解决程朱理学传承中的弊病,更好地促进理学的发展。

二 "宗朱兼陆"——吴澄的理学思想

许衡、刘因之后,随着世人对朱陆两家思想的研究深入,理学家们逐渐认识到朱陆两家皆有可取之处,两家争斗是因为后学误解先师思想所致。正如刘埙所言"谓二家宗旨券契门翕,流俗自相矛盾"[①],所以众多理学家开始明确地提出调和朱陆的主张,吴澄就是其中代表人物。

吴澄(1249—1333),字幼清,抚州崇仁(今江西崇仁)人。吴澄半生在元代度过,其学术生命也是在元代得以发展,是元代重要的理学家,如其弟子揭傒斯所言:"皇元受命,天降真传,北有许衡,南有吴澄。所以恢宏至道,润色鸿业,有以知斯

---

① [元]刘埙:《水云村稿》卷五《朱陆合辙序》,《文渊阁四库全书》第1195册,第375页上。

文未丧,景运方兴也。"① 其教学乡里,创草庐学派,与许衡并称"北许南吴"。但其思想有别于许衡等人,其推崇朱学同时,兼顾陆学,代表了元代理学发展的另一个趋势。

(一) 绍述道统,朱子后一人

吴澄自幼好学,三岁能诵古诗,及长便精研《经》《传》,十岁左右接触到程朱理学思想,"十岁始知为学之本,大肆力于朱子诸书,犹以《大学》为入道之门,必日诵二十过,如是三年。十五遂以圣人之学自任"②。吴澄对《四书》尤为重视,这为他的学术事业打下坚实的基础,正如他所说:"某自幼玩阅史册,每见其间所载正人君子之事,忻忻慕之,恨不与之同"③,可见吴澄的理学根基来源于程朱理学。十六岁是吴澄一生重要的转折,《谒赵判簿书》记:"年十有六,始知举业之外有所谓圣贤之学者,而吾未之学,于是始厌科举之业。"④ 吴澄对功利的科举读书感到厌恶,开始专心学术⑤。同年,其跟随父亲赴郡应试,在此遇到了时任临汝书院山长的程若庸。程若庸是饶鲁的学生,饶鲁师从黄榦,黄榦既是朱熹的女婿,又是高足,所以在师承上,吴澄可谓"朱熹四传",黄宗羲曾言:"黄勉斋榦得朱子

---

① [元] 吴澄:《吴文正集》附录《吴公神道碑》,《文渊阁四库全书》第1197册,第949页下。
② [元] 吴澄:《吴文正集》附录《吴公神道碑》,《文渊阁四库全书》第1197册,第950页上。
③ [元] 吴澄:《吴文正集》卷十三《与张淡庵承旨书》,《文渊阁四库全书》第1197册,第147页下。
④ [元] 吴澄:《吴文正公外集》卷三《谒赵判簿书》,《元人文集珍本丛刊》第4册,台北:新文丰出版公司,1985年版,第139页上。
⑤ 吴澄之后仍参加过科举,根据《宋元学案》卷九十二《草庐学案》记载,吴澄二十岁时仍参加乡试并中选,但省试落第。这次科举可能是迫于家事,并不能证明吴澄对科举的重视。

之正统,其门人一传于金华何北山基,以递传于王鲁斋柏、金仁山履祥、许白云谦,又于江右传饶双峰鲁,其后遂有吴草庐澄,上接朱子之经学,可谓盛矣。"①

吴澄的学统决定了他的学术倾向,早年以圣贤之学为安身立命之本的吴澄致力于跻身圣贤之列,所以吴澄首先要正道统,这一点也是对宋代理学的延续。根据《年谱》记载吴澄19岁便根据邵雍《皇极经世书》作《皇极经世续书》,又作《道统图并序》②再次重申宋代理学所推崇的道统观念,《元史·吴澄传》有记载:

> 道之大原出于天,神圣继之,尧、舜而上,道之元也;尧、舜而下,其亨也;洙、泗、邹、鲁,其利也;濂、洛、关、闽,其贞也。分而言之,上古则羲、黄其元,尧、舜其亨,禹、汤其利,文、武、周公其贞乎!中古之统:仲尼其元,颜、曾其亨乎,子思其利,孟子其贞乎!近古之统:周子其元,程、张其亨也,朱子其利也,孰为今日之贞乎?未之有也。然则,可以终无所归哉!③

在文中,吴澄肯定了自尧舜、孔孟传至周、程、张、朱的学术统绪,认为他们传承了"道之大原",这样就申明了宋代理学,尤其是程朱理学所延续的才是真正的道统。这一观点符合他

---

① [清]黄宗羲原著,[清]全祖望补修,陈金生、梁运华点校:《宋元学案》卷八十三《双峰学案》,第2813页,同时全祖望也言饶双峰晚年多不同于朱子,可谓"和会朱陆"的先锋之一,周密在《癸辛杂识》卷上也对饶鲁的学术思想进行评价,指责他"诡朱",这一点也是吴澄和会朱陆思想的影响因素之一。
② [元]吴澄:《吴文正集》附录《年谱》,《文渊阁四库全书》第1197册,第927页下。
③ [明]宋濂:《元史》卷一百七十一《吴澄传》,第4013页。

朱学传人的身份设定。另一点，他在吸收邵雍象数学的基础上用《周易》"元亨利贞"的说法附会道统观，将道统的发展列为上古、中古、近古三个阶段，不同阶段有不同的代表人物，并且在论述中吴澄指出朱熹只是将道统推进到"利"的阶段，为自己接续道统作了铺垫，将自己作为"贞"之阶段的传承者，自诩为"朱子后一人"。

吴澄不但在道统上以朱熹后人自居，同时在经学上延续朱子精髓。吴澄一生以经学著称，可谓："尽破传注穿凿，以发其蕴，条归纪叙，精明简洁，卓然成一家言。"① 尤其是中年所作《五经纂言》，其中以三礼为重中之重。他在编撰三《礼》时以朱熹的思想为指导，以义理解经为思路方法，借助经文阐发自己的理学观点，这样就摆脱了汉唐时期仅仅将五经当作章句训诂工具的境况。吴澄以绍述朱子思想，延续朱熹"未尽之意"为己任，对五经进行了深度的解析，超越了其他朱子门人的成就，黄宗羲曾评价《五经纂言》："考朱子门人多习成说，深通经术者甚少，草庐《五经纂言》，有功经术，接武建阳，非北溪诸人可及也。"② 吴澄整理五经，完成了由汉唐章句训诂之学向宋元义理注疏的转变，他不但在弘扬朱子学术上做出了巨大贡献，同时也对经学史发展做出巨大贡献③。

（二）无极、太极、理、气——吴澄与朱学

作为朱熹的四传弟子，朱熹后一人的吴澄，和许衡一样继承

---

① ［明］宋濂：《元史》卷一百七十一《吴澄传》，第4014页。
② ［清］黄宗羲原著，［清］全祖望补修，陈金生、梁运华点校：《宋元学案》卷九十二《草庐学案》，第3037页。
③ 参见侯外庐、邱汉生、张岂之主编，张岂之修订：《宋明理学史》中册，第694页。

了朱熹的理学思想。吴澄的著作中关于本体、理气等问题上都直承朱熹,全祖望评价吴澄"终近朱学"①。

在吴澄的思想体系中本体论融合了朱熹和周敦颐的太极说,他认为"太极"是宇宙的本原。"太极"的概念在孔子时期便已被提出,它被认为是天地之初混元未分的状态。直至北宋周敦颐再次将"太极"与宇宙本体联系起来。不过由于周敦颐在太极之上又提出一个"无极"的概念,容易让人产生误解。朱熹是理学集大成者,在校订《太极图说》后,提出"无极而太极",认为"不言无极,则太极同于一物而不足为万化之根也"②,将无极太极合二为一,同时强调太极是形而上的、无色无臭的宇宙本体,并言"太极者,性情之妙也,乃一动一静未发已发之理也"③,将太极与其思想体系中的本原的"理"等同。吴澄继承了朱熹的"太极观",也认为"无极太极合二为一",是宇宙的本原。他说"太极者,道也"④,又言"道也者,无形无象,无可执着,虽称曰极,而无所谓极也,虽则无所谓极,而实为天地万物之极,故曰无极而太极"⑤。这里可以看出吴澄继承了朱熹的"无极而太极"的观点。吴澄虽言太极是道,实则与朱熹所讲的太极是理的说法是一样的。这点他在《无极太极说》中也

---

① [清]黄宗羲原著,[清]全祖望补修,陈金生、梁运华点校:《宋元学案》卷九十二《草庐学案》,第3036页。
② [宋]朱熹撰,朱杰人,严佐之等主编:《朱子全书·晦庵先生朱文公文集》卷三十六《答陆子静(四)》,第1569页。
③ [宋]朱熹撰,朱杰人,严佐之等主编:《朱子全书·晦庵先生朱文公文集》卷四十二《答吴晦叔》,第1909页。
④ [元]吴澄:《吴文正集》卷三《答田副使第二书》,《文渊阁四库全书》第1197册,第42页上。
⑤ [元]吴澄:《吴文正集》卷四《无极太极说》,《文渊阁四库全书》第1197册,第61页上。

有解释：

> 太极者何？曰：道也。道而称之曰太极，何也？曰：假借之辞也。道不可名也，故假借可名之器以名之也。以其天地万物之所共由也，则名之曰：道。道者，大路也。以其条派缕脉之微密也，则名之曰：理。理者，五肤也，皆假借而为称者也。真实无妄曰：诚，妙用不测曰：神，付与万物曰：命，物受以生曰：性，得此性曰：德，具于心曰：仁，天地万物之统会曰：太极。道也、理也、诚也、天也、帝也、神也、命也、性也、德也、仁也、太极也，名虽不同，其实一也。……道者，天地万物之统会，至尊至贵，无以加者，故亦假借屋栋之名，而称之曰极也。然则何以谓之太？曰：太之为言，太之至甚也。……此天地万物之极，极之至大者也，故曰太极。①

在吴澄看来，"太极"是无相无形的、形而上的绝对存在。太极就是道的极致，也是理的极致，是没有实体的存在，是不可以用具体形态来形容的，只能"假借可名之器以名之"，因为太极是没有具体形态的，如从它的"全体自然"来说叫作"天"，从它"主宰造化"来说叫作"帝"等，所以"道也、理也、诚也、天也、帝也、神也、命也、性也、德也、仁也、太极也，名虽不同，其实一也"②。在形而上的层面上，太极、理、道实际是一个含义。

---

① ［元］吴澄：《吴文正集》卷四《无极太极说》，《文渊阁四库全书》第1197册，第60页下。
② ［元］吴澄：《吴文正集》卷四《无极太极说》，《文渊阁四库全书》第1197册，第60页下。

而对于朱熹本体论的另一个重要概念"理",它与太极在本质上是一致的。虽然都是形而上的存在,但是在用法上与太极有所不同,在吴澄的思想体系中,理是世界万物之所以然,它能够主宰万物,这就决定了理主要作用在万物生成演变上。吴澄引入"气"的概念与理相结合,构成了他的宇宙生成论。吴澄的宇宙生成论继承了朱熹的理气观,认为气是化生万物的物质条件,他说:"天地之初,混沌鸿蒙,清浊未判,莽莽荡荡,但一气耳。及其久也,其运转于外者,渐渐轻清,其凝聚于中者,渐渐重浊,轻清者积气成象而为天,重浊者积块成形而为地。天之成象者,日月星辰也;地之成形者,水火土石也。"①"一气"的运转变化就形成万物,其又言:"气之循序而运行者为四时,气之往来屈伸而生成万物者为鬼神,命名虽殊,其实一也。其所以明、所以序、所以能吉能凶,皆天地之理主宰之。"② 而在气之上有个主宰,那就是"理"。理气相依而存,不可偏废其一,故而他说:"气之何以能如此者,何也?以理为之主宰也。理者,非别有一物在气中,只是气之主宰者即是,无理外之气,亦无气外之理。"③

在吴澄的哲学体系中,从形而上层面说,太极是本原,通过理来主宰气化生万物,这样理是万物之所以形成的理,太极就是万理之原,同时理气关系上,理主宰着气;而从形而下的层面

---

① [元]吴澄:《吴文正集》卷一《原理》,《文渊阁四库全书》第1197册,第14页下。
② [元]吴澄撰,王新春、吕颖、周玉凤注解:《易纂言导读·文言传·乾·九四爻辞》,济南:齐鲁书社,2006年版,第498页。
③ [元]吴澄:《吴文正集》卷二《答人性问理》,《文渊阁四库全书》第1197册,第32页上。

第三章　会通中发展：元代陆学传承与"和会朱陆"思想的创新　·227·

说，理虽然是气的主宰，但是并非先于气而存在，吴澄将"理"放在形而下的层面与气相类比，提出了"理在气中、理气不离"的说法。至此可以看出，吴澄在理气观上继承了朱熹思想，但同时在一定程度上抛弃了朱熹在形而上层面上的"理在气先"的概念。

吴澄对朱熹思想的延续还体现在人性论上，程朱理学在人性论上讲求"性即理""天地之性""气质之性"，程颐曾言："性即是理，理则自尧舜一至于涂人，一也，才禀于气，气有清浊，禀其清者为贤，禀气浊者为愚。"① 朱熹将"性即理"的一元论总结深入，提出人性之善恶在于气禀之不同。吴澄盛赞程朱将孔孟人性论复兴②，认为人性本质来源于天，生来具有的是"天命之性"，其在《答人问性理》中说"人得天地之气而成形"③，人在降生之后所具有的"天命之性"是上天所赋予的，是善的。而针对世间众生并非皆善，出现清浊、善恶、美丑的区分是为何？吴澄继张载、朱熹之后再次重申"气禀"的影响。针对张载曾言"人之性虽同，气则有异"④，吴澄进一步阐释说：

> 人之生也，受气于父之时，既有或清或浊之不同；成质于母之时，又有或美或恶之不同。气之极清、质之极美者为上圣。盖此理在清气美质之中，本然之真，无所污坏，此尧

---

① ［宋］程颢、程颐撰，王孝鱼点校：《二程集·河南程氏遗书》卷十八《刘元承手编》，第204页。
② 参见《吴文正公外集》卷二《杂识一》："噫，孟子之后，向微周程张朱数夫子，性学其泯矣。"
③ ［元］吴澄：《吴文正集》卷二《答人性问理》，《文渊阁四库全书》第1197册，第32页上。
④ ［宋］张载，章锡琛点校：《张载集·张载语录·语录下》，第330页。

舜之性所以为至善。而孟子之道性善所以必称尧舜以实之也。其气之至浊、质之至恶者为下愚。上圣以下、下愚以上，或清或浊，或美或恶，分数多寡有万不同，惟其气浊而质恶，则理在其中者被其拘碍沦染，而非复其本然矣。此性之所以不能皆善，而有万不同也。①

此文可以看出，吴澄认为人性受命于天，本然之性是善的，但是人生下来便受到天地之间的形气的拘束，而气禀又有善恶之分，若"清气美质"便可保留本然之性，如尧舜般至善，而受到浊气影响，便为恶丑，这就是天地之间善恶不同的缘由。

吴澄不论在绍述道统，还是在本体论等方面，都继承并发展了朱学，这与其朱子四传的身份是相符合。

（三）兼宗朱陆——吴澄的会通思想

吴澄对元代理学最大的贡献就是"和会朱陆"的思想主张。吴澄"和会朱陆"的学术倾向因其师承关系的不明晰，而使学界产生分歧②。吴澄的师承线索众多，正如前文所讲，吴澄在16岁随其父见到程若庸，跟随其学习，成为饶鲁再传弟子，即朱熹的四传弟子，"固朱学也"，这在他自己标榜的道统传承中也得到确认。但是仔细考察饶鲁思想，却可以发现饶鲁受到陆九渊思想影响，学术思想复杂不一。在认识天理等方面有陆学倾向，如

---

① [元] 吴澄：《吴文正集》卷二《答人性问理》，《文渊阁四库全书》第1197册，第32—33页。

② 黄宗羲在《宋元学案·草庐学案》学谱中记吴澄为"程徽庵（程若庸）、戴泉溪（戴良齐）、程月岩（程绍开）门人。双峰（饶鲁）再传。勉斋（黄榦）、宏斋（曹泾）、南溪（柴中行）三传。晦翁（朱熹）、清江（刘清之）四传。象山（陆九渊）私淑"。在这个记载中既有朱熹嫡传的黄榦，又有私淑朱熹的柴中行，还有倡导朱陆和会的程绍开、饶鲁，更有陆学开创者陆九渊，所以吴澄的师承体系非常复杂，这也造就了他学术的包容性。

第三章　会通中发展：元代陆学传承与"和会朱陆"思想的创新 ·229·

其言："存谓存其心，养谓养其性，省谓省诸身，察谓察于事。"①饶鲁重视内省和存心养性上便偏离朱熹思想，周密曾说饶鲁"诡称"朱学②，全祖望也称饶鲁"不尽同与朱子"③。与此同时"草庐又师程氏绍开"④，按照《宋元学案·存斋晦静息庵学案》记"程绍开，尝筑道一书院，以合朱陆两家之说"⑤。所以吴澄的师承影响是其"和会朱陆"思想形成的一个重要因素。

倡导"和会朱陆"的吴澄首先要做的就是正视朱陆的异同，阐明朱陆争斗的原因。在吴澄看来朱学、陆学的本质是一样的，他曾言："二师之为教一也"⑥，因此他将陆九渊的学术思想的核心"本心之学"看作孔孟至程朱一贯主张的"圣人之道"。吴澄曾讨论时人对陆九渊的评价时说："今人谈陆子之学，往往曰以本心为学。而问其所以？则莫能知陆子之所以为学者何如。是本心二字，徒习闻其名，而未究竟其实也。夫陆子之学，非可以言传也，况可以名求哉！然此心也，人人所同有，反求诸身，即此

---

①　[元]饶鲁：《饶双峰讲义》卷九《中庸上》，《四库未收书辑刊》第二辑第15册，北京：北京出版社，2000年版，第419页下。
②　[宋]周密撰，吴企明点校：《癸辛杂识》续集卷上《罗椅》，第116页，周密说："饶双峰者，番阳人，自诡为黄勉斋门人，于晦庵为嫡孙。"他认为饶鲁之学并非朱学，而是自己"诡称"朱学。此言过于苛刻，可以说饶鲁为朱学传人，但是因为学术思想的发展，"不尽同于朱子"。
③　[清]黄宗羲原著，[清]全祖望补修，陈金生、梁运华点校：《宋元学案》卷八十三《双峰学案》，第2812页；《宋明理学史》说："饶鲁的学传，其最著者是吴澄。吴澄对朱学的偏离，比起饶鲁来说又走得更远。"
④　[清]黄宗羲原著，[清]全祖望补修，陈金生、梁运华点校：《宋元学案》卷九十二《草庐学案》，第3036页。
⑤　[清]黄宗羲原著，[清]全祖望补修，陈金生、梁运华点校：《宋元学案》卷八十四《存斋晦静息庵学案》，第2849页。
⑥　[元]吴澄：《吴文正集》卷二十七《送陈洪范序》，《文渊阁四库全书》第1197册，第290页上。

而是。"① 指出世人仅以陆九渊提倡本心为由，便将其归为理学之异类，却未曾深入分析陆九渊缘何如此重视本心。他认为："以心而学，非特陆子为然，尧、舜、禹、汤、文武、周、孔、颜、曾、思、孟，以逮周、程、张、邵诸子，莫不皆然。故独指陆子之学为本心，学者非知圣人之道。"② 孔孟皆提倡本心，即便是宋代理学诸儒也是遵从这一圣人之道。吴澄通过溯源论"心"的源头，将陆九渊的心学传承纳入圣学的体系中。清代黄宗羲及其后也继承了吴澄这一观点，认为朱熹与陆九渊"同植纲常，同扶名教，同宗孔孟"③。

吴澄和刘埙的"和会朱陆"思想有相似性，皆将朱陆两家在争斗的原因归结于两家拙劣的门徒故意制造出来的争端。在《送陈洪范序》中吴澄记录了理学门户争斗产生的这一过程："夫朱子之教人也，必先之读书讲学。陆子之教人也，必使之真知实践。读书讲学者，固以为真知实践之地。真知实践者，亦必自读书讲学而入。二师之为教一也，而二家庸劣之门人，各立标榜，互相诋訾。至于今，学者犹惑。呜呼甚矣，道之无传而人之易惑难晓也。"④ 他强调朱陆两家的门人囿于门户之见而相互攻伐，甚至进行无端的人身抨击，这是造成朱陆两家势同水火的本质原因。牟宗三后来总结说："各有确定之规模与端绪，系统不

---

① ［元］吴澄：《吴文正集》卷四十八《仙城本心楼记》，《文渊阁四库全书》第1197册，第500页上。
② ［元］吴澄：《吴文正集》卷四十八《仙城本心楼记》，《文渊阁四库全书》第1197册，第500页上。
③ ［清］黄宗羲原著，［清］全祖望补修，陈金生、梁运华点校：《宋元学案》卷五十八《象山学案》，第1887页。
④ ［元］吴澄：《吴文正集》卷二十七《送陈洪范序》，《文渊阁四库全书》第1197册，第290页上。

同，故不相契。惟由此不相契所表现于言语上之互相讥刺似又不能自觉到此中客观义理症结之所在，因此，遂只落于表面风格上之互相诟诋。"① 朱陆这种门户之间的争斗，在吴澄看来只是浅层次的、表象上的相互诟诋。

吴澄在研究陆九渊的学术思想后对其并不排斥，对陆氏的学术反而赞赏有加，其言："读之先生之道，如青天白日，先生之语，如震雷惊霆。"② 因此吴澄还在国子监传播陆学，虞集在《送李扩序》记载此事："近臣以先生荐于上，而议者曰：吴幼清（吴澄），陆氏之学也，非朱子之学也，不合于许氏之学，不得为国子师，是将率天下而为陆子静矣。遂罢其事。呜呼！陆子岂易言哉？彼又安知朱陆异同之所以然？直妄言以欺世拒人耳。"③ 吴澄也因此事被人弹劾而被迫辞去国子监之职。

吴澄"和会朱陆"的表现不仅仅是辩驳朱陆争斗的实质，而且在朱陆所争论的心与理、支离与易简、"尊德性"与"道问学"等问题上都对朱陆两家的思想有相应的评价和会通。

理本体与心本体是朱陆分歧的重要方面，前文所讲吴澄将太极、理作为宇宙的本原，这是对朱熹思想的继承。而吴澄著作中对陆九渊的"心本体"也有讨论，并在一定程度上接受了陆九渊"本心"的概念解释，吴澄曾说"心也者，形之主宰，性之

---

① 牟宗三：《从陆象山到刘蕺山》，上海：上海古籍出版社，2001年版，第55页。
② [元]吴澄撰：《吴文正集》卷十七《象山先生语录序》，吴澄对陆九渊学术较为推崇，为《象山语录》作序，还为陆九渊弟子傅梦泉的语录作序，见《吴文正集》卷十七《象山语录序》、卷十八《金溪傅先生语录序》，对陆九渊学术大加赞赏（《文渊阁四库全书》第1187册，第191、201页）。
③ [元]虞集：《道园学古录》卷五《送李扩序》，《文渊阁四库全书》第1207册，第81页上。

郛郭也"①，在这里心是形、性的主宰，心不仅仅是朱熹思想中的思维器官，还被上升为精神性的存在，成为宇宙的本原；他还用圣贤的心学概念来佐证自己的说法："夫孟子言心而谓之本心者，以万理之所根。"② 此处将心言为本心，是"万理之所根"，可谓心生万理，这里再一次申明了心的本体地位。为了佐证心本体思想的正统性，他说："以心而学，非特陆子为然，尧、舜、禹、汤、文武、周、孔、颜、曾、思、孟，以逮邵、周、张、程诸子，盖莫不然。"③ 在此处言"为心而学，非特陆子为然"既肯定了陆九渊的心学属性，同时指出上起尧舜，下至周程，皆有心学思想，这就将陆氏的心学理论扩大到整个儒学的范畴，心学即"圣人之道"。又言："此一心也，自尧、舜、禹、汤、文武、周公传之，以至于孔子，其道同。道之为道，具于心，岂有外心而求道者哉。"④ 这里圣贤所言的心与陆九渊所谓的心是一样的，是形而上的本体，所以道之所求不需向外，只需"反求诸身，即此而是"⑤，这就进一步地肯定了陆九渊的心本体，也引出与"格物致知"相异，反求诸己的认识论。

在心被提升至本体地位后，吴澄在认识论和人性论上也掺杂了陆九渊"存心养性"的简易工夫论。这就又牵出朱陆之间争

---

① [元]吴澄：《吴文正集》卷四十八《仙城本心楼记》，《文渊阁四库全书》第1197册，第499页下。
② [元]吴澄：《吴文正集》卷四十八《仙城本心楼记》，《文渊阁四库全书》第1197册，第500页上。
③ [元]吴澄：《吴文正集》卷四十八《仙城本心楼记》，《文渊阁四库全书》第1197册，第500页上。
④ [元]吴澄：《吴文正集》卷四十八《仙城本心楼记》，《文渊阁四库全书》第1197册，第499页下。
⑤ [元]吴澄：《吴文正集》卷四十八《仙城本心楼记》，《文渊阁四库全书》第1197册，第500页上。

论的另一个问题，就是"支离"与"简易工夫"。朱陆鹅湖之会中，陆九渊用"易简工夫终久大，支离事业竟浮沉"①来驳斥朱熹格物的工夫论，而朱熹则辩驳曰"旧学商量加邃密，新知培养转深沉"②，朱陆"支离"与"易简"之争由此而起。吴澄一定程度上接受了陆九渊"心本体"的观点，因此在认识论上也倡导反求诸己，因为"万理根于心"，所以无待外求，正如他在《象山语录序》中有言："道在天地间，今古如一，人人同得，智愚贤不肖，丰啬焉，能反之于身，则知天之与我者，我固有之，不待外求也。"③在吴澄看来，天道存在于本心之中，不必外求，这是对陆九渊明心见性的简易工夫的承袭。同样在对本然之性的追求上，吴澄抛弃朱熹的格物穷理理论，而强调在自身中发现善端，扩充善端，他说："今不就身上实学，却就文字上钻刺，言某人言性如何，某人言性如何，非善学者也。"④用功在自身上求理，这就接近了程颢"识仁"和陆九渊内求本心的方法⑤。

由于对宇宙本体的理解不同，造成朱熹在认识论上认为

---

① [宋]陆九渊撰，钟哲点校：《陆九渊集》卷二十五《鹅湖和教授兄韵》，第301页。
② [宋]朱熹撰，朱杰人、严佐之等主编：《朱子全书·晦庵先生朱文公文集》卷四《鹅湖寺和陆子寿》，第365页。
③ [元]吴澄：《吴文正集》卷十七《象山先生语录序》，《文渊阁四库全书》第1197册，第191页上。
④ [元]吴澄：《吴文正集》卷二《答人性问理》，《文渊阁四库全书》第1197册，第33页下。
⑤ 徐远和在《理学与元代社会》一书中认为，陆学中发明本心的简易工夫并非陆九渊发明，在程朱理学的体系中也有探求内心的"自得"，如程颢的"识仁"、谢良佐的"觉"等等，以此来说明吴澄提倡简易工夫不是援引陆学，而是发挥朱陆之同，但此说恰恰也正是吴澄朱陆和会思想代表体现。亦可参见朱军：《从谢良佐到张九成：洛学新本体的建构》，《科学·经济·社会》2013年第2期。

"知"是客观的外在对象和客体，而陆九渊则认为认知需要靠内心的体验，所以就出现了"格物致知"与"直求本心"的分歧。正因如此，朱陆在"尊德性"和"道问学"主次先后上也很容易产生分歧，黄宗羲总结朱陆差异时说："先生（陆九渊）之学，以尊德性为宗，谓：'先立乎其大，而后天之所以与我者，不为小者所夺。夫苟本体不明，而徒致功于外索，是无源之水也。'同时紫阳之学，则以道问学为主，谓'格物穷理，乃吾人入圣之阶梯。夫苟信心自是，而惟从事于覃思，是师心之用也。'"① 吴澄弟子虞集在先生《行状》中曾记录吴澄的评价："朱子道问学工夫多，陆子静却以尊德性为主。问学不本于德性，则其弊偏于言语训释之末。"② 由此可见吴澄非常提倡陆九渊的"尊德性"，他也因此遭人讥讽"非朱学"。

但纵观吴澄的言论，他在"尊德性"与"道问学"之争中表现出的是一种调和的态度，并未偏执一方。吴澄认为"尊德性"与"道问学"并行不悖，不可分离的；他将"尊德性"称为德性，"道问学"称为问学，他说："德性者，我得此道以为性，尊之如父母，尊之如神明，则存而不失，养而不害。然又有进修之方焉。盖此德性之内无所不备。而理之固然，不可不知也；事之当然，不可不行也。欲知所固然，欲行所当然，舍问学奚可？"③ 在吴澄的解释中，德性中包含了事物的道理，是明道

---

① ［清］黄宗羲原著，［清］全祖望补修，陈金生、梁运华点校：《宋元学案》卷五十八《象山学案》，第1885页。
② ［元］虞集：《道园学古录》卷四十四《故翰林学士资善大夫知制诰同修国史临川先生吴公行状》，《文渊阁四库全书》第1207册，第627页上下。
③ ［元］吴澄：《吴文正集》卷四十三《凝道山房记》，《文渊阁四库全书》第1197册，第457页上。

的根本，而想要真正知所固然，行所当然的途径，那必须是问学，所以在这里得出，吴澄眼中的"尊德性"与"道问学"不可偏废。冯云濠《宋元学案补遗》中记载："先儒以为陆氏主尊德性，朱氏主道问学，然尊德性、道问学未始可以偏废。故临川吴氏《学基》《学统》之篇所由作也。"① 吴澄还认为为学的最终目的是"凝道"，而"尊德性"与"道问学"都是"凝道之方"②，两者只是方法上有所不同，虞集评价吴澄著述《学基》《学统》的原因时有言："门人众多，浩不可遏，各以其所欲而求之，各以其所能而受之，盖不齐也。乃著《学基》一篇，使知德性之当尊，著《学统》一篇，使知问学之当。"③ 故而在吴澄看来，尊德性和道问学的传授只是不同的方法而已，是根据不同人的才智、志向决定的，并不是完全对立的，所以不可偏废任何一个。

虽然吴澄认为"尊德性"和"道问学"不可偏废，但是在重视程度上还是有所差别，吴澄将"尊德性"称为"进德"，将"道问学"称为"进学"，说"进德在于克己，以变气质，进学在于穷理，以长识虑"④，而在被问及孰轻孰重时吴澄又言："学外乎德，非君子之学。"⑤ "尊德性"为君子之学，是为学的根

---

① ［清］王梓材、冯云濠编撰，沈芝盈、梁运华点校：《宋元学案补遗》卷九十二《草庐学案补遗》，第5514页。
② ［元］吴澄：《吴文正集》卷四十三《凝道山房记》，《文渊阁四库全书》第1197册，第456页下。
③ ［元］吴澄：《吴文正集》附录，《文渊阁四库全书》第1197册，第954页下。
④ ［元］吴澄：《吴文正集》卷九《字说·玉元鼎字说》，《文渊阁四库全书》第1197册，第107页下。
⑤ ［元］吴澄：《吴文正集》卷四十四《种德堂后记》，《文渊阁四库全书》第1197册，第464页上。

本。同时吴澄在教育学生时言:"学者来此讲问,每先令其主一持敬,以尊德性,然后令其读书穷理,以道问学;有数条自警省之语,又拣择数件书,以开学者格致之端,是盖欲先反之吾心,而后求之五经也。"① 在吴澄处为学最先要做的是"持敬",这便把"尊德性"提升为为学的根本,是"道问学"的前提条件②,在这一点上,吴澄更倾向于陆学的尊德性。

吴澄的理学思想是宋代理学的延续和发展,他在辨析朱陆后学争斗原因及总结朱陆思想异同的基础上,提出了"和会朱陆"的思想,这一点是毋庸置疑的,但是学界关于吴澄学派的归属问题分歧很大。这里我们其实不必要强行地定义吴澄是"兼宗朱陆",还是"宗陆背朱",抑或是"融陆入朱"③,我们真正需要关心的是吴澄在元代理学发展中的地位和贡献。他既维护朱学的道统体系,同时又用陆学思想补充朱学的弊端,这些贡献在理学发展史上是不可磨灭的。吴澄"和会朱陆"的思路也影响了虞集、元名善等弟子们④。吴澄打破门户之见,不固守一家之言,兼取诸家之长,尤其是陆学,以补朱学之短,为明代理学的发展做出

---

① [清]黄宗羲原著,[清]全祖望补修,陈金生、梁运华点校:《宋元学案》卷九十二《草庐学案》,第3041页。

② 吴澄这样的为学方法论与程颐曾提出的"涵养需用敬,进学则在致知"有相似之处(《二程集》卷十八《二程遗书》,第188页)。

③ 参见吴立群:《吴澄哲学思想研究综述》,《孔子研究》2007年第2期。

④ 虞集是元代重要的文学家,当然在理学方面也有很深的造诣,他在吴澄的影响下也赞同"和会朱陆"的思想,曾言:"陆先生之兴,与子朱子相望于一时,盖天运也,其于圣人之道,互有发明。"(《东山存稿》卷二《对问江右六君子策》,《文渊阁四库全书》第1221册,第193页下)不但如此,虞集还认为朱熹晚年已经认识到"支离"的繁琐,在一定程度上转向"直求本心",这是在婉转地说明朱熹在调和朱陆矛盾,详见《道园学古录》卷四十《跋朱先生答陆先生书》,《文渊阁四库全书》第1207册,第572页下。

重要贡献,可谓宋代程朱理学过渡到明代王学的关键人物。

三 "融朱入陆"——史蒙卿、郑玉的和会思想

许衡、刘因的"暗合朱陆"及吴澄的"宗朱兼陆"虽在会通方式上有所不同,但他们在学术统绪中都是朱学传人,在以传播朱学为己任时,兼取陆学以补朱学之不足。而此时还有另外一批人,他们按照师承应属陆学传人,但是在朱学强大的感染力下逐渐接受朱学,以朱学补陆学,也有称之为"宗陆兼朱"。这其中的代表人物有史蒙卿和郑玉[①]。

史蒙卿(?—1306),字景正,鄞县(今浙江宁波)人,史弥巩的孙子,是四明史氏重要的代表人物[②]。史蒙卿生活在宋元易代之时,大德十年(1306)去世的史蒙卿在元代"讲道不辍,从者益众"[③],他在元代理学的影响力比较大。史蒙卿十二岁入国子学,精通《春秋》《周官》,著有《清静集》,程端礼、程端学兄弟皆从学史蒙卿。

史蒙卿出生在鄞县,四明地区陆学昌盛。全祖望说:"吾乡学者,杨、袁之徒极盛,史氏之贤喆,如忠宣公、文靖公、独善

---

① 侯外庐、邱汉生、张岂之主编,张岂之修订的《宋明理学史》中认为,史蒙卿、郑玉二人是陆学中引入朱学思想的代表,将朱学致知笃实的工夫引入陆学,完善陆学(第714页)。倡导"朱陆合辙"的陆学传人刘埙已在第三章第一节论述,此处不再赘述。

② 史蒙卿的师承较为复杂,根据《宋元学案·清静学案》前谱系所言,史蒙卿是"独善孙。小阳、深宁门人。莲塘、潜斋、进斋再传。晦翁、迂斋、慈湖、节斋、真西山二传。白水、籍溪、屏山、延平、东莱、象山、詹氏、蔡西山四传。"这其中有朱学,也有陆学后学。

③ [元]袁桷撰,杨亮校注:《袁桷集校注》卷二十八《清静处士史君墓志铭》,第1366页。

先生……皆杨、袁门下杰然者也。"① 但史蒙卿学术思想却因受到朱学的影响而发生转变,后人称其为"由陆入朱"。正如黄宗羲所说:"四明史氏皆陆学,至静清始改而宗朱,渊源出于莲塘暖氏。"② 史蒙卿是四明史氏崇尚朱学的开端。史蒙卿著书立说注重明体达用,推崇朱熹缜密的为学工夫:"每教学者皆以朱子日用自警诗揭于座右,其诗曰:'圆融无际大无余,即此身心是太虚。不向用时勤猛省,却于何处味真腴。寻常应对尤须谨,造次施为莫放疏。一日洞然无别体,方知不枉费工夫。'"③ 史蒙卿模仿朱熹以诗句自警,可见朱熹思想在其心中的地位。

但是仅仅以此便言史蒙卿"由陆入朱"却有偏颇,据《清静学案》中的记载,我们能看出来,史蒙卿并非完全背离陆学。首先,在看待本心的问题上,史蒙卿仍坚持陆学心即理的观点,其言:"人心虚灵,天理具足,仁义礼智皆吾固有。"④ 在这里,人心具有天理这个宇宙本原的属性,同时具有道德属性。在这样的前提下,史蒙卿将进修学问的四个重要部分定义为"一曰尚志,二曰居敬,三曰穷理,四曰反身"⑤。"尚志",程颐曾言:"言学便当以道为志,言人便当以圣为志,苟此志不立,而惟流

---

① [清] 黄宗羲原著,[清] 全祖望补修,陈金生、梁运华点校:《宋元学案》卷八十七《清静学案》,第2912页。
② [清] 黄宗羲原著,[清] 全祖望补修,陈金生、梁运华点校:《宋元学案》卷八十七《清静学案》序,第2910页。
③ [清] 黄宗羲原著,[清] 全祖望补修,陈金生、梁运华点校:《宋元学案》卷八十七《清静学案》,第2912页。
④ [清] 黄宗羲原著,[清] 全祖望补修,陈金生、梁运华点校:《宋元学案》卷八十七《清静学案》,第2911页。
⑤ [清] 黄宗羲原著,[清] 全祖望补修,陈金生、梁运华点校:《宋元学案》卷八十七《清静学案》,第2911页。

俗之徇，利欲之趋，则终身堕于卑陋，而不足与诣高明光大之域矣。"① 言为学必先立志，所以唐宇元将其类比为陆九渊"先立乎其大"②。而"居敬""穷理""反身"则是具体认识的表现，史蒙卿认为天理具于人心之中："圣贤之所以为圣贤者，非自外而得之也，苟能端庄静一以涵养之，则志气清明，义理昭著，而人欲自然退听。"③ 所以居敬涵养即可以达到"义理昭著"，这在一定程度上延续了陆学向内索求的修养方法。而相比于陆学的仅靠直求本心的涵养方式，史蒙卿则吸收了朱学的"格物穷理"，他认为："然一心之中，虽曰万理咸具，天叙天秩，品节粲然，苟非稽之圣贤，讲之师友，察之事物，验之身心，以究析其精微之极至，则知有所蔽，而行必有所差，此《大学》之诚意、正心、修身所以必先格物、致知，《中庸》之笃行所以必先博学、审问、慎思、明辨也。"④ 用格物致知的具体方法探究世间真理，只不过此处的穷理并非穷心外之理，而是"浑然于吾心"的理，这样就解释了最后的"反身"，史蒙卿的格物穷理有别于朱熹，是在陆九渊心本论的基础上格心中之物，穷心中之理。

虽然在思想上史蒙卿有朱学倾向，体现在他吸收了朱熹格物穷理的工夫论的方法上。但是从其"尚志""居敬""穷理""反身"的方法论上看仍是坚持陆学的立场，他没有像陆九渊那样以静坐、反观来达到只求本心，只是在一定程度上吸收了朱学

---

① ［清］黄宗羲原著，［清］全祖望补修，陈金生、梁运华点校：《宋元学案》卷八十七《清静学案》，第2911页。
② 侯外庐、邱汉生、张岂之主编，张岂之修订：《宋明理学史》中，第713页。
③ ［清］黄宗羲原著，［清］全祖望补修，陈金生、梁运华点校：《宋元学案》卷八十七《清静学案》，第2911页。
④ ［清］黄宗羲原著，［清］全祖望补修，陈金生、梁运华点校：《宋元学案》卷八十七《清静学案》，第2911页。

的下学功夫，其为学的立足点仍是陆学。正如他说："天理愈微，本心一亡，亦将何所不至哉！"① 史蒙卿是在陆学的基础上吸收朱学以补其短，在一定程度上防止陆学落入禅学所谓"顿悟"的窠臼。

与史蒙卿相似的另一个理学家是郑玉②，前文探讨了郑玉在徽州地区受到朱学的影响，具有浓厚的朱学思想，但是按其师承，郑玉自己曾经回忆说："余往年尝留淳安，见其间深山长谷，多先生长者，因就学焉而有所得。则余之学也，亦淳安之学耳。今因执事而详陈之。仆于朝阳，则师之矣。大之、君实，则友之者也。盖学问本朝阳，而文字与大之相表里，君实又往来谈论赞襄之力惟多。"③ 又按《宋元学案》言其为"夏大之、吴朝阳、洪复翁"门人，《宋元学案·慈湖学案》记载："郑师山之学于淳安也，尝曰：'朝阳先生，吾师之；复翁、大之二先生，吾所资而事之；本一，吾友之。'"④ 我们可以看到朝阳为吴暾，大之是夏溥，复翁是洪震老，吴暾、洪震老为夏希贤的门生，夏溥则为希贤的儿子。希贤从学于史弥坚，史弥坚学于慈湖杨简，慈湖则是象山门人。所以在师承关系上，郑玉是象山后传毋庸置疑。郑玉的陆子后学身份，加上他对朱熹学术的了解，使得他能够更好地指出朱陆的异同，和会朱陆。所以全祖望说"继草庐

---

① ［清］黄宗羲原著，［清］全祖望补修，陈金生、梁运华点校：《宋元学案》卷八十七《清静学案》，第2912页。
② 第二章第二节内容笔者论述了郑玉在徽州地区受到朱学的影响，所表现出来的朱学思想，本处侧重探讨郑玉的"和会朱陆"思想。
③ ［元］郑玉撰：《师山集》遗文卷三《答童一清书》，《文渊阁四库全书》第1217页，第85页上。
④ ［清］黄宗羲原著，［清］全祖望补修，陈金生、梁运华点校：《宋元学案》卷七十四《慈湖学案·隐君洪复翁先生传》，第2514页。

而和会朱陆之学者，郑师山也"①。

郑玉生活在徽州，受到朱学的影响，不过这并没有让他放弃对陆学的传承，郑玉的思想中也保留着大量的陆学思想内涵。在郑玉的文集中经常透露出陆九渊心学思想的端绪，他在《肯肯堂记》中说："天地一万物也，万物一我也……所谓天地万物皆吾一体。"② 这与陆九渊"宇宙即吾心"的说法有一以贯之之处；同时在认识论上，郑玉讲"诚、敬"，其言"自持立心，以诚敬为本"③。这与朱熹的格物致知不同，更接近陆九渊的"易简工夫"。

郑玉论证和会朱陆的方式第一步与吴澄相似，都是解释朱陆异同，肯定两家在历史上的地位。郑玉对朱熹和陆九渊的评价都很高，他说："及其至也，三纲五常，仁义道德，岂有不同者哉？况同是尧舜，同非桀纣，同尊周孔，同排释老，同以天理为公，同以人欲为私，大本达道，无有不同者乎！"④ 在郑玉看来，朱陆在本质上是一致的，都是扶植纲常名教，都推崇孔孟之道；都主张存天理灭人欲，最终所追求的都是天理，而其所不同的只是治学的方法和路径，在这一点上郑玉说："方二先生相望而起也，以倡明道学为己任。陆氏之称朱氏曰江东之学，朱氏之称陆氏曰江西之学。两家学者各尊所闻，各行所知。今二百余年，卒

---

① [清] 黄宗羲原著，[清] 全祖望补修，陈金生、梁运华点校：《宋元学案》卷九十四《师山学案序》，第3125页。
② [元] 郑玉：《师山集》卷四《肯肯堂记》，《文渊阁四库全书》第1217册，第30页下。
③ [元] 郑玉：《师山集》附录《师山先生郑公行状》，《文渊阁四库全书》第1217册，第102页下。
④ [元] 郑玉：《师山集》卷三《送葛子熙之武昌学录序》，《文渊阁四库全书》第1217册，第25页上。

未能有同之者。以予观之,陆子之高明,故好简易。朱子之质笃实,故好邃密。各因其质之所近,故所入之途不同尔。"① 朱熹学术的"笃实"与陆九渊学术的"易简"仅仅是治学方法和途径的不同,引起不同的原因是其"质"的不同,即天资禀赋所不同,相比之下朱陆思想的同重于异。

郑玉解释了朱陆两家势同水火的原因时,也认识到后学传承的重要性。吴澄认为朱陆两家之争源于"二家庸劣之门人,各立标榜,互相诋訾"②。郑玉也有相似论述,郑玉认为朱陆后学不去寻求朱陆的相同点,而是"各尊所闻,各行所知。今二百余年,卒未能有同之者"③,同时"后之学者,不求其所以同,惟求其所以异,江东之指江西,则曰此怪诞之行也。江西之指江东,则曰此支离之说也。而其异益甚矣,此岂善学圣贤者哉"④。两家后学只寻求相互之间的不同,并进行攻击,在郑玉看来,这些人不是"善学"者,造成的后果是"近时学者,未知本领所在,先立异同。宗朱子则肆毁象山,党陆氏则非议朱子。此等皆是学术风俗之坏,殊非好气象也"⑤。后学间相互攻击,互相诋毁,为了区别两家学术甚至是歪曲史实、标新立异,这样做只会影响两家的学术发展。

---

① [元]郑玉:《师山集》卷三《送葛子熙之武昌学录序》,《文渊阁四库全书》第1217册,第25页上。
② [元]吴澄:《吴文正集》卷二十七《送陈洪范序》,《文渊阁四库全书》第1197册,第290页上。
③ [元]郑玉:《师山集》卷三《送葛子熙之武昌学录序》,《文渊阁四库全书》第1217册,第25页上。
④ [元]郑玉:《师山集》卷三《送葛子熙之武昌学录序》,《文渊阁四库全书》第1217册,第25页上。
⑤ [元]郑玉:《师山集》遗文卷三《与汪真卿书》,《文渊阁四库全书》第1217册,第83页下。

第三章 会通中发展：元代陆学传承与"和会朱陆"思想的创新

相对吴澄和会朱陆中仅仅是对朱陆两家的异同进行分析，郑玉的和会思想更为深入，源于对朱陆学说的理解。郑玉能够更深刻地理解朱陆和会的真谛，他不仅仅看到了朱陆两家的异同，以此来调和朱陆，更是深层次地看到朱陆两家的优劣，取长补短，完善两家学术，这一点在朱陆和会中是一个重要倾向，被学者称为最得朱陆学旨①。郑玉认为朱陆两家学术虽然都直承孔孟，但是不可避免会有弊端，他认为："二家之学亦各不能无弊焉。陆氏之学，其流弊也，如释子之谈空说妙，至于卤莽灭裂，而不能尽夫致知之功。朱氏之学，其流弊也，如俗儒之寻行数墨，至于颓惰委靡，而无以收其力行之效。然岂二先生立言垂教之罪哉？盖后之学者之流弊。"② 郑玉直接指出陆九渊的学说虽然"易简"，但是过于"谈空说妙"，近于禅学，这也是宋代理学批判心学的主要原因；而朱熹虽然为学"笃实"，但是支离泛滥，流于俗儒。朱陆后学没有正视这个弊端，反而相互攻击，以至于陆学走向"狂禅"，朱学滥于"支离"。郑玉认为和会朱陆思想不但要了解异同，还要取彼之长补己之短。朱学、陆学各有所长，朱学善"笃实"，陆学尚"简易"，故而郑玉认为："朱子之说，教人为学之常也。陆子之说，高才独得之妙也"③，"某尝谓陆子静高明不及明道，缜密不及晦庵。然其简易光明之说亦未始为无

---

① 参见侯外庐、邱汉生、张岂之主编，张岂之修订：《宋明理学史》中册，第711页。
② ［元］郑玉：《师山集》卷三《送葛子熙之武昌学录序》，《文渊阁四库全书》第1217册，第25页下。
③ ［元］郑玉：《师山集》卷三《送葛子熙之武昌学录序》，《文渊阁四库全书》第1217册，第25页上。

见之言也"①。他既指出了朱陆的优点,又点明其不足,认为只有在朱陆两者相互补充的前提下才能促进学术的发展,"学者自当学朱子之学,然亦不必谤象山也"②。郑玉和会朱陆的思想相较吴澄、虞集等人,更为合理和公允,这也影响到后来学者。后来学者如程敏政、王阳明等,都认为朱陆"早异晚同"。

本章小结

  广义的理学包含程朱理学和陆王心学,元代程朱理学随着赵复北传开始广泛传播。元仁宗恢复科举,拟定程朱理学为考试内容,而陆学却随着陆九渊的去世及再传弟子数量的减少而逐渐衰败。但是仍有少数传人在夹缝中努力延续着陆学的传统,使陆学虽然不及程朱理学的兴盛,但也未曾销声匿迹。陆学的传人在传承陆学思想时也在一定程度上运用朱学思想来弥补自身的不足,如刘埙吸收了朱熹的"气"学思想完善了他的宇宙生成论,并提出"朱陆合辙"来宣传陆学。这样的创新不但延续了陆学余绪,也开启了明代王阳明"朱子晚年定论"的先河。

  另一方面,自许衡起,学者逐渐认识到理学发展的弊端,开始自觉地取朱陆两家思想进行比较。随着认识的加深,吴澄、郑

---

① [元]郑玉:《师山集》遗文卷三《与汪真卿书》,《文渊阁四库全书》第1217册,第83页下。
② [元]郑玉:《师山集》遗文卷三《与汪真卿书》,徐远和根据此言论将郑玉定义为"宗朱不谤陆",与黄宗羲《宋元学案》中所定论其"右朱"有相似处,但是纵观郑玉的学术思想,虽然他提倡"朱陆和会",但是陆九渊的"本心论""反观自悟"的认识论等在其思想体系中并没有被忽视,因此郑玉在和会朱陆思想中应该是以陆九渊的本心论为主,吸取朱熹笃实的下学功夫。

玉等人相继提出"和会朱陆"的思想,这是元代理学家在思想上创新的重要表现。他们抛弃门户之见,对两家学术进行公允地比较,并取长补短,调和朱陆两家"道问学"与"尊德性"之间的矛盾,发挥朱学"笃实"、陆学"易简"的特色,扬两家之长。"和会朱陆"思想的产生一定程度缓解了朱学滥于"支离"、陆学走向"狂禅"的弊端,增加了两家学术的生命力,为明清理学的发展延续了生命。

第四章 文化认同：元代少数民族士人对理学的认知与传播

理学的产生和发展主要归功于汉族士人群体，而古代少数民族士人受限于自身的文化水平、知识结构及宗教信仰等多方因素影响，并未对理学有足够的认识。元朝建立以后，政府颁布四等人制，将人明确划分为蒙古人、色目人、汉人、南人四个等级，教育、生活等都按照等级来规定。森严的等级制度早期也影响了文化知识的传播，但是相对宽容的文化政策使多民族开始相互交流，文化隔绝的状态在逐渐改变。因统治者的重视，汉文化在少数民族中得以传播，蒙古人、契丹人、女真人等都存在不同程度的汉化表现。元中后期，少数民族的汉化程度已经达到一个高峰，魏复古曾言："征服的状态既不能隔绝民族之间的交流，亦无法阻止少数民族受到汉文化广泛而深远的影响。"[①] 此时出现了大量深谙汉文化的少数民族士人，他们形成了一个新的士人阶

---

① 萧启庆：《内北国而外中国：蒙元史研究（代序部分）》，北京：中华书局，2007年版，第14页。

层，他们与汉人集团有着千丝万缕的联系①。文化交融与少数民族士人群体的产生为理学在少数民族中传播奠定了基础。在许衡等人的努力下，理学进入国子监，并在众多理学家的努力下上升为官方学术，从学者中不乏少数民族士人，这样就使理学思想传播的范围也在不断地扩大。

这一现象的显著表现就是少数民族士人中出现了许多倡导理学的学者，当然这其中也包含对理学持批判态度的人。这些人包含蒙古人、色目人等，他们都在通过不同的方式接受并传播理学。相对宋代，理学在元代的传播更为广泛，受众面更大，这是元代理学的又一特色，本章就以理学在少数民族士人中的传播为中心，论述理学在多民族间文化认同上作的贡献。

第一节 耶律楚材对理学的批判

少数民族名臣中倡导儒学的士人很多，他们在鼓吹"以儒治国"方针中出力甚大，这其中就包括精通儒术的契丹后裔耶律楚材。他虽提倡汉法、倡导儒术，但是却对理学持否定态度，本节从耶律楚材所处社会背景与个人学术志趣等方面探讨耶律楚材的儒学观，以及他批判理学态度的根源。

耶律楚材（1190—1244），字晋卿，号湛然居士，是元初重要的思想家、政治家。楚材三岁父亡，由其母杨氏抚养成人。耶律楚材秉承家学，精习汉文，"博极群书，旁通天文、地理、律

---

① 萧启庆就此提出了"多族士人圈"的概念。参见萧启庆：《内北国而外中国：蒙元史研究（代序部分）》，第14页。

历、术数及释老、医卜之说，下笔为文，若宿构者"①。

一 批判的理学观

儒学发展至宋代，经过周敦颐、程颢、程颐、邵雍、张载等学者广泛地吸收佛教、道教等其他理论学说，开创了有别于汉唐儒学的理学；到南宋时，朱熹、吕祖谦、张栻为代表的理学家们进一步完善了理学的理论。耶律楚材崇尚儒学，亦接触到了理学的部分内容，但他对理学持批判态度，而且措辞激烈。他在为李纯甫的《鸣道集说》所作的序中说：

> 江左道学倡于伊川昆季，和之者十有余家，涉猎释、老，肤浅一二，著《鸣道集》，食我园椹，不见好音，诬谤圣人，聋瞽学者。噫！凭虚气，任私情，一赞一毁，独去独取，其如天下后世何！屏山哀矜，著《鸣道集说》，廓万世之见闻，正天下之性命，发挥孔圣隐幽不扬之道，将攀附游龙，骎骎乎吾佛所列五乘教中人天乘之俗谛疆隅矣！鸣道诸儒力排释老，弃陷韩欧之隘党，孰如屏山尊孔圣与释老鼎峙耶！诸方宗匠皆引屏山为入幕之宾，鸣道诸儒钻仰藩垣，莫窥户牖，辄肆浮议，不亦僭乎！余忝历宗门堂室之奥，恳为保证，固非师心昧诚之党。如谓不然，报惟影响耳。②

---

① [明]宋濂：《元史》卷一百四十六《耶律楚材传》，第3455页。
② [元]耶律楚材撰，谢方点校：《湛然居士文集》卷十四《屏山居士鸣道集说序》，第308页。"《诸儒鸣道集》七十二卷，右集濂溪、涑水、横渠、二程、上蔡、龟山、横浦诸公议论著述也，于中有江民表《心性说》一卷，安正《忘筌集》十卷，崇安《圣传论》二卷。"参见《郡斋读书志附志》。

耶律楚材在为李纯甫作的序文中，将斗争锋芒直指"江左道学"，批判理学"僭""浮""私"等病痛①。他认为理学"助长揠苗于世典，饰游辞称语录，斁禅惠如敬诚"，实质上是剽窃佛道思想，而且所学仅"肤浅一二"；而又"凭虚气、任私情"，只以个人喜好为依据去取诸家学说；以此议论著书，诬谤佛道而陷儒学于狭隘境地。《佛祖历代通载》卷二十对此序文也有记载，有两句话未载于《湛然居士文集》，曰："张无尽谓：'大孔圣者，莫如庄周'""张无尽又谓：'小孔圣者，莫如孔安国'"。张无尽即宋代贤相张商英，耶律楚材借张商英的话来说明他的观点，在他心中，江左道学人士背离了孔孟儒学的实质而尊奉韩愈、欧阳修等人，以儒学正统自居，这是僭妄的表现。

《鸣道集说序》基本阐述了耶律楚材对理学批评的主要内容，接下来叙述他批评道学的心态和立场，作为后文分析的依据。耶律楚材以"江左"与道学连称，其时宋室偏安江南，这样的称呼对道学不无轻视。楚材有言："针江左书生膏肓之病。为中原士大夫有斯疾者，亦可以为之发药矣。"此时金在北方，耶律楚材以中原与江左对举，以士大夫与书生对举，认为道学并非中原正统，而只是书生之学。在此基础之上，耶律楚材抱持着补偏救弊、扶持"北方正学"的心态对理学进行批判。

当然耶律楚材并没有对道学人士一概否定，也并非完全拒绝接触带有道学内容的学术思想。史传称他曾钻研邵雍的《皇极

---

① 学界在这一点上有些不同见解，魏崇武在《论耶律楚材的散文创作》（《民族文学研究》2006年第1期）中认为，耶律楚材对于理学的早有不满，但是并未真正进行实质性的批判，理由是："《鸣道集说》是李纯甫晚年的著作，从他问世到楚材作序至少又过了十一二年"。本节涉及的是耶律楚材对理学的态度及其成因，从此文足以看出耶律楚材的态度。

经世书》，并以历算推步之学阐述《皇极经世书》，作《皇极经世书义》。他也曾说："余忝历宗门堂室之奥，恳为保证，固非师心昧诚之党。"可见耶律楚材本人力图避免在批评道学"私浅"的同时，落入"私浅"的局限。耶律楚材强调李纯甫的论点近乎"五乘教中人天乘之俗谛"，五乘教为佛祖所列五种教义，包含"缘觉""声闻"等，"人天乘"则为其中最简易的一类，专为大众而设，"俗谛"也是佛教用于接引大众的浅显道理。耶律楚材虽然如此盛赞《鸣道集说》，在肯定之中又有所保留，暗含自身"不叛名教，发挥孔孟幽隐不扬之道"之外另有正法的意蕴，显然是自信于自己站在公允的学术立场上批判道学。不同于李纯甫对道学家或有称赞，耶律楚材直接以"浅""私""僭"否定"江左道学"的意义，并以此警戒中原学术，表现出其以正统自居、批判理学的倾向。而耶律楚材批判理学的思想渊源，应当与此时期的时代文化背景与学术志趣对他这种学术信念的作用有关。

二　金元之际章句训诂之风

耶律楚材生于金章宗年间，他的前半生都生活在金朝统治之下，金代学术的发展对耶律楚材影响之大可想而知，当然对其理学观也有深刻影响。宋室南渡、理学南迁，理学大家辈出，促使理学在南宋统治地区进一步发展壮大；而金朝统治的北方地区的儒学发展则走上了另一条道路。南北学术出现明显差异，南方由朱熹集大成的理学兴盛至极，而北方则推崇苏轼蜀学，是所谓

"程学行于南，苏学行于北"①。

金朝立国后逐步接受了汉族的文化，并且承袭了辽和北宋的儒学，在其统治区域进一步加强对儒家文化的学习。经过太祖、太宗、熙宗的努力，金朝在政治制度上逐步实现封建化。金海陵王时期开始注重文化建设，这其中就包含兴孔教、尊儒学、办学校、编经籍，并且通过科举招揽大量儒生，为政治服务。海陵王天德三年（1151），国子监开始刊印古籍，包括《易》《书》《诗》《礼记》《周礼》《孝经》《左传》等，而这些经籍的版本皆选用汉唐时期重要的注疏本，金朝并以此作为法定的教材，《金史·选举志》记载：

> 凡经，《易》则用王弼、韩康伯注，《书》用孔安国注，诗用毛苌注、郑玄笺，《春秋左氏传》用杜预注，《礼记》用孔颖达疏，《周礼》用郑玄注、贾公彦疏，《论语》用何晏集注、邢昺疏，《孟子》用赵岐注、孙奭疏，《孝经》用唐玄宗注。②

科举考试选取的教材为汉唐注疏，考试成绩的判定也更重视经注的熟习程度与辞章优劣，这就从官方角度抑制了义理之学的发展。随后海陵王变革科举考试科目，金朝科举更加重视词赋，也加剧了这一负面影响。海陵王三年（1124）"罢经义策试两科，专以词赋取士"③。虽然世宗大定二十八年（1188）恢复经义科，但是重词赋之风已在士人中弥漫开来。相比之下，士人对

---

① ［清］翁方纲：《石洲诗话》卷五，《续修四库全书》第1704册，第188页。
② ［元］脱脱：《金史》卷五十一《选举一》，第1131页。
③ ［元］脱脱：《金史》卷五十一《选举一》，第1135页。

儒家经典中更深层次内涵知之甚少。当时流行于北方的蜀学重视辞章的倾向亦是如此，此举削减了士人探讨儒学义理的兴趣。生活在这样文化氛围中的耶律楚材，在经史辞章等内容上倾注了大量精力。

直到金末章宗朝时，这种重辞章之风才稍有改变，这一转变主要表现为大量的理学典籍北传[①]，郝经《太极书院记》中所述："金源氏之衰，其书（主要指程朱理学著作）浸淫而北。赵承旨秉文、麻征君九畴始闻而知之，于是自称道学门弟子。"[②]二程、朱熹、张栻等人的书籍都在这时传入北方，其中最为典型的要数金代诸生傅起将张九成的著作与张载的《东铭》《西铭》，以及刘子翚的《圣传论》合编的《道学发源》一书[③]。这些书籍的传入使理学在金朝的影响扩大，许多儒士开始以道学人士自居。但是由于金朝儒学重视词赋及佛老之教长期影响士人思想，理学仍然不能被完全接受。许多北方儒学大家，他们对于理学的态度也不是完全的肯定，这其中就有我们熟知的赵秉文、王若虚、李纯甫等人。

王若虚曾在《论语辨惑序》中对理学的功过进行评定："宋儒之议论不为无功，而亦不能无罪焉。彼其推明心术之微，剖析义利之辨，而斟酌时中之权，委曲疏通，多先儒之所未到，斯固有功矣。至于消息过深，揄扬过侈，以为句句必涵气象，而事事

---

① 田浩的《金代的儒教——道学在北部中国的印迹》（《中国哲学》14 辑）认为金朝理学北传约在 12 世纪 90 年代。
② [元] 郝经撰，邱居里、赵文友点校：《郝文忠公陵川文集》卷二十六《太极书院记》，《儒藏精华编》第 245 册，第 438 页。
③ [金] 赵秉文：《滏水集》卷十五《道学发源引》，《文渊阁四库全书》第 1190 册，台北：商务印书馆，1986 年版，第 237 页下。

皆关造化，将以尊圣人而不免反累，名为排异端而实流于其中，亦岂为无罪也哉？至于谢显道、张子韶之徒，迂谈浮夸，往往令人发笑。噫，其甚矣。"① 他既肯定理学家对儒学的深层次内涵有深刻的剖析，但是又认为程门后学的谢良佐、张九成"迂谈浮夸"。赵秉文则徘徊于儒佛之间，褒奖周、程对性命义理的探讨之精微，同时又反对理学只探讨性命义理的"空疏"。作《鸣道集说》的李纯甫也曾言："至如刘子翚之洞达、张九成之精深、吕伯恭之通融、张敬夫之醇正、朱元晦之峻杰，皆近代之伟人也。……其论佛老也，实与而文不与，阳挤而阴助之，盖有微意存焉。唱千古之绝学，扫末流之尘迹，将行其说于世，政自不得不尔。"② 李纯甫在肯定理学家们有过人之处的同时，也指责理学家对待佛老态度表里不一；故而他更强调佛老思想在义理深层的重要作用。这些北方学者对理学的评论虽然各有不同，但其立场却都站在金朝学术固有的传统之上。金末理学经典的北传并未完全改变金初奠定的学术基础，对当时北方士人的影响有限。长期浸染于北方学术风气下的耶律楚材更注重儒学的经史辞章，缺少对更深层次思想内涵的理解，因而对刚传入北方的理学这种新学术无法接受。

三 三教融合的思想理念

耶律楚材处在儒释道三教合一思想盛行的时代，这一时期的

---

① [金] 王若虚：《滹南集》卷三《论语辨惑序》，《文渊阁四库全书》第1190册，台北：商务印书馆，1986年版，第290页下。
② [元] 念常辑：《佛祖历代通鉴》卷二十《鸣道集说》，第699页。

士人将出入佛老变成一种时尚。耶律楚材亦是如此，他自幼与佛教就有广泛的接触，他在《琴道喻五十韵以勉忘忧进道》序言中说："余幼而喜佛，盖天性也。"① 耶律楚材对三教合一思想的推崇也是他批判理学思想的重要原因。

万松行秀和李纯甫对耶律楚材的佛学思想有着深刻的影响。万松行秀（1166—1246），宋末元初曹洞宗禅师，号万松老人。行秀思想兼容并包，融合诸家，正如耶律楚材所言："云门之宗，悟者得之于紧俏，迷者失之于识情；临济之宗，明者得之于峻拔，昧者失之于莽卤；曹洞之宗，智者得之于绵密，愚者失之于廉纤。独万松老人得大自在三昧。决择玄微，全曹洞之血脉；判断语缘，具云门之善巧；拈提公案，备临济之机锋。沩仰、法眼之炉鞴，兼而有之，使学人不堕于识情、莽卤、廉纤之病，真间世之宗师也。"② 行秀会通云门、临济、曹洞等宗派，扬其所长。他除了精通佛学外，还涉猎儒道，时人赞他"儒释兼备，宗说精通，辨才无碍"③。在日常生活中行秀常以儒家准则要求自己："虽以禅宗命家，行事却以儒家为准，待师以孝，爱人以德，尊帝以礼。"④

行秀在儒释道三教关系上认为："儒道二教，宗于一气；佛

---

① ［元］耶律楚材撰，谢方点校：《湛然居士文集》卷十二《琴道喻五十韵以勉忘忧进道》，第256页。
② ［元］耶律楚材撰，谢方点校：《湛然居士文集》卷十三《万松老人万寿语录序》，第294页。
③ ［元］耶律楚材撰，谢方点校：《湛然居士文集》卷八《万松老人评唱天童觉和尚颂古从容庵录序》，第191页。
④ 水月斋主人：《禅宗师承记》，台北：圆明出版社，2002年版，第539页。

家者流，本乎一心。"① 将儒道与佛教的关系比作心与气的关系，同时又借圭峰之口言："元气亦由心之所造，皆阿赖耶识相分所摄。"② 阐释"气"由"心"生，"心"是本源，这样一来佛教地位就建立在儒道之上，形成了以佛教为本位的三教融合。这种观点影响了他的俗家弟子李纯甫和耶律楚材。

耶律楚材早年学佛，因仰慕万松行秀的学识遂拜入其门下，万松在给耶律楚材《湛然居士文集》所作序中言："（耶律楚材）大会其心，精究入神，尽弃宿学，冒寒暑，无昼夜者三年，尽得其道。"③ 行秀言耶律楚材"尽弃宿学"，对此学界并非完全认可，但耶律楚材问道行秀学习佛教思想史毋庸置疑。在《西域寄中州禅老》一诗中"恨离师太早，淘汰未精，起乳慕之念，作是诗以寄之"④，以此表达自己"离师太早"，所学"未精"的遗憾，可见行秀在耶律楚材心中的地位甚高。

李纯甫（1185—1231），字纯之，号屏山居士，金元之际著名的思想家，他与耶律楚材皆投身万松行秀门下学习佛学。李纯甫对于佛教的推崇并不是与生俱来的，他的思想经历了儒佛的转变，少年李纯甫有远大的政治抱负，《金史·李纯甫传》记载："少自负其材，谓功名可俯拾，做《矮柏赋》，以诸葛亮、王景略自期""喜谈兵，慨然有经世心"⑤。但是"屏山之才，国家

---

① ［宋］正觉颂古，［元］行秀评唱：《万松老人评唱天童觉和尚颂古从容庵录》卷一《世尊升座》，第228页。
② ［宋］正觉颂古，［元］行秀评唱：《万松老人评唱天童觉和尚颂古从容庵录》卷一《世尊升座》，第228页。
③ ［元］耶律楚材撰，谢方点校：《湛然居士文集》卷首行秀序，第1页。
④ ［元］耶律楚材撰，谢方点校：《湛然居士文集》卷六《西域寄中州禅老》，第126页。
⑤ ［元］脱脱：《金史》卷一百二十六《李纯甫传》，第2735页。

能奖养挈提使议论天下事，其智识盖人不可及"①，当时很少有人能理解他的想法，郁郁不得志的李纯甫转而求佛。耶律楚材在《书金刚经别解后》记载了李纯甫的变化说："屏山先生幼年作排佛说，殆不忍闻。未几翻然而改，火其书作二解，以涤前非。"② 其后李纯甫拜入万松行秀门下钻研佛学。

李纯甫与行秀一样主张三教同源，且三者间佛教占主导地位。他认为："三圣人同出于周，如日月星辰之合于扶桑之上，如江河淮汉之汇于尾闾之渊，非偶然也。其心则同，其迹则异，其道则一，其教则三。"③ 同时李纯甫将佛教地位提升于儒道之上④。有鉴于三教同源的观点，李纯甫对部分理学家吸收佛教思想后继而抨击佛教的行为深感不齿："尝论以为宋伊川诸儒，虽号申明性理，发扬六经、圣人心学，然皆窃吾佛书者也。"⑤ 并且指出理学家吸收佛学思想的荒谬原则："同则以为出于吾书，异则以为诞而不信。"⑥

李纯甫曾编著《鸣道集说》对南宋成书的《诸儒鸣道集》中收录的理学家的言论进行集中批判。并且直言不讳地指出理学家思想中的佛学思想：

> 诸儒阴取其说以证吾书，自李翱始。至于近代，王介甫父子倡于前，苏子瞻兄弟和于后。大易诗书论孟老庄，皆有

---

① ［金］刘祁撰，崔文印点校：《归潜志》卷十二，第139页。
② ［元］耶律楚材撰，谢方点校：《湛然居士文集》卷十三《书金刚经别解后》，第280页。
③ ［清］张金吾编纂：《金文最》卷六十《程伊川异端害教论辩》，北京：中华书局，1990年版，第861页。
④ 参见《湛然居士文集》卷十三《楞严外解序》，第272—274页。
⑤ ［金］刘祁撰，崔文印点校：《归潜志》卷九，第105页。
⑥ ［清］张金吾编纂：《金文最》卷六十《司马温公不喜佛辨》，第859页。

第四章　文化认同：元代少数民族士人对理学的认知与传播

所解。濂溪、涑水、横渠、伊川之学，踵而兴焉。上蔡、龟山、元城、横浦之徒，又从而翼之。东莱、南轩、晦庵之书，蔓延四出，其言遂大。①

在《鸣道集说》中，李纯甫将宋代理学家诸如司马光、二程、张载、朱熹等人与佛相关的言论一一加以批驳，阐述了他对理学家表里不一的愤慨。虽然李纯甫为了避免被指责为恶意的抨击，在书序言中，李纯甫分析了儒释道三家的发展及未来，指明三家同源，而且最终将大道合一；同时在其《鸣道集说》中以自己并非"元丰、元祐之党"为喻，阐述批判原因仅仅是学术争论②。但是《鸣道集说》的出现仍在学界引起轩然大波，作为李纯甫的师弟，耶律楚材自然也受到影响。

对于老庄道家思想，耶律楚材也有涉足。耶律楚材曾读《道德经》，感慨其为"儒、佛之先容"③。而对于道家另外一个代表人物庄子的著作，耶律楚材则言："昔年学道颇得趣，鱼兔入手忘筌蹄，残编断简披《庄子》，日日须当诵《秋水》。"④ 可见他对庄子尤其是其《秋水篇》推崇之情。此外在耶律楚材的著作中也多次出现《易》、"三玄"等词，以及对老子"无为无不为"的探讨，可见耶律楚材对老庄有所研究。

在三教关系上，耶律楚材与李纯甫相似，接受了行秀"三

---

① ［清］张金吾编纂：《金文最》卷四十一《鸣道集说序》，第597页。
② 在《鸣道集说》卷五综述中有言："学者有志于道，先读诸君子之书，始知仆尝用力乎其心，如见仆之此编，又以借口而病诸君子之书，是以瑕而舍玉，以噎而废食，不惟仆得罪于诸君子，亦非仆所望于学者呀。"希望世人理解他的意图，不能对儒学本身产生怀疑。
③ ［元］耶律楚材撰，向达校注：《西游录》卷下，第14页。
④ ［元］耶律楚材撰，谢方点校：《湛然居士文集》卷二《复用前韵唱玄》，第24页。

教合一"的观点。耶律楚材在其文集中多次提到"三圣人教"，即指儒释道三家，他认为三圣人教皆有益于世者，《题西庵归一堂》："三圣真元本自同，随时应物立宗风。道儒表里明坟典，佛祖权宜透色空。曲士寡闻能异议，达人大观解相融。长沙赖有莲峰掌，一拨江河尽入东。"① 《再和西庵上人韵》："不在寻求不在参，谁分西北与东南。云川试入西庵去，三圣元来共一庵。"② 两诗明言三圣"本自同""共一庵"，在耶律楚材心中三教宗旨相同，地位也应相同，所不同的仅仅是"权实"，耶律楚材在《辨邪论序》中说："夫圣人设教立化，虽权实不同，会归其极，莫不得中。"③ 耶律楚材在三教之中尤其重视佛教，将佛教当作自己安身立命的根本，认为佛法是他"忘死生、外身世、毁誉不能动、哀乐不能入"意志品质的源头。

耶律楚材认为："吾夫子之道治天下，老氏之道养性，释氏之道修心，此古今之通议也。"④ 他相信三教各有所长，且最终能够"会归其极"。所以耶律楚材才会认为排斥佛老是一种狭义的行为。并且站在这一立场上，耶律楚材认为李纯甫对理学的批判非常到位，在理学人士反驳李纯甫之时，耶律楚材仍为《鸣道集说》作序，支持李纯甫的观点，耶律楚材也认为江北道学家是窃取佛老思想。耶律楚材在为李纯甫《楞严外解》作的序中再次申明了自己的观点：

---

① ［元］耶律楚材撰，谢方点校：《湛然居士文集》卷二《题西庵归一堂》，第34页。
② ［元］耶律楚材撰，谢方点校：《湛然居士文集》卷七《再和西庵上人韵》，第162页。
③ ［元］耶律楚材撰，谢方点校：《湛然居士文集》卷八《辨邪论序》，第187页。
④ ［元］耶律楚材撰，谢方点校：《湛然居士文集》卷八《寄赵元帅书》，第189页。

吾儒中喜佛乘者固亦多矣，具全信者鲜焉。或信其理而弃其事者，或信其理事而破其因果者，或信经论而诬其神通者，或鄙其持经，或讥其建寺，尘沙之世界，以为迂阔之言，成坏之劫波，反疑驾驭之说，亦何异信吾夫子之仁义，诬其礼乐，取吾夫子之政事，舍其文学者耶？或有攘窃相似之语，以为皆出于吾书中，何必读经然后为佛，此辈尤可笑也！且窃人之财犹为盗，矧窃人之道乎？①

在此序言中耶律楚材明确地发表了对某些儒士的愤慨，抨击他们私下里信佛，从中汲取养分，但是却在大众面前批判佛教思想的行为。面对理学家对佛教表里不一的行径，耶律楚材深感不满，这正是他不遗余力批判理学的主要原因。

四　经世致用的儒学观

耶律楚材既是一名居士，亦是一名饱读诗书的儒士，他对孔孟之道推崇备至，是传统儒学的崇拜者。耶律楚材对儒家学说的选择是非常严格，他注重儒学的实用性，即经世之学，对理学空谈性理的内容并不看重。

耶律楚材主张三教合一，他对儒释道之间不同的功用有着清晰的认识，他认为"以儒治国，以老养性，以佛治心"，三者相辅相成。在他与万松曾有书信往来亦探讨此问题：

> 承手教，谕及弟子有"以儒治国，以佛治心"之语，

---

① ［元］耶律楚材撰，谢方点校：《湛然居士文集》卷十三《楞严外解序》，第272页。

近乎破二作三，屈佛道以徇儒情者。此亦弟子之行权也。教不云乎：无为小乘人而说大乘法，弟子亦谓举世皆黄能，任公之饵不足投也。故以是语饵东教之庸儒，为信道之渐焉。虽然，非屈佛道也，是道不足以治心，仅能治天下，则固为道之余渖矣。……以儒治国，以佛治心，庸儒已切齿，谓弟子叛道忘本矣，又安足以语大道哉！又知稚川子尚以参禅卜之，立见其效。师尝有颂，试招本分钳锤一下，便知真假，正谓此耳！①

行秀崇佛，认为佛法兼治心与国，而耶律楚材则辩解说"以儒治国"只是一种"行权"，"穷理尽性莫尚佛法，济世安民无如孔教"②。在这里凸显了儒家在耶律楚材思想中的经世功用。

耶律楚材所处的时代正值金元易代之际，金朝由盛转衰，蒙古王朝迅速崛起，有意夺取中原一统天下，正是建功立业的好时机。耶律楚材也与传统的儒生一样，有着"治国平天下"的胸怀，这在他的文集中屡有出现：

> 渐惊白发宁辞老，未济苍生曷敢归。(《和移剌继先韵二首［一］》)

> 泽民致主本予志，素愿未酬予恐惶。(《用前韵感事二首》)

> 半纸功名未可呈，无心何处不安生。(《和李振之二首》)

---

① ［元］耶律楚材撰，谢方点校：《湛然居士文集》卷十三《寄万松老人书》，第293页。
② ［元］耶律楚材撰，谢方点校：《湛然居士文集》卷六《寄用之侍郎》，第130页。

勉力自强宜不息，功名何啻泰山高。(《和薛正之见寄》)

未行礼乐常如歉，欲挂衣冠似不情。(《和渔阳赵光祖二诗》)①

在《湛然居士文集》中"功名"二字出现31次，这其中既包含对于功名的渴望，也包含了在取得功名后的得意，以及失意时的沮丧。这些都表明耶律楚材有着强烈的入世情怀。耶律楚材目睹了南宋偏安一隅的积弱形势，以及金朝的政治腐败，于是将建功立业的希望寄托在蒙古王朝。而此时的蒙古王朝真正需要的是一个汉法的引领者，运用儒家治国之道，缓解游牧文明与农耕文明的冲突。相比之下，理学所探讨的是"天理人心""道德性命"等一系列理论，不切实用，显然并不是蒙古王朝此时所需要的理论依据。所以拥有强烈入世情怀的耶律楚材在实用性的儒学与理学的选择上，倾向于经世致用的儒学。

一方面，耶律楚材认为佛学才是形而上的大道，儒学则主要是经世致用的学问；另一方面，这个时代所需要的正是经世致用的传统儒学，而不是探讨心性伦理的理学，在这两者作用下，耶律楚材自然对于空谈心性的理学难以接受。

耶律楚材对于理学的批判态度是在多种因素影响下产生的。金末元初的儒学大环境中，汉唐儒学之风熏染下的耶律楚材崇尚传统儒学，希望通过儒学经世致用的功效达成治国平天下的夙愿，而理学探讨的心性伦理并不能解决现实的问题；更重要的

---

① [元]耶律楚材撰，谢方点校：《湛然居士文集》卷二《和移剌继先韵二首[一]》、卷二《用前韵感事二首》、卷四《和李振之二首》、卷五《和薛正之见寄》、卷十《和渔阳赵光祖二诗》，第21、26、75、94、224页。

是，耶律楚材在万松行秀、李纯甫等人的影响下崇尚佛教，形成儒释道"三教合一"的思想；他对理学家剽窃佛老学说、又对佛老横加指责的行为深感不满。因此耶律楚材对北宋以来形成的理学思想进行了严厉的批判。耶律楚材对理学的批判态度不是个别现象，他代表了一大部分由金入元士人的心态。他们与耶律楚材的经历有类似之处，或深受金朝传统儒学的熏染，或是佛教的拥护者，因而在某种程度上对理学的发展和传播持批判态度。耶律楚材一生虽力排理学，可他的文化主张却促进了以儒家文化为代表的汉文化复兴，间接为日后理学的发展奠定了基础。

第二节 西域少数民族士人对理学的接纳与传播

元代是民族大融合的时代，西域地区是少数民族较多的地区，这其中包含女真、契丹及回回等少数民族，随着元朝汉化思想的扩展，西域地区的少数民族也逐渐接纳了汉文化，陈援庵先生曾对西域地区少数民族汉化做过研究[①]。西域少数民族知识分子在汉族文教事业影响下出现了汉化现象，对儒家文化有一定的理解，当然这其中也不乏一些学者倾心儒学并开始研习理学。

---

① 参见陈垣：《元西域人华化考》，上海：上海古籍出版社，2000年版。

一 西域蒙古、突厥后裔——泰不华、不忽木、伯颜与理学

（一）泰不华

泰不华（1304—1352），字兼善，伯牙吾台氏[①]。初名达普化，文宗赐以今名。世居白野山（今天山附近）。父塔不台，入直宿卫，历仕台州录事判官，遂居于台。泰不华家贫，但不忘其志，自幼有志于学，《元史》称其"好读书，能记问"[②]。泰不华十七岁便获得江浙乡试第一，于次年对策廷试，赐进士及第。泰不华历任秘书监著作郎、江南行台监察御史、中台监察御史、礼部尚书、台州路达鲁花赤等职。方国珍之乱后，"追赠江浙行省平章政事，封魏国公，谥忠介"[③]。

泰不华为人忠勇，陈垣称其有北方人的气概，方国珍叛乱时，泰不华鼓励将士"吾以书生登显要，诚虑负所学。今守海隅，贼甫招徕又复为变，君辈助我击之。其克则汝众功也，不克则我尽死以报国耳"[④]。最终泰不华英勇就义，《元史》详细记载

[①] 伯牙吾台，蒙古人姓氏，陈垣认为伯牙吾台为色目人（见《元西域人华化考》附录《读陈垣氏之〈元西域人华化考〉》，第152页），日本学者桑原骘藏对此有不同看法，认为伯牙吾台族属蒙古族，不当为西域人（见大正五年十二月《满鲜地理历史研究报告》第三所，载箭内博士《元代社会之三阶级》，第420页）。王叔磐、周良霄皆从元朝部族分类等证明泰不华是蒙古人，王叔磐更是从泰不华先祖世系、元代状元名次等详细论证泰不华为蒙古人（参见王叔磐《泰不华传略与族籍考正》，《内蒙古社会科学》1991年第3期）。但因泰不华世居"白野山"即今天山附近，按地域划分为西域人，可以算是西域的蒙古人。
[②] ［明］宋濂：《元史》卷一百四十三《泰不华传》，第3421页。
[③] ［清］黄宗羲原著，［清］全祖望补修，陈金生、梁运华点校：《宋元学案》卷八十二《北山四先生学案》，第2799页。
[④] ［明］宋濂：《元史》卷一百四十三《泰不华传》，第3423页。

其就义经过:"即前搏贼船,射死五人。贼跃入船,复斫死二人。贼举槊来刺,辄斫折之。贼群至,欲抱持过国珍船。泰不华嗔目叱之,脱起,夺贼刀,又杀二人。贼攒槊刺之,中颈死,犹植立不仆,投其尸海中。年四十九年,时十二年三月庚子也。"① 杨维桢、刘基等皆有为泰不华作诗赋歌颂其事迹。

泰不华忠勇且有才学,他还是一位少数民族文人,其科举廷试及第即可说明此点,但是因为其忠勇事迹过于引人注目,使《元史》《宋元学案》② 等重要文献并未记载其学术思想,现今只有从苏天爵所作《答达兼善郎中书》可一窥其学术思想的大概:

> 近承赐教,知久病新愈。夫君子之仕,固欲行其志也,然事之龃龉者十常八九,欲舍而去之,不知者以为忘斯世矣。合下由进士得官二十余年,始以文字为职业,人则曰儒者也。及官风纪,屡行而屡止,孰知其志之所存乎。向谕印祝泌③《皇极经世说》,谨装潢纳上。某尝学于临川吴先生,闻其言曰:"邵康节天人之学也,虽其子弗克传焉。蜀人张行成盖能得其仿佛。行成既没,其学又弗传矣。祝泌生于宋季,所学者风角鸟占之术,特假皇极之名张大之耳。抚州人有传其术者,睹物即知休咎,尝欲以学授予,予弗从而

---

① [明]宋濂:《元史》卷一百四十三《泰不华传》,第3423页。
② [清]黄宗羲原著,[清]全祖望补修,陈金生、梁运华点校:《宋元学案》中记载有两位西域人,其一为卷九十五《萧同诸儒学案》的赵世延,另一个就是卷八十二《北山四先生学案》的泰不华。
③ 祝泌,字子泾,鄱阳人,自号观物老人,现存《观物篇解》五卷,附《皇极经世解起数诀》一卷存世(见《四库全书总目提要》卷一百零八),[清]朱彝尊:《经义考》卷二百七十一记祝泌有《皇极钤》十二卷(《四库全书总目提要》卷一百零八记为"皇极经世钤",第916—917页)。

止。"某又尝学于太史齐公,每见公读邵子书不去手,晚岁又释外篇,令某传录。其言曰:"皇极之名,见于洪范。皇极之数,始于经世书。数非极也,特寓其数于极耳。经世书有内、外篇,内篇则因极而明数,外篇则由数以会极。某尝欲集诸家释外篇者为一书,顾未能也。"又闻国初李徵君俊民、李翰林冶皆能通邵子之书,或言徵君传于河南隐士荆先生,而翰林不知得于何人也。世庙在潜邸时,尝召徵君问之。徵君既亡,复召翰林问之。以某观之,二公不过能通其数耳,而康节之学盖未易言也。故曰:"欲知吾之学者,当于林下相从二十年,方可学也。"因合下求祝泌之书,偶言及此。①

从这段文字中我们可以略见泰不华的师承及研习汉文化的经历。首先在文中有记载"某(泰不华)尝学于临川吴先生","吴先生"即指元代理学家吴澄,泰不华从学于吴澄,并在其处了解了邵雍的象数理学;而结合《宋元学案·金华四先生学案》又知泰不华师从周仁荣,周仁荣,字本心,师从杨珏,王柏续传,泰不华亦可谓北山后人。泰不华师从的吴澄、周仁荣皆为理学传人,可见其对理学的向往。此文中多次出现的"邵子"即邵雍,北宋五子之一,著名的理学家,深谙易学象数。泰不华通过吴澄了解邵雍,该文通过阐述祝泌、张行成、齐履谦、李俊民等人对邵雍《皇极经世书》的解读,详实介绍了《皇极经世书》的流传授受情况。从泰不华欲求祝泌之书的情境,可知他有志于

---

① [元]苏天爵撰,陈高华、孟繁清点校:《滋溪文稿》卷二十四《与达兼善郎中书》,第415—416页。

邵子之学①。

时代变迁，泰不华的著作今世无存，仅有黄虞稷记载有"重类《复古编》十卷"②，此书是考订文字正误，并未能体现泰不华在理学上的造诣，但是泰不华师承理学名士吴澄、周仁荣等，且有志于邵雍之学，足见理学思想在其心中地位。

（二）不忽木与儒学、理学

不忽木（1255—1300），一名时用，字用臣。世为康里部人。康里，即汉高车国③。不忽木精通古文，对于汉文化有较深的理解，而且推崇儒学。现存不忽木的文字较少，主要从其为官政策中探寻一二。不忽木与理学的关系主要体现在他对儒学及理学思想的接受层面。

不忽木资禀英特，深得世祖赏识，而且师承名士。《元史》记："（不忽木）师事太子赞善王恂。恂从北征，乃受学于国子祭酒许衡。"④ 不忽木所师王恂、许衡二人皆为推崇程朱理学的汉族名士，尤其是许衡，他在元代理学传播中扮演着重要角色，创立鲁斋学派，传播程朱理学。不忽木天资聪颖，"日记数千言"⑤。许衡称赞其后当有大用于国，其名之曰时用，字之曰用臣，即源于此。元世祖曾用太祖"国家之事，譬右手执之，复佐以左手，犹恐失之"之言，将自己比作右手，不忽木为其辅佐之左手来赞誉不忽木的才华。世祖常与不忽木论国事通宵达

---

① 参见陈垣：《元西域人华化考》，第13页。
② ［清］黄虞稷撰，瞿凤起等整理：《千顷堂书目》卷三，上海：上海古籍出版社，2001年版，第100页下；《元史》卷一百四十三《泰不华传》，第3424页。
③ 康里，康里是钦察别部，又称东部钦察，色目人。不忽木原为康里人，后被太祖所掳，故《元史》卷二十四《仁宗本纪》记载不忽木为蒙古人。
④ ［明］宋濂：《元史》卷一百三十《不忽木传》，第3164页。
⑤ ［明］宋濂：《元史》卷一百三十《不忽木传》，第3164页。

旦，在与其师许衡的比较中，世祖偏向于不忽木。赵孟頫在《文贞康里公碑》中记载："上每与公极论治道古今成败之理，至忘寝食，或谓公曰：'曩与许仲平论治，仲平不及汝远甚。先许仲平有隐于朕耶，抑汝之贤过于师耶？'"① 由此可见在世祖眼中，不忽木在治道上更胜一筹。

在许衡的影响下，不忽木认识到汉学在国家发展中的重要作用，主张兴汉学。至元十三年（1276）与同舍生坚童、太答、秃鲁等联名上《兴举学校疏》，请求大力兴儒学，称："古之王者，建国君民，教学为先。"② 并以魏道武帝北定中原大兴儒学为证。他建立学校"使其教必本于人伦，明乎物理，为之讲解经传，授以修身、齐家、治国、平天下之道"③。在学校中复立数科，如小学、律、书、算之类。并主张在地方州府建立县学，普及儒家教育，以儒学及理学中所包含的伦理纲常思想为内容，变革蒙古原来落后的制度。

不忽木授学于许衡、王恂，并在仕途中推行汉法。对待一个初次接触理学的少数民族士人，我们不能苛刻地要求他在理学的思想发展中的有多少创新见解。但是他与许衡的交往影响了他的政策主张，他积极地将理学思想推广向蒙古人统治的地区，并提倡建立学校、设立小学。因此忽必烈增加了学校教学内容中的儒学成分，这样改革建议不但促进了理学的发展，更为关键的是这

---

① ［元］赵孟頫撰：《松雪斋集》卷七《故昭文馆大学士荣禄大夫平章军国事行御史中丞领侍仪司事赠纯诚佐理功臣太傅开府仪同三司上柱国追封鲁国公谥文贞喀喇（康里）公碑》，《文渊阁四库全书》第1196册，台北：商务印书馆，1986年，第694上。
② ［明］宋濂：《元史》卷一百三十《不忽木传》，第3164页；《元代奏议集录》卷上不忽木《兴举学校疏》，第122页。
③ ［明］宋濂：《元史》卷一百三十《不忽木传》，第3165页。

些建议是由少数民族人士提出的,这样的改变更具有影响力。不忽木建议开设学校之时,在人才举荐中也注意到理学人士,刘因为官与不忽木的举荐不无关系。

不忽木的儒学思想也成为其家学传承的重要内容,其家学对于理学的崇尚也证明了理学在蒙古人群中的影响。其子<u>回回</u>(为与民族称呼区分,加下划线为人名),字子渊。敦默寡言,耆学能文。与弟巎巎,皆为时之名臣,世号为双璧①。《元史》并无过多介绍,而在吴澄所作《时斋记》中可窥得<u>回回</u>学术之一角:

> 春、夏、秋、冬,时之运也;温、凉、寒、暑,时之化也;阴、晴、风、雨,时之迭至而不齐者也。在天之时若是,而在人者如之何哉?夫先天而天弗违,后天而奉天时,德与天合者然也。若夫君子而时中曰时,措之宜曰,当其可之谓时,是则人之所能为者。康里子渊卜筑于国子监之西,而名其斋居之室曰"时"。大矣哉,时之义乎!昔先文贞公为国名臣,从贤师,知圣学,其行于身、施于家、发于事业,固已得中得宜,而当其可矣。子渊淳正明敏,益之以平日家庭之所闻,众人纷纷竞竞,而退然间处,若无意斯世者。然苟所当辞,虽近而怯就;苟所当受,虽远而勇去。所谓中、所谓宜、所谓可,盖亦无忝于其先公,此所以名其斋室之意也。虽然,时之为时莫备于《易》。先儒谓之随时变易以从道,夫子传六十四象,独于十二卦发其凡,而赞其时与时义、时用之大。一卦一时,则六十四时不同也;一爻一

---

① [明] 宋濂:《元史》卷一百四十三《巎巎传》,第3415页。

第四章　文化认同：元代少数民族士人对理学的认知与传播 ·269·

时，则三百八十四时不同也。始于乾之乾，终于未济之既济，则四千九十六时各有所值。引而伸触类而长，时之百千万变无穷，而吾之所以时其时者一而已。子渊好读《易》，予是以云云。子渊又善晋人书，书以志诸其壁。①

文中康里子渊即为回回，回回与其父推崇理学名士，回回曾从游吴澄，此文即吴澄为回回所作。吴澄称赞回回能文善书，而且说明回回好《易》，这与其父不忽木家教可能有关。

不忽木次子巎巎（1295—1345），字子山。巎巎自幼好学，肄业国学，能够博览群书，史传记载其"其正心修身之要得诸许衡及父兄家传"②，巎巎深受其父兄影响。恰逢其时，文宗励精图治，巎巎知经筵事，每逢与文宗讲道，"尝以圣贤格言讲诵帝侧，裨益良多"③。顺宗朝巎巎利用顺宗思更治化之愿，再次以儒道觐见，"凡《四书》《六经》所载治道，为帝紬绎而言，必使辞达感动帝衷敷畅旨意而后已。若柳宗元《梓人传》、张商英《七臣论》，尤喜诵说"④。他认为君当以仁为本，上天惩戒不道就应侧身修行，然则"天意必回"。

巎巎为传播儒学，还曾多次向皇帝、蒙古贵族鼓吹儒学，讲明儒学的大道是"从之则君仁、臣忠、父慈、子孝，人伦咸得，国家咸治；违之则人伦咸失，家国咸乱"⑤。可见巎巎对儒家义理的理解已经较为深刻。

---

① ［元］吴澄：《吴文正集》卷四十《时斋记》，《文渊阁四库全书》第1197册，第430页上下。
② ［明］宋濂：《元史》卷一百四十三《巎巎传》，第3411页。
③ ［明］宋濂：《元史》卷一百四十三《巎巎传》，第3412页。
④ ［明］宋濂：《元史》卷一百四十三《巎巎传》，第3412页。
⑤ ［明］宋濂：《元史》卷一百四十三《巎巎传》，第3413页。

(三) 伯颜师圣与理学

《元史·儒林传》中还有一位西域地区的儒学名士，那就是伯颜。伯颜，一名师圣，又曰伯颜师圣，哈剌鲁氏①，突厥后裔。历任翰林待制、江西廉访佥事，遇兵祸死，卒赠奉议大夫、佥太常礼仪院事，谥文节。

伯颜天赋奇才，三岁以指画地，作卦象，世人惊奇。他自幼接受儒家教育，六岁便跟从乡间里儒学习儒家知识，其兄购买大量经传供其学习，让其对《论语》《孝经》深谙于心，伯颜因此具备深厚的儒学基础。史传并未记载师承，但是影响他了解理学的是一位宋代进士建安黄坦，黄坦对伯颜的才华评价甚高，称其"颖悟过人，非诸生可比"②。经过长时间的教学，黄坦坦然称其知识已经不足以教授伯颜，故而言："余不能为尔师，群经有朱子说具在，归而求之可也。"③ 作为伯颜在理学道路的引路人，黄坦将朱熹的著作推荐给伯颜，他认为经传注疏有朱熹的著作便可以，自此伯颜便以儒学为己任。伯颜有志于传播理学，二十岁对于经典法则了然于胸，而且面对学者们的问难一一作答，因此而感慨于伯颜学问并跟从他学习的人日益增加，《元史》载："四方之来学者，至千余人。"④

伯颜的教学内容主要是经传注疏，而且有别于其他学者，内容讲求务实力行，他对于那些以科举应试为目的的文章报以鄙视

---

① 哈剌鲁，或作啜剌、啜喇、合剌鲁，突厥族后裔。《元和姓纂》卷十记载："啜剌，突骑施首领，开元左武侯大将军燕山王右失毕，子归仁，袭燕山王，突厥首领。"
② [明] 宋濂：《元史》卷一百九十《伯颜传》，第4350页。
③ [明] 宋濂：《元史》卷一百九十《伯颜传》，第4350页。
④ [明] 宋濂：《元史》卷一百九十《伯颜传》，第4350页。

的态度，故而有言"士出其门，不问知其为伯颜氏学者"①。很多人惊叹于伯颜的学术思想，放弃异学，专事伯颜之学。可惜伯颜遭逢贼祸身亡，太常寺曾在谥议中评价伯颜："以城守论之，伯颜无城守之责而死，可与江州守李黼一律；以风纪论之，伯颜无在官之责而死，可与西台御史张桓并驾。以平生有用之学，成临义不夺之节，乃古之所谓君子人者。"②

《元史》传录并未记述伯颜师承，陈垣也认为伯颜自学成才，可惜《宋元学案》并未为伯颜立传③。伯颜平生修辑《六经》，研习四书五经，可惜遭遇兵燹，所著书籍荡然无存，其所辑《六经》也仅见于本传中记载，这对于伯颜学术研究无疑是巨大遗憾，但是此文足见伯颜研习六经，讲求务实于民的学风，实为西域理学家。

此外西域受儒学（其中包含理学）影响的少数民族学者还有如被称为"廉孟子"的廉希宪、熟读文公之书的家铉翁等④，他们虽不能说真正的精通理学，但是在汉化的影响下，对儒学甚至是理学思想的认可可谓元代理学的一大特色。

---

① ［明］宋濂：《元史》卷一百九十《伯颜传》，第4350页。
② ［明］宋濂：《元史》卷一百九十《伯颜传》，第4350页。
③ 陈垣：《元西域人华化考》，第14页。
④ 宋元之际有两个家铉翁，其一，宋末元初的眉山人，字则堂，南宋理学家，被俘北归，为陆学北传做出重要贡献，著有《则堂集》（详见《则堂集》、《宋史》卷四百二十一《家铉翁传》）。另一个是畏兀儿人家铉翁，其祖先居住于北庭，脱脱太师宁国公的后裔，根据陆文圭的记载"（家铉翁）修孔氏之业，读文公之书"（《墙东类稿》卷六《送家铉翁序》），是西域畏兀儿人中了解程朱理学的代表之一。本节所述的家铉翁是后者。

二 基督教世家——马祖常、阔里吉思及赵世延与理学

元朝对于宗教信仰较为包容，在西域地区也盛行各种宗教。此时期基督教，也就是时称的"也里可温教"，在西域信众颇多。而这些基督教信徒在接触到汉族文化后，慢慢接受了儒学或理学。这其中就有马祖常、阔里吉思和赵世延等人。

（一） 马祖常与理学

马祖常（1279—1338），字伯庸。世为雍古部，居靖州天山。延祐初，科举法行，乡贡、会试皆中第一，廷试为第二人。授应奉翰林文字，拜监察御史。曾预修《英宗实录》，翻译润饰过《皇图大训》《承华事略》，又编集《列后金鉴》《千秋记略》进读。有《石田文集》十五卷传世，另有《章疏》一卷①。

马祖常家族原非姓马，其七世祖帖穆尔越歌官至马步军指挥使，被人称作马元帅，六世祖伯索麻也里束被金兵掳至辽东，后迁至静州（今内蒙四子王旗西北）。五世祖习礼吉思（或锡里吉思），又名庆祥，金章宗朝被选为尚书省译史，后随宣宗南迁开封，官至凤翔府兵马都总官判官。四世祖月合乃曾随世祖忽必烈南下征宋，官至礼部尚书。祖世昌，行尚书省左右司郎中。父润，同知漳州路事，家于光州。马祖常先祖所任官职称谓中因有

---

① 参见［清］黄虞稷撰，瞿凤起等整理：《千顷堂书目》卷九、卷二十九、卷三十，第247、722、751页。

马字，即以此为姓①。

马祖常祖上为基督教世家，即也里可温教世家，张星烺及陈垣二先生从马祖常的里籍、家族人士起名、马氏祖先来源等七个理由证明马祖常祖上为基督教世家②。但是至马祖常曾祖月合乃（月忽乃）思想即已松动，有儒学倾向，马祖常《石田文集》卷十三《故礼部尚书马公神道碑铭》记："世非出于中国，而学问文献过于邹鲁之士。时方遇于草昧，而赞襄制度则几于承平，俾其子孙百年之间革其旧俗，而衣冠之传，实肇于我曾祖也。"③"曾祖"即为月合乃，马祖常认为其学术堪比"邹鲁之士"。至祖马世昌家到中落，因以儒学为振兴之法；马润守光州，更加重视儒学，建立祠堂，传播儒学，在其《神道碑》中有载："光久为用武地，司马丞相生于光，公岁率诸生以祠，民始知为儒学以自重。"④

---

① 世系参见《金史》卷一百二十四《马庆祥传》、《元史》卷一百三十四《月乃合传》、卷一百四十三《马祖常传》、黄溍《黄金华集》卷四十三《马氏世谱》、许有壬《至正集》卷四十六《敕赐故资德大夫御史中丞赠摅忠宣宪协正功臣河南行省右丞上护军魏郡马文贞公神道碑铭（并序）》、苏天爵《滋溪文稿》卷九《元故资德大夫御史中丞赠摅忠宣宪协正功臣魏郡马文贞公墓志铭》。《马氏世谱》及《元史》卷一百三十四《月合乃传》皆称马氏之称始于迁居中国后的第二代（帖穆尔越歌），而许有壬《至正集》卷四十六《马文贞公神道碑铭（并序）》、苏天爵《滋溪文稿》卷九《马文贞公墓志铭》及《元史》卷一百四十三《马祖常传》则认为第四代习礼吉思（锡里吉思）任金凤翔兵马判官而死节，故"子孙历官以马为氏"，陈垣《元西域人华化考》卷二《儒学篇》亦根据以上材料归纳说："则谓马氏始于四世。"

② 张星烺译注：《马可波罗游记》卷一，第五十九章附注；陈垣：《元西域人华化考》卷二，第17—18页。

③ ［元］马祖常：《石田文集》卷十三《故礼部尚书马公神道碑铭》，《文渊阁四库全书》第1206册，台北：商务印书馆，1986年，第633—634页。

④ ［元］袁桷撰，杨亮校注：《袁桷集校注》卷二十六《漳州路同知朝列大夫赠汴梁路同知骑都尉开封郡伯马公神道碑铭》，第1283页；

马家背弃基督教，转而崇尚儒学。马祖常受家学影响因而也崇尚儒学。马祖常年少好学，史称"七岁知学，得钱即以市书"①，延祐元年（1314）仁宗复行科举，祖常乡贡、会试皆列第一，因科考规定蒙古人的优势，最终屈居第二居于右榜。但其文章学识也深让左榜中第的蒙古人、色目人所叹服，名声振动京师。

马祖常崇尚华俗及儒学，在其《石田文集》中多处可见：

> 昔我七世上，养马洮河西。六世徙天山，日月闻鼓鼙。金室狩河表，我祖先群黎诗书百年泽，濡翼岂梁鹈。尝观汉建国，再世有日䃘。后来兴唐臣，胤裔多羌氏。《春秋》圣人法，诸侯乱冠笄。谷邓不书名（夷礼即夷之），毫发各有稽。吾生赖陶化，孔阶力攀跻。敷文佐时运，烂烂应璧奎。②

马祖常自比羌、氐，但以归于中国而自豪，以学习孔孟之道、《春秋》圣人之法为业，"习于先王之礼，而学于圣人之徒"③。将孔子圣人之道奉为人生价值的导向，可见其对中原儒学的崇尚。同时为彰显儒学，祖常曾出资光州郡修孔子庙④。又在淮南构筑书斋，名"石田山房"，平日自行耕种生活，寒冬不

---

① [明] 宋濂：《元史》卷一百四十三《马祖常传》，第3409页。
② [元] 马祖常撰：《石田文集》卷一《饮酒（五）》，《文渊阁四库全书》第1206册，472页上。
③ [元] 马祖常撰：《石田文集》卷十《光州孔子新庙碑》，《文渊阁四库全书》第1206册，第600页上。
④ [元] 马祖常撰：《石田文集》卷五《感松柏赋》及卷十《大兴府学孔子庙碑》《安丰路孔子庙碑》《光州孔子新庙碑》，《文渊阁四库全书》第1206册，第552、597—600页。

耕之时,"其父老各率子若孙,持书笈来问《孝经》《论语》孔子之说"①,祖常在此教授孔孟之道。

从师承上看,马祖常曾跟随蜀中学者张翌学习儒术。张翌,字达善,导江人,师从金华王柏于上蔡书院。自六经及周、程、张、朱之学,靡不潜心玩索,所学益宏深密,南北鲜能及者,中州士大夫欲淑子弟以朱子《四书》者,皆遣从张翌游,或辟私塾迎之,人称"导江先生"②。马祖常师承张翌,可以算是王柏再传弟子,其所受教育也应有程朱理学思想。《石田文集》中亦可见祖常与袁桷等名士交往并探讨儒学之文,文中多次出现对于孔孟之道的褒奖之词。马祖常积极融入汉人的文化圈中,许有壬、虞集、黄溍、吴澄等皆与祖常交往甚密,常有诗文唱和。马祖常曾数次举荐儒士,表现出对儒家文化的赞许和对倡导文化的学者的欣赏,祖常曾评价吴澄"知今博古,学术淳厚,求之海内,可谓名儒",建议"擢至两院,以备访问"③。袁桷、柳贯亦被举荐。祖常为官甚久,多有建言,曾言"今国族及诸部既诵圣贤之书,当知尊诸母以厚彝伦"④,敦促士人读圣贤之书,行礼乐之义。马祖常深得文宗赏识,常谓:"中原硕儒唯祖常云。"⑤

(二) 西域王室的儒学崇尚者——阔里吉思

在西域地区的基督教徒中传播儒学的不仅有马祖常世家,而

---

① [元] 马祖常撰:《石田文集》附录《石田山房记》,《文渊阁四库全书》第1206册,第657页上。
② [明] 宋濂:《元史》卷一百八十九《张翌》,第4315页。
③ [元] 马祖常:《石田文集》卷七《举翰林侍制袁桷等》,《文渊阁四库全书》第1206册,第570页上。
④ [明] 宋濂:《元史》卷一百四十三《马祖常传》,第3410页。
⑤ [明] 宋濂:《元史》卷一百四十三《马祖常传》,第3411页。

且涉及王室成员，高唐王阔里吉思就是其中代表。

阔里吉思，祖父阿剌兀思剔吉忽里，为汪古部人，系出沙陀雁门之后。世代为部族长老，其父爱不花，娶忽必烈季女月烈公主，阔里吉思是元世祖忽必烈外孙。阔里吉思在成宗时被封高唐王，死后追封高唐忠宪王，加赠推忠宣力崇文守正亮节保德功臣、太师、开府仪同三司、上柱国、驸马都尉等。

阔里吉思起初是信奉基督教，这一点在雷纳·格鲁塞《蒙古帝国史》中有记载："大德二年（1298）秋间，帝国诸将以为海都和藩属、察合台系的都哇不再蠢动了，错误地将一部分军队遣散。皇帝的女婿汪古亲王阔里吉斯（阔里吉思），他更以乔治亲王著称，因为这个原信聂思脱利教的突厥人转而信奉了天主教。"①

阔里吉思虽信仰基督教，在中原地区悠久的历史文化影响下，阔里吉思的思想发生转变。闫复曾言："忠献王生长北方，金革之用，固其所长，而崇儒重道，出于天性，兴建庙学，裒集经史，筑万卷堂于私第，讲明义理，阴阳术数，靡不经意。"②所谓"崇儒重道，出于天性"由中可以看出，在文化风气的影响下阔里吉思尝试了解儒家文化，进而认可其文化优势之所在，从原本的信仰中走出，转而崇尚儒学，研究义理。

阔里吉思研习儒学，注重《易》学。他曾问学于永新人吴鄹。"吴鄹，永新人，宋末兵乱避仇转徙山西，改名张应珍，自

---

① [法]雷纳·格鲁塞（Rene Grousset）著，龚钺译，翁独健校：《蒙古帝国史》，北京：商务印书馆，2009年版。聂思脱利教又称景教，是基督教的一个分支。
② [元]苏天爵编：《元文类》卷二十三闫复《驸马高唐忠献王碑》，第296页。

号义山先生。示不忘其故土著用《易》，宗程朱而不为苟同。"[1]阔里吉思与吴澄论《易》，他虽对《周易注》有所质疑，仍将《易》刊刻于平阳以供研习，《经义考》中有载："阔里吉思尝从之质疑焉，为刻其书于平阳路，且序其里居为详。"[2] 可见他对《易》学理论有探索，而非盲从。王恽亦曾评价阔里吉思："驸马高唐郡王，天资英明，雅好经术，一览，伟其述作勤至，发题篇端，有正大纯雅，本乎仁义，与经旨不殊，其于世教大有补益，命藩府板行，赐观中外者，无虑数百余帙，用广发越，以表其志尚。"[3] 认为他博览群书，辨识阐发仁义之作，刊印传播以表其崇儒之志。

阔里吉思认可汉文化，并研习儒学，在与汉族儒士交往之际增加对汉文化的认识，《元史》更言阔里吉思"日与诸儒讨论经史、性理、阴阳、术数，靡不该贯"[4]。阔里吉思倡明义理、讨论经史，筑庙学，刊儒书，可谓王室中西域人崇儒之典范。

(三) 徘徊于儒道之间的赵世延

赵世延（1261—1336），字子敬。其先雍古歹人[5]。按《元史》记载，雍古部人多为基督教聂斯脱里派的教徒。按照张星烺《马可波罗游记译注》所言，赵世延又名达察尔，与其父等

---

[1] ［清］李兴元修、欧阳主生等纂：顺治《吉安府志》卷二十五《儒行》，第405页；柯劭忞撰：《新元史》卷二百三十五《吴澄传》，第449页中。
[2] ［清］朱彝尊撰，林庆彰、蒋秋华等主编：《经义考新校》，上海：上海古籍出版社，2021年，第228页。
[3] ［元］王恽撰，杨亮、钟彦飞点校：《王恽全集汇校》卷四十二《易解序》，第2019页；顺治《吉安府志》卷二十五《儒行》，第405页；柯劭忞撰：《新元史》卷二百三十五《吴澄传》皆言"刻其书于平阳路"，第449页中。
[4] ［明］宋濂：《元史》卷一百一十八《阔里吉思传》，第2925页。
[5] "雍古歹"即雍古部，元代色目人之一，见［元］陶宗仪：《南村辍耕录》卷一《氏族》，第13页。

人皆用基督教徒名①。赵氏此名源于赵世延祖父按竺迩，因其幼年寄养于外祖术要甲②，"讹为赵家，因氏为赵"③。赵世延少喜读书，与儒生共论学术，弱冠时被世祖召见，入枢密院，后受承事郎、云南诸路提刑按察司判官。历事凡九朝，扬历省台五十余年，卒赠世忠执法佐运翊亮功臣、金紫光禄大夫、上柱国，追封鲁国公，谥号文忠。

世延师从并不明晰，史传中无记载。世延生于忽必烈中统二年（1261），忽必烈朝采取以儒治国的方略，对其崇儒思想的形成产生了一定的影响。史称赵世延"天资秀发，喜读书，究心儒者体用之学"④。

世延崇儒表现在多次举荐儒学人士。同恕便是其中之一，《宋元学案》卷九十五《萧同诸儒学案》称世延为"榘庵同调"，榘庵即同恕，世家业儒，"年十三以书经魁乡校""其学由程、朱溯孔、孟，务贯浃事理，以利于行"⑤，赵世延对同恕学问非常推崇，曾举荐其任"鲁斋书院"领教事，至元年间理学发展褒扬理学名士，亦赞许赵世延在书院建设上的贡献，中书省奏御史台有言："故中书左丞许衡，首明理学，尊为儒师。世祖皇帝在潜邸，尝以礼征至六盘山，提举陕右学校，文风大行。西台侍御史赵世延请依他郡先贤过化之地为立书院。前齐哩克琨总管王某献地宅以成之，延请前国子司业某同主领，教生徒。乞降

---

① 柯劭忞撰：《新元史》卷一百四十九《赵世延传》，第310页下。
② [清] 黄宗羲原著，[清] 全祖望补修，陈金生、梁运华点校：《宋元学案》卷九十五《萧同诸儒学案》作"术要申"，第3144页。
③ [明] 宋濂：《元史》卷一百八十《赵世延传》，第4163页。
④ [明] 宋濂：《元史》卷一百八十《赵世延传》，第4163页。
⑤ [清] 黄宗羲原著，[清] 全祖望补修，陈金生、梁运华点校：《宋元学案》卷九十五《萧同诸儒学案》，第3143页。

旨拨田养士,将王某量加旌劝。"① 后准奏赐额曰"鲁斋书院"。赵世延主张修建"鲁斋书院"以教生徒,举荐同恕统领教事。此外赵世延还曾举荐世代业儒的陈旅进国子监②。

赵世延精研儒学,著书立说,褒扬儒学。他在为陕西某地孔庙题跋时褒扬孔子:"时维宇县清夷,光岳昭泰,推原所致,惟夫子之道广莫立,垂范百王,匪衍徽称,曷尊圣教。"③ 认同孔子圣人之教的地位。在对待儒门后学的态度上,他认为先王能礼聘许衡,便是"服圣人之教者,仰体振作之微,远洽周南之化,近溯关洛之流,以达乎洙泗之源"④。而其在为程端礼的《程氏读书分年日程》作序中言:"四明程君敬叔,广朱、真二先生遗意,述读书肄业法以惠承学之士。程节旷分阶序层见,亦既详且备矣。使家有是书,笃信而践习如规,一旦功夫纯熟,上焉者至于尽性知天,下焉者可以决科取仕,无为功用,讵科涯邪。览者毋以易易然而忽之。"⑤ 赞誉程端礼的读书学习方法,上承朱熹、真德秀,对于明天理、尽人性有莫大帮助。足见他对儒学和程朱理学推崇备至。

另一方面,赵世延存世著作又多有关于道家之作,如其《茅山志序》《昭德殿碑记》《藏御服碑》《句容白云崇福观碑》

---

① [元] 程钜夫撰:《雪楼集》卷一《谕立鲁斋书院》,《文渊阁四库全书》第1202册,第6页下。
② [明] 宋濂:《元史》卷一百九十《陈旅传》,第4347页。
③ 李修生主编:《全元文》第21册,卷六百七十六《孔庙加封碑跋》(赵世延),第694页。
④ 李修生主编:《全元文》第21册,卷六百七十六《孔庙加封碑跋》(赵世延),第694页。
⑤ [元] 程端礼撰:《程氏家塾读书分年日程》卷首《程氏读书分年日程序》,丛书集成初编第59册,北京:中华书局,1985年版。

等皆为道院等所作①，而且《元诗选》中所存赵世延诗中也有为道家所作，如其《许长史井》中有："（世延）因观长史阴阳井，始悟混元玄牝门"②，赵世延对其子女的教育也可见其道家思想，赵世延女儿对《周易》感兴趣，世延就以"诸阴阳家书"③教授，此阴阳数术之道颇近于道家，可见赵世延对于道家颇有研究。

陈垣言赵世延是"由儒入道"，其实也可以说是儒道相参。赵世延晚年曾因铁木迭儿陷害入狱，出狱时已年近六十，如陈垣所言："凡人经历艰险，则信仰宗教之念悠然而生，佛老生涯又多与林泉接近，人即不信宗教，而情甘隐遁，自易与佛老缘，丁鹤年之念佛，赵世延之学道，皆不能逃此例也。"④

理学本身就是吸收佛道的思想与儒学相融合而成，宋代理学家也有不少兼具有道家思想，赵世延晚年对于道家思想的感悟并不影响其认可和推崇儒学。

三 回回教世家——赡思丁、赡思、丁鹤年与理学

西域地区回回教徒占比例较多，随着元代教育文化的发展，汉族思想文化慢慢影响着回回教人士的生活，儒学思想也成为回回教文士学习传播的重要思想。理学在儒学的基础上变化而来，在西域回回教思想中也占有一席之地。在西域回教地区较为著名

---

① 参见《全元文》卷六百七十六《赵世延》，第682—700页。
② ［清］顾嗣立编：《元诗选》癸集《许长史井》，第354页。
③ ［元］陈旅撰：《安雅堂集》卷十一《鲁郡夫人赵氏墓志》，《文渊阁四库全书》第1213册，台北：商务印书馆，第144页下。
④ 陈垣：《元西域人华化考》卷三，第47页。

的回回教儒学家主要有赡思丁、赡思、丁鹤年等人。

(一) 云南儒学的传播者——赡思丁

赛典赤·赡思丁（1211—1279），又名乌马儿，回回人，别庵伯尔之裔①。授丰、靖、云内三州都达鲁花赤，后改太原、平阳二路达鲁花赤；曾出任云南平章政事。大德元年（1297），赠守仁佐运安远济美功臣、太师、开府仪同三司、上柱国、咸阳王，谥忠惠。

赡思丁的为官经历主要在元朝初期，忽必烈"以儒治国"的方略，影响了赡思丁对儒学的认知。出身基督教的赡思丁对待汉文化尤其是儒学的态度也是肯定的，但他并未停留在自身研习儒学的层面，而是以此为基础，将儒学与少数民族的教化相结合，使更多的少数民族人士了解儒学。他对儒学在安定社会、治国等作用深有体会，所以在其为官任上，主要侧重于儒家教育建设和少数民族教化上，并非在思想上阐发义理。

在任云南平章政事时期，赡思丁主要侧重于文化教育事业，主张"以兴学育才为先"②。按照郭松年所作《创建中庆路大成庙碑记》，赡思丁入滇为官初期，就建立了云南历史上第一座孔庙③。

---

① 白寿彝：《中国伊斯兰教史稿》，银川：宁夏人民出版社，1983年版；《回族人物志》元代卷二，宁夏人民出版社，1985年版。纳国昌：《赛典赤·赡思丁》，《中国穆斯林》1983年第2期，皆言赡思丁是伊斯兰教创始人穆罕默德后裔。李清升的《赛典赤·赡思丁评传》言其为"穆罕默德三十一世孙"。

② [清] 范承勋纂修：康熙《云南通志》卷二十《咸阳王庙铭》（王臣），中国地方志集成，南京：凤凰出版社，2009年版，第374页。

③ 方国瑜编：《云南史料目录概说》卷八《元时期文物·创建中庆路大成庙碑记》"经始于至元甲戌之冬"即至元十一年。"按中庆路大成庙创建于至元十一年初立云南行省时，落成于十三年，为赛典赤（赡思丁）倡导，而张立道经理其事，为云南有孔子庙之始。"

至元十一年（1274）所建之孔庙位于"城中之北偏"①，此地由赡思丁捐出自己的"奉金"购买得来。当地其他官员受此感染，纷纷"例割己俸以资之，其木石之价、工役之费，不取于民而用已足"②。这样云南第一座孔庙顺利建成。根据记载：

> 凡为屋五十有三楹，礼殿奠其中，夫子巍然南面，而兖、郕沂、邹四公与夫十哲配焉。两庑翼其旁，七十子之徒及历代名儒有功于世教者，绘其像而列焉。内外有门、左右有堂，双亭对峙，歧翼飞。别建讲堂，以为师儒授受之所。③

如文中所言，夫子庙东西有孟子、子思、颜回、曾参四贤及子贡、子路、有若、冉耕、冉求等十哲相伴左右，此外还建有藏经楼、文昌阁等，模仿中原地区孔庙类型。整个孔庙建筑结构精巧，气势恢弘，可谓："内外完美、无愧中州。"此孔庙兼具祭孔与传授儒家理论的功能，是云南地区最早也是最大的庙学④。赡思丁对庙学非常重视，即便后来赡思丁去世，有僧侣欲夺而建寺，赡思丁子忽辛力保其维持原貌，"先是，赡思丁建孔子庙，拨田五顷，以供祭祀教养。赡思丁卒，田为大德寺所有，忽辛按

---

① 方国瑜编：《云南史料目录概说》卷八《元时期文物·创建中庆路大成庙碑记》，第1027页。
② 方国瑜编：《云南史料目录概说》卷八《元时期文物·创建中庆路大成庙碑记》，第1028页。
③ 方国瑜编：《云南史料目录概说》卷八《元时期文物·创建中庆路大成庙碑记》，第1027页。
④ 参见胡务：《元代庙学——无法割舍的儒学教育链》，元代庙学在云南地区一共有十所，中庆路有三所，分别为中庆路学（即赡思丁所建）、嵩明州学、安宁州学，中庆路学是第一个，也是最大一个，后为云南府学。

庙学旧籍夺归之"①。

庙学以"讲习圣人之道,为国育材待用"②为教学目的。此后赛思丁又建立中庆路学,自然也是为此。由于当时云南学校较少且未普及教育理念,学生入学需要官员亲自召集,即便是庙学主事张立道都亲自"劝士人子弟以学"③,招得学生150人,其中不乏少数民族"虽爨僰亦遣子入学"④。随着忽必烈朝对四书五经的重视,赛思丁在教学中选用的教材也是加入儒家经典的四书五经⑤,根据刘岳申记载中庆路学后来还增加了《孝经》及一些时务策论内容⑥。赛思丁吸纳大量当地的少数民族学子进入庙学。在兴建庙学的同时,赛思丁还开办普及性的文化教育设施,"社学""乡师"——"城外建社学以端蒙养,严乡师以约风俗、正三纲、明五伦……给典籍以诲训后学,行奖擢以优礼贤士"⑦,以明人伦、正风俗为目的,达到普及教育与深化教育相结合的效果。在学习知识中,赛思丁认为孔子三千弟子仅有颜、曾称得起真传之名,学习之旨在于"心得"而并非"口授"⑧,对于经典

---

① [明]宋濂:《元史》卷一百二十五《忽辛传》,第3069页。
② [清]龙云、卢汉纂修:民国《新纂云南通志》卷九十四《重修中庆路庙学记》,中国地方志集成,南京:凤凰出版社,2009年版,第457页。
③ [明]宋濂:《元史》卷一百六十七《张立道传》,第3917页。
④ [清]龙云、卢汉纂修:民国《新纂云南通志》卷九十三、卷九十四《中庆路学讲堂记》、《重修中庆路庙学记》,第422、457页。
⑤ [清]龙云、卢汉纂修:民国《新纂云南通志》卷九十三《中庆路学讲堂记》,第422页。
⑥ [元]刘岳申:《申斋集》卷六《云南中庆路儒学新制礼器记》,《文渊阁四库全书》第1204册,台北:商务印书馆,1986年版,第246—247页。
⑦ 马玉华主编:《咸阳王抚滇功绩》,哈尔滨:黑龙江教育出版社,2013年版,第21页。
⑧ [清]龙云、卢汉纂修:民国《新纂云南通志》卷九十三《中庆路学讲堂记》,第422页。

理解不能仅照本宣科,要"通达其意",增加了对经典内涵的理解。

赡思丁在云南建立庙学,将汉族文明传播至边缘地区,他"教之拜跪之节,婚姻行媒,死者为之棺椁奠祭……创建孔子庙、明伦堂,购经史,授学田,由是文风稍兴"①。这些举措使原本没有成文礼俗,男女自相婚配,子弟不知读书的地区社会风俗逐渐转变,促进了儒学在该地区的传播,更使儒家文化成为少数民族人群的行为准则。他的这些举措不仅对儒学、理学义理层面有一定程度的扩展,更重要的是赡思丁作为一名少数民族士人,身先士卒,传播中原优秀文化,增加了少数民族士人对汉文化尤其是儒家文化的了解,促使更多的士人投身于学习和传播儒家文化的阵营中,增加了该地区士人对于汉文化的认同感。

(二) 赡思与儒学

赡思(1277—1351),字得之,大食国人。祖父鲁坤,后随其国依附元朝,东迁丰州,太宗时因为才能被任命为真定、济南等路监榷课税使,举家迁徙到真定。赡思是土生土长的回回教人,其名为阿拉伯语 Snames 的音译,意为"太阳"②,赡思保留着早期回教徒命名的习俗。赡思一生淡泊名利,并未长待官场,直至晚年才踏入仕途,官至浙西肃政廉访司事,至正十一年(1351),卒于家,赠嘉议大夫、礼部尚书,追封恒山郡侯,谥号文孝。

元代回回教人聚居地区受到汉族文化的影响,其中有学识之

---

① [明] 宋濂:《元史》卷一百二十五《赛典赤·赡思丁》,第 3065 页。
② 马启成:《元代回回政治家兼学者赡思》,《中央民族学院学报》1985 年第 1 期。

人多被影响,"一传再传,遂多教诗书而悦礼乐"①,赡思的家庭也是如此。其父早年已经接触儒学,《元史》称"从儒先生问学"②,因其聪明好学,"生九岁,日记古经传至千言"③,成年之后,赡思从学于当时名儒、翰林学士王思廉,王思廉是元代儒学名士元好问的学生,即赡思是元好问的"再传弟子"。正因如此,赡思得以博览群书,学习大量汉族儒学优秀文化知识,"见诸践履,皆笃实之学,故其年虽少,已为乡邦所推重"④。后因文章才华被侍御史郭思贞、翰林学士承旨刘赓、参知政事王士熙举荐,参修《帝王心法》《经世大典》。

赡思受其父影响,不乐仕途,潜心学术,专心著述。《元史》记载:"赡思邃于经,而《易》学尤深,至于天文、地理、钟律、算数、水利,旁及外国之书,皆究极之。家贫,饘粥或不继,其考订经传,常自乐也。"⑤《赡思传》中记载赡思注疏颇丰,有"《四书阙疑》《五经思问》《奇偶阴阳消息图》《老庄精诣》《镇阳风土记》《续东阳志》……《金哀宗记》《正大诸臣列传》《审听要诀》,及文集三十卷,藏于家"⑥,可惜今已不存于世,仅有《常山贞石志》中保存赡思的撰文五篇:《加号大成诏书碑阴记》《哈珊神道碑》《善众寺创建方丈记》《龙兴寺钞主通照大师碑》《龙兴寺住持佛光弘教大师碑》⑦。

虽然赡思的著作未能流传下来,我们不能深入研究其思想,

---

① 陈垣:《元西域人华化考》卷一,第3页。
② [明]宋濂:《元史》卷一百九十《赡思传》,第4351页。
③ [明]宋濂:《元史》卷一百九十《赡思传》,第4351页。
④ [明]宋濂:《元史》卷一百九十《赡思传》,第4351页。
⑤ [明]宋濂:《元史》卷一百九十《赡思传》,第4353页。
⑥ [明]宋濂:《元史》卷一百九十《赡思传》,第4353页。
⑦ 参见潘荣生:《〈全元文〉诸失补罅》,《古籍整理研究学刊》2010年第1期。

但是从其生平事迹可以了解,汉族儒家文化对于回回人赡思产生的巨大的影响。他所著《四书阙疑》《五经思问》也可能是理学思想影响下的著作。

(三) 儒佛两得的回回人——丁鹤年

丁鹤年(1335—1424),字永庚,号友鹤山人。鹤年是西域人,是回回教世家①,曾祖阿老丁,曾叔祖乌马儿,皆为元代巨商②,祖苫思丁,累官至临江路达鲁花赤,其父职马禄丁,"轻财重义"③,丁鹤年随其父迁居武昌,因为其父名有丁,故改姓丁氏。有《鹤年集》存世。

丁鹤年虽为回回教世家,但是陈垣所证其八例,皆为风俗、生活及家世等因,诸如《明史·文苑传》记:"丁鹤年者,回回人"④,家世原因记其曾叔祖为"赛典赤·赡思丁",为回回人,生活习惯诸如"其俗素短丧,所禁止者独酒"⑤为回回人习俗等,并未言明丁鹤年思想有回回教的影响因素。从丁鹤年思想层面而言实为一名儒者⑥。戴良的《高士传》中丁鹤年曾自言:

---

① 陈垣:《元西域人华化考》卷三《佛老篇》,陈垣以《明史·文苑传》、《元音》、戴良《高士传》等史料记载以及生活习惯等八例,证明鹤年是回回教世家。参见陈垣:《元西域人华化考》卷三,第46—47页。
② [元] 戴良:《九灵山房集》卷十九《高士传》,"乌马儿"即前文所论之"赛典赤·赡思丁",《鹤年集》卷二《赠表兄赛景初诗》注云:"景初,咸阳王赛典赤之孙也。"此条也是陈垣证明丁鹤年是回回教世家的有力证据之一。
③ [元] 戴良:《九灵山房集》卷十九《高士传》,《文渊阁四库全书》第1219册,台北:商务印书馆,1986年版,第466页下。
④ [清] 张廷玉:《明史》卷二百八十五《丁鹤年传》,第7314页。
⑤ [元] 戴良:《九灵山房集》卷十九《高士传》,《文渊阁四库全书》第1219册,第466页上。
⑥ 陈垣:《元西域人华化考》卷三,第41—43页。

"吾欲奋身为儒生。"①

丁鹤年接受儒学的证明甚多,丁鹤年虽为回回教世家,但是其家族早已有人推崇儒学,溯源可上查至其曾叔祖,也就是咸阳王赛典赤·赡思丁,赡思丁在云南任上建立孔庙,推崇儒家教育,为丁鹤年世家的崇儒情怀奠定基调,戴良《鹤年吟稿序》言:"鹤年兄弟具业儒,伯氏之登进士第者三人。"② 可见鹤年家世中儒者甚多,对其影响不言而喻。

丁鹤年天资聪颖,少年有志于学,但鹤年的仕途并不倾心,其立志于学术,曾言:"吾宗固显贵,然以文学知名于世者恒少。吾欲奋身为儒生,岂碌碌袭先荫、苟取禄位而已邪!"③ 与其同乡的儒学长者都因丁鹤年有志于学"多乐教之",丁鹤年十七岁即"通《诗》《书》《礼》三经"④。丁鹤年居于武昌时,受到大儒周怀孝的器重,周怀孝希望丁鹤年与他回到豫章,并将女儿许配给丁鹤年。虽然丁鹤年最后以母、兄在外而推辞,但仍可见丁鹤年所受到的重视,在《鹤年诗集》中有《奉怀先师豫章周孝思先生诗》即丁鹤年为其师所作。丁鹤年得儒师传授学术,得以儒道闻名于世,故而在以儒道治天下的政治理念下,丁鹤年受到举荐,如"南台大夫实喇达哩公被召还朝,思得文儒之士,以备其谘访,复以从事辟之,江西、闽海二道肃政府,又以其省

---

① [元]戴良:《九灵山房集》卷十九《高士传》,《文渊阁四库全书》第1219册,第466页下。
② [元]戴良:《九灵山房集》卷二十一《鹤年吟稿序》,《文渊阁四库全书》第1219册,第492页下。
③ [元]戴良:《九灵山房集》卷十九《高士传》,《文渊阁四库全书》第1219册,第466页下。
④ [元]戴良:《九灵山房集》卷十九《高士传》,《文渊阁四库全书》第1219册,第466页下。

儒学提举荐皆，陈悃以辞，毅然不一就"①。

在丁鹤年的存世文献中也多次提及儒学，他以儒学之士自名之。如：

> 颁历
> 腐儒避地海东偏，凤历颁春下九天。
> 载拜帝尧新正朔，永怀神禹旧山川。
> 庙堂久托君臣契，藩阃兼操将相权。
> 只在忠良勤翊戴，万方行睹至元年。
> 腐儒
> 落魄乾坤一腐儒，生逢四海日艰虞。
> 异邦作客歌黄鸟，空谷怀人咏白驹。
> 岂有纵横干七国，亦无词赋拟三都。
> 时危那敢辞贫贱，薁恨长年走畏途。②

丁鹤年在诗中以"腐儒"自称，表面上虽是一种自贬的称呼，但实质是丁鹤年对自己的一种谦称。从鹤年的诗集与其唱和可知，丁鹤年除拜师于周怀孝门下，还常与儒士交游，如戴良、詹光夫、伯坚等人。儒家的文化也影响丁鹤年的生活，如丧葬制度，丁鹤年为回回人，但是其母的丧葬仪式等却未采用回制，在《丁孝子传》中有言："作母主，早暮以拜……收骨棺殓。"③ 安葬有"棺椁"，这些并非回教所规定，而类似儒家文化。可见儒

---

① ［元］戴良：《九灵山房集》卷十九《高士传》，《文渊阁四库全书》第1219册，第467页上。
② ［元］丁鹤年：《鹤年诗集》卷二《颁历》《腐儒》，《文渊阁四库全书》第1217册，台北：商务印书馆，1986年版，第524页上、第526页下。
③ 参见［元］乌斯道撰：《春草斋集》卷二《丁孝子传》，《文渊阁四库全书》第1232册，台北：商务印书馆，1986年版，第212页下。

第四章　文化认同：元代少数民族士人对理学的认知与传播

家文化对丁鹤年影响之深。

而鹤年一生并非独尊儒术，晚年的境遇也使鹤年的思想有所转变，就《明史·文苑传》所载丁鹤年"晚学浮屠法"[①]，陈垣从《琳琅秘室》本《丁鹤年集》与《艺海珠尘》本《丁孝子诗》等考出丁鹤年与三十多位僧人有交游唱和，在其诗集中也不乏阐述佛教的诗文[②]。诸如《送铁佛寺益公了庵朝京游浙》：

> 世尊出西域，教化极东土。大道本无为，盛德人所慕。只今灭度二千年，授经弟子如亲传。我生赖僻苦贪佛，或谓三生有盛缘。[③]

此诗可见鹤年有意于空门，这与上述所谓儒学倾向有背离，而当我们考校鹤年晚年生活的境遇，才能真正了解丁鹤年思想转向的原因。

丁鹤年人到中年，恰逢元明易代之时，其父兄皆为元代官吏，鹤年对元朝有深厚的感情。元代灭亡的事实影响着他的情绪和创作，如其《岁宴百忧集二首》："岁宴百忧集，独坐弹鸣琴，琴声久不谐，何以怡我心，拂衣出门去，荆棘当道深，还归茅屋底，抱膝梁父吟。"[④] 他效仿诸葛亮作"梁父吟"，希望在乱世施展才华，实现文人的济世情怀。但因社会动荡，回天乏术，在与

---

① [清] 张廷玉：《明史》卷二百八十五《丁鹤年传》，第7314页。
② 参见陈垣：《元西域人华化考》卷三，第43页。
③ [元] 丁鹤年：《鹤年诗集》卷二《送铁佛寺益公了庵朝京游浙》，《文渊阁四库全书》第1217册，第511页下。
④ [元] 丁鹤年：《鹤年诗集》卷一《岁宴百忧集》其一，《文渊阁四库全书》第1217册，第503页上。

戴良唱和诗中"也知出处关时运,岂但逃名效隐沦"① 得知其因处乱世而到处流浪的处境。在鹤山写佛的诗歌中也有这样的感慨。

《逃禅室与苏伊举话旧》:

> 不学扬雄事草玄,且随苏晋暂逃禅。
> 无锥可卓香严地,有柱难擎杞国天。
> 谩诧丹霞烧木佛,谁怜清露泣铜仙。
> 茫茫东海皆鱼鳖,何处堪容鲁仲连。②

又有《逃禅室述怀十六韵》:

> 耻洒穷途泣,闲修净土缘。谈玄分上下,味道悉中边。有相皆虚妄,无才幸苟全。栖云同白鹿,饮露效玄蝉。高蹈惭真隐,狂歌愧昔贤。惟余空念在,山寺日逃禅。③

除此两首以外,丁鹤年诗集中另有颇多关于暂时学佛的论述,这乃是丁鹤年在战乱的年代,由于生活所迫的一种妥协,鹤年依佛并不是真心学佛,虽晚年有所得④,可谓日久而生。但是学佛的经历并不能影响其儒士之名。

---

① [元] 丁鹤年:《鹤年诗集》卷二《奉寄九灵先生四首》其二,《文渊阁四库全书》第1217册,第515页下。
② [元] 丁鹤年:《鹤年诗集》卷二《逃禅室与苏伊举话旧》,《文渊阁四库全书》第1217册,第515页下。
③ [元] 丁鹤年:《鹤年诗集》卷一《逃禅室述怀十六韵》,《文渊阁四库全书》第1217册,第606页下。
④ [元] 丁鹤年:《鹤山诗集》卷一《赠秋月长老》:"秋月既虚明,禅心亦清净心,月两无亏,炯然大圆镜,流光烛万物,万物咸鲜莹,倒影入千江,千江悉辉映。情尘苟不扫,倏忽迷真性,所以学道人,于此分凡圣,视身等虚空,无得亦无证,伟哉寒山翁,与汝安心境。"此诗有意境,可谓丁鹤年晚年参禅所的。

赡思丁、赡思、丁鹤年等作为西域回回教世家，或因祖辈有儒学倾向，或因民族汉化思想影响，加之自身天资聪颖便栖身于儒学，虽在心性天道等层面未有深刻感悟，但其对于儒学的重视可见儒学在元代西域地区回回教后裔中的传播及影响。

第三节 少数民族理学家的理学思想的传承与创新

随着文化交往的深入，在理学家接受了元朝的统治后，他们也接受了服膺汉文化的少数民族士人，在传道授徒时接收少数民族学子，并在传播理学的过程中因材施教，将晦涩的注解翻译成较为通俗的文字。少数民族士人有了更多的机会与汉族理学家交往，也有更多途径去了解理学，故而出现了许多继承和传播理学教育思想和义理思想的学者。他们以少数民族的身份来传播理学，更能够吸引少数民族士人的注意，他们也成为理学向少数民族传播的先锋，扩大了理学在元代的影响。

一 保巴的理学解《易》思想[①]

元代少数民族学者在与汉族士人的交往中不断地学习儒家典籍，但是受限于知识水平，很少能够有精通义理的学者出现，蒙

---

① 参见陈少彤《关于〈易源奥义〉一书的哲学思想》，《哲学研究》1981年第12期，陈少彤《保巴生平、著作及其哲学思想》，《孔子研究》1988年第1期；唐城《保巴的哲学思想与元代理学发展》，《集美大学学报》2008年第3期；李秋丽《论保巴解〈易〉理想思路》，《周易研究》2011年第6期。这些文章对保巴哲学思想有一定的论述，但是仍有不足，如保巴在心性论上的陆学倾向。

古族亦是如此,但是随着汉化水平的加深,其中也不乏少数人崇尚儒学,精研儒家典籍,其中就有蒙古学者保巴。保巴(?—1311),又作保八,字普庵,又字公孟,蒙古人①,久居洛阳,历任侍郎、黄州路总管、尚书右丞,至大四年(1311)武宗崩,仁宗罢尚书省,"以丞相脱虎脱、三宝奴,平章乐实,右丞保八,左丞忙哥帖木儿,参政王罴变乱旧章,流毒百姓,命中书右丞相塔思不花、知枢密院事铁木儿不花等参鞫。丙戌,脱虎脱、三宝奴、乐实、保八、王罴伏诛"②。虽然最终以"变乱旧章"伏诛,但这并不能影响到他在思想上的建树。

保巴生年未定,但据《易源奥义》提要所言:"黄虞稷《千顷堂书目》称旧有方回、牟巘二序,回、巘皆宋末旧人,则保巴当为元初人矣。"③保巴死于至大四年(1311),他经历了元初三任皇帝,这时期在赵复、姚枢等人的提倡下,理学逐渐受到统治者的重视,保巴久居洛阳,深受中原文化影响,也就在此时接触到程朱理学,并对其有深入研究。史称保巴"少好学",尤其是对《易》学有深入研究。仁宗在东宫时,保巴就曾进言《易》学之妙,曾言:"自龙图之画既出,而象数之学肇开,至六十四卦以成书,为百千万年之明鉴。羲、文、孔子发先天之妙,京、费、王弼广后世之传。岂但求语下之筌蹄,又当参胸中之关键。

---

① [元]保巴:《周易原旨》提要言保巴"色目人",色目人并非族称,《新元史》卷二百三十五《保八传》记:"保八,字公孟,蒙古人。""保"姓来源,可有蒙古族一支,陈少彤考证现今蒙古卫拉特四部、和硕特部、额鲁特部仍有以保巴为名,这是其为蒙古人的证据之一,但并非确证,今暂取《新元史》本传所记,为蒙古人。

② [明]宋濂:《元史》卷二十四《仁宗一》,第537页。

③ [元]保巴:《易源奥义 周易原旨》提要,《文渊阁四库全书》第22册,台北:商务印书馆,1986年版,第697页下。

凡蠡测管窥，以探精义，皆铢积月累，以用深功。苟得其真，敢私其秘？不揆浅肤之素学，冒干投进于青宫，冀虎闱齿胄之间，特加披阅。在鹤禁延儒之顷，更赐表章。"① 此外他还曾著《易源奥义》《周易原旨》《系辞》，统一称为《易体用》②。另据朱彝尊《经义考》记载，保巴还有《周易尚占》三卷亡佚。

现存的《易源奥义》《周易原旨》是注释和发挥《周易》思想的著作，是保巴对王弼、周敦颐、二程、张载、朱熹等人的《易》学思想的改造发挥。该书前六卷是对六十四卦、《彖》《象》《文言》经文的注解，后两卷是对《系辞》《说卦》《序卦》和《杂卦》的注释阐发，秦志勇认为："《周易原旨》其实并不意味着探讨《周易》之原旨，而是通过注释，集中发挥儒家的哲学和伦理政治思想。"③

保巴的哲学思想基于对宋代理学的传承，是在继承程朱理学本体论、心性论的基础上提出的。首先是关于宇宙本体的讨论。在保巴的思想体系中，关于宇宙本体的认识是继承并融合了周敦颐的"太极"说和程朱的"理一分殊"思想。就宋代理学家对本体的讨论中所提出的"太极""理""道"等概念，保巴总结后认为："太极，理也。无外，故曰形而上者谓之道。"④ 在他看来，"太极""理""道"在本质上是同一层面的，都是形而上的绝对精神存在，即宇宙的本原。在保巴的思想体系中，"太

---

① 柯劭忞：《新元史》卷二百三十五《保巴传》，第450页下。
② 据《易源奥义 周易原旨》提要记载，四库馆臣在编修《四库全书》时将《系辞》并入《周易原旨》，现今《四库全书》收录"《易源奥义》一卷、《周易原旨》六卷"。
③ 秦志勇：《中国元代思想史》，北京：人民出版社，1992年版，第143页。
④ [元] 保巴：《周易原旨》卷七《系辞上》，《文渊阁四库全书》第22册，第840页上。

极"是被用得最广的本体概念。万物是太极化生的，也就是保巴所言的"妙万物"，太极在不断的运动中造就了宇宙万物。保巴为了强化对"太极"这一宇宙本原的认识，他从《周易》中又引入"易"这一概念，"易"与天地共存，正所谓"天地开辟，未有文籍之先已有此易。天地初设位而易已行乎其中，是易与天地参而为三也"①。在宇宙产生之时便是运动的，这也为太极化生万物做了铺垫。同时，保巴将"易"又理解为"易变"，他说："形而下者谓之物，形而上者谓之神。神也者，物而不物，于物易之。所以为易，圣人之所以为圣人，造化之所以为造化，筮龟之所以为筮龟，皆此而已。故曰妙万物而为言者也。"②"易"既可以是无形的，与太极相互运动的形上主宰，也可转化为万物，正所谓"物而不物，于物易之"。"易"不但强调了太极是万物的本源，也证明了太极在变化中化生万物，易就是万物所成之依据，或说是"所以然"，这与"太极"是万物所成之"所当然"相呼应。

既然有了"太极"化生万物的"所以然"，那么太极就可以化生万物，而关于其生成的方法和途径，保巴则在宇宙生成体系中引入了程朱理学的"太极动静""阴阳""气"等概念。周敦颐曾言："太极动而生阳，动极而静，静而生阴，静极复动。一动一静，互为其根，分阴分阳两仪立焉。"③保巴继承了周敦颐

---

① [元] 保巴:《周易原旨》卷七《系辞上》,《文渊阁四库全书》第 22 册, 第 828 页上。
② [元] 保巴:《周易原旨》卷八《说卦注》,《文渊阁四库全书》第 22 册, 第 860 页下。
③ [宋] 周敦颐撰, 陈克明点校:《周敦颐集》卷一《太极图说》, 第 4 页。

的"太极动静"理论,也说"太极动而生阳生阴"①,太极动静而生阴阳二气,是曰:"太极是生两仪,两仪生四象,四象生八卦。"② 此种两仪便指"阴阳二气"。此处类似宋代的"气"说,但是保巴并未到此为止,在他的思想中,"气"并非直接化生万物的物质,保巴认为"阴阳二气"虽然是"太极"化生的,但是仍然是无形的,要真正的成为万物,必须转变为形而下的"器",正如其所言:"质成而可执,阴阳囿于器矣,故曰形乃谓之器。"③ 阴阳二气并非有形可执的"器",只有气凝聚为器,形而上的气质变为形而下的器,完成了气到器的质变过程,太极化生万物才算完成,保巴用周敦颐的宇宙论观点延伸补充了程朱理学的生成论。然而太极化生万物并非终结,真正的演变是一个循环,太极通过阴阳二气转变为形而下的器,这不是最终的终结,最终万物还要归于"太极",保巴说:"大之为天地日月,微之为走飞草木,皆要归根复命。"此处所说的"命"就是天命,即为宇宙的本体"太极",由此形成了保巴的宇宙演变图式:

太极→阴阳二气→可执之器→太极

太极、天理寓于万物,而在解释万物各有不同的问题上,保巴吸收了程朱的"理一分殊"思想。保巴说:"物物各有太极,一本而万殊也,万物体统于太极,万殊而一本也。"④ 在这里的

---

① [元]保巴:《周易原旨》卷八《系辞下》,《文渊阁四库全书》第22册,第843页下。
② [元]保巴:《周易原旨》卷七《系辞上》,《文渊阁四库全书》第22册,第836页下。
③ [元]保巴:《周易原旨》卷七《系辞上》,《文渊阁四库全书》第22册,第836页上。
④ [元]保巴:《周易原旨》卷一,《文渊阁四库全书》第22册,第710页下。

太极有两层含义，"物物各有太极"此为事物的"理"，此理万物各具特色，而"万物体统于太极"之太极则指形而上的绝对本体，这是对程朱"理一分殊"的继承。

保巴对心性的探讨一定程度上趋向陆学。保巴结合程朱理学本体论的内涵提出了"太极"本体，但是同时他融合陆学的观念认为"心即太极"，他说："心即易矣，易即心矣，神矣哉。"① 正如前文所述，在"易"的一个意义上，"易"与"太极"同样是形而上、无形的存在，这样也在侧面说明"心"与太极在一定程度上是同时存在的，心等同于宇宙的本源太极②。

正因如此，保巴思想中的认识论并非程朱的格物学说，而是强调本心之悟。他提出了"感应心法"，即用心去领悟义理，然后才能够认识天理。如保巴所言："义理无穷，言语有限。书不能尽言也，言不能尽意也。然则圣之意其终不可见乎？……书不尽言求之卦，言不尽意求之象，卦象不尽求之变，变又不尽求之心，以心会心，余皆筌蹄耳。"③ 他认为义理是无穷的，但靠人去"书""言"是无法达到认识天理的地步的。如何去认识天理，那就需要"以心会心""寂则能感，定则能应"④，从心中去体认，这样就能够达到认识天道的地步。这样的认识论趋向于陆学直求本心的特质。

保巴认可汉族高度发展的文明，在深入学习和研究理学后开

---

① ［元］保巴：《周易原旨》卷七《系辞上》，《文渊阁四库全书》第22册，第835页上。
② 参见秦志勇：《中国元代思想史》，第147页。
③ ［元］保巴：《周易原旨》卷七《系辞上》，《文渊阁四库全书》第22册，第839页下。
④ ［元］保巴：《周易原旨》卷八《系辞下》，《文渊阁四库全书》第22册，第848页下。

始承担传播重任。他不是一个特例，除保巴之外还有很多蒙古人同他一样，如河南王孛怜吉鼾，他尝受业于魏国许文正公（许衡）之门，"闻公讲说大契其意，即遣子从公受业，且移文中书举公可教国子"①蒙古人合剌不花，"官浙之台州达鲁花赤，已而移徽州。尝游白云之门"②。他们代表了这一时代的特色，蒙古人在理学的强大适应性和包容性下被吸收同化，他们在理学义理的阐发层面已经有了自身的见解，更重要的是他们有特殊的身份、地位，能更有力地感召蒙古族的知识分子，他们是保证理学在元代得以传播的重要力量之一。

二 教育家耶律有尚的理学传播手段

耶律有尚（1235—1320），字伯强，东平（今山东东平）人，辽东丹王十世孙，契丹后裔。有尚少年有志于学，才识过人，受业于鲁斋许衡门下，史传称其为鲁斋"高第弟子"③，可谓深得鲁斋之学的精髓。许衡辞归，耶律有尚继任国子监助教，其后耶律有尚历任国子司业、国子祭酒、秘书监丞、昭文馆大学士等职，延祐七年（1320）卒谥"文正"。耶律有尚一生为学谨慎，传授知识，继承了许衡的理学思想，苏天爵在其《神道碑》

---

① ［元］黄溍撰，王颋点校：《黄溍集》卷二十一《承务郎杭州路富阳县尹致仕倪公墓志铭》，第788页；又见［清］黄宗羲原著，［清］全祖望补修，陈金生、梁运华点校：《宋元学案》卷九十《鲁斋学案》，第3015页。
② ［清］黄宗羲原著，［清］全祖望补修，陈金生、梁运华点校：《宋元学案》卷八十二《北山四先生学案·白云门人》"元儒惟鲁斋之门有以蒙古从学者，此外惟白云而已。"第2794页。
③ ［清］黄宗羲原著，［清］全祖望补修，陈金生、梁运华点校：《宋元学案》卷九十《鲁斋学案》，第3009页。

中说:"世祖皇帝既践天位,惇尚文化,爰命相臣许文正公衡典教成均,以育贤才,以兴治平,规模宏远矣。一时及门之士,嗣其师传,久而弥尊,海内共推之者,惟公一人而已。"①

耶律有尚为北方少数民族,他所生活的时代章句辞赋盛行,此时赵复将程朱理学带入北方不久,相比之下金末元初所盛行的章句之儒、辞赋之风更为流行。但是耶律有尚并未受到此种风尚影响,苏天爵评价耶律有尚说:"是时,齐鲁之士踵金辞赋余习,以饰章绘句相高,公厌薄之,专明经训,人或以为迂,公弗渝也。"②

耶律有尚立志于学,许衡见其"学苦而志笃,深器异之"③,因此在至元八年(1271)许衡被召为集贤大学士兼国子祭酒时,其为招揽人才便向世祖献计,他说"国人子大朴未散,视听专一,若置之善类中涵养数年,将必为国用"④,以此为由征召"其弟子王梓、刘季伟、韩思永、耶律有尚、吕端善、姚燧、高凝、白栋、苏郁、姚燉、孙安、刘安中十二人为伴读"⑤。耶律有尚便在其中,这是耶律有尚第一次进入国子监。耶律有尚本就具有较高的学术素养,在国子监从学于许衡⑥,他开始接触到性理之学。耶律有尚在许衡的教导下,精研理学。在许衡的熏陶

---

① [元] 苏天爵撰,陈高华、孟繁清点校:《滋溪文稿》卷七《右丞相耶律文正公神道碑铭 并序》,第101页。
② [元] 苏天爵撰,陈高华、孟繁清点校:《滋溪文稿》卷七《右丞相耶律文正公神道碑铭》,第102页。
③ [元] 苏天爵撰,陈高华、孟繁清点校:《滋溪文稿》卷七《右丞相耶律文正公神道碑铭》,第102页。
④ [明] 宋濂:《元史》卷一百五十八《许衡传》,第3727页。
⑤ [明] 宋濂:《元史》卷一百五十八《许衡传》,第3727页。
⑥ [元] 苏天爵撰,陈高华、孟繁清点校:《右丞相耶律文正公神道碑铭》记:"许文正公为京兆提学,以淑多士,公逾弱冠,艰关数千里,嬴粮往从之游。"第102页。

第四章　文化认同：元代少数民族士人对理学的认知与传播　·299·

下，耶律有尚"其学邃于性理，而尤以诚为本，仪容辞令，动中规矩。识与不识，莫不服其为有道之君子"①。许衡与姚枢等人学习赵复所传程朱理学，耶律有尚亦当如此，所以苏天爵所谓的"专明经训"，应当是以程朱理学的典籍为基，尤其是朱熹的《四书章句集注》。许衡在国子监讲学时，因所选弟子皆为年幼童蒙，所以许衡待之如子，教学上"因觉以明善，因明以开蔽，相其动息以为张弛。课诵少暇，即习礼，或习书算。少者则令习拜跪、揖让、进退、应对，或射，或投壶，负者罚读书若干遍。久之，诸生人人自得，尊师敬业，下至童子，亦知三纲五常为生人之道"②。虽教授各类知识，而对其所倡导的程朱理学，许衡并非直接传授性命义理之学，而是以小学作为为学之本，然后讲授经典，并且"勤之以洒扫应对，以折其外；严之以出入游息，以养其中"③。耶律有尚在协助许衡的同时，自身的理学思想也得到提升。

耶律有尚作为许衡的弟子，对许衡思想最大的继承是发展教育、传播理学。许衡曾居国子祭酒之职，将理学向蒙古上层传播，仅以一己之力并未造成多大影响，这就需要他的继承者来接续其志，耶律有尚就是这样的人，他曾"五居国学"④，对教育

---

① ［明］宋濂：《元史》卷一百七十四《耶律有尚传》，第4064页。
② ［明］宋濂：《元史》卷一百五十八《许衡传》，第3728页。
③ ［元］苏天爵撰，陈高华、孟繁清点校：《滋溪文稿》卷七《右丞相耶律文正公神道碑铭》，第102页。
④ ［明］宋濂：《元史》卷一百七十四《耶律有尚传》、苏天爵《滋溪文稿》卷七《右丞相耶律文正公神道碑铭并序》记载耶律有尚五次出任国子学教职，此五次分别是至元八年（1271）耶律有尚为斋长伴读国子学、至元十年（1273）出任国子助教、至元二十四年（1287）入国子祭酒、大德元年（1297）复召国子祭酒、大德九年（1305）复起昭文馆大学士兼国子祭酒。

事业的贡献直承鲁斋。

至元八年耶律有尚第一次进入国子监,虽然仅仅是伴读身份,但是他"日与诸生共相讲学",助力许衡,发展教育,传播理学,深得许衡教育思想的精髓。所以在许衡辞归面对送行众弟子时,有言:"他日能令师道尊严,惟耶律某能之,汝等当以事我之礼事之可也。"① 由此可见许衡对耶律有尚继承师说的肯定。而耶律有尚也未让许衡失望,裕宗在东宫时曾召有尚为詹事院长史。耶律有尚出知蓟县后,"国学事颇废",而当问及何人能够重振国学,众人皆有言"非有尚无足以继衡者"②。至元二十四年(1287)在耶律有尚的建议下,元朝大量建立学舍,增加学生数量,可谓"儒风为之丕振"③,这也印证了许衡南归时所说的话。故而后人评价耶律有尚在教学上对许衡的教育事业有"匡救辅翼之功"④。

耶律有尚"五居国学",他为国学制定了严格的制度。苏天爵记载,耶律有尚教学甚严,对待学生一视同仁,曾有一名蒙古人不请命而外出,耶律有尚以"教法不可废也"⑤为由,严惩此学生,树立威信,使国子学学生在严格的学规下,遵守师道。而在教学内容上,耶律有尚也延续着许衡所崇尚的程朱理学,其言:"文正著述,惟《小学大义》《孟子标题》《读易私言》,而

---

① [元]苏天爵撰,陈高华、孟繁清点校:《滋溪文稿》卷七《右丞相耶律文正公神道碑铭》,第103页。
② [明]宋濂:《元史》卷一百七十四《耶律有尚传》,第4064页。
③ [明]宋濂:《元史》卷一百七十四《耶律有尚传》,第4064页。
④ [元]苏天爵撰,陈高华、孟繁清点校:《滋溪文稿》卷七《右丞相耶律文正公神道碑铭》,第102页。
⑤ [元]苏天爵撰,陈高华、孟繁清点校:《滋溪文稿》卷七《右丞相耶律文正公神道碑铭》,第103页。

《中庸四箴》等说乃门人所记，他则不足征也。"① 虽然耶律有尚对部分存世文献仍有质疑，但是仍然可出他对许衡学术的认可。耶律有尚将许衡的思想作为"师法"以自省，有言"文正言行默而识之，其后考次年谱，笔之于书，凡日用纤悉，取以为师法焉"②，并在国子学推而广之，《元史》称耶律有尚："其立教以义理为本，而省察必真切；以恭敬为先，而践履必端悫。凡文词之小技，缀缉雕刻，足以破裂圣人之大道者，皆屏黜之。"③ 他摒弃金末元初所崇尚的辞赋，技艺等"小技"，以理学思想为教学之本，在这样的教学理念下，"诸生知趋正学，崇正道，以经术为尊，以躬行为务，悉为成德达材之士"④。这对蒙古上层影响甚重可谓"虽勋伐世胄，变化气质，周旋动静，皆有可观"⑤。理学思想进一步在国子学中传播，耶律有尚教学数十年功绩卓著，"海内宗之"⑥。

耶律有尚虽在理学思想内涵上没有对许衡及鲁斋学派有推进创新，但是其维护师学，传播理学，在元代理学的发展中发挥了重要作用。

---

① ［元］苏天爵撰，陈高华、孟繁清点校：《滋溪文稿》卷七《右丞相耶律文正公神道碑铭》，第104页。
② ［元］苏天爵撰，陈高华、孟繁清点校：《滋溪文稿》卷七《右丞相耶律文正公神道碑铭》，第104页。
③ ［明］宋濂：《元史》卷一百七十四《耶律有尚传》，第4065页。
④ ［明］宋濂：《元史》卷一百七十四《耶律有尚传》，第4065页。
⑤ ［元］苏天爵撰，陈高华、孟繁清点校：《滋溪文稿》卷七《右丞相耶律文正公神道碑铭》，第102页。
⑥ ［清］黄宗羲原著，［清］全祖望补修，陈金生、梁运华点校：《宋元学案》卷九十《鲁斋学案》，第3010页。

三 女真后裔孛术鲁翀的理学传承

孛术鲁翀（1268—1327），又名富珠哩翀①，字子翚，"其先隆安人，金泰和间，定女直姓氏，属望广平"②。孛术鲁翀其祖先是上京隆安（今吉林农安）人，女真贵族后裔③。孛术鲁翀历任集贤直学士、国子祭酒、翰林国史院编修官等职，卒封南阳郡公，谥文靖，著有《菊潭集》六十卷，年久亡佚，现有重印本《菊潭集》四卷④。

孛术鲁翀是元代汉化的女真人的代表，这从其家族世系中可以看出，苏天爵《墓志铭》中记载孛术鲁翀曾祖名孛术鲁阿纳尼，其祖名德，其父名居谦，至孛术鲁翀，其曾祖名称中还带浓厚的少数民族特色，但从其祖父开始逐渐向汉族学习，从这一点可见孛术鲁翀家族逐渐受到汉族文化的浸染，已经开始主动地接受并改变原有的生活习惯。

---

① 孛术鲁氏，是唐末女真的"通用三十姓"之一，金代姓氏中"孛术鲁"多见，至元代以后，逐渐由于汉化更名为"鲁"或"富"等，而"富珠哩氏"则是"孛术鲁"音译不同所造成的，《万姓通谱》记载孛术鲁氏八旗姓氏，又称富珠哩，《皇朝通志·氏族略·满洲八旗姓》记载，"富珠哩"是满洲古老的姓氏之一，隶属正红旗，"孛术鲁"与"富珠哩"只因音译不同，实则为一。
② [明] 宋濂：《元史》卷一百八十三《孛术鲁翀传》，第 4219 页。
③ [元] 苏天爵记载："公之先女真贵族，金泰和中，章宗命定氏族为百，孛术鲁氏其一，望着广平。"（《滋溪文稿》卷八《神道碑铭》，第 122 页）
④ 孛术鲁翀的《菊潭集》六十卷不见《四库全书》著录，已亡佚，明成化年间刘昌编《中州明贤文表》，收《富珠哩文靖公文》二卷，据《元文类》及散见金石碑板辑得碑铭文十一篇，序两篇，诗颂两篇。其后光绪二十一年（1895）缪荃孙在《中州明贤文表》的基础上又辑得遗文四篇、诗七篇重编而成，重印本《菊潭集》四卷。光绪二十二年至宣统二年刊入《藕香零拾》丛书。此外还有部分方志收录孛术鲁翀作碑铭。可参见陶金红：《孛术鲁翀考论》，山西大学硕士学位论文，2013 年。

第四章 文化认同：元代少数民族士人对理学的认知与传播

孛术鲁翀出生便异于常人，《元史》记"生翀赣江：舟中，釜鸣者三，人以为异。"① 他是女真人中具有理学倾向的代表，也是《宋元学案》中收录的唯一一名女真后裔。孛术鲁翀汉化程度很高，这与他的师承与交友有密切关系。从黄宗羲《宋元学案》及《元史》等记载，孛术鲁翀多与汉族硕儒交往，也曾从学于萧克翁、萧㪺、姚燧的硕儒，为学严谨，"一本于性命道德，文章典雅，深合古法"②。他们的思想在孛术鲁翀心中留下深刻的烙印。按史传记载，孛术鲁翀并非师承一门，其中较为有名且影响孛术鲁翀较大的有萧克翁、萧㪺和姚燧。

萧克翁，南宋参知政事萧燧四世孙，他是孛术鲁翀的第一位老师。孛术鲁翀从学之初甚为奇异，孛术鲁翀原名思温，得见萧克翁始改，苏天爵记："夜梦大鸟集所居屋，翼覆院外，疾出视之，冲天而去。厘明公至，萧君异之，公始名思温，字伯和，为制今名及字。"③ 所以孛术鲁翀之名为萧克翁所起，可见萧克翁对其重视程度。孛术鲁翀真正的授业恩师应该是萧㪺。萧㪺，字惟斗，博览群书，史称："公制行甚高，真履实践，其教人，必自小学始。为文辞，立意精深，言近而指远，一以洙、泗为本，濂、洛、考亭为据，关辅之士，翕然宗之，称为一代醇儒。"④ 萧㪺是关中地区程朱理学的传承者，他有《三礼说》及《勤斋文集》传于后世。孛术鲁翀远赴京兆从学萧㪺，"夜以继昼，公

---

① ［明］宋濂：《元史》卷一百八十三《孛术鲁翀传》，第4219页。
② ［清］黄宗羲原著，［清］全祖望补修，陈金生、梁运华点校：《宋元学案》卷九十五《萧同诸儒学案》，第3145页。
③ ［元］苏天爵撰，陈高华、孟繁清点校：《滋溪文稿》卷八《元故中奉大夫江浙行中书省参知政事追封南阳郡公谥文靖孛术鲁公神道碑铭并序》（以下简称"孛术鲁公神道碑铭"），第122—123页。
④ ［明］宋濂：《元史》卷一百八十九《萧㪺传》，第4326页。

寓其旁僧舍，攻苦食淡，人不能堪，公裕如此"①，字术鲁翀在萧㪺处学到了程朱理学的义理之学："自讲学三年，皆经学务本之道。"② 萧㪺对字术鲁翀思想的形成起到重要作用。随后字术鲁翀被举荐为南阳县儒学教谕，继续传播理学思想。此外对字术鲁翀有影响的还有与他亦师亦友的姚燧，姚燧从学于许衡，以文学见长，在许衡之门堪比孔门之子游、子夏，是鲁斋学派的重要传人。黄宗羲在《鲁斋学案》中将字术鲁翀归为"牧庵门人（鲁斋再传）"③，苏天爵亦记载："复游汉上，从翰林姚文公学古人文"④，姚燧对字术鲁翀的文采颇为赞赏，在与李友端的书信中称赞："子翚谈论锋出，其践履一以仁义为准。文章不待师传而能，后进无足伦比。"⑤ 甚至建议李友端召翀为婿。能对一人学术大加赞赏，并将其推荐给好友，可见姚燧认可字术鲁翀之才。字术鲁翀也曾求学于虞汲、元明善等人，向他们学习理学、文学知识。又与虞集、张养浩、柳贯、袁桷、许有壬等当世硕儒关系密切，他们不论在理学方面，还是文学方面都对字术鲁翀产生了重要影响，增加了汉文化在这位女真后裔心中的地位。

与耶律有尚相似的一点是字术鲁翀同样重视教育，苏天爵曾赞许："公之为学务博而约，自六经诸史传注，下至天文、地

---

① ［元］苏天爵撰，陈高华、孟繁清点校：《滋溪文稿》卷八《字术鲁公神道碑铭》，第123页。
② ［元］孔齐：《至正直记》，上海：上海古籍出版社，1987年版，第152页。
③ ［清］黄宗羲原著，［清］全祖望补修，陈金生、梁运华点校：《宋元学案》卷九十《鲁斋学案》，第3018页。
④ ［元］苏天爵撰，陈高华、孟繁清点校：《滋溪文稿》卷八《字术鲁公神道碑铭》，第123页。
⑤ ［元］苏天爵撰，陈高华、孟繁清点校：《滋溪文稿》卷八《字术鲁公神道碑铭》，第123页。

第四章　文化认同：元代少数民族士人对理学的认知与传播

理、声音、历律、水利、算数，皆考其说，听其言论，滚滚不穷，故声闻大振。"① 孛术鲁翀任职从襄阳县儒学教谕到南阳县儒学教谕，再到汴梁路儒学学正，从学者不断增加。在任职汴梁路儒学学正后，"学士之从者日众。……教人不倦，发明经旨，援引训说，累数百言，极于至当而后已，学者恐不卒得闻，故经公指授者多知名"② 。他的教学内容受到萧斢影响，以性命道德为本，将理学思想通过基层教育传播的更广。

至顺年间孛术鲁翀因教育事业有功，迁集贤直学士兼国子祭酒，孛术鲁翀出任国子祭酒期间积极改善学生学习环境，制定章程。孛术鲁翀重视教育，即便是在辞官归家后，仍倾心教育。"欲于顺阳建博山书院，以淑其人。分置六斋，曰治礼、治事、经学、史学、书学、数学。"③ 在传播儒学上孛术鲁翀与耶律有尚一样，贡献巨大，脱脱评价说："天下学者，仰为表仪，居国学久论者，谓自许衡后，能以师道自任者，惟耶律有尚及翀而已。"④

在师友间的相互影响和自身对儒学的理解下，孛术鲁翀成为一名坚定的儒者。在处理与佛教的争论中也体现了他的儒学立场，《元史》有一则记载，一日帝师来京，文宗命朝臣非一品皆于郊外迎接，大臣举杯献酒，孛术鲁翀则曰："帝师，释迦之

---

① ［元］苏天爵撰，陈高华、孟繁清点校：《滋溪文稿》卷八《孛术鲁公神道碑铭》，第123页。
② ［元］苏天爵撰，陈高华、孟繁清点校：《滋溪文稿》卷八《孛术鲁公神道碑铭》，第123页。
③ ［元］苏天爵撰，陈高华、孟繁清点校：《滋溪文稿》卷八《孛术鲁公神道碑铭》，第126页。
④ ［明］宋濂：《元史》卷一百八十三《孛术鲁翀传》，第4222页。

徒，天下僧人师也。余，孔子之徒，天下儒人师也。请各不为礼。"① 在元朝统治者重视佛教情况下，孛术鲁翀以儒者自居，要求与帝师地位相等，足见其对儒学的推崇②。

女真后裔孛术鲁翀在汉文化强大的感召力下，倾心儒学，在师友间的探讨交流中坚定了对儒学的崇尚，致力教育，以传播儒学为己任，希望通过自身的努力使更多的少数民族士人了解理学、认同汉文化。这对元代儒学甚至是理学的发展起到了一定的作用，尤其是在少数民族中所起到的表率作用。

本章小结

元朝是少数民族建立的政权，其社会是由蒙古人、汉人、契丹人、女真人及畏兀儿人等构成的一个复杂的结合体。少数民族统治下的多民族融合的国家，统治者制定了具有等级分化特色的四等人制度，将汉人置于三、四等中，在政治、经济和文化政策上压制低等级人群。但是文明的力量并没有被等级制度所限制，真理是超越民族、等级制度的。在优秀的汉族文化的感召下，元朝统治者逐渐意识到维持统治必须接受汉族的思想文化，实行汉法、利用汉族政治制度和思想文化是取得统治合法性的必要条件，元代统治者开始接受汉文化。元代少数民族在汉法政策的影

---

① [明] 宋濂：《元史》卷一百八十三《孛术鲁翀传》，"帝师"元朝为西蕃来朝的大僧侣所上的尊号，《元史》卷二百零二《释老传》记载"百年之见，朝廷所以敬礼而尊信之者，无所不用其至。"

② 参见张文澍：《〈全元文〉之辑佚与女真族古文家孛术鲁翀》，《民族文学研究》2004年第2期。

响下也逐渐汉化,接纳汉族文化,这其中也包含理学思想。这其中既有初识儒学的阔里吉思、赡思丁,亦有倾心理学的元仁宗、不忽木,更有精研理学的保巴、耶律有尚之辈。由于朝代更迭造成的文献亡佚,我们不能全面了解每位学者的思想,但是通过现存史籍的记载我们可以看到他们通过自身的学习,深谙中原汉文化已成为普遍现象,在与汉族士人的交往中形成了所谓的"多族士人圈"[1],由此可见儒学甚至是后来成为官方学术的理学在少数民族中的传播已成为必然趋势。元代少数民族学者对理学的认知与传播的过程,反映了少数民族接受汉族的传统、语言、宗教、审美和思维方式的过程,并在这个过程中将理学的信仰、价值观、规范的社会实践内在化。理学因而成为他们的自我理解、自我概念的一部分。少数民族士人与汉族学者以相同的方式去解释世界、历史、政治、社会事件和社会实践。

少数民族士人学习汉文化及汉儒对少数民族的文化的改观,使各民族间的交往和融合日益密切。少数民族士人虽然还保存着自身的民族特色,但理学作为文化的代表也打破了民族的界限,作为交往的纽带亦是共同的价值、信仰,它沟通各民族,实现多民族间的文化认同。

---

[1] 萧启庆提出此概念,参见萧启庆:《元朝多族士人圈的形成初探》,《第二届宋史学术研讨会论文集》,台北:台湾中国文化大学史学研究所,1996年版,第165—190页。

第五章 文化交融：元代理学的社会关怀与实践

宋代形成的理学，经南宋朱熹总结发展后成为一套比较完备的学术体系，并影响着社会生活。由于受众群体多数集中于知识分子阶层，致使理学在宋代并没有得到普及。元仁宗恢复科举、定为官学，理学在元代统治者的重视下逐渐上升为官方学术，其地位在元代达到顶峰，最终在地位上、影响等方面超越了宋代。

元代理学是元代多元文化的一部分，它与其他文化交叉发展，影响遍及社会各个层面：元初统治者对文教、科举的不重视，致使大量的知识分子未能进入仕途，他们或从事底层教育（书院、私塾），或进入底层政治系统，将理学的精神渗透入教育理念和地方治理中；或选择隐逸著述，或选择创作杂剧以糊口度日，他们在生活上虽然有各种不甘，但是仍在一定程度上坚持着儒家信仰，理学思想在他们的作品，诸如诗词、杂剧、元曲中亦得到体现。这些表现标志着元代理学真正成为社会化的学术，影响着社会的各个方面。相较宋代而言，元代理学的影响面更加宽泛。本章讨论多元文化交融情景下，元代理学在政治、文化上的社会关怀和实践。

第一节 理学对地方政治的影响

一 理学与社会秩序构建

正确的、合理的学术思想对社会实践皆具有指导意义，理学也不例外。程朱理学将"天理"赋予了宇宙本体的地位，要求儒生们需要通过提高自身修养、用内心自省等方法来达到对天理的体认；同时也将这套理论落实到社会层面上，用"理一分殊"的理论框架将社会万事万物包含在"天理"之中，如朱熹所言：

> 凡世间所有之物，莫不穷极其理，所以处置得物物各得其所，无一事一物不得其宜。除是无此物，方无此理；既有此物，圣人无有不尽其理者。所谓"惟至诚赞天地之化育，则可与天地参者也"。①

世间万物莫不包含在"天理"之中，而其中的"物各有异"，则是"理一分殊"的原因，这样就将社会纳入到理学思想的体系中。理学最本质的社会意义在于建立一套遵循"天理"的社会秩序，而这套社会秩序中需要的实践主体是遵循"天理"的人，而这个人并没有固定所指。宋代程朱理学倡导者即是按照

---

① [宋]朱熹撰，朱杰人、严佐之等主编：《朱子全书·朱子语类》卷十八《大学五》，第606页。

理学的设想，构思建立一个"理"本位的社会秩序。余英时说："张载和程、朱都是先构思一个理想的人间秩序，然后才将这一构想提升为宇宙论或形而上的普遍命题。在他们的构思中，人间世界必须建立在两个相反的因素之上：'理一'是综合的因素，将人间世界融合成一个整体；'分殊'则是规定性因素，将内部无数歧异——包括功能的、群类的、个人的安排成一个井井有条的秩序。"①

统治阶级认同，是建立社会秩序的首要条件。所以正如本书第一章所讲，在理学家们的努力下，元代的统治者逐渐地接受了理学，并在仁宗朝将其提升为官方学术，这正是理学家在国家秩序建设中所做的努力。理学得到元代统治者的认可并不代表它能构建一套完整的社会秩序。"完整"便意味着要将"基层社会"建设囊括在这套理论中，让处于乡村社会的士绅（也包含豪强、富民及庶族地主）所代表的底层社会精英也认可理学，并运用理学来维护稳定。如吴铮强所说"要达成这个：理想（建立理学社会秩序），除了理学自身的完善之外，更重要的，是要使业已分离的专制政权与乡村社会联系起来，使他们都接受理学。"②只有研习和推崇理学的人充满了整个社会，包括中央统治阶层和地方乡村社会，才能够真正建立一个以"天理"为核心的理想社会。

但是建立一个专制政权和乡村社会共同认同理学社会秩序，

---

① 余英时：《朱熹的历史世界——宋代士大夫政治文化的研究》，上海：三联出版社，2011年版，第144页。

② 吴铮强：《科举理学化：均田制崩溃以来的君民整合》，上海：上海辞书出版社，2008年版，第240页。

并不是一朝一夕所能完成的。关于理学与君和民的关系的讨论由来已久，学界有不同的看法。包弼德认为："道学向士人展示了他们如何能成为一名社会精英，同时做一个善士，它以此向士人提供了另一种文化选择。在一个开始由来自士人家族的地方精英支配的社会里，道学严肃对待'德行'，把他当作士人最先关注的问题。"[①] 精英阶层的不断膨胀使得国家对其加强控制，元代的社会现实又造成大量精英脱离政治生活，这时理学的产生就给他们注入了一种新的生活内涵，因此包弼德认为理学是士人远离政治的精神寄托，而不是获得政治权利的手段。葛兆光则不这么认为，他所理解的理学是乡村社会士人用来对抗国家权力的手段，而理学与国家权力的唯一结合点是对"文明"的传播[②]。吴铮强在总结前人的认识后则认为："理学并不是士人远离政治的精神寄托，更不是用来对抗国家权力的'批判的哲学'，而是要求赋予乡村社会富民阶层文化权力、要求皇帝保护富民阶级利益，同时也要求富民阶层支持国家权力的伦理秩序，是要求原本分离的土豪阶层与专制政权重新和解共生的权力分配的文化机制。"[③] 相较以上三种认识，吴铮强的解释较为妥当，理学在整个社会秩序的构建中并非是某一方对抗另一方的工具，而是整合专制政权与乡村社会的一种理念；理学符合统治阶级的专制统治的需要，同样也是乡村社会建设的一种重要手段，所以，理学能够成功地将两者都纳入它的"天理"秩序中，从而建立一个完

[①] （美）包弼德（Peter Bol）著，刘宁译：《斯文：唐宋思想的转型》，南京：江苏人民出版社，2001年版，第354—355页。
[②] 葛兆光：《中国思想史》第二卷，第238—240页。
[③] 吴铮强：《科举理学化：均田制崩溃以来的君民整合》，第249页。

整的社会秩序。

二 乡绅——理学与乡村社会结合的媒介

理学在专制统治中的实践主体是统治阶级，这也正是本书第一章所论述的主要内容。而理学思想如何下移到乡村社会，乡村社会中理学实践的主体是什么，以及理学是如何在乡村建设中影响政治建设的，这都需要我们去探讨一个阶层，那就是乡村士绅、豪强及师儒等，他们才是理学在乡村社会的实践者。

士绅阶层形成并扩大于唐宋时期，并不是元朝所独有。宋代科举制度的兴盛使更多的人投身科举，从11世纪到12世纪，参加科举的人数增长了近三十多万[1]，即便如此，更多的人仍然被排斥在政治权力之外，"无世禄可守，无常产可依"[2]。落榜士子不能通过科举晋身仕途，所以他们或开馆收徒，或充当乡塾教师，甚至充当巫医、僧道、商贾等，以糊口度日。而这其中家中富裕者、衣食无忧者便可成为一方士绅，还有一部分从事教学工作便成为师儒。元朝社会状况与宋代有所不同，加之宋亡后三十余年未行科举，造成乡村社会的构成出现了变化。一方面，"元代重视出身（根脚）和注重功利的铨选方式，使那些最先与新王朝合作的人得到了'新贵'的身份和在地方分享权力的机会，形成了地方的豪强势力"[3]；另一方面，大量的社会精英无法通

---

[1] 葛兆光：《中国思想史》第二卷，第241页。
[2] ［宋］袁采：《袁氏世范》卷中《处己》，《文渊阁四库全书》第698册，台北：商务印书馆，1986年版，第623页上。
[3] 萧启庆：《元代的儒户：儒士地位演进史上的一章》，见氏著《元代史新探》，第26—36页。

过正常的铨选途径走上仕途，他们只能转向社会，在民间从事教学、经商等职业，他们中一部分壮大了"师儒"队伍。这样的双重因素促使乡村士绅人数不断增加，而他们之中拥有政治关怀的人，不断寻求政府（权力中心）之外的途径来进行文化、社会和经济活动，以实现他们的人生理想。

元朝统治者入主中原，他们希望得到汉族士人的拥戴，所以积极任用汉族儒士，并在一定程度上承认了他们建立秩序的理论——理学，但是因防汉心理的作祟，他们又将儒士和理学排斥在国家政治权力中心之外①。所以理学家们将理学实践的方向转向家庭、转向社会。在《大学》中儒士的人生理想是"修身、齐家、治国、平天下"，而这只是理想，真正能够做到这一点需要很高的社会条件。只有在"家国一体"的情况下，儒生才能真正做到"修齐治平"。元朝并不是这样一个完美的时代，仕途的阻塞使大量社会精英无法真正进入权力中心，他们也就无法参与"治国"，所以他们将精力放在下层社会、放在个人家庭的"齐家"上面。"齐家"在理学社会实践中的重要性早在朱熹的著作中就有过解释：

> 或问："'齐家'一段是推将去时较切近否？"曰："此是言一家事，然而自此推将去，天下国家皆只如此。"
>
> 或问："不出家而成教于国"。曰："孝以事亲。而使一家之人皆孝弟；以事长，而使一家之人皆弟；慈以使众，而使一家之人皆慈，是乃成教于国者也。"

---

① 许衡、姚枢等人虽入朝为官，但是官职并非高位，虽入国子监教导贵族子弟，但是始终并未接触到真正的政治权力中心。

李德之问："'不出家而成教于国'不待推也。"曰："不必言不待推。玩其文,亦未尝有此意。只是身修于家,虽未尝出而教,自成于国尔。"

"孝者所以事君,弟者所以事长,慈者所以使众。"此道理皆是我家里做成了,天下人看着自能如此,不是我推之于国。①

朱熹这几段话明显可以看出,按照"理一分殊"的理论,治家与治国一样,虽然表现形式是不一样,但皆天理所关照,只要循理而行即可。治家同样也可以实践与治国一样的天理,并由此推己及人,以小见大,将治家理论推广到社会,对治国做出贡献,完成"修齐治平"的理想,这也是朱熹否定李德之"不待推"的原因。

在这种理论支撑下,在元代被政治权力中心所拒绝的部分社会精英并没有颓废沮丧,他们仍然坚信理学,但与南宋理学转向内圣的观念不同,他们将实现理想的方向转向社会,他们利用理学理念在基层社会构建社会秩序。在他们眼里,齐家与治国是同等重要的,在乡村社会建立一套符合理学设想的社会秩序等同于国家建立的社会秩序,士绅和豪强、师儒以在乡村社会所获得的权力和地位比拟在国家政治权力中心的地位,这就是所谓的乡村社会与国家的整合,在这一过程中,理论依据是理学,而实践主体则是乡绅和师儒。

转向乡村社会的社会精英,通过恩荫、考试或者是自身家族

---

① [宋]朱熹撰,朱杰人、严佐之等主编:《朱子全书·朱子语类》卷十六《大学三》,第549页。

经济的发展，一部分成为地方上的"统治者"，他们利用自身的文化修养，将国家法度、伦理道德等各种"文明"观念向下层渗透，从城市推广到乡村，从上层推移至下层，也从中心扩至边缘①。这些士绅努力地将城市生活中的伦理原则和观念带到乡村社会，世俗化的理学思想便是其中重要组成部分。这时的理学思想的侧重点不在形上的心性伦理，而在被赋予的社会生活的意义，如葛兆光所言："思想成为原则，而原则又成为规则，而规则就进入人民生活，当民众在这种规则中生存已久，它就日用而不知地成了'常识'，任何违背常识的行为都将成错误甚至罪孽。"② 当理学成为指导乡村社会秩序形成的重要内容，并通过乡绅、豪强及儒士们影响着地方政治建设，它才真正走向社会，向大众普及。

三 乡约制定与宗族建设——乡绅的理学实践

社会精英从政治权力中心走向乡村社会，运用理学思想去构想和建立社会秩序，藉此实现他们的人生价值。制定乡约、完善宗族建设是众多实践理学社会意义的方法中的重要部分。正如前文所讲，士绅阶层在无法进入政治权利中心的时候选择将乡村社会或宗族家庭秩序的构建等同于国家秩序的建立，所以他们寄希望于利用理学思想制定乡约、族规、家礼等方式，不断完善乡村和宗族秩序。

宗族建设在宋代已有萌芽，程朱理学的集大成者朱熹便很重

---

① 参见葛兆光：《中国思想史》第二卷，第241页。
② 葛兆光：《中国思想史》第二卷，第241页。

视宗族建设对地方政治的影响，所以他作《家礼》时根据社会习俗，参照古今家礼，对"通礼、冠、昏、丧、祭"五部分进行总结、归纳，编撰成书，《文公家礼》是以理学的思想规范礼仪制度的重要典范；此外朱熹还重新校订了吕大临的《吕氏乡约》①，用固定的规则约束乡村社会大众，执掌赏罚决断之权，管理日常生活各项事宜，以此建立更为完善的宗族组织，形成符合儒家理想的乡村秩序。

元代蒙古贵族垄断的上层官僚系统，士人要实现理想更多的是需要投身社会，所以元代是中国历史上宗族建设最为兴盛的时代，吴铮强说："在士族瓦解之后，元代是宋代以来普及型宗族兴起的关键期，'今世宗祠合族，数十百千咸在，似起于元之季世'"②。常建华也认为："元代宗族势力发展的过程中，士大夫发挥了重要的作用，由于仕途不畅，他们把精力投入乡族建设，而元朝轻徭薄赋和不抑兼并的土地赋役政策，使得士大夫经济实力大增，为其宗族活动提供经济条件，特别是元朝荒于文治，也为宗族的发展提供了一个契机。"③ 元代的特殊社会背景，为理学施之于宗族建设提供了必要的条件。

元代宗族建设的典范是浙江、安徽地区，其中休宁陈氏、婺源汪氏及浦江郑氏④等宗族的建设，直接反映了理学的影响下的

---

① [宋]朱熹撰，朱杰人、严佐之等主编：《朱子全书·晦庵先生朱文公文集》卷七十四《增损吕氏乡约》，第3594—3603页。
② 《皇朝经世文续编》卷六十，参见吴铮强：《科举理学化：均田制崩溃以来的君民整合》，第267页。
③ 常建华：《宗族志》，上海：上海人民出版社，1998年版，第41—42页。
④ 参见漆侠：《宋元时期蒲阳郑氏家族之研究》，《知困集》，第196—210页；毛策：《孝义传家：浦江郑氏家族研究》，杭州：浙江大学出版社，2009年版；吴铮强：《科举理学化：均田制崩溃以来的君民整合》，第269—271页。

乡绅对地方政治的作用。

地方宗族建设首先要对地方社会人员进行整合，这一点体现在族谱编著和祠堂建设方面。宋元时期族谱的编著可以追溯到朱熹亲自编撰的《婺源茶院朱氏世谱》，编纂目的是"敬宗收族"，增加同姓家族的内部凝聚力；敦本睦族，以维护地方社会的稳定。宋元之际战争频繁，政局动荡，大家庭逐渐分化为个体存在，同宗同族居住在同一村落或相邻村落，为了维护社会稳定，需要有名望的族人或者士绅编撰族谱，元代在宗族重建中第一步即是编撰族谱和修建祠堂。如歙县方宏中"笃学励行，与郑师山友善，著有家谱五卷"，胡蓬"涉猎经史，元致和中重续宗图"，婺源程宗任"尝与之光同修家谱，元季购屋倾廩以膳饥者"[①]。修建宗祠也是乡村士绅整合地方的重要手段，徽州地区如休宁王氏宗祠、姚氏宗祠，婺源的程氏祠堂[②]，都是徽州地区祠堂的代表。浦江郑氏也建立宗祠，《郑氏规范》中规定："立祠堂一所，以奉先世神主，出入必告正，至朔望必参，俗节必荐时物。四时祭祀，其仪式并遵文公《家礼》。"[③] 编纂族谱和设立宗祠无疑增加了同族内部的和睦性，也促进了地方社会的稳定。

编纂族谱、建立宗祠仅仅是宗族重建的开始，订立族规、家训是重建宗族和稳定地方政治的又一重要举措。宋代朱熹的《文公家礼》和吕大临的《吕氏乡约》在这一点上可谓典范，元

---

① [明] 戴廷明等撰，朱万曙点校：《新安名族志》，合肥：黄山书社，2004年版，第120页，第291页，第71页。
② 参见 [清] 何应松、方崇鼎编纂：道光《休宁府志》卷二十《士族》，影印嘉庆二十年刊本，台北：成文出版社，1985年版，第2165—2189页。
③ [明] 郑太和、郑涛：《旌义编》卷上第一条，《四库全书存目丛书》史部第87册，济南：齐鲁书社，1997年版，第702页上。

代士绅吸取了程朱理学的经验，其中浦江郑氏最具代表。郑德章主持宗族家务，实开"齐之以礼法"的先河①，其子郑文融更是儒家思想的坚定信奉者，他"不奉老子浮屠经像"，以儒家思想为指归，同时在儒士柳贯、吴莱等人得帮助下，依据《文公家礼》制定了最初的《郑氏规范》58则②，以规范家族秩序；九世孙郑铉兄弟将《规范》增补至92则，其后郑涛再次增补，经宋濂审订为168则，又名《旌义编》，这是浦江郑氏最完备的一套族规。这套规定制定了家族的礼法，如家长每月朔望都要"率众参谒祠堂"③，子孙"入祠堂者，当正衣冠，即如祖考在上，不得嬉笑、对语、疾步。晨昏皆当致恭而退"④；还规定了家族人员职责的分工，设立如掌门户、主计、典事等诸多职务，分别掌管家族各项事务，有效地处理了家族中日常事务；颁布了《劝惩簿》⑤，以惩治奖励善恶行为。宗族传承中重视家族子孙的教育，因此族规中也对教育做了细致规定，郑氏设立私学，并且规定"子弟已冠而习学者，每月十日一轮，挑背已记之书，及谱图、家范之类。初次不通，去巾一日；再次不通，则倍之；三

---

① [明]郑太和：《麟溪集》丑卷《郑氏孝友传》，《四库全书存目丛书》集部第289册，济南：齐鲁书社，1997年版，第393页下。
② [明]郑太和：《麟溪集》寅卷《青桂居士郑君墓志铭》，《四库全书存目丛书》集部第289册，第510页上。
③ [明]郑太和、郑涛：《旌义编》卷上第十一条，《四库全书存目丛书》史部第87册，第702页下。
④ [明]郑太和、郑涛：《旌义编》卷上第六条，《四库全书存目丛书》史部第87册，第702页上。
⑤ [明]郑太和、郑涛：《旌义编》卷上第二十八、二十九条，《四库全书存目丛书》史部第87册，第704—705页。

第五章　文化交融：元代理学的社会关怀与实践

次不通，则分籴如未冠时，通则复之"①。而且为学以"孝义切切为务"。此外宗族族规对妇女礼节、家族经济的发展等方面都有具体详细的规定，谨慎严格，宗族内部俨然一个浓缩的社会。士绅阶层在乡村社会建设中，将重建宗族看作重中之重，以宗族建设作为稳定地方政治的基石。

　　同时，士绅和地方豪强还直接在地方政治中出力献策。元初政治动荡，地方政局不稳，地方士绅利用自身的势力和威望，有效地维护了地方社会的稳定。如浦江郑氏家主郑德璋曾做青田尉，对镇压地方骚乱、维护地主豪绅利益、稳定地方秩序起到重要作用；婺源汪氏汪元龙在稳定地方政治上也有作为，"绩溪、祁门盗起，议者欲悉奸之。元龙止戮倡乱数人，全活甚众"②。在解决社会纠纷中，如浦江郑钦"有纠纷弗决者，得片言则曲直自明，罗拜而去，愚氓无知，视骨肉如途人，君开陈大义，至恳切处，潸然出涕，民多悔司自新"③。士绅们也发挥了他们积极的教化作用。

　　士绅们还积极出资支持地方公共建设。婺源汪元圭出资兴建晦庵书院，《汪公墓志铭》中记载："县之有晦庵书院自汪尹始。……公为山长屋百楹，田六顷，书万卷。"④ 徽州鲍元康为朱熹祖坟祭田的讨要而奔走，郑玉在其墓表中记载："仲安追思景

---

①　[明] 郑太和、郑涛：《旌义编》卷上第七十条，《四库全书存目丛书》史部第87册，第708页上。
②　[元] 程敏政辑：《新安文献志》卷八十五《徽州路治中汪公元龙传》，《文渊阁四库全书》第1376册，第395页上。
③　[明] 郑太和：《麟溪集》寅集《青梻居士郑君墓志铭》，《四库全书存目丛书》集部第289册，第510页上。
④　[明] 程敏政辑：《新安文献志》卷八十五《饶州路治中汪公元圭墓志铭》，《文渊阁四库全书》第1376册，第396页上。

曾之语，粥其材木之山，得钱为中统钞者一万五千余贯，而文公之祭田始复。"①徽州汪镐则以朱熹同乡名义，为收回被富民所占的朱熹故居与知州干文传合力，用自己的田地换回原来的朱熹故居，并"捐田三十亩"②，重修文公庙。

地主、士绅亦管理社仓、义仓，投身灾害救济事业之中。有学者认为"朱熹建立社仓的目的，是为了通过地方政府或富户出资，创造一个能自我维持的制度，为农民提供低利息的贷款"③，这样就能减轻农民的负担。建立义仓在解决社会现实问题之外，也是理学家实现社会理想，关心社会下层群众的手段。理学家认为道源自"仁"，所以他们希望通过一定手段去造福社会，实现小范围的"仁政"。宋代理学家朱熹所倡导的"社仓"或"义仓"则是实践这种想法，他将社仓、义仓看作是理和天地好生之德赋予实践的手段④。元代的乡绅、地主将充任义仓的"社长"视作一种管理地方、实践理想的途径。世祖朝至元七年（1270）颁布："诸县所属村疃，凡伍拾家立为一社，不以是何诸色人等，并行入社，令社众推举年高、通晓农事、有兼丁者，立为社长。"⑤遍布社制以劝课农桑，同时为应对饥荒，开始设立义仓，规定："每社立义仓，社长主之。如遇丰年收成去处，

---

① 参见郑玉：《师山集》卷八《鲍仲安元康墓表》，《文渊阁四库全书》第1217册，第64页下。
② [明]戴铣编：《朱子实纪》卷十一《重建文公家庙记》《重修文公家庙记》，《续修四库全书》第550册，上海：上海古籍出版社，2002年版，第482—482页。
③ （美）包弼德（Peter Bol）著，（新加坡）王昌伟译：《历史上的理学》，杭州：浙江大学出版社，2010年版，第220页。
④ 梁庚尧：《宋代社会经济史论集》下册，台北：允晨文化实业股份有限公司，1997年版，第427—453页。
⑤ 方龄贵校注：《通制条格校注》卷十六《田令·农桑》，北京：中华书局，2001年版，第457页。

第五章 文化交融：元代理学的社会关怀与实践

各家验口数，每口留粟一斗，若无粟抵斗，存留杂色物料，以备歉岁就给各人自行食用。"① 这些社仓虽为政府提倡修建，但是其中的粮食储备则来自地方，而其主事者即是社长，并由民间的富农或乡绅充当。理学家兼济天下的理想在一定程度上影响着他们，使他们忠于职守。在灾荒时期，士绅利用义仓、社仓维护社会稳定，治理地方社会。同时他们也以此得到国家的认可，提升他们在地方政治经济文化建设中的地位，以获取他们想要的利益。虽然在义仓制度衰败之时，士绅们也曾以此牟取暴利而危害人民利益，但是不容否认的是，义仓是理学化的乡绅、地主治理地方的重要手段②。此外士绅阶层凭借他们在乡村社会中的地位，在其他的灾害救济、扶贫济困等方面的事迹更是不胜枚举③。

士绅阶层在乡村社会，按照理学的观念发展宗族势力，将宗族建立成一个严密乡村政治组织，形成一套具有理学设想的社会秩序。他们编撰家谱，制定族规、家礼、乡约之类的规定，以此将伦理道德思想，尤其是理学思想传播到大众中。此时的地方士绅已经出现理学化的倾向，助力许衡、刘因等理学家在理学传播中的作用，正如章毅所言："理学已经不局限在儒者的讲习之中，而进一步开始产生社会化的影响。……元初崛起的新豪强的

---

① 方龄贵校注：《通制条格校注》卷十六《田令·农桑》，第460页。
② 元代义仓衰败的原因其中也包含士绅、地主在社长位置上的腐败，许有壬《紫山大全集》卷二十三《民间疾苦状》中有言："社长并不益民，止助贪污官府鸠敛钱物，侵剥细民，合行罢去。"乡绅中有非法之徒牟取利益，但是不可抹灭忠于职守的乡绅在义仓制度中的贡献。
③ 如浦江郑氏的郑渊，参见《麟溪集》丑卷《郑仲涵传》（苏伯衡）、《麟溪集》寅卷《贞孝处士郑仲涵墓铭并序》（宋濂）、《麟溪集》别篇《先公山长府君行状》（郑楷）《四库全书存目丛书》集部第289册，第496页上、第514页上。

子弟,在元代后期已经逐渐接受了理学,他们不仅在理学义理方面有新的造诣,而且有使之社会化的能力与意愿。"①

附:吏——没落书生的人生选择

元代理学在下层社会政治治理的主要实践者除了理学化的乡绅、师儒之外,还有一批人,就是胥吏。元代科举废止后,原来拥挤在科举大道上的书生们必须另谋出路,他们没有士绅、地主雄厚的经济实力,所以他们需要为生计、为实现理想而委曲求全,他们中间一部分放弃了仕途,以元曲、杂剧作家为业,以养家糊口(详见第五章第五节),而另一部分则委身为吏,参与政治,希望能够升迁为官。

没落书生委身于吏的原因在于科举不兴,"修齐治平"的理想使大多数受过理学思想影响的知识分子急于需要得到社会的认可和制度的保障,所以他们就在元代本不宽敞的晋身道路上选择了"吏进"这一途径。元代虽然"仕进有多歧,铨衡无定制"②,但是吏进却是主要的途径,正如姚燧所说:"大凡今仕进三途:一由宿卫,一由儒,一由吏。由宿卫者,言出中禁,中书奉行敕而已,十之一。由儒者,则校官及品者,提举教授出中书者,则正录而下出行省宣慰,十分一之半。由吏者,省、台、院、中外度司、郡县,十九有半焉。"③ 由吏入官可谓元代官员选拔的重要途径。当然,对于胥吏的选择也并非毫无限制,地方选择胥吏主要以儒生为主,许有壬曾说:"科举未行之前,儒皆

---

① 章毅:《理学社会化与元代徽州宗族观念的兴起》,《中国社会历史评论》第九卷,第115页。
② [明]宋濂:《元史》卷八十一《选举志序》,第2016页。
③ [元]姚燧:《牧庵集》卷四《送李茂卿序》,《文渊阁四库全书》第1201册,第445页下。

为吏。"① 元代对吏员的选择有着严格的规定，既要有操守还要有才能，比如出任廉访司书吏，"一须行止可观，二须吏事熟闲，若更涉猎经史，以儒饰吏，可以全才"。入吏者当"儒通吏事，吏通儒术"②，由此可见吏员是儒生们的重要出路，就连元杂剧中所表现的吏员重要特色也是"儒吏一体"，如《还牢末》中的李荣"幼年颇看诗书，今在东平府作着个把笔六案都孔目"，《鲁斋郎》中的张珪"幼习儒业，后进身为吏"，《村乐堂》张本道"口则说个令史，也难，要知律令、晓史书，方可作得个令史"。这些人都是儒吏。

通过委身为吏，多数儒生进入底层的政治圈。那些能吏通过自身所学在政治中发挥着微薄的作用，并希望通过努力能够晋升官道。但是由于吏员队伍的庞大，多数儒吏需要经过多年的煎熬，才有可能实现由吏入官。《元史·选举志》中记载了一则由吏入官的规定："江北提控案牍，皆自府州司县转充，路吏请俸九十月方得吏目，一考升都目，都目一考升提控案牍，两考正九品，通理二百一十月入流。"③ 二百一十个月，即七年半，这些提控案牍、路吏之类的胥吏，至少要煎熬七年半才有可能入官，而官职也仅仅是正九品的小官，这样的结果对于大多数儒生而言是惨淡的，他们多数情况可能一生都仅仅只能够为吏。当然，理学化的儒士为了实现自身的理想，在吏治中寻求实践理想的途径也是重要手段。

---

① [元] 许有壬：《至正集》卷七十五《吏员》，《文渊阁四库全书》第1211册，第530页下。
② [明] 宋濂：《元史》卷八十三《选举三·铨法中》，第2072页。
③ [明] 宋濂：《元史》卷八十二《选举二·铨法上》，第2048页。

第二节 理学影响下的元代教育与取士——以书院与科举为例

元代理学作为一种思想，它的传播需以知识分子为媒介，于是理学家便应运而生；理学家传播理学需要一个载体，使理学思想得到大众的承认亦需要一种途径，书院和科举便承担这一责任。书院作为传播思想的场所，在理学逐渐得以盛行和官学化的元代，成为理学思想传播最为昌盛的地方；科举制度在宋亡三十余年后复兴，与理学家的倡导和理学思想自身的影响不无关系；恢复科举又促进了教育事业的发展，从而进一步促进了书院的繁盛。理学、书院、科举三者以其良性的互动关系促进了元代学术的繁荣和文化昌盛。

一 元代理学与书院的互动[①]

书院是中国古代特殊的教育系统，最早出现在唐代文献的记载中，真正得以发展却是在宋代。书院是一种私立教育制度，它具有藏书、教学和祭祀三种功能，它的出现打破了官学垄断教育的局面[②]。宋元之际战争不断，然而书院并没有因为战争而遭到破坏，金戈铁马的蒙古贵族也并未对书院进行大规模的破坏，反

[①] 参见李兵：《元代书院与程朱理学的传播》，《浙江大学学报》2007年第1期。该文论述了元代书院对程朱理学传播的作用和价值，主要侧重书院对理学的影响，而对理学与书院互动以及理学、书院和科举之间的联系论述较少。元代理学对社会的影响无法绕过理学对书院教育的影响，所以本小节予以补充。

[②] 陈谷嘉、邓洪波：《中国书院史资料》，杭州：浙江教育出版社，1998年版。

而通过对其进行保护和促进其发展等举措表现出对儒学极大的尊重。元世祖忽必烈时期极为重视书院的作用，于中统二年（1261）下诏："宣圣庙及管内书院，有司岁时致祭，月朔释奠，禁军民侵扰、亵渎，违者罪之。"① 至元二十八年（1291）再次下令，"令江南诸路学及各县学内，设立小学，选老成之士教之，或自愿招师，或自受家学于父兄者，亦从其便。其他先儒过化之地，名贤经行之所，与好事之家出钱粟赡学者，并立为书院"②。此外统治者还积极鼓励书院建设，色目人、蒙古人都参与到书院建设中，经过大规模新建和重修，元代书院数量达到406所③，有所谓"书院之设，莫盛于元"的盛况④。

元朝的汉族知识分子尤其是宋末元初理学家（可以笼统地称作"宋遗民"），深知"春秋大义"，秉承"夷夏之辨"，对于新兴的元政权怀有一种抵抗心态，"饿死事小，失节事大"的思想占据着他们的内心。在宋元易代之际，这些宋遗民或随国而去，或悲伤终生，或隐居不仕，表现出对元政府的抵抗态度。此外还有一批人，他们在理学的影响下，以传续道统为己任，以正纲常、明名教为目标，活跃在元代基层社会，他们集中的地点就是书院。宋代书院盛行，它有别于官学的古板低迷，给理学家研

---

① 柯劭忞：《新元史》卷七《世祖一》，第16页中。
② ［明］宋濂：《元史》卷八十一《选举》，第2032页。
③ 白新良：《中国古代书院发展史》，天津：天津大学出版社，1995年版，第37页。
④ ［清］朱彝尊：《日下旧闻》卷十一，元代书院的数量远不及宋代，单指南宋的书院数量就有442所，这一绝对数字就比整个元代的书院数量多，更不需要谈及北宋，但是邓洪波《中国书院史》考证，鉴于元代立国98年，南宋要比元代长50余年，这样算来，元代平均每年修建的数值是4.142所，而宋代仅有2.888所，就此数据可以说明，元代的书院发展是在宋代基础上有持续上升的趋势。

究和传播理学创造了优越的条件,书院成为理学发展的重要平台①。元代理学家延续了这一传统,他们将书院作为传承文化、捍卫"道统"的媒介。

在这一思想的影响下,宋遗民尤其是理学传承者,成为元代书院发展的推动者。虞集曾言:"书之所行,教之所行也。教之所行,道之所行也。今郡县学官之外用前代四书院之制,别立书院,以居学者,因朱子而作者最多,建宁一郡书院凡七皆朱子之游息,或因其师友门人而立者也。"② 他们或自建书院、精舍讲学其中,或依靠门人出资兴建,或讲学于已建书院之中。庞大的讲学队伍吸引了众多好学之士进入书院,从而扩大了书院的影响。太宗七年(1235),元代理学家在燕京创办了元代首个书院"太极书院"。姚枢请"江汉先生"赵复主讲,太极书院的主建者杨惟中和姚枢及讲师赵复都是理学的传人,而且从郝经《太极书院记》中可知,太极书院建立的目的就是"继学传道",使"伊洛之学遍天下"③。除了太极书院以外,在理学传播的影响下各地理学家纷纷投入到书院的建设中,如朱熹后学熊禾,入元不仕,将主要精力投入到书院建设和讲学传道中,在洪源书院、鳌峰书院,宣扬朱子学。这些举措不但扩大了理学的影响,也促进了书院的建设。又如黄震讲学泽山书院二十年,北山传人金履祥先后讲学于仁山书院、重乐书院等数家书院。李兵认为:"这些

---

① 范立舟教授认为宋代书院兴盛的原因还有一点就是官学的低迷。他认为:"书院与官学相比较,具有更为强大的生机和活力,州县官学的僵化与衰落,在北宋已经表现出来。"(《论南宋书院与理学的互动》,《社会科学战线》2008 年第 7 期)

② [元]虞集:《道园学古录》卷三十六《考亭书院重建文公祠堂记》,《文渊阁四库全书》第 1207 册,第 515 页上。

③ [元]郝经撰,邱居里、赵文友点校:《郝文忠公陵川文集》卷二十六《太极书院记》,《儒藏精华编》第 245 册,第 439 页。

第五章　文化交融：元代理学的社会关怀与实践

有着程朱理学知识背景的南宋遗民成为元代书院讲学的主力军，他们的书院讲学活动不仅使得南宋遗民在一定程度上重拾了原有的尊严，而且使程朱理学在思想领域的地位得到了进一步巩固。"① 值得一提的是，参与书院建设的理学家并非只有程朱后学，陆学的传人也在元代书院建设中发挥重要作用，南丰陆学传人刘壎就是其中代表，他不但讲学于贵溪象山书院，也在自己家乡南丰建立水云书院，刊刻书籍、讲学其中，传播陆学及和会朱陆思想。

元代 406 所书院中，有 124 所是复建书院。复建书院的重要目的是传播理学，这其中岳麓书院、石鼓书院可谓代表②。岳麓书院在宋元之争中因为师生抵抗元军，所以"德祐，再毁于兵"③，历史悠久的岳麓书院毁于一旦。战争结束，社会趋于稳定，鉴于理学的影响，当地官员开始复修岳麓书院。元代岳麓书院一共经历两次复建，第一次是至元二十三年（1286）潭州学正刘必大复建，并有奉训大夫朱勃作记；第二次是延祐十年（1314）刘安仁复修岳麓书院，并请理学家吴澄作记，吴澄有《岳麓书院重修记》《百泉轩记》两文记录此事。在其《岳麓书院重修记》中有言："元之复建也，岂不以先正经始之功不可以废而莫之举也乎？岂不以真儒过化之响不可绝而莫之续也乎？"④ 在吴澄的记载中我们能看出，岳麓书院复建的主要目的是"续

---

① 李兵：《元代书院与程朱理学的传播》，《浙江大学学报》2007 年第 1 期。
② 参见邓洪波：《中国书院史》（第四章第三节），第 198—204 页。
③ ［元］吴澄：《吴文正集》卷三十七《岳麓书院重修记》，《文渊阁四库全书》第 1197 册，第 391 页下。
④ ［元］吴澄：《吴文正集》卷三十七《岳麓书院重修记》，《文渊阁四库全书》第 1197 册，第 392 页上下。

绝",可见理学传播对岳麓书院的复建起到重要作用。此外还有白鹿洞书院、张岩书院、月泉书院、宣城书院、湖山书院等都是在理学家的倡导下得以复建①。随着程朱理学地位提升,朱熹被奉为理学集大成者,纪念朱熹重建或复修的书院更是不计其数②。

理学家积极参与建立和复修书院以传其道,李兵根据《宋元学案》和《元史》等文献的记载总结出,元代60位学者参与建设和复修书院数量达49所,达到元代书院数量的12%,这其中还包含女真族理学家字术鲁翀修建的"博山书院",这是少数民族理学家修建书院的代表③。由此可见元代理学在元代书院发展中的重要作用。

元代理学对书院建设的影响不仅体现在书院数量上,同时也影响了书院的分布,尤其是元代理学北传对北方书院建设影响极大。南宋偏安江南,加上战争破坏造成的南北声教不通,北方的书院数量稀少,王旭曾言:"书院一事盛于南国,而北方未之

---

① 参见李兵:《元代书院与程朱理学的传播》,《浙江大学学报》2007年第1期。根据白新良《中国古代书院发展史》(天津:天津大学出版社,1995年版)考证元代可考书院有406所,所以60位学者参与的49所书院建设占比为12%。虞集《道园学古录》卷三十六《重修张岩书院记》,黄溍《黄金华先生文集》卷十四《重修月泉书院记》(四部丛刊初编),《临桂县志》卷十四《重修宣城书院记》,台北:成文出版社,1974年版,第256页。

② 徐梓:《元代书院研究》,北京:社会科学文献出版社,2000年版,第168—173页。

③ 字术鲁翀是《宋元学案》中为数不多的少数民族学者,此外,根据邓洪波统计,蒙古人帖木儿不花在夏县建立的温公书院,丑奴修的西湖书院,贯阿思南海牙见天门书院,达可建于成都的墨池、草堂、石室三个书院等,少数民族儒学人士加入到兴建书院的队伍。(《中国书院史》第四章第五节,第247—250页)

有。"① 虽然评价略显夸张，但也可以客观反映当时北方书院的凋敝境况。元代新建、复建的406所书院分布在15个省区，随着元代理学的北传，北方地区书院如雨后春笋般慢慢恢复发展，据白新良统计，直隶、河南、陕西等北方省区随着统一王朝的建立而回归到中央，北方书院数量增加，书院数量开始呈现北增南减的趋势，南北方的差距在进一步缩小，如若南北以长江作为分界，北方省份的书院数量达到86所，所占比例已经达到21.18%②。根据这些数据可以看出，元代北方书院不仅在数量上，在书院所占比例上都超越了宋代。北方书院激增的重要原因就是元代理学北传，这与姚枢等人的努力分不开。前文所讲，太宗七年（1235）在姚枢、杨惟中等人的努力下，元代第一座书院——太极书院建立，聘请赵复讲学其中，传播程朱理学。《元史·赵复传》中详细记载了赵复在太极书院作《传道图》《伊洛发挥》《希贤录》等书传播理学。其中，刘因、许衡等人皆因受到赵复的感染开始接触理学。如郝经所言："今建书院以明道，又伊洛之学传诸北方之始也""使不传之绪，不独续于江淮，又续于河朔者，岂不在于是乎"③。理学是书院建立的重要因素，同时书院又是理学得以传播发展的主要载体，而太极书院的建立拉开了北方书院复兴的序幕。姚枢、许衡、刘因等人在太极书院学习理学知识，又在离开太极书院后传播理学。姚枢在苏门建立

---

① 王旭：《兰轩集》卷十二《中和书院记》，北方在宋代是由睢阳书院、嵩阳、徂徕、泰山等书院，可谓仅有的几所，南宋时期就更少了。（《文渊阁四库全书》第1202册，台北：商务印书馆，1986年版，第852页）
② 参见白新良：《中国古代书院发展史》，天津：天津大学出版社，1995年版；邓洪波：《中国书院史》，上海：东方出版中心，2006年版。
③ ［元］郝经撰，邱居里、赵文友点校：《郝文忠公陵川文集》卷二十六《太极书院记》，《儒藏精华编》第245册，第438、439页。

百泉书院（孙奇逢认为百泉书院是太极书院，许有壬也称其为雪斋书院①）、许衡主持修建陕西正学书院、刘因自建静修书院讲学二十余年，这些在理学家的倡导下建立的书院，与理学在元代北传同步发展，它们之间的互动促进了两者共荣。

二 理学影响下的元代书院学规与教育内容

无规矩不成方圆，书院要培养人才既要有完善的教育方针和学生守则，还要有系统的教学内容。理学影响元代书院的建设表现的另一方面在书院学规和教学内容的理学化上。在北方书院的学规和教学内容中，理学因素体现的十分明显。

合理有序的教育方针和学生守则是书院培育人才的必备条件。朱熹的《白鹿洞书院学规》便是典范，它将教育的根本任务、教育的要点通过学规展示出来，作为书院教育和学生学习的准绳，这一点也影响了之后的书院建设。元代书院受理学的影响，在制定学规上也效仿宋代，尤其重视白鹿洞书院的规章制度。江西吉安的朴山书院"规制一依白鹿洞"②，在吴澄为儒林义塾所作记中也可看出对白鹿洞学规的推崇："教者学者如之何？其必遵朱子之明训，拳拳佩服，弗至弗措，必洞彻于心，必允蹈于身。行必可以化民美俗，才必可以经邦济时，而非但呻毕

---

① 参见［元］许有壬：《圭塘小稿》卷六《雪斋书院记》，《文渊阁四库全书》第1211册，台北：商务印书馆，1986年版，第620—623页。

② ［清］谢旻等修：《江西通志》卷二十一《书院一》，《文渊阁四库全书》第513册，台北：商务印书馆，1986年版，第703页上。

摘辞之谓。夫如是，命世大儒由此而出，庶其不负建塾者之心乎！"①

理学思想更是渗透在元代书院教学内容中。北方的太极书院建立后任命赵复为主讲，其教学内容即为程朱理学相关知识。赵复北归携带的大量程朱理学典籍，被太极书院作为教学教材使用，其中尤其重视朱熹的《四书集注》。虞集对北方朱学传播有这样的总结："昔在世祖皇帝时，先正许文正公得朱子四书之说于江汉先生赵氏，深潜玩味，而得其旨，以之致君泽民，以之私淑诸人。而朱氏诸书，定为国是，学者尊信，无敢疑贰，其于天理民彝，诚非小补，所以继绝学，开来世文不在兹乎？"②据此亦可见赵复所传朱子学即是太极书院的主流。赵复讲学太极书院期间最为自豪的就是所作三个教材，其一为《传道图》："以周、程而后，其书广博，学者未能贯通，乃原羲、农、尧、舜所以继天立极，孔子、颜、孟所以垂世立教，周、程、张、朱氏所以发明绍续者"③，以讲明道统传承；其二为《伊洛发挥》，以表明其伊洛后人的传承；其三为《希贤录》，"又取伊尹、颜渊言行，作《希贤录》，使学者知所向慕，然后求端用力之方备矣"④。此三书无一不表明其程朱后学的身份与传承理学的信念，并且再次证明了程朱理学对太极书院教育内容的影响之深。此后的姚枢、许衡、刘因等人皆受其影响，在各自主讲的书院中将理学的思想

---

① ［元］吴澄：《吴文正集》卷四十一《儒林义塾记》，《文渊阁四库全书》第1197册，第431页下。
② ［元］虞集：《道园学古录》卷三十九《跋济宁李璋所刻九经四书》，《文渊阁四库全书》第1207册，第561页下。
③ ［明］宋濂：《元史》卷一百八十九《赵复传》，第4314页。
④ ［明］宋濂：《元史》卷一百八十九《赵复传》，第4314页。

运用于书院教学之中①。理学与科举紧密结合之后，理学书籍成为世人晋身仕途的理论依据，程朱理学对书院的教学内容的影响更加突出。元代大儒程端礼赞许元朝科举将程朱理学的内容作为科考主题，他结合《朱子读书法》《学校贡举私议》《白鹿洞书院教条》《西山真先生教子斋规》等，将程朱理学传人的教育教学成果经验，按照朱熹"为学之道莫先于穷理，穷理之要必，在于读书"②的基本原则，总结撰述成《程氏家塾读书分年日程》，形成一套周密的教育教学规程，将"读书明理"与科举应试有机地结合起来，成为书院教学的模板③。

元代理学"和会朱陆"的特色也体现在书院教学的内容中。赵复、姚枢等人是程朱理学的拥护者，在书院教学中坚持程朱理学的思想，这在太极书院的教学内容和教材选用甚至是在书院祭祀功能上都显而易见④。而在吴澄、郑玉、史蒙卿及刘埙等人主讲的书院中，通过总结朱陆两家思想而提出的"和会朱陆"的主张渗透在他们的教学中，如吴澄的老师程绍开"筑道一书院，以和朱陆两家之说"⑤，吴澄在其基础上积极宣扬"和会朱陆"，

---

① 姚枢作为理学传播的首创者，在离开中央隐居苏门太极书院（也称雪斋书院或百泉书院）时，刊刻《小学》《论》《孟》《家礼》等书，以程朱理学典籍作为教材教授生徒；许衡不论是在陕西学正书院讲学还是进入国子监，都以程朱理学为教学内容；刘因隐居不仕，讲学静修书院二十余年，著《四书精要》阐述程朱理学等。参见［元］许有壬：《圭塘小稿》卷六《雪斋书院记》、（雍正）《陕西通志》卷二十七、《元史》卷一百七十一《刘因传》等。

② ［元］程端礼：《程氏家塾读书分年日程·卷首纲领》，丛书集成初编第59册，第9页。

③ 详见李兵：《元代书院与程朱理学的传播》，《浙江大学学报》2007年第1期。

④ 根据《元史·赵复传》记载"太极书院立周子祠，以程、张、杨、游、朱六君子配食"，这其中皆是程朱及其后人，未见有陆学或其他学派传人。

⑤ ［清］黄宗羲原著，［清］全祖望补修，陈金生、梁运华点校：《宋元学案》卷八十四《存斋晦静息庵学案》，第2849页。

一生讲学不断，影响了众多书院的教学思想，将和会思想传播给后学，他的弟子虞集、夏友兰、包希鲁等人皆在各自所任书院中传播和会朱陆思想。再如刘壎，作为陆学的传承者，吸取朱熹的学术思想，在南丰建立水云书院传播他的"朱陆合辙"思想。

元代书院的教学中医学、数学等多学科内容交叉①，而理学内容占据了其中主要部分，而随着延祐恢复科举，理学影响在其上升为官方哲学后就更加突出了。

三 理学与元代科举

理学在南宋理宗朝受到统治者的推崇，逐渐摆脱边缘学术的地位走向政治中心，但是它仍仅是种学术，按照葛兆光的解读，"由于程朱理学的知识与科举仕进的前途之间，还没有形成制度化的链接，所以基本上它还是一种自由的知识和思想"②。随着理学发展，理学家通过书院、庙学、私塾等途径大力宣传程朱理学，为元代科举的复兴营造了良好的社会氛围。理学的发展在一定程度上促进了科举的复兴，并一举成为科考的必备内容，"这种来自汉族文明的知识和思想。没有在宋代完成它与汉族政治权力的结合，却在异族入主中国以后的元代，完成了它的制度化过程，实现了向政治权力话语的转变"③。理学通过影响科举制度，进而影响了政治的发展。

---

① [元]苏天爵：《滋溪文稿》卷八《李术鲁公神道碑铭》，据载，李术鲁翀建立的博山书院"分置六斋：治理、治事、经学、史学、书学、数学"。第26页。
② 葛兆光：《中国思想史》第二卷，第251页。
③ 葛兆光：《中国思想史》第二卷，第251页。

元初的蒙古帝王不论是因为对宋朝亡国的"文人误国"论，还是出于民族差异而对汉人的猜忌，或是为了维护蒙古人、色目人的利益，最终造成的后果就是无法接受大量汉族士人进入仕途，这也是元初科举停滞的重要因素。随着政局的稳定，统治者逐渐认识到施行汉法的重要作用，所以在汉族士人尤其是理学家的鼓吹下开始了科考的尝试。

元代理学对科举的影响最先是表现在大量儒士倡导恢复科举。早在太宗朝，倡导儒学的有识之士耶律楚材就建议窝阔台开科取士，1237年窝阔台颁布丁酉诏令："历诸路考试。以论及经义、词赋分为三科，作三日程，专治一科，能兼者听，但以不失文义为中选。"① 这就是所谓的"戊戌选试"，虽然他不算是真正意义上的科举考试，但是它"得士凡四千三十人"②，其中就包括许衡、杨奂等一大批倡导科举的理学家③，不可谓无功。

世祖忽必烈登基后，理学家倡导恢复科举的呼声愈发高涨。许衡上书"议学校科举之法，罢诗赋、重经学，定为新制"④，太极书院的创始人杨惟中与窦默、单履人也上书建议设科取士："今欲取士，宜敕有司，举有行检通经史之士，使投牒自荐，试以《五经》《四书》大小义、史论、时务策。"⑤ 留梦炎在回答世祖如何解决天下"习儒者少，刀笔吏得官者多"的问题时，亦是建议："惟贡举取士为便，凡蒙古之士及儒吏、阴阳、医

---

① ［明］宋濂：《元史》卷八十一《选举志》，第2017页。
② ［明］宋濂：《元史》卷一百四十六《耶律楚材传》，第3461页。
③ ［明］宋濂：《元史》卷八十一《选举志》，第2017页。
④ ［明］宋濂：《元史》卷八十一《选举志》，第2018页。
⑤ ［元］姚燧：《牧庵集》卷十八《领大史院事杨公神道碑》，《文渊阁四库全书》第1201册，第589页下。

术，皆令试举，则用心为学矣。"① 而程朱理学的倡导者王恽，曾多次上书建议开科取士，在其所著《秋涧集》中，《上世祖皇帝论政事书》《选士》《请举行科举事状》《论科举事宜状》皆包含关于建议复兴科举的内容②。他认为科举是遴选人才最直接和最有效的途径，任何方法"不若开设选举取验之速也。夫进士选历代号取士正科，将相之材皆从此出，前代讲之熟矣，理不可废者。若限以岁月而考试之，将见士争力学，人材辈出，可计日而待也"③。科举考试不仅可以解决硕儒老化、晚生不学的问题，也是获取人才的重要途径。许衡、王恽、吴澄、程矩夫、苏天爵等一大批理学家或倡导理学的士人积极提倡科举之利④。终于在皇庆二年（1313）十一月仁宗下诏恢复科举，科举在宋亡三十六年后再次被定为选拔人才的手段，仁宗在诏文称"世祖皇帝设官分职，征用儒雅，崇学校为育材之地，议科举为取士之方，规模宏远矣。……若稽三代以来，取士各有科目，要其本末，举人宜以德行为首，试艺则以经术为先，词章次之。浮华过实，朕所不取。爰命中书，参酌古今，定其条制。其以皇庆三年八月，天下郡县，兴其贤者、能者充赋有司，次年二月，会试京

---

① [明] 宋濂：《元史》卷八十一《选举一》，第 2018 页。
② 王恽（1228—1304），字仲谋，号秋涧，是元代重要的文学家、诗人，虽然王恽并非真正的理学家，但是他非常推崇程朱的学问，王恽曾为"续考亭道脉之传"，帮助朱熹孙泉州路总管推官朱淮建饶州路湖山书院，可见对朱熹的崇敬。详见 [元] 王恽撰，杨亮、钟彦飞点校：《王恽全集汇校》卷七十《饶州路创建书院疏》，第 2984 页。
③ [元] 王恽撰，杨亮、钟彦飞点校：《王恽全集汇校》卷三十五《上世祖皇帝论政事书》，第 1728 页。
④ 吴澄虽不愿做官，但是对科举也是表示赞成的，他曾称赞朱熹所作《学校贡举私议》。参见《元史》卷一百七十一《吴澄传》。

师，中选者朕将亲策焉。"① 在科举恢复始终，理学家们都出现在重要位置，他们是科举恢复的重要力量。

仁宗对科举考试的内容也作出细致规定，《元史·选举志》则更是详列蒙古人、色目人、南人、汉人四等人科考的异同，不过尽管有所区别，考试的主要科目不外乎《大学》《论语》《孟子》《中庸》②，以义理解经作为考试的主题。科考政策也鼓励少数民族士人积极参加义理考试，以此增加成绩。根据《通制条格·科举》中的规定："明经内四书、五经，以程子、朱晦庵注解为主。"③ 教材以朱熹《四书章句集注》为主，以至于连《四书》的考试顺序也是按照朱熹规定的为学次第，即"先《大学》，次《论语》，次《孟子》，次《中庸》"④。虞集也称："近时以进士取人，犹以难疑答问，于《四书》为先务。"⑤ 南宋《四书》地位逐渐超越五经成为理学研究的重点之后，在书院、县学教学中也成为重要内容⑥，继而在延祐复兴科举后真正地被"悬为令甲"⑦。随着程朱理学被定为科考的内容，理学完成了与

---

① 方龄贵校注：《通制条格校注》卷五《学令·科举》，第238—239页。
② [明] 宋濂：《元史》卷八十一《选举》，参见第一章第四节"元仁宗与元代理学的官学化"。
③ 方龄贵校注：《通制条格校注》卷五《学令·科举》，第220页。
④ 关于朱熹排定《四书》为学次序的相关问题，参见郭奇《朱熹〈四书〉次序考论》，《四川大学学报》2000年第6期
⑤ [元] 虞集：《道园学古录》卷三十五《新喻州重修宣圣庙儒学记》，《文渊阁四库全书》第1207册，第496页上。
⑥ 《四书》被定为科考内容，士人在教育子弟和书院教学中皆增加了对《四书》的重视，如元代景星在记述自己年幼读书时，其叔父曾说："汝欲为学，必先熟读《四书》以为之本，而后他经可读矣。"参见景星《大学中庸集说启蒙序》，《文渊阁四库全书》第204册，第962页下。
⑦ [清] 永瑢、纪昀等撰：《四库全书总目提要》卷三十五《四书类序》，第289页。

第五章　文化交融：元代理学的社会关怀与实践　　·337·

政治权力的结合，成为元代的官方哲学。虞集评价当时程朱理学的影响时有言："今天子以独断黜吏议，贬虚文，一以经学取士。士大夫言学者，非程子、朱子之说不道也。"① 蒋易《庐峰山长黄禹臣序送别》亦云："我国家设科取士，非考亭、庐峰之书不读，书院设官，春秋命祀，并遵旧典，非徒尊其人，尊其道也。"② 一时间程朱理学被奉为圭臬，士子非程朱之书不读。

理学的发展影响了科举，科举也确立了程朱理学的主导地位。事物的两面性在科举与理学的互动中也有体现，科举对理学的发展并非完全是利好一面。随着科举的盛行③，程朱理学逐渐成为科考的程式，这其中以宗朱为主的经传训释之学成为主旨，原本具有思想性、哲学性的理学逐渐成为一种记忆的知识，成为夺取功名利禄的手段，正如吴师道所言："二十年间，所得亦可睹矣。窃怪比年义理之学日以晦堙，文章之体日以晦堙，士气日以衰苶懈怠，岂无故哉！"④ 功利的态度使理学丧失部分活力。同时，官方规范程朱理学，也使思想的多元性受到约束，不利于理学的发展。正因如此，汪克宽、郑玉、刘埙等人均出现厌倦科举的情绪。科举中的弊端在元末明初被学者们认识到，并逐渐被改善，当然这都是后话。虽然元代科举发展到后来对理学产生了

---

① ［元］虞集：《道园学古录》卷七《尊经阁记》，《文渊阁四库全书》第1207册，第114页下。
② ［元］蒋易：《鹤田蒋先生文集》卷上，北京图书馆藏京师图书馆钞本。转引自李修生主编《全元文》第48册，第76页。
③ 元代一共开科十六次，取士1135名，相对于宋代来说数量上极少，此处所说的盛行是相对于元初科举的废止而言。
④ ［元］吴师道：《礼部集》卷十一《答傅子建书》，《文渊阁四库全书》第1212册，第121页上。早在宋代程颐也曾对科场文章损害道统传承做出过评判，［宋］程颢、程颐撰，王孝鱼点校：《二程集·河南程氏文集》卷五《上仁宗皇帝书》、卷六《为家君应诏上英宗皇帝书》，第513页、第525页。

不利的影响，但是不容否认的是，理学和科举在相互影响中共同发展。

元代理学、书院与科举之间存在一种良性的互动，三者的存在和发展相互促进，理学影响着元代书院的建立和教学内容等，使书院得以发展。同样，书院作为文化的载体，也为理学的发展传播做出巨大贡献。而科举作为士人为学和从事教育的重要出路和目的，促进了理学和书院的发展，三者在良性互动下促成了文化和学术的共荣局面。

第三节 理学影响下的正统论——元朝政权合法性再解释

正统思想是中国历史观念中的组成部分，与正统地位、夷夏之防的讨论及中华民族的形成、发展有着密切联系，是中国传统历史哲学中最深层次的历史绪[1]。关于"正统"与否的讨论，牵涉着对封建专制王朝统治合法性的确认。宋元更迭，蒙古人急需寻求一个为其建立统治正名的依据。而在士人阶层，自古就有"忠臣不事二主"观念，因此彼时的汉族士人尤其是那些不甘被埋没才能的士人也需要寻求一个出仕理由。所以正统思想在元代被重视是必要的。理学家在元代理学社会化的过程中将天理、文化理念等融入正统论中，构建稳定的社会秩序，这就使元代正统

---

[1] 范立舟:《宋代理学与中国传统历史观念》，西安：陕西人民出版社，2003年版，第85页。该书第三章论述正统论，主要针对宋代，本小节对元以前正统论简要概述，主要侧重元代理学影响下的正统观念。

观念具有独特的特质①。

一 正统观念的演变

"正统"最早出现在《春秋公羊传》中,《公羊传》在解释"王正月"时说:"何言乎'王正月'?大一统也""王者受制正月,一统天下,令万物无不一一皆奉之以为始,故言大一统也"②。此后,"正统"便成为王朝合法性的标志。先秦时期对政权合法性的讨论已经开始,界定是否"正统"的方式也呈现多样化特色。商代多以"天命"来衡量政权的正统性,如《尚书·多士》中记载:"惟时天罔念闻,厥惟废元命,降致罚,乃命尔先祖成汤革夏,俊民甸四方。"③认为夏违反天命,所以被商汤所灭。周朝建立,"德"成为政治治理中的重要手段,"天"的作用逐渐削弱,《左传》就认为神的依据是"德":"神所凭依,将在德矣。"④虽然有别于天命论,但是此时德治的本质仍

---

① 关于元代正统论的相关论述学界有一定的研究,主要有周少川《元代史学思想研究》(社会科学文献出版社,2001年版)、王晓清《宋元史学的正统之辨》(《中州学刊》1994年第6期)、江湄《元代"正统"之辨与史学思潮》(《中国史研究》1996年第3期)、李珍《元代民族史观的时代特点》(《云南民族学院学报》2001年第4期)、魏崇武《论蒙元初期的正统论》(《史学史研究》2007年第3期)、李治安《元初华夷正统观念的演进与汉族文人仕蒙》(《学术月刊》2007年第4期)等相关著作,论述了元代史学思想对正统论、民族观的影响,本节则侧重理学思想在元代的变化以及其在正统论演进中的作用。
② [汉]公羊寿撰,[汉]何休解诂,[唐]徐彦疏,浦卫忠整理,杨向奎审定:《春秋公羊传注疏》卷一隐公元年,北京:北京大学出版社,2003年版,第12页。
③ [汉]孔安国传,[唐]孔颖达疏,廖明春、陈明整理,吕绍纲审定:《尚书正义》卷十六《多士》,北京:北京大学出版社,1999年版,第423页。
④ [周]左丘明撰,[晋]杜预注,[唐]孔颖达正义,浦卫忠、龚抗云等整理,杨向奎审定:《春秋左传正义》卷十二僖公五年,北京:北京大学出版社,1999年版,第344页。

是为了得到"天"的认可。"天命"是这一时期的主流，还未形成真正意义上的正统观念。

秦汉时期，经历了邹衍以金木水火土运转变化而成的"五德终始说"，汉初董仲舒结合"天人感应"说建构的"三统说"的变化。但这些都体现人的主体性尚未完善，依靠自身无法探究的"天"来解释人类社会。这一时期正统观念仍然带有浓重的宗教色彩，是秦汉宗教观念中的一部分。

秦汉之后，随着割据政权的出现，游牧民族南侵，频繁的更迭政权使正统问题成为统治者关注的焦点。每个政权都试图通过对正统观的重新解释，取得政权存在的合法性。这一时期，夷夏观念也融入正统观的解释中。所以，此时的正统观错综复杂，有"天命论""血缘论"，还有"统一论"①。

宋代士人将儒家的"名分"观念及理学思想融入正统观。欧阳修抛弃天命和阴阳五行观念，将道德伦理与政治统一作为正统的标志，正如他所言："正者，所以正天下之不正也。统者，所以合天下之不一也。"② 这里的"正"便是正名，符合儒家伦理道德规范，"统"便是一统天下，结束分裂局面。他认为："夫居天下之正，合天下于一，斯正统矣。"③ 这一观点影响了司马光、苏轼等人。在宋代，"居正"与"一统"成为判定"正

---

① 曹魏伪称汉室禅让，顺应天命。袁弘《后汉书》则以血缘宗法的延续肯定东晋的政权合法性。李延寿则在编撰《北史》时以是否实现统一作为是否"正统"的标准。

② [宋]欧阳修撰，李逸安点校：《欧阳修全集·居士集》卷十六《正统论上》，北京：中华书局，2001年版，第267页。

③ [宋]欧阳修撰，李逸安点校：《欧阳修全集·居士集》卷十六《正统论下》，第269页。

统"的重要标准①。偏安一隅的南宋无法实现统一，所以理学家将正统观念的侧重点转向"居正"。一方面是适应政局，另一方面就是理学将儒家所遵循的伦理道德思想提升到宇宙本体的地位，"天理"成为判定王朝合法性的最高准则。金朝南侵激发了南宋理学家浓厚的"夷夏之防"观念，使他们将少数民族排除在正统论之外，正如朱熹所言："（《春秋》）内中国，外夷狄，贵王贱伯。"② 在其《资治通鉴纲目》中充满了贵中国、贱夷狄的思想。严守夷夏之防成为南宋理学家的一贯主张。

从秦汉到宋代，虽然有些政权是由少数民族建立的，但是绝大多数是汉族统治的政权，因此这一时期形成了一种传统的汉民族正统观，他们将少数民族排除在正统之外。部分少数民族政权为了取得正统地位，放弃自身的民族特色、文化特色，如北魏，孝文帝改革几乎放弃了鲜卑族固有的文化特点甚至是族别，以同化为汉人为取得正统的代价。

少数民族建立的元朝的正统思想中必然也增加了夷夏观的内容。宋末战乱使士人在精神上和肉体上都受到了巨大的创伤，民族隔阂是矗立在宋末遗民与蒙古人之间的屏障，遗民们严守"夷夏大防"，仍将少数民族政权摒弃于正统之外，以"夷夏之别"作为判定正统的标准。如理学家赵复在德安被元军俘虏后，以"赴水自沉"表示其不仕二朝的决心；忽必烈南下攻宋时，他以"父母国"为由拒绝引导元军入城。郑思肖、林景熙也是

---

① 欧阳修及后来的司马光、苏轼等人在"居正"和"一统"两者的侧重点倾向于后者，这也是朱熹批评他们"功利"的原因。详见范立舟：《宋代理学与中国传统历史观念》第三章。
② ［宋］朱熹撰，朱杰人、严佐之等主编：《朱子全书·朱子语类》卷八十三《春秋》，第2831页。

将"夷夏之防"融入正统论中的代表。他们正统思想中的"夷夏之防"成分颇重,逆臣、夷狄等在郑思肖心中不能作为正统的继承者,因为他们没有被赋予"理",在他看来:"夷狄行中国事曰'僭',人臣篡人君之位曰'逆',斯二者,天理必诛。"[1] 僭越是郑思肖等人对少数民族政权的评价,所以他对元朝的称呼是"僭""伪""鞑贼"等蔑视之词[2]。林景熙也指出:"正统在宇宙间,五帝三王之禅传,八卦九章之共主,土广狭,势强弱不与焉。秦山河百二,视江左一隅之晋,广狭强弱,居然不侔;然五胡不得与晋齿,秦虽系年卒闰也。"[3] 他认为夷狄即便拥有广茂土地和强大的军事势力也不能作为正统的代表,这也是元初汉族士人在面对蒙族入侵的普遍表现[4]。

但忽必烈灭宋,宋元易代成为不争的事实后,元代帝王逐渐认识和了解汉族文化,并且适时改变统治策略。不少汉族士人则在重新审视时势的情况下,结合理学思想的内涵,提出了一些关于正统观念与蒙汉夷夏问题的新见解。

二 "理势相分"的演变理论

理学的核心内容是"理"或"天理",作为宇宙本体的"理"在理学家眼中非常重要,即便是陆王心学的倡导者也不否

---

[1] [元]郑思肖撰,陈福康校点:《郑思肖集·心史·杂文·古今正统大论》,上海:上海古籍出版社,1991年版,第134页。
[2] 参见郑思肖撰,陈福康校点:《郑思肖集·心史·大义略叙》,第177页。
[3] [宋]林景熙撰,陈增杰校注:《林景熙诗集校注》卷五《季汉正义序》,杭州:浙江古籍出版社,1995年版,第329页。
[4] 关于元初严守"夷夏之防"的正统论研究,可参见王建美:《朱熹理学与元初正统论》,《史学史研究》2006年第2期。

认此点。由宋入元的理学思想继承了宋代"理"的观念。元代理学家在面对蒙古族统治的现实时，他们要实现治国平天下的抱负，就必须找到一个依据，来解释历史变化，既为元朝正名，也为他们出仕排除干扰，"理"便是重要理论。

以"理"解释正统问题这一观点并非元朝理学家首创，南宋朱熹便将"理"思想融入正统观中，他认为"天理"作为宇宙本体，亦是评判正统的标准。元代的理学家继承并发展朱熹的理论，以"天理"作为历史变化的永恒规律，以此解释朝代变迁的必然性。许衡继承并发展了天理的内容，他认为："尝谓天下古今一治一乱，治无常治，乱无常乱，乱之中有治焉，治之中有乱焉。乱极而入于治，治极而入于乱。乱之终治之始也，治之终乱之始也。"①治乱的对立交替发展不断地促进历史向前演进，这是历史发展的必然。但历史发展并不是无章可循，在解释历史发展的依据时，许衡将作为宇宙本体"理"引入其中，曾言："析而言之，有天焉，有人焉；究而言之，莫非命也。命之所在时也，时之所向势也。势不可为，时不可犯。顺而处之；则进退出处，穷达得失，莫非义也。"②又说："五帝之禅，三代之继，皆数然也。"③"命""数"亦是许衡历史观念的重要概念，它们是历史变迁中永恒不变的因素。此外的天、文、质等复杂概念其实都只是在说明"天命"，如果说"天命"容易与先秦时期的天命史观相混淆，那我们探究许衡"天命"深层次的内涵则是理学所提倡的"天理"，这其中包含着伦理道德和封建纲常秩序

---

① [元] 许衡撰，王成儒点校：《许衡集》卷九《与窦先生》，第202页。
② [元] 许衡撰，王成儒点校：《许衡集》卷九《与窦先生》，第202页。
③ [元] 许衡撰，王成儒点校：《许衡集》卷一《语录上》，第15页。

(下一节详细论述)。而顺应这样天理所决定的历史发展规律便是合理的。

刘因同样认为历史的发展不变的规律是"天命",他在《吊荆轲文》中既赞许荆轲的英雄气概,同时又说:"子亦何人兮,敢与天仇?"[①] 批评荆轲不自量力,欲以个人的力量改变历史的发展,刘因此处的"天"与许氏的"天命"实则是一个意思,即顺应天命才能发展,逆流而上必将自取灭亡。

"天理"二字并未出现在许衡、刘因在论述历史发展规律的言辞中,而郝经的历史观则是直接将"理"明确论述。他说:"夫天下有定理而无定势,圣人驭天下之大柄,本夫理而审夫势,不执于一,不失于一,而惟理是适。"[②] 郝经用"理""势"观念来阐发他的观点,在他看来,朝代更迭虽"势"所不同,而真正决定历史演进的规律是永恒不变的"理",只有"推理而行,握符持要,以应夫势,天下无不定也"[③]。郝经提出"天下有定理而无定势"的观点,一方面是在劝喻宋朝放弃抵抗,另一方面也以时势变迁分析了宋元易代的事实,用"天理"来印证了元朝统治的合法性。

许衡、刘因、郝经等将"天理"作为历史发展的"所以然""所当然",影响了后来学者的观念,如胡三省历史观中的"物盛而衰,固其理也"[④],杨维桢的"历代离合之殊,固系乎天数

---

① [元]刘因撰,商聚德点校:《刘因集》卷二十二《吊荆轲文》,第401页。
② [元]郝经撰,邱居里、赵文友点校:《郝文忠公陵川文集》卷三十九《上宋主陈请归国万言书》,《儒藏精华编》第245册,第669页。
③ [元]郝经撰,邱居里、赵文友点校:《郝文忠公陵川。文集》卷三十九《上宋主陈请归国万言书》,《儒藏精华编》第245册,第669页。
④ [宋]司马光编著,[元]胡三省音注:《资治通鉴》卷一百四十九《梁记》"武帝天监十八年"注文,北京:中华书局,1956年版,第4646页。

盛衰之变"①，甚至清代王夫之的"理势相成"的历史发展理论②，也一定程度受到元代理学家的影响。许、郝等人将理学的"理本体"作为不变规律，为朝代更替的合理性和元朝政权的合法性找到一个重要理论依据。

三 文化认同与正统论

华夏族是以炎、黄二帝部落为核心在中原地区形成的族群，在相对优越的地理环境发展出较为先进的农耕文明，较之周边其他远离中原的民族所代表的游牧文明要发达。夏、商、周三代较早出现了文明的进程，周公制礼、作乐，此后成为中国古代传统文化的代表。如《左传》所言："礼，经国家，定社稷，序人民，利后嗣者也。"③ 而相对中原礼乐文明，周边部族长期保持披发左衽、茹毛饮血的习俗，典籍中常有贱鄙之语，如："戎狄豺狼，不可厌也；诸夏亲暱，不可弃也。"④ 孔子也曾说："夷狄之有君，不如诸夏之亡也。"⑤ 即便是国力强盛的楚国也因"非

---

① ［元］陶宗仪：《南村辍耕录》卷三《正统辨》，第32页。
② 参见萧萐父，许苏民著：《王夫之评传》，南京：南京大学出版社，2002年版，第241—255页。
③ ［周］左丘明撰，［晋］杜预注，［唐］孔颖达正义，浦卫忠、龚抗云等整理，杨向奎审定：《春秋左传正义》卷四隐公十一年，第126页。
④ ［周］左丘明撰，［晋］杜预注，［唐］孔颖达正义，浦卫忠、龚抗云等整理，杨向奎审定：《春秋左传正义》卷十一闵公元年，第303页。
⑤ ［魏］何晏注，［宋］邢昺疏，朱汉民整理，张岂之审定：《论语注疏》卷三《八佾》，北京：北京大学出版社，1999年版，第30页。

我族"而被冷遇①。而这样贬低周边民族、抬高华夏的言论比比皆是。汉代董仲舒独尊儒术,几乎奠定了古代社会以儒学为主的文化格局;礼乐文化是中原地区的文化基础,也就奠定了后代正统文化的基调。诗书礼乐成就的凸显,成为中原人士鄙视四夷的一个借口,经过代代相传,逐渐形成了一道无形的壁垒矗立于中原与四夷之间,这也就"华夷之辨"产生的重要原因,即便是少数民族强盛之时也是如此。皇甫湜将"正统"归于东晋,无视实力强大的北魏,这样划分仅仅是因为东晋"礼乐咸在"②。郑思肖则强烈抨击元朝"夷狄素无礼法,绝非人类"③,也是因其无礼法而将之寓谓禽兽,这都显示了华夏在文化中的优越性。汉族长期统治中国,历代统治者多以一种较高的姿态藐视四夷,并简单地以血缘、地域、文化等形态作为评判"正统"的标准。这样的观念下,种族成为判定"正统"的先决条件,少数民族被排除在正统之外④。

10 世纪以后少数民族文化发展完备,他们形成了真正的自主意识,也具备了与汉族争夺正统的条件,传统的正统观亟待改变。元代理学家虽以"天命""天理"作为历史演变的规律,并以此来解释历史变迁的必然性,但是仅以空洞的"天理"作为

---

① [周]左丘明撰,[晋]杜预注,[唐]孔颖达正义,浦卫忠、龚抗云等整理,杨向奎审定:《春秋左传正义》卷二十六成公四年:"楚虽大,非我族,其字我乎?"第717页。
② [唐]皇甫湜撰:《皇甫持正集》卷二《东晋元魏正闰论》,《文渊阁四库全书》第1078册,台北:商务印书馆,1986年版,第73页下。
③ [元]郑思肖撰,陈福康校点:《郑思肖集·心史·大义略叙》,第177页。
④ 即便是北魏在争夺正统地位时也不自觉地采取改革,被汉族同化,甚至放弃自身的民族特点,承认汉族政权是中华正统之所在。参见胡克森:《中国古代正统观的演变与中华民族融合之关系》,《史学理论研究》1999年第4期。

依据，容易使他们的正统观念堕入空洞不实，以及依靠天命神受、五行轮转天命观的窠臼。因此我们探讨元代理学家"理"观念时，并非简单空疏地谈"天命""天理"，而要看到他们所说的"理"中所蕴含的儒家传统文化观念。正如韩愈所言："孔子之作《春秋》也，诸侯用夷礼而夷之，夷狄进于中国则中国之。"① 元代理学家将文化认同的理论进一步发展，借助"理"所蕴含的文化内涵，通过文化认同所促成的民族认同、民族融合为元朝的政权合法性提供了依据。

首先是对礼乐文化的认可，不知礼是无法获取正统的，这正是郑思肖鄙视元朝重要原因，即"夷狄无礼法"。郝经却认为礼法并非汉族独具，是可以学习和改变的，他说："人不蹈道，则天地万物坏；天地万物坏，则道坏矣。道具于形器，亦坏于形器。形器所以载道，亦所以坏道也。则天地万物之中，安用夫人乎？曾鸟兽草木之不若也。鸟兽草木虽不能纯具乎道，亦不能坏道，孰谓人而反坏道乎！"② 如果具备礼法的人一旦失去礼，便会如同禽兽一般，而夷狄也可以通过"行道"而具备礼法。在这里他将汉族与少数民族置于平等的地位，只要"行道"均可为正统。许衡更明确提出三纲五常即是"道"，是治国为政的根本，他曾言："自古及今，天下国家惟有个三纲五常，君知君道，臣知臣道，则君臣各得其所矣。父知父道，子知子道，则父子各得其所矣。夫知夫道，妇知妇道，则夫妇各得其所矣。三者

---

① ［唐］韩愈撰，马其昶校注，马茂元整理：《韩昌黎文集校注》第一卷《原道》，第17页。
② ［元］郝经撰，邱居里、赵文友点校：《郝文忠公陵川文集》卷十七《论八首·道》，《儒藏精华编》第245册，第190页。

既正,则他事皆可为之。此或未正,则其变故有不可测知者,又奚暇他为也。"① 三纲不正、礼法不明,则政权无法维持。自成吉思汗时期蒙古族统治者逐渐改变了早期"贵壮贱老""背信弃义"的陋习,提倡忠孝仁义的传统道德标准,这也印证了少数民族可具备礼法的论断。

"王道德治"则是文化认同的另一要点。早在周朝,统治者便认识到"德"对王朝统治和政权合法性的重要性,孔子曾提出"为政以德"的政治主张②,孟子则进一步归纳出"仁政"思想,作为为君之道的重要标准。自此之后,王道德治成为政权合法性的重要标准。王通曾言:"天命不于常,惟归乃有德。戎狄之德,黎民怀之。"③ 宋代理学中对王霸义利的争论也再次重申以德治天下的重要性。他们抨击霸道,认为上溯三代,以德治国,以礼乐兴邦。元代理学家继承并发挥了这一点。许衡曾严厉批判霸道:"世之诋霸者,犹以尚功利为言,殊不知霸者之所为,横斜曲直莫非祸端。"④ 认为王道之外的道路必然充满"荆棘",而霸道政治是祸乱的发端。与此同时郝经言:"务广德,不广地。外夷之地,常十倍于中国,中国之德,常百蓰于外夷。是以伏柔而化所不化,遂为盛王。"⑤ 郝经认为蒙古多重事功、烧杀掠夺的残暴政策是错误的,"广地"并非强大的标准,"广

---

① [元] 许衡撰,王成儒点校:《许衡集》卷一《语录上》,第10页。
② [魏] 何晏注,[宋] 邢昺疏,朱汉民整理,张岂之审定:《论语注疏》卷二《为政》,第14页。
③ [唐] 王通撰,郑春颖译:《文中子中说译注》卷一《王道篇》,哈尔滨:黑龙江人民出版社,2003年版,第8页。
④ [元] 许衡撰,王成儒点校:《许衡集》卷八《子玉请复曹卫》,第190页。
⑤ [元] 郝经:《续后汉书》卷七十九上《四夷总序》,《文渊阁四库全书》第386册,台北:商务印书馆,1986年版,第213页上。

德"才能达到"盛王"。正因如此,郝经在蒙古以军事强大军事实力碾压四方之时,曾言"贞祐初,北鄙用兵"①,用"北鄙"蔑称蒙古。姚枢、杨惟中、耶律楚材、许衡等人在此理论的基础上向统治者进献德治主张,反对残暴统治。随着统治的确立,元朝皇帝逐渐改变政策,实行德治,这也符合理学家们对王道德治的正统论要求。

文化认同的再一个表现就是制度文化的认可。中原汉族地区的制度文化经历数百年的传承,较之周边少数民族地区更为完备,也成为少数民族学习的重点。孔子在谈论夷夏关系中就对学习汉族制度的伍子胥做过评价,《春秋穀梁传》中对吴国何以称"子"解释说:"吴其称'子'何也?以蔡侯之'以'之,举起贵者也,蔡侯之'以'之,则其贵举者何也?吴信中国而攘夷狄,吴进也。"②吴国因伍子胥帮助蔡国③,被称为"信中国而攘夷狄",成为接受中原文化的代表,所以被孔子褒奖。此后少数民族政权在争取政权合法性和正统地位之时,都开始吸收汉族优秀制度,最突出的代表就是北魏孝文帝及前秦世祖苻坚,他们吸收汉族系统的制度,以此争取正统地位。金朝亦是如此,陶晋生的《金代政权合法性地位的建立》一文认为,金朝的君主以吸收中原儒家思想及典章制度来建立本政权的合法性,以此来与

---

① [元]郝经撰,邱居里、赵文友点校:《郝文忠公陵川文集》卷三十五《须城县令孟军墓铭》,《儒藏精华编》第245册,第590页。
② [晋]范宁集解,[唐]杨士勋疏,夏先培整理,杨向奎审定:《春秋谷梁传注疏》定公四年,北京:北京大学出版社,2000年版,第364页。
③ 蔡国,春秋战国时期诸侯国,国君姬姓,武王克商后封其弟于蔡,主要民族是汉族,又因是周王室族弟,被视为中原诸侯国。

南宋争夺中国的正统地位①。蒙古族早先兴起于中国边缘地区，草原游牧民族的生活使蒙古族有自己的一套政治制度。入主中原后的蒙古王朝原有的制度显然无法适应新领土的统治，正如蒙古贵族建议变耕地为牧场的建议遭到耶律楚材严厉批判一样。为了给入主中原的蒙古王朝寻找合法性，理学家们提出了汉法政策，如郝经所言"能行中国之道，则中国主也"②。此处的中国之道即指中国古代完备的礼乐、典章制度。

早在窝阔台朝，儒士们已经认识到汉族制度对元朝发展的重要作用，耶律楚材曾言"天下虽得之马上，不可以马上治"③，以积极促成"十路课税司"及"戊戌选试"的实施。理学家为元朝寻找入主中原的合法性依据时也提倡"行汉法"的建议。许衡曾建议："考之前代，北方奄有中夏，必行汉法，可以长久。故魏、辽、金能用汉法，历年最多，其他不能实用汉法，皆乱亡相继。史册具载，昭昭可见也。"④ 以实行汉法作为国家正统、国运长久的重要依据。郝经也以元魏与金朝为例，建议实行汉法，其《立政议》中曾言："昔元魏始有代地，便参用汉法。至孝文迁都洛阳，一以汉法为政，典章文物灿然与前代比隆，天下至今称为贤君""至世宗，与宋定盟，内外无事，天下晏然，法制修明，风俗完厚"⑤。郝经以北魏孝文帝与金世宗为榜样，

---

① 参见陶晋生：《金代政治合法性地位的建立》，《劳贞一先生八秩荣庆论文集》，台北：商务印书馆，1981年版。
② [元]郝经撰，邱居里、赵文友点校：《郝文忠公陵川集》卷三十七《与宋国两淮制置使书》，《儒藏精华编》第245册，第641页。
③ [元]苏天爵编：《元文类》卷五十七《耶律公神道碑》，第832页。
④ [元]许衡撰，王成儒点校：《许衡集》卷七《时务五事》，第171页。
⑤ [元]郝经撰，邱居里、赵文友点校：《郝文忠公陵川集》卷三十二《立政议》，《儒藏精华编》第245册，第541页。

第五章 文化交融：元代理学的社会关怀与实践

认为能完善政治制度，学习汉法，政治清明、风俗完备才是贤君，才能具备正统地位。许衡更是针对元朝的现实情况，提出循序渐进的改革方式，坚定了统治者推行汉法的决心。理学家的汉法政策促进统治稳定，也使多数士大夫选择放弃"内夏外夷"的精神枷锁，选择接受元朝的统治，认同元朝的正统地位。

中国是一个多民族融合的国家，少数民族不断壮大。少数民族政权的建立与发展，夷夏观渗透进王朝正统论的探讨中。尤其是10世纪以降，契丹、党项、女真、蒙古相继崛起，不断冲击着汉族固有的正统观念。蒙古族建立统一中国的政权，正统观念的改变刻不容缓。理学家运用理学思想中的"天理（道）"这一本体概念来阐释朝代更替的必然性，同时发展了宋代理学的"道统所在即为正统"的观点。而在实际解释中又将"道"归结于"文化"，即学习吸收中原汉族完备的礼乐典章、文物制度作为少数民族政权正统的标准，文化认同成为元朝正统论的核心。正如葛兆光所言："他们（许衡、郝经等）实际上已经把政治合法性的认同基础，从民族、地域挪移到文化和思想。"[1] 当然此时我们讲的文化认同并不能完全等同于前代"以夏变夷"的观念，元朝的特点在于争取正统的同时并未放弃自身的民族特质，并未以非汉族身份为耻。忽必烈在建元诏书中时曾言："延膺景命，奄四海以宅尊；必有美名，绍百王而继统，肇从隆古，匪独我家"[2] 他认为自己统辖地域广博，进而可拥有正统。理学家提倡少数民族应吸收汉族优秀礼乐典章制度，与此同时也极力宣扬少数民族是中华民族的重要组成部分，如许衡所言"华夷千载

---

[1] 葛兆光：《中国思想史》第二卷，第393页。
[2] ［明］宋濂：《元史》卷七《世祖本纪四》，第138页。

亦皆人"①。建立在平等地位基础上的文化认同，批判了狭义的民族主义正统观，进而形成了属于整个中华民族统一的正统观。

元代理学家在时势的影响下对正统论进行重新解释，这不但符合元朝统治者对正统的诉求，同时也帮助汉族士人缓解仕元所面对的"忠孝节义"观念的压力，使元朝建立起一个蒙汉等多民族联合的政治文化体。这为后来清代的正统思想做了表率，乾隆皇帝曾赞许元朝的地位时说："至元世祖平宋，始有宋统当绝，我统当续之语，则统绪之正，元世祖已知之稔矣。"② 元代理学家对正统论的重新定义，更重要的意义在于文化认同，它客观上维护了中原文化的连续性；同时也使文化摆脱了地域、民族的界限，促进了中华民族的民族融合，促进了统一的多民族国家的发展。

第四节　理学与宋元时期文道关系演变

文道关系（或称文质关系），是儒学领域探讨的核心问题之一，也是理学家与文学家在文学创作中需要面对的首要问题。其中，文指的是诗文、文学创作，道则指道德品质、修养或是道统。中国古代有关文道关系的讨论，多从文的功能与道的价值方面展开。

孔子曾说："质胜文则野，文胜质则史。文质彬彬，然后君

---

① ［元］许衡撰，王成儒点校：《许衡集》卷十一《病种杂言》，第246页。
② 《清高宗实录》卷一一四二，乾隆四十六年十月甲申，《清实录》第23册，北京：中华书局，1986年版，第308页下。

子。"(《论语·雍也》)这应是中国古代关于文道关系最早的论述,此时两者之间尚未有明晰的界限。在儒学的发展历程中,历代儒学家因对文道内涵理解各异,对文道关系的认识也不尽相同。东汉以降,文章与经术各成一系,呈分离趋势①。至唐代,韩愈、柳宗元将道统融入文道观中,"文以贯道"之论使文道再次融合。然而自理学产生后,有关文道关系的讨论骤然激烈,众多理学家涉足其中,以致聚讼纷纭,绵延两宋。直至元代方趋平息,影响甚至波及明清。文道关系也因此成为宋明理学史上难以忽视的重要问题②,尤其是元代理学在调和朱陆之外对文道关系的调和意义非凡。

一 从文以贯道到文以害道

在儒学史上,对"文"与"道"之间关系的探讨由来已久。然而无论是孔子的"文""质"之辨,还是孟、荀等人关于"辞

---

① 秦汉之后由于汉赋发展等原因,有重形轻质的趋向,但是在文论中还是更看重内涵,如王充:"圣人之情见乎辞,出口为言,集札为文,文辞设施,实情敷烈。"(《书解篇》)而魏晋时期佛道盛行,清谈之风使文风为之一变,重文轻质。如《昭明文选》选取标准即强调以文体文本。参见朱润东《中国文学批判史大纲》(上海:上海古籍出版社,1994年版)、刘若愚《中国文学理论》(南京:江苏教育出版社,2006年版)等。

② 查洪德:《理学背景下的元代文论与诗文》(北京:中华书局,2005年版);王培友《论两宋理学家处理文道关系的思维特征及其文化价值》(《孔子研究》2012年第6期)、《论两宋士人探讨文道关系的异向性及其认识价值》(《南京师大学报》社会科学版2014年第2期);叶文举《南宋理学家的文道观及其与文学创作之关系》(《内蒙古社会科学》汉文版2011年第4期),此外研究理学家文道观的有莫砺锋《朱熹文学研究》(南京大学出版社,2001年);张文利《二程的文道观及其诗歌创作》(《陕西师范大学继续教育学报》2002年第4期)、程刚《文道合一与诗乐合一——朱熹与邵雍文学本体论之比较》(《孔子研究》2008年第5期)等。

（文）意"的辨析，都还不算严格意上的关于"文道关系"的讨论。真正从文章创作与"道统"层面上探讨文道关系的，应该追溯到南北朝时期。在《文心雕龙》中，刘勰提出"道沿圣以垂文，圣因文而明道"①，认为"文"与"道"相辅而相成。至唐代，韩愈、柳宗元等人为应对佛老挑战，将道统思想融入文学中，并提出儒家道统论。他们从本末内外的角度探讨文道关系，并将其置于等同的地位，进而提出"文以明道""文以贯道"的思想。正如韩愈所言："生之书，辞甚高，而其问何下而恭也？能如是，谁不欲告生以其道？道德之归也有日矣，况其外之文乎？"②柳宗元亦称："始吾幼且少，为文章以辞为工。及长，乃知文者以明道，是固不苟为炳炳烺烺、务采色、夸声音而以为能也。"③入宋后，欧阳修、石介等人沿袭韩、柳二人思路，并从理论上将"文""道"合一④。

随着理学的产生，理学家对待文道关系的认知相比此前发生巨变。在理学体系中，"天""理""道"的地位提升至本体高度，成为世间万物的本源，故而从逻辑上使文学创作及诗文本身的合理性皆由"理""道"决定。这也就从根本上打破了"文""道"之间原有的平等状态。

在理学初创时期，周敦颐、张载、二程等理学的首倡者为维

---

① ［南朝］刘勰撰，黄叔琳等注：《增订文心雕龙校注》卷一《原道》，北京：中华书局，2000年版，第2页。
② ［唐］韩愈撰，屈守元、常思春主编：《韩愈全集校注·答李翊书》，成都：四川大学出版社，1996年版，第1454页。
③ ［唐］柳宗元：《柳河东集》卷三十四《答韦中立书》，上海：上海古籍出版社，2008年版，第542页。
④ 如欧阳修言"我所谓文，必与道俱"。见《欧阳修全集》附录卷二《祭兖国夫人文》（苏轼），第2690页。

护理学的权威、"道统"的纯正,对诗文及文学创作进行压制、排挤,以期降低"文"的地位或作用。他们不满韩、柳及其门人的"明道""贯道"的观点,批评韩、柳"不知务道德而第以文辞为能者,艺焉而已。噫!弊也久矣"①。程颐甚至认为韩愈对孔子"学本是修德,有德者必有言"的理解完全错误,结果导致"退之却倒学了"②。

在理学家看来,"理者,实也,本也。文者,华也,末也。"③ 为解析"道重于文"的观点,他们既为"道"正名,也为"文"正名,以此区别本末、轻重④。周敦颐以"道"或"理"作为预设的理论出发点,由此来论证"文"的存在合理性。正如他说:"文所以载道也,轮辕饰而人勿庸,徒饰也,况虚车乎?文辞,艺也;道德,实也。笃其实,而艺者书之,美则爱,爱则传焉。贤者得以学而至之,是为教。"⑤ 在他看来,"文辞"仅是修饰手段,"道"才是根本重点,具有"道"的"文"才具有合理性,故称"文以载道"。"文以载道"的观点逐渐改变韩、柳"文以贯道"的一贯认知,"载""贯"虽仅有一字之

---

① [宋]周敦颐撰,陈克明点校:《周敦颐集》第二《通书·文辞》,第36页。
② [宋]程颢、程颐撰,王孝鱼点校:《二程集·河南程氏遗书》卷十八,第232页。
③ [宋]程颢、程颐撰,王孝鱼点校:《二程集·河南程氏粹言》卷一《论道篇》,第1177页。
④ 有学者提出:"影响宋代理学家对文道关系探讨和研究的思维有两种,其一为正名思维,其二为归元思维。而正名思维则指古人将鲜艳的确立的理论元点或思想的标尺,这就是名;再用这一元点或标尺去衡量事物,这一衡量过程就叫作正,这就是正名思维。"参见王培友:《论两宋理学家处理文道关系的思维特征及其文化价值》,《孔子研究》2012年第6期。
⑤ [宋]周敦颐撰,陈克明点校:《周敦颐集》第二《通书》,第35—36页。

差,却对整个理学文道观的转变影响深远①。

值得注意的是,尽管周敦颐将"文"视为修饰工具,但并未否定"文"的存在价值。文辞的功用是修饰"道",通过"文"的美化修饰,能使"道"更好的得到传承,也使"文"更加致美。二程的弟子游酢亦认为:"君子之务,此其本也,有所未能则勉为之,有所未至则力致之。待其有余也,然后从事于文,则其文足以增美质矣。"②他虽认为"君子之务"为本,但也承认"文"的价值。

此外关学创始者张载虽未明确论及文道关系,但其弟子门人传承关学时亦认同"道重于文"的观点,赞同"义理"是"文"的前提,"义理"明而"文"由内心自然而发,反之,纵然辞藻华丽,也是枉然③。

随着北宋理学发展的深入,"道"的地位进一步抬升,理学奠基者之一的程颐将"道(理)"升华为宇宙本体,认为"凡事皆有理""万理出于一理",故而其所倡导的道统必然高与其他事物。在这样的天理论影响下,程颐的文道观也逐渐走向极端。

---

① 吴渊在《鹤山集序》中将两宋文运做了总结:"濂溪周子出焉,其言行具道德众务,而惟文之能艺焉耳,于是作《通书》,著《太极图》,大本立矣,余有所及,虽不多见,昧其言蔼如也。由是先哲辈出,《易传》探天根,《西铭》见仁体,《通鉴》精纂述,《击壤》豪诗歌,论奏王、朱,而讲说吕、范,可谓和顺积中,而英华外发矣。后生接响,谓性外无余学,其弊至于志道忘艺,知有语录,而无古今。始欲由精达粗,终焉本末俱鲜。"将周敦颐之后直至南宋理学诗派文风归结为两宋文风第三变。详见祝尚书《论"击壤派"》,《文学遗产》2001年第2期,第30页。
② [宋]游酢:《游廌山集》卷一《论语杂解》,《文渊阁四库全书》第1121册,台北:商务印书馆,1986年版,第631页。
③ 张载弟子李复曾言"先须讲求义理得当,中心涣然,乃可作文。义理若非,虽洪笔丽藻,亦非矣。又为文须去尘言,用事实,贵整齐,意分明,此其大略也。"见《潏水集·答耀州诸进士》二,《文渊阁四库全书》第1121册,台北:商务印书馆,1986年版,第34页。

第五章　文化交融：元代理学的社会关怀与实践

程颐认为"文"是在体认天理之后的自得之文，故而有言："有德者必有言""摅发胸中所蕴，自成文耳"①。"有德"或所谓涵养达到要求，文章自然而得。程颐肯定依天理而得的文章，反对矫揉造作之文，称："某（程颐）素不作诗，亦非是禁止不作，但不欲为此闲言语。"②他将刻意追求语言辞藻的文章视为"闲言语"，尤其不耻那些"专务章句""悦人耳目"的文章③。他曾批评杜甫的诗句"穿花蛱蝶深深见，点水蜻蜓款款飞"，谓："如此闲言语，道出做甚？"④除此之外，程颐还从本末、体用的关系上入手，认为"不求诸己而求诸外，以博闻强记、巧文丽辞为工，荣华其言，鲜有至于道者"⑤，由是判定像杜甫等倡导"闲散文字"的诗人是无法达到"道"的高度⑥。

不过，程颐却赞叹其兄的诗文甚好。如程颢《秋日偶成》一诗，曰："闲来无事不从容，睡觉东窗日已红。万物静观皆自得，四时佳兴与人同。道通天地有形外，思入风云变态中。富贵不淫贫贱乐，男儿到此是豪雄。"⑦该诗虽韵味全无，但仍可谓

---

①　[宋]程颢、程颐撰，王孝鱼点校：《二程集·河南程氏遗书》卷十八，第239页。

②　[宋]程颢、程颐撰，王孝鱼点校：《二程集·河南程氏遗书》卷十八，第239页。

③　程颐称："古之学者，惟务养情性，其他则不学。今为文者，专务章句，悦人耳目。既务悦人，非俳优而何？"参见《二程集·河南程氏遗书》卷十八，第239页。

④　[宋]程颢、程颐撰，王孝鱼点校：《二程集·河南程氏遗书》卷十八，第239页。

⑤　[宋]程颢、程颐撰，王孝鱼点校：《二程集·河南程氏文集》卷八《颜子所好何学论》，第578页。

⑥　因此程颐存世诗文数量甚少，不仅难以企及同为北宋五子的邵雍，与乃兄相比亦相差甚远。据各文集统计，周敦颐存诗29首，张载存诗16首，程颢存诗67首，程颐存诗3首，只有邵雍存诗非常多，通行本的《击壤集》中有1500余首存世。

⑦　[宋]程颢、程颐撰，王孝鱼点校：《二程集·河南程氏文集》卷三《秋日偶成》，第482页。

阐释义理之文。又如其弟子吕大临《送刘户曹》一诗，云："学如元凯方成癖，文似相如始类俳。独立孔门无一事，只输颜氏得心斋。"程颐也认为："此诗甚好。"① 其好仅在于批判杜预、司马相如的专务章句或悦人耳目之文，认为其二人无志于道，难得孔门心法②。

在程颐眼中，程、吕诗文"皆合于道，足以辅翼圣人，为教于后，乃圣贤事业"③，故而因其能够辅助圣贤、传播道统的文字才勉强被认可，对于其他的文章也要尽可能地寻找其中能够反映道德义理内涵的。在这一文道观的影响下，文学艺术的独特审美视角被抹杀，成为一种单纯的"韵律式讲义"。《宋明理学史》认为从文学上说，理学家的诗歌"并没有诗的情韵意味"④。

还需指出的是，科举程式与文辞泛滥也是导致程颐对文章之学愈发反感的要因之一。在劝诫哲宗皇帝时，程颐指出：

> 词赋之中，非有治天下之道也；人学之以取科第，积日累久，至于卿相。帝王之道，教化之本，岂尝知之？⑤
> 今取士之弊……投名自荐，记诵声律，非求贤之道尔。……以今选举之科，用今进任之法，而欲得天下之贤，

---

① [宋]程颢、程颐撰，王孝鱼点校：《二程集·河南程氏遗书》卷十八，第239页。

② 在程颐看来，真正得到孔门心法的是像子游、子夏那样的人，他们虽有文章，但程颐认为二者所做"文""观乎天文以察时变，观乎人文以化成天下"的文字，"岂词章之文也?"（《二程集·河南程氏遗书》卷十八，第239页）

③ [宋]程颢、程颐撰，王孝鱼点校：《二程集·河南程氏文集》卷九《答朱长文书》，第601页。

④ 侯外庐、邱汉生、张岂之主编，张岂之修订：《宋明理学史》上卷，第190页。

⑤ [宋]程颢、程颐撰，王孝鱼点校：《二程集·河南程氏文集》卷五《上仁宗皇帝书》，第513页。

第五章　文化交融：元代理学的社会关怀与实践

兴天下之治，其犹北辕适越，不亦远乎？①

辞赋滥、取士弊致使程颐的文道观走向极端，进而完全否定"文"的价值。其门人以"文以害道"相询时，程颐直截了当地答复："（作文）害也。凡为文，不专意则不工，若专意则志局于此，又安能与天地同为大也？《书》曰'玩物丧志'，为文亦玩物也。"②他将故作工巧之"文"斥为害道之作，并将溺于文章之作的学者等同于异端。

据《伊川先生语录》记载：

古之学者一，今之学者三，异端不与焉。一曰文章之学，二曰训诂之学，三曰儒者之学。欲趋道，舍儒者之学不可。③

今之学者有三弊：一溺于文章，二牵于训诂，三惑于异端。④

在程颐看来，文章之学已没有了与"道"相对等的地位，甚至连"传道""载道"的工具性特征也丧失殆尽，有的只是文道之间的针锋相对。在这种极端的思想下，"文""道"被完全割裂，这也彻底颠覆了自古文运动韩、柳倡导"文以贯道"以

---

① ［宋］程颢、程颐撰，王孝鱼点校：《二程集·河南程氏文集》卷六《为家君应诏上英宗皇帝书》，第525页。
② ［宋］程颢、程颐撰，王孝鱼点校：《二程集·河南程氏遗书》卷十八，第239页。
③ ［宋］程颢、程颐撰，王孝鱼点校：《二程集·河南程氏遗书》卷十八，第187页。
④ ［宋］程颢、程颐撰，王孝鱼点校：《二程集·河南程氏遗书》卷十八，第187页。

来将"文道"关系相连的主张①。

二程的文道观直接影响了其文学修养,不仅所作诗文甚少,而且对诗文的品评也出现了偏颇的态度②,以致审美缺失。程颐行事古板、不苟言笑,或许正与此相关。同僚之间,程颐与文章家关系僵化,苏轼曾言:"素疾程颐之奸,未尝假以色词。"③认为其不配称为道统传人。

受程颐影响,杨时、谢良佐等大都继承了"文以害道"的观点,赞誉程颐的传道之文"胸怀直是好,与曾点底事一般"④,品评韩愈之诗文"不过乎欲雕章镂句,取名誉而止耳"⑤。谢良佐更言:"学者先学文,鲜有能至道。至如博观泛览亦为自害。故明道先生教予,常曰:贤读书慎勿寻行数墨。"⑥博览群书却也只是作"文"害"道"。

此外,胡安国、胡宏父子亦深谙程颐之道,亦将"文"之

---

① 北宋文道关系分裂,理学家"文以害道"观点仅为原因之一。文学家在文道关系认识中,强调"文"对于"道"的独立性,也促使"文""道"二者的分离。如北宋文人秦观,从学于苏轼,他在《通事说》中曾有言"文以说理为上,序事为次。古人皆备而有之。后世知说理者,或失于略事;而善序事者,或失于悖理,皆过也。"有意识的将理归为发展规律,将道与文区分开来,强调"文"的独立性。参见王培友《论两宋理学家处理文道关系的思维特性及其文化价值》(《孔子研究》2012年第6期)、《论两宋士人探讨文道关系的异向性及其认识价值》(《南京师大学报》2014年第2期)。

② 参见张文利:《二程的文道观及其诗歌创作》,《陕西师范大学继续教育学报》2002年第4期。

③ [宋]苏轼撰,张志烈、马德富、周裕锴主编:《苏轼全集校注·苏轼文集校注》卷三十二《杭州召还乞郡状》,石家庄:河北人民出版社,2011年版,第3376页。

④ [宋]谢良佐撰,[宋]朱熹辑,严文儒点校:《上蔡语录》卷一,《儒藏精华编》第186册,北京:北京大学出版社,2014年版,第275页。

⑤ [宋]杨时撰,林海权整理:《杨时集》卷二十五《与陈传道序》,北京:中华书局,2018年版,第666页。

⑥ [宋]谢良佐撰,[宋]朱熹辑,严文儒点校:《上蔡语录》卷二,《儒藏精华编》第186册,第294页。

创作比作"雕虫篆刻"①，认为："凡所训说，务明忠孝大端，不贵文艺。"②张栻在评价吕祖谦《文海》时甚至直指其沉溺于程颐所说的"闲散文字"之中，"徒使精力困于翻阅"，尤为"可怜"③。

由此可见，北宋理学通过吸收佛老思想，"取其珠而还其椟"，将"道"提升到宇宙本体的高度，从而打破了原有"文""道"的平衡关系。虽然早期理学家一度将"文"定义为传"道"工具，终因处于初创之际的理学亟需将可能影响理学道统传承的一切事物摈除在外，而导致文道关系从唐代的"文以贯道"逐渐转变为北宋的"文以害道"。

二 分裂中的缓和

尽管程颐"文以害道"的文章观影响广泛，但终究难以抹杀"文"在传道中的作用。所以杨时、谢良佐即便认为"文以妨道"，但仍然也认可文章对传道的意义④。这一悖论也昭示了理学家文道分裂观点仍有进一步讨论的空间。

两宋鼎革，经历了"元祐党禁"与"庆元党禁"的理学逐

---

① ［宋］胡寅撰，容肇祖点校：《斐然集》卷六《进先公文集表》，北京：中华书局，1993年版，第155页。
② ［宋］胡寅撰，容肇祖点校：《斐然集》卷二十五《先公行状》，第519页。
③ ［宋］张栻撰，杨世文点校：《张栻集·答朱元晦》，北京：中华书局，2015年版，第1132页。
④ 杨时的"陶氏情怀"、谢良佐的"感动而发"等，都体现二人在文道关系中的矛盾一面。参见陈忻：《杨时的文学思想》，《重庆师范大学学报》2010年第5期；《宋代理学家谢良佐的文学思想》，《长江师范学院学报》2013年第12期；《宋代洛学学派之文学观》，《西南大学学报》2013年第5期。

步历练成长，不论是在思想界还是在政治界中，地位都日趋巩固。故而南宋理学家在处理文道关系时已经开始思索如何解决北宋理学家内心所纠结的矛盾，势同水火的"文""道"关系也随之开始变化。

相较北宋，南宋理学家的诗文存世数量显著提高。就文集中诗文而言，杨时、张栻、吕祖谦皆有成百首诗歌，即便是以不立文字著称的陆九渊也有数十首存世。《朱子全书》中，朱熹亦有1300余首存诗，其探讨义理的辞、铭、序等文更是不计其数，足见其文"意实艺精"。清人洪吉亮曾评价："南宋之文，朱仲晦大家也，南宋之诗，陆务观大家也。"[①] 虽有溢美之嫌，但也肯定了朱熹的文章功底。

作为理学的集大成者，朱熹在扬弃周、程文道观的基础上，修正了文道之间原本对立、水火不容的观点，认同了文道并存的合理性。但是，朱熹仍坚持"道"的本体地位，并不认可文道平等的观点。因此，他在批判苏轼时称："道者，文之根本；文者，道之枝叶。惟其根本乎道，所以发之于文，皆道也。三代圣贤文章，皆从此心写出，文便是道。今东坡之言曰：'吾所谓文，必与道俱'。则是文自文，而道自道，待作文时，旋去讨个道来入放里面……所以大本都差。"[②]

在批判韩愈、李汉等人的"文与道俱"观点时，朱熹进一步提出了"文从道中流出"的文道关系新见解。在《朱子语类》

---

① [清]洪吉亮：《北江诗话》卷三，《丛书集成初编》第2598册，北京：中华书局，1985年版，第29页。
② [宋]朱熹撰，朱杰人、严佐之等主编：《朱子全书·朱子语类》卷一百三十九《论文上》，第4314页。

中记载了朱熹与才卿一次讨论:

> 才卿问:"韩文《李汉序》头一句甚好。"曰"公道好,某看来有病。"陈曰:"文者,贯道之器。且如《六经》是文,其中所道皆是这道理,如何有病?"曰:"不然。这文皆是从道中流出,岂有文反能贯道之理?文是文,道是道,文只如喫饭时下饭耳。若以文贯道,却是把本为末,以末为本,可乎?其后作文者,皆是如此。"①

所谓"文从道中流出",其实是朱熹"理气观"与"理一分殊"观点在其"文道观"上的映射,蕴含两个层面的意思。

第一,朱熹赋予"道(理)"在本体论上的绝对地位,承认其是先于万物先验的存在,也是高于人的意识的精神性实体存在,如所言:"未有天地之先,毕竟是先有此理。"② 同时他又吸收张载的聚散理论,引入"气"的概念,认为理气结合才能发育万物。在朱熹的理气观里,理与气的关系为道器、形上形下的关系,理虽为本,但二物之间不可分离,正所谓:"理与气,此决是二物。但在物上看,则二物浑沦,不可分开各在一处,然不害二物之各为一物也。"③ 与此相对,道与文之间道虽为本,但两者亦不可强行分割,因文中有道,道寓于文,"盖道无适而不存者也,故即文以讲道,则文与道两得,而一以贯之。否则亦将

---

① [宋]朱熹撰,朱杰人、严佐之等主编:《朱子全书·朱子语类》卷一百三十九《论文上》,第4298页。
② [宋]朱熹撰,朱杰人、严佐之等主编:《朱子全书·朱子语类》卷一《理气上·太极天地上》,第1页。
③ [宋]朱熹撰,朱杰人、严佐之等主编:《朱子全书·晦庵先生朱文公文集》卷四十六《答刘叔文》,第2146页。

两失之矣"①。

第二，朱熹在周敦颐"一实万分，万一各正"②的基础上推演出理与万物的关系，强调"太极只是个极好至善底道理。人人有一太极，物物有一太极"③，又言："浑然一体，莫非无极之妙。而无极之妙，亦未尝不各具于一物之中也。"④因此，"文"为世间万物之一，自然难逃"道（理）"统摄的范围，故而"文"与其他万事万物亦犹散落于万物其间之"理"之一，此理仅居于"文"中，但其根本则在于"道"，终归于"一理"之中，故称"文从道中流出"。

朱熹在文道关系上的这一新见解，既从本末角度肯定了"道"的理论高度，又从"理一分殊"的角度肯定了"文"的归属性，使"文"有独立于"道"的自主性。既修正了"文以害道"的极端观点，又调和了两者的关系，而且较之"文以载道"的工具论思想更先进、精微。基于上述文道观，朱熹对两宋文学所出现的"弊端"有着独到的见解，尤其能透过现象看到其"本根病痛"。

朱熹虽不排斥诗文创作，但对"好"诗文的评价标准与程颐保持一致。朱熹对过分浮华无实的文章给予猛烈的批判，在《朱子语类·论文》中有所记载：

---

① ［宋］朱熹撰，朱杰人、严佐之等主编：《朱子全书·晦庵先生朱文公文集》卷三十《与汪尚书》，第1305页。
② ［宋］周敦颐撰，陈克明点校：《周敦颐集》卷一《通书》，第32页。
③ ［宋］朱熹撰，朱杰人、严佐之等主编：《朱子全书·朱子语类》卷九十四《周子之书·太极图》，第3122页。
④ ［宋］朱熹撰，朱杰人、严佐之等主编：《朱子全书·太极图说解》，第73页。

才要作文章，便是枝叶，害著学问，反两失也。①

因语某人好作文，曰："平生最不喜作文，不得已为人所托，乃为之。自有一等人乐于作诗，不知移以讲学，多少有益！"②

古人文章，大率只是平说而意自长，后人文章务意多而酸涩。③

他认为追求"研钻华采之文，务悦人者"④是可耻的行为。在评价程颐之文时称："不必着意学如此文章，但须明理。理精后，文字自典实。伊川晚年文字，如《易传》，直是盛得水住！苏子瞻虽气豪善作文，终不免疏漏处。"⑤可见，朱熹对苏轼仅重文法的作品评价不高。而他赞许的是那些能够传承道统、明心见性的诗文。如其所说："今人学文者，何曾作得一篇！枉费了许多气力。大意主乎学问以明理，则自然发为好文章。诗亦然。"⑥

无独有偶，南宋心学家陆九渊也曾说："今如全美之颖悟俊伟，盖造物者之所啬，而时一见焉者也。闻见该洽，词藻赡蔚，

---

① [宋]朱熹撰，朱杰人、严佐之等主编：《朱子全书·朱子语类》卷一百三十九《论文上》，第4314页。
② [宋]朱熹撰，朱杰人、严佐之等主编：《朱子全书·朱子语类》卷一百零四《朱子一·自论为学工夫》，第3442页。
③ [宋]朱熹撰，朱杰人、严佐之等主编：《朱子全书·朱子语类》卷一百三十九《论文上》，第4290页。
④ [宋]朱熹撰，朱杰人、严佐之等主编：《朱子全书·朱子语类》卷一百三十九《论文上》，第4314页。
⑤ [宋]朱熹撰，朱杰人、严佐之等主编：《朱子全书·朱子语类》卷一百三十九《论文上》，第4315页。
⑥ [宋]朱熹撰，朱杰人、严佐之等主编：《朱子全书·朱子语类》卷一百三十九《论文上》，第4299页。

乃其余事。"① 他认为辞藻华丽乃本末倒置的文道观，"本末并茂"才是理想境界②。

朱熹弟子真德秀继承乃师的观点，以"明道"为标准选取诗文，以理学家的眼光鉴别文章、编辑文本，成为继邵雍之后又一位以理学文学观立派之人。真德秀编辑成书《文章正宗》，试图以一己之力统一文道，诠释南宋文道调和的另一种路径。

真德秀在《文章正宗·纲目》中有言：

> 正宗云者，以后世文辞之多变，欲学者识其源流之正也。自昔集录文章者众矣，若杜预、挚虞诸家，往往埋没弗传，今行于世者，惟梁昭明《文选》、姚铉《文粹》而已。繇今视之，二书所录果皆得源流之正乎？夫士之于学，所以穷理而致用也，文虽学之一事，要亦不外乎此。故今所辑以明义理、切世用为主，其体本乎古、其指近乎经者，然后取焉，否则辞虽工亦不录。③

真德秀所谓的"正宗"在其此序言中表露就是"明义理、切世用"，而文章是以"穷理而致用"为目的。他身负道统传承，尝试以理学家的眼光定义"文统"，从而实现文道调和。此法为宋元之际的金华学者金履祥所借鉴，其所著《濂洛风雅》，同样强化理学所倡导的"道学之诗文"，以期调和文道。然而这一取径并未被普遍接受，后世学者甚至讥讽不断。郑圭在《续

---

① ［宋］陆九渊撰，钟哲点校：《陆九渊集》卷六《与傅全美》，第75页。
② 陆九渊在《与曾敬之书》中有言："为学日进为慰！读书作文，亦是吾人事。但读书本不为作文，作文其末也。有其本必有其末，未闻有本盛而末不茂者。若本末倒置，则所谓文亦可知矣。"（《陆九渊集》卷四，第58页）
③ ［宋］真德秀：《文章正宗》卷一《纲目》，《文渊阁四库全书》第1355册，台北：商务印书馆，1986年版，第5页。

文章正宗序》称："先生（真德秀）心周、程、张、朱之学，观《正宗》笔削，可以概见。故其所次，论理为先，叙事继之，论事又继之。夫叙事、论事而不先于理，则舍本根而事枝叶，非我朝诸儒之所谓文也，非先生名书之本旨也。"① 指责真氏所谓"正宗"名不副实。清代四库馆臣亦对真氏颇有微词，言其书"主于论理而不论文"②。

显而易见，真德秀此法在理学家看来可取，却无法满足文学家的诉求。理学家站在自身立场上去定义的文统遭到文学家的反击。秦观曾借评价苏轼讽刺这种观点，称："苏氏之道，最深于性命自得之际，其次则器足以任重，识足以致远。至于议论文章，乃其与世周旋，至粗者也。合下论苏氏而其说止于文章，意欲尊苏氏，适卑之耳。"③ 他将理学家的"议论文章"视为粗鄙之文，嗤之以鼻。

南宋乾、淳年间，浙东地区亦出现了许多学者希冀调和文道关系。诸如薛季宣、陈傅良、陈亮及叶适等人，他们有别于朱熹、真德秀均试图通过降低"道"的本体地位以实现文道融合④的取径。此外，理学家吕祖谦则从"文""道"的独立性及其务实性来尝试统合文道。

---

① ［宋］真德秀：《续文章正宗》郑圭序，《宋集珍本丛刊》第106册，北京：线装书局，2004年版，第196页。
② ［清］永瑢、纪昀等：《四库全书总目提要》卷一百八十七《文章正宗提要》，第1699页。
③ ［宋］秦观：《淮海集》卷三十《答付彬老简》，《文渊阁四库全书》第1115册，台北：商务印书馆，1986年版，第580页。
④ 参见郑慧：《试论叶适的道统论与文学思想》，《古籍整理研究学刊》2012年第5期。郑慧、张恩普：《叶适道器合一思想与其发展的文学观》，《东北师大学报（哲学社会科学版）》2013年第1期。郭庆才：《南宋浙东学者的文道思想述论》，《湖州师范学院学报》2011年第3期等。

吕祖谦学源复杂，学问广博，不主一说，故也称其"融会彻，浑然若出于一家之言"①。从理学家角度看，他与朱熹相同，仍然坚持"道（理）"的统摄作用，强调了万物之理及终极的"道（理）"②，认同"道"统摄"文"。如其所说："大凡有本则有文。夫人之须不离于颐颔，文生于本，无本之文，则不足贵。"③不过，较之朱熹，吕祖谦对文章的价值更为重视，他曾言："词章，古人所不废。然德盛仁熟，居然高深，与作之使高，浚之使深者，则有间矣。以吾兄之高明，愿更留意于此，幸甚。"④

吕祖谦注重辞章之学的实用性与经世性，其言："此书若出，于学者亦不为无益。但气象未宏裕耳。经世之名，却不若论事之质也。"⑤他讲求"论事之质"，重视经世之大道，避免空谈道统。同时，吕氏也未曾摒弃那些文辞优美之文，他认为："方人材难得之时，其词翰隽发，多识典故又趣向实不害正推弃瑕使过之义，阔略亦何妨。"⑥在他看来，只要作者道德修养达到一定程度，且作"文"无碍"道"，则皆可称之。因此，吕祖谦在拟定《宋文鉴》收录标准时，亦收录苏轼文章，这也招致朱熹

---

① ［宋］吕祖谦撰，黄灵庚等编：《吕祖谦全集·吕氏家塾读书记·朱熹序》，杭州：浙江古籍出版社，2008年版，第1页。
② 吕祖谦称："随一事得一名，名虽至于千万，而理未尝不一也。"见［宋］吕祖谦撰，黄灵庚等编：《吕祖谦全集·左传博议》卷三《颖考叔争车》，第58页。
③ ［宋］吕祖谦撰，黄灵庚等编：《吕祖谦全集·丽泽论说集录》卷一，第37页。
④ ［宋］吕祖谦撰，黄灵庚等编：《吕祖谦全集·东莱集别集》卷十《与陈同甫》，第469页。
⑤ ［宋］吕祖谦撰，黄灵庚等编：《吕祖谦全集·东莱集别集》卷十《与陈同甫》，第466页。
⑥ ［宋］吕祖谦撰，黄灵庚等编：《吕祖谦全集·东莱集别集》卷九《与周丞相》，第451页。

第五章 文化交融：元代理学的社会关怀与实践

的讥讽①。

由是观之，吕祖谦与朱熹、真德秀等人略有异同。他一方面重视道统，另一方面强调"文""道"二者并行不悖的特质，并试图以此来统合"程朱之道"与"欧苏之文"。

其实，朱熹等人所提出的调和文道的观点，其出发点都在"重道轻文"。故而南宋理学家的著述仍然以语类、语录为主，晦涩拗口之文泛滥，理学之文越发难懂。与之相反，部分文学家则过分注重辞藻，追求文采和新奇，亦造成文学抛开实际，空洞不实。双方相互诘难。文学家刘克庄受邀参与《文章正宗》诗歌部的编纂，但他认为真德秀去取失当，故称"近世理学兴而诗律坏"②。周密亦指责宋代理学文弊，谓："宋之文治虽盛，然诸老率崇性理、卑艺文，朱氏主程而抑苏，吕氏《文鉴》，去取多朱意，故文字多遗落者，极可惜。水心叶氏云：'洛学兴而文字坏'，至哉言乎！"③将矛头直指程朱。

平心而论，不论理学家还是文学家均只看到了文、道所存在的弊病，虽言之凿凿，却偏执一端，不仅无法使两者矛盾得以解决，反而使其更易激化，以致更加分裂。

南宋时期，理学地位逐渐稳固，思想体系日臻成熟，为理学家们重新审视"文""道"关系提供了契机。尽管朱熹、真德

---

① 朱熹在《答范伯崇》时讥讽吕祖谦"护苏氏尤力也"（《朱子全书·晦庵先生朱文公文集》卷三十九，第1786页），吕祖谦反驳朱熹称："某氏（苏氏）之于吾道，非杨、墨也，乃唐、景也，似不必深与之辩。"（《吕祖谦全集·东莱别集》卷七《与朱侍讲》，第399页）

② [宋]刘克庄：《后村大全集》卷九十八《林子显诗序》，《宋集珍本丛刊》第82册，北京：线装书局，2004年版，第17页。

③ [宋]周密撰，杨瑞点校：《周密集·浩然斋雅谈》卷上，杭州：浙江古籍出版社，2015年版，第14页。

秀、吕祖谦等人取径各异，但他们都试图将"文"融入"道"的发展轨迹中，缓和自北宋理学初兴以来"文道"之间的对立状态。然而在理学思想体系中，"道"的本体地位至高无上，无法给予与"文"对等的地位。因而虽经理学家不懈努力，南宋的文道关系仍然只是分裂中的缓和。

三 文道融会①

元承宋祚，元代理学对宋代的诸多弊端都进行了反思和修正，如元理学家的经世思想修正了理学被世人所诟病的空谈心性弊端，和会朱陆思想缓解了南宋朱陆关于本体工夫的矛盾。同样作为文学家和道学家争论焦点，文道关系也在纠弊的前提下呈现出新的变化。

刘因虽以程朱为宗，但对于程颐等人斥责"文艺"的态度却表示反对，其言："今之所谓艺，与古之所谓艺者不同，礼、乐、射、御、书、数，古之所谓艺也。今人虽致力亦不能，世变使然耳。今之所谓艺，随世变而下矣。虽然不可不学也。诗、文、字、画，今所谓艺，亦当致力，所以华国，所以治物，所以饰身，无不在也。"② 刘因援引孔子"游于艺"的说法，认为"艺"是治国平天下的重要组成部分，更是人成才的因素之一，"艺"无处不在，故不可废"艺"而独求"理"。

---

① "文道合一"一词常用语形容文道融会，但文道二物是否可以合而为一，成为一物，此尚有争议，故本书用"融会"。参见查洪德：《文道合一：一个伪命题》，《中华读书报》2012年6月27日。

② [元]刘因撰，商聚德点校：《刘因集》卷二十八《叙学》，第472页。

第五章 文化交融：元代理学的社会关怀与实践

郝经则回归到周敦颐所倡导的"文以载道"①，认为："文即道也。道非文不著，文非道不生。自有天地，即有斯文，所以为道之用，而经因之以立也。"② 文以载道，文道不离，文章有利于"道统"传承，是传播"道"的媒介。

自诩"朱子后一人"的理学家吴澄，倡导朱陆和会、打破门户之见，对文道关系也有深刻见解。一方面，他认为理学一旦失去承载其精深义理的媒介，也就失去了其传播的可行性，故"道不载以文，则道不自行，文不载斯道，则文犹虚车也"③；另一方面，吴澄引入本体论的内容来论述"文道一元"。

在两宋文道关系演变的轨迹中，无论是周敦颐的"文以载道"，还是二程的"文以害道"，都将文道二元化，朱熹的"文从道中流出"则将文道关系转变为以"道"为本，"文"为"道"生的一元论。吴澄继承了朱熹的这一思路，将理作为本体，气作为华育万物的因素，理气一元，理气一体，理为气之主④。他进而又提出"气本"的概念，认为文本于气，用"气"

---

① 郝经认为文是载道的媒介，正如其言："言，心声也。心有所用，则言以宣之。虽欲勿言，焉得而勿言？"(《郝文忠公陵川文集》卷十八《五经论·书论》，《儒藏精华编》第245册，第307—308页) 但是并非所有文章都能阐发"道"，故言"事有至大，物有至多者，万言之文不足以尽其理。"(《郝文忠公陵川文集》卷三十《唐宋近体诗选序》，《儒藏精华编》第245册，第489页)
② [元] 郝经撰，邱居里、赵文友点校：《郝文忠公陵川文集》卷二十九《原古录序》，《儒藏精华编》第245册，第471页。
③ [元] 吴澄：《吴文正集》卷五十九《题康里子渊赠胡助古愚序后》，《文渊阁四库全书》第1197册，第581页。
④ 吴澄在《答人问性理》中指出："自未有天地之前至既有天地之后，之时阴阳二气而已……气之所以能如此者，何也？以理为之主宰也。理者，非别有一物在气中，只是为气之主宰者，即是无理外之气，亦无气外之理。人得天地之气而成形，有此气，即有此理。"(《吴文正集》卷二，《文渊阁四库全书》第1197册，第32页)

将道、文由二元变为一元。正如其所言："盈天地之间一气耳。人得是气而有形，有形斯有声，有声斯有言，言之精者为文。文也者，本乎气者也。"①

与此同时，兼通朱陆的会通思想又使吴澄引入"心"的概念来进一步解析文道关系。在《吴恭伯诗序》中，吴澄言："伯恭方且研经务学，以培其本。他日本亦深，理亦明，则心声所发，理为之主，气为之辅，虽古之大诗人，何以尚兹？"② 在吴澄眼中，心乃理所聚之地，谓："吾之一心，则所以具众理而应万事者也。吾心所具之理，即天下万事之理，理之散于万事者，莫不统于吾心；理之具于吾心者，足以管夫万事。天下有无穷之事，而吾心所以应之者有一定之理。"③ 吴澄认为言为心声，"故知言者，观言以知其心"④。"诗"与"言"作为文的表达形式，由"心"而生，"心"又兼具万理。如此则心既是作家文学创作的源泉，亦是理之所在。故而通过"心"的中介，沟通了"道"与"文"，从而实现两者的融会。此后金华理学家黄溍也曾以心作为贯穿文道的手段⑤。

与此相对，文学阵营中的学者也在思考哲理在创作中的作用，金代文学家王郁首倡"为文取韩、柳之辞，程、张之理"，

---

① ［元］吴澄：《吴文正集》卷二十五《别赵子昂序》，《文渊阁四库全书》第1197册，第261页。
② ［元］吴澄：《吴文正集》卷二十二《吴伯恭诗序》，《文渊阁四库全书》第1197册，第239页。
③ ［元］吴澄：《吴文正公外集》卷三《谢程教》，《元人文集珍本丛刊》，第4册，第142页。
④ ［元］吴澄：《吴文正集》卷六十《跋张蔡国题黄处士秋江钓月图》，《文渊阁四库全书》第1197册，第590页。
⑤ 黄溍认为"诗成于心，心具宇宙"。参见查洪德：《理学背景下的元代文论与诗文》，北京：中华书局，2005年版。

主张两者应"合而为一，方尽天下之妙"①。此后，元代文章家王恽、李德辉、陈栎等从文学角度提出融会"文道"：

  道从伊洛传心学，文擅韩欧振古风。②
  盖文章、道理，实非二致，欲学者由韩柳欧苏词章之文，进而粹之；以周程张朱理学之文也。以道理深其渊源，以词章壮其气骨，文于是乎无弊矣。③

他们皆主张以韩柳的文辞弥补程朱文章的平淡，以程朱的义理来丰富文章的思想内涵。

否定、贬低文学，看似增加对理学的重视，实则两败俱伤，并未给任何一方带来益处。元代陆学传人刘埙对此有着清醒的认识，曾强调："谓性外无学，其弊至于忘道、忘艺，知有语录而无古今。始欲由精达粗，终焉本末俱舛。"④ "本末俱舛"是文道相争的残酷结果，只有两者融会才能弥补缺陷。因此，在理学代表人物的倡导下，门人弟子诸如鲁斋学派的姚燧、耶律有尚，刘因静修学派的苏天爵，吴澄弟子虞集、元明善等人皆精通义理，又擅长作文，故而"文道融会"的思想在理学阵营蔓延，并逐渐在文学阵营中成为共识。

除理学层面的探讨之外，政治原因也是促成元代文道关系转变的重要因素。元代帝王认同儒学中的正统思想，接受汉法，重

---

① [金]刘祁撰，崔文印点校：《归潜志》卷三，第24页。
② [元]王恽撰，杨亮、钟彦飞点校：《王恽全集汇校》卷十六《追挽归潜刘先生》，第734页。
③ [元]陈栎：《定宇集》卷一《太极图说序》，《文渊阁四库全书》第1205册，第163页。
④ [元]刘埙：《隐居通议》卷十七《魏鹤山文集序》，《文渊阁四库全书》第866册，第158页。

视理学①。元仁宗恢复科举，亦将程朱理学定为考试内容，使理学与政治话语相结合，上升为官方意识形态。程朱理学由此成为文人的晋身之阶，从而丰富了理学的阵营。

修正文弊，加之政治风向的变动，士人心中理学与文学的矛盾逐渐淡化②，由此进一步催生出文道融会、文道合流的趋势。这一趋势在宋濂编撰《元史》中得到集中体现。《元史·儒学传序》称：

> 前代史传，皆以儒学之士，分而为二，以经艺颛门者为儒林，以文章名家者为文苑。然儒之为学一也，《六经》者斯道之所在，而文则所以载夫道者也。故经非文则无以发明其旨趣；而文不本于六艺，又乌足谓之文哉。由是而言，经艺文章，不可分而为二也明矣。元兴百年，上自朝廷内外名宦之臣，下及山林布衣之士，以通经能文显著当世者，彬彬焉众矣。今皆不复为之分别，而采取其尤卓然成名、可以辅教传后者，合而录之，为《儒学传》。③

《元史》中将《儒林传》与《文苑传》合二为一，彰显了元代对人物学术取向的区分标准已变，文章与义理的经界已经模

---

① 参见王晓清《宋元史学的正统之辨》(《中州学刊》1994年第6期)、江湄《元代"正统"之辨与史学思潮》(《中国史研究》1996年第3期)、魏崇武《论蒙元初期的正统论》(《史学史研究》2007年第3期)、李治安《元初华夷正统观念的演进与汉族文人仕蒙》(《学术月刊》2007年第4期)、朱军《元代理学影响下的正统论》(《西北大学学报》2016年第3期)等。

② 需要说明的是，即便在文道融会的局面下，元代也还有一些理学家固守"文以害道"的观点，许衡仍然延续程颐"文以害道"的思想。在《鲁斋语录》中仍有"文章之为害，害于道""从善如登，从恶如崩"的言论；郑玉在其《余力稿序》中有言："然则道之不明，文章障之也；道之不行，文章尼之也。文章之弊可胜言哉。"

③ [明]宋濂：《元史》卷一百八十九《儒学传》，第4313页。

糊。众多文采卓著的理学家与深谙义理的文章家在元代涌现，如许谦、陈栎、苏天爵、姚燧等理学传人，大多数亦是诗文作家；而在元代以文章著称的文学家方回、王恽等人，也精研理学。元代"文道"关系趋于融会，"道统"与"文统"、理学与文学呈现出交融的景象。

当然，元代士人并未将文道融会观念仅仅停留在学理层面上。在实践层面，理学家将理学的精神合理的寓于文学作品中，使理学的内涵渗透到文学创作的理念中，用理学的概念、命题来探究文学理论中的内涵，将自身的情感与所擅长的理性思辨思维结合起来；而文学家则将创作的灵感及内心的情怀融入经典的阐发中，这样就形成了具有思辨性的文学作品。

郝经运用诗歌探讨太极、本心的问题，将理学思想融入诗文创作，曰："太极出面目，伊洛开渊泉，吾道本吾心，心在道即全，但使心不昧，吾道长昭然。"[1] 其散文代表作《休复亭记》，以《周易》"复"卦为名，从本体论角度阐述"复休"二字，寓哲理于文学之中。故而时人评价郝经得文道融会之传，"理性得之江汉赵复，法度得之遗山元好问"[2]。

理学家刘因亦多有蕴含义理的诗文传世，其诗《人月圆》所言："茫茫大块洪炉里，何物不寒灰。古今多少，荒烟废垒，老树遗台。太山如砺，黄河如带，等是尘埃。不须更叹，花开花落，春去春来。"[3] 该诗以比喻的手法，将宇宙类比为"烘炉"，

---

[1] ［元］郝经撰，邱居里、赵文友点校：《郝文忠公陵川文集》卷二《寓兴》，《儒藏精华编》第245册，第60页。

[2] ［元］郝经：《陵川集》卷首，《文渊阁四库全书》第1192册，第3页。陶自悦序点校本无，故从《文渊阁四库全书》本截取。

[3] ［元］刘因撰，商聚德点校：《刘因集》卷六《人月圆》，第129页。

万物为炉中之物，在此生灭。另有《寒食道中》一诗："簪花楚楚归宁女，荷插纷纷上冢人，万古人心生意在，又随桃李一番新。"① 用生动的诗句感慨时间生意永存，万物轮回。这种以诗歌形式探讨宇宙万化，是刘因诗文中理学因素的具体体现。"直求本心"的修养论也成为隐逸诗歌的哲学依据之一。

吴澄倾心于创作，四库馆臣曾评价吴澄的文章，称其"词华典雅"②，亦蕴含哲理。他在《一笑集序》中有言："诗人网罗走飞草木之情，疑若受役于物。客尝问焉，予应之曰：'江边一笑'，东坡之于水马；'出门一笑'，山谷之于水仙。此虫此花，诗人付之一笑而已，果役于物乎？夫役于物者未也，而役物者亦未也。心与景融，物我俱泯，是为真诗境界。"③ 文中他虽未用"观物"等理学词句，却可从"役于物"一语及全文意境中看出"以物观物"的心物观，这与邵雍较生硬的论述相比④，已大相径庭。

如果说宋代理学家阐述哲理思想的弊端是由于撰述方式源于语录等文体而相对晦涩难懂的话，那么元代理学家则通过在创作中践行文道融合的理念，使哲理思想的著作富有情趣且形式多样。

还需指出的是，在践行"文道融会"的观念之时，理学家把握文道交融的尺度并非无章可循。郝经就曾指出："文章工而

---

① ［元］刘因撰，商聚德点校：《刘因集》卷五《寒食道中》，第113页。
② ［清］永瑢、纪昀等：《四库全书总目提要》卷一百六十六《吴文正公集提要》，第1428页。
③ ［元］吴澄：《吴文正集》卷十六《一笑集序》，《文渊阁四库全书》第1197册，第180页。
④ 参见查洪德：《宋元人对理学文弊的批判和理学文学观的演变》，《殷都学刊》2004年第1期。

道之用晦，科举立而士无自得之学，道入于无用，惟其无自得也。"①一味地追求辞藻华丽、文章工巧会阻碍"道"的阐释。进而元代理学家们在前代学者的基础上总结出，作文应"发乎情，止乎礼"②，文章应以"礼"或"理"约束，这样既不失诗文抒情的本色，也可结合理性的思想，避免滥发情感，达到"约情尊性，毋使或偏"③。

至于如何敛约性情，理学家则试图为文学理论寻找到一个本原，将理学的本体论思想引入文学作品的创作中。正如吴澄将理、气本体作为文学创作之根本④，结合理学的理本论来论述文章创作。因理学中"理""气""情"之间相互联系，相互制约，故而虞集便提出"以理命气"，并将其运用于诗文创作，其言：

> 乐发于情者也，有中节不中节之分，而无真伪之辨。盖虽不中节之乐，亦由其情之所感，自以为乐，而不待于伪为也。惟君子以理命气，则其乐也无妄，乃可谓之真矣。⑤

理性思维制约创作，用"理"命"气"，进而制约情感的释

---

① [元]郝经撰，邱居里、赵文友点校：《郝文忠公陵川文集》卷二十四《上紫阳先生论学书》，《儒藏精华编》第245册，第399页。
② 北宋谢良佐已提出以"礼"来规范文章创作，如其所言："礼者，摄心之规矩""博我以文，便知识广；约我以礼，归宿处也"。指出人应该按照礼的约束去行事，文章创作亦如此，但在"文以害道"的北宋并未得到认可和发展。参见《上蔡语录》卷一，《文渊阁四库全书》第698册，第576、569页。
③ [元]王礼：《麟原文集》前集卷十二《陆氏四子字辞》，《文渊阁四库全书》第1220册，台北：商务印书馆，1986年版，第453页。
④ 吴澄言："文也者，本乎气也"（《吴文正集》卷二十五《别赵子昂序》，第261页），"诗也者，乾坤清气所成也"（《吴文正集》卷十九《萧独清诗序》，第212页）。
⑤ [元]虞集：《道园学古录》卷四十《题吴先生真乐堂记后》，《文渊阁四库全书》第1207册，第562页。

放,这样使文人抒发感情达到理学家所谓之"中节"。同时,用"定性"的方式来制约情感的无的放矢,使心有所主,不受外界污浊的气禀所影响,修身养性,这样就能保持理学所谓的"中节"[①]。在"理(礼)"制约下的诗文创作,能够妥善地把握所要描述的事物,运用精简的语言,切中要害,以此表达"理"的真谛。

至此,在反思宋代理学与文学关于文道关系的弊端后,元代理学家使思辨的哲学与情感的创作合理的融会,加之理学与政治话语的结合,使理学成为文人的晋身之阶,最终在元代形成文道融会的新局面。

理学社会化的浪潮下,理学与文学的交融不可避免。理论形态的思想与审美形态的文学之间有着内在不可分割的联系,并非不可逾越。理学初创,为了抬高"道"的高度就需要贬低"文"的价值,进而摒除一切影响理学道统传承的事物。随着理学的日臻成熟,理学家对文道关系的认知也更为深刻。以朱熹为代表的理学家认识到思想的包容性,通过将"文"融入"道"的发展轨迹,缓和北宋以降势同水火的文道关系。元代理学家则以持中的态度反思两宋文弊,在"道气之辨""本末之辨"、功用划分等方面的认知不断地精进。理学家寻找到沟通文道的途径和关键点,"融文入道""寓道于文",实现文道融会的新局面。

理学影响下文道关系转变,使理学的精神与文学思想融合,形成了元代特有的文风,既在诗文创作中保留原有的情趣,又融入了理性思维;既抒发情感,又运用理学的本体论思想来"敛

[①] [元] 虞集:《道园学古录》卷三十一《杨叔能诗序》,《文渊阁四库全书》第 1207 册, 第 453 页。

情约性"。思辨的理学与情感的创作相结合，使理学思维的广度、深度都有所扩展，增加了理学研究的视角；合理抒发情感的创作改变了理学原本佶屈聱牙、晦涩难懂的创作风格，增强了理学的活力。与之相对，在理学的精神影响下所形成的文学思想也具有了理性和深刻的内涵。无论在理学还是文学发展史上，理学影响下的文道融合，使文学与理学共同向着更好的方向发展。

第五节　儒士、理学与元杂剧：理学影响下的元杂剧创作

元杂剧是中国古典戏曲艺术的代表，它与元散曲一并合称"元曲"，代表元代文学史上的最高成就。理学在元代逐渐渗透到下层社会，使得理学伦理思想日益成为社会的行为准则，这也对元杂剧的创作产生了深远影响，使其创作中蕴含着理学与反理学的双重因素。

一　元代儒士地位的变化与儒士化的书会才人

较前代而言，儒士在元代并非一个受到重视的身份。"修齐治平"的儒家立身之道并未受到元代统治者的重视。早在蒙古王朝时期，成吉思汗便在征伐中看到了更多的优秀文化，以全真道为代表的道家文化和以耶律楚材为代表的儒家文化都受到了他的重视。然而从实用的角度看，道家文化被用来安抚民众，儒家

文化则被看作巫术卜筮①。窝阔台虽继承其志，继续吸收汉文化，执政期间也有兴建书院、祭祀孔子、开展戊戌选试等有利于儒学发展的举措，但是仍未改变儒士的境遇。陶宗仪的《南村辍耕录》记载"国朝儒者，自戊戌选试后，所在不务存恤，往往混为编氓"②可见，即便是评价颇高的戊戌选试也仅使寥寥数人得以入仕为官。

被儒士们封为"儒学大宗师"的忽必烈在建元以后为巩固其统治地位，听取刘秉忠"以马上取天下，不可马上治天下"③的建议，广招贤才。然而由于忽必烈对汉法的理解并不深刻，他将维护统治、富国强兵看作统治策略的重中之重。他虽对儒家核心的理论观念不感兴趣，但因其深谙"能行中国道者中国主"这一道理，他虽对儒家核心的理论观念并不感兴趣，但仍利用儒士的身份、言论来维护统治，可见塑造其政权合法性才是第一要务④。这也是李璮之乱爆发后忽必烈与儒士迅速产生嫌隙，并任用阿合马经济改革的重要原因。正因如此，即便在忽必烈支持汉法政治的背景下，许衡仍然认为"万世国俗，累朝勋旧，一旦驱之下从臣仆之谋，改就亡国之俗，其势有甚难者"⑤。蒙古统

---

① 元宪宗蒙哥仍将儒家与巫医等同。这一观点即便在忽必烈建元后仍然盛行。忽必烈重视刘秉忠，正是因为"其阴阳术数，占事知来，若合符契"。见《元史》卷一百五十七《刘秉忠传》，第3694页。

② ［元］陶宗仪：《南村辍耕录》卷二《高学士》，第24页。

③ ［明］宋濂：《元史》卷一百五十七《刘秉忠传》，第3688页。

④ 无论是郝经的"天下有定理而无定势"，还是许衡的"华夷千载亦皆人"，这些理论都肯定了少数民族在吸收汉族优秀礼乐典章制度的作为，宣传少数民族是中华民族的一份子，批判了狭义的民族主义正统论。这些正是忽必烈在政权初建之时所急需的理论。参见朱军：《元代理学影响下的正统论》，《西北大学学报》（哲学社会科学版）2016年第3期，第41—45页。

⑤ ［明］宋濂：《元史》卷一百五十八《许衡传》，第3719页。

治者对思想控制的放松及佛道思想在上层社会中的发展，使儒学在金元之前为主导官方意识形态的地位不复存在。

即便如此，仍然有部分儒士通过各种路径，如窝阔台的戊戌选试、知名官员的举荐等进入仕途之中。苏天爵记载："世祖之在潜藩也，尽收亡金诸儒学士及一时豪杰知经术者而顾问焉"①，"帝在潜邸，思大有为于天下，延藩府旧臣及四方文学之士，问以治道"②。姚枢、许衡、郝经等尽在其中。他们曾试图将理学的核心思想发扬光大，但是面对统治者务实的需求，他们在阐发性命之学的同时，更多的是将务实作为首要之举。如许衡"明人伦""为国用"的教育理念，以建学校教化大众为己任。他将经典口语化，通过《中庸直解》《大学直解》之类书籍，将程朱理学思想向少数民族群体及下层社会传播。

与这些进入仕途的儒士相比，元代前期科举废止致使更多的儒士流落民间。元朝重视根脚，所以元初帝王并不急于恢复科考，自金亡（1234）至元仁宗延祐二年（1315），被士人奉为入仕之门的科举考试废止八十年之久（北方地区在金亡后便不再有科举，南宋继续科举考试，从1279年南宋灭亡至延祐二年为39年）。科举废止，知识分子晋身仕途、获得荣誉的门径被封闭，虽然儒士可以通过名士举荐或者充任吏员等途径出仕为官，但是相较唐宋科举兴盛之时，此时儒士的四民之首地位丧失。正因如此，一些生活在元初思想较为激进的宋遗民因亡国之故，将元代儒士地位之低无限夸大。正如谢枋得所言：

---

① ［元］苏天爵编：《元文类》卷四十一《进讲》，第547—548页。
② ［明］宋濂：《元史》卷四《世祖一》，第57页。

> 我大元制典，人有十等，一官、二吏，先之者，贵之也，贵之者，谓有益于国也。七匠、八娼、九儒、十丐，后之者贱之也，贱之者，谓无益于国也。嗟乎卑哉！介乎娼之下，丐之上者，今之儒也。①

像谢枋得的激进言论在元初不乏少数。他们将儒者地位介于"娼""丐"之间，以此来论证元代儒士社会地位急剧下降的状态。但是纵观元代立法并未有此项，"九儒十丐"说法有夸大之嫌。在元朝民族政策下，蒙古人与色目人拥有较高的地位，但在"户计"制度下，儒户经济地位不一定低下，但政治地位却不容乐观。

儒者社会地位急剧下降，不能再像宋代文人那样"学成文武艺，货与帝王家""一举成名天下知"。如果说生活在宋代是文人的幸事，那么元代则是文人不幸的时代。一代代知识分子心怀天下，却只能在动荡的年代苟延残喘，故而心理出现极大落差。即便是戊戌选试，也仅是昙花一现，在失去了耶律楚材等庇护后，儒户的优免政策也未能持续贯彻。《元史·选举志》记载："国朝儒者自戊戌选试后，所在不务存恤，往往混为编氓"，"或习刀笔以为吏胥，或执仆役以事官僚，或作技巧贩鬻以为工

---

① ［元］谢枋得：《叠山集》卷二《送方伯载归三山序》，《文渊阁四库全书》第1184册，台北：商务印书馆，1986年版，第870页下。郑思肖也有相关言论。详见郑思肖著，陈福康点校：《郑思肖集·大义略叙》，上海：上海古籍出版社，1991年，第186页。

匠商贾"①。即便恢复科举，士人有了参加科考的途径，但是区别蒙汉的特殊科考制度的本质是不公平的。如萧启庆所言："元代官员的登庸，武官端赖世袭，文职则以荫补为主，制举、保举为辅。世袭和荫补乃是以家庭背景——也就是所谓的'根脚'为主要评准，和学问全无关系。凡在蒙古建国、伐金、灭宋过程中立下功勋的蒙古、色目、汉人家庭，便是'大根脚'之家，世享荫袭特权，垄断了绝大部分五品以上的职位。"②根深蒂固的等级制度，使那些勉强中举的知识分子"每每抑沉下僚，志不获展"，"盖当时台省元臣，郡邑正官及雄要之职，中州人多不得为之"③，"其得为者，不过州县卑秩，盖亦仅有而绝无者也"④。

---

① [明]宋濂：《元史》卷八十一《选举一》，第2017页。元代科举无门，而且"仕进有多歧，铨衡无定制"（《元史》卷八十一《选举一》，第2016页）正如许凡《元代吏制研究》中指出由吏员进入仕途是众多儒士的选择。多数没落书生也寄希望于吏进，陆文圭所言："科场既罢，士各散去。经师宿儒，槁死山林。后生晚进，靡所矜式，冒я进取者，又阔远于事情类为操刀笔者。"（《墙东类稿·中大夫江东肃正廉访使公墓志铭》）由吏入官是元代科举恢复前儒士的主要出路之一，"科举未行之前，儒皆为吏"（许有壬：《至正集》卷七十五《吏员》，《文渊阁四库全书》第1211册，第530页下）。这一点也影响到了元杂剧创作，在剧作品中常出现"儒吏合一"的人物，如《鲁斋郎》中的张珪"幼习儒业，后进身为吏"；《还牢末》中的李荣"幼年颇看诗书，今在东平府作着个把笔六案都孔目"等。儒者通过委身为吏员来进入政治圈，以期得到晋升官道的机会，但是机会并非如理想，多数儒吏终身为吏。
② 萧启庆：《元代的儒户：儒士地位演进史上的一章》，载《内北国而外中国——蒙元史研究》，第399页。
③ [明]胡侍：《真珠船》卷四《元曲》，《四库全书存目丛书》子部第102册，据清华大学图书馆藏明刻本影印，济南：齐鲁书社，1995年版，第334页。
④ [清]叶子奇：《草木子》卷三《克谨篇》，北京：中华书局，1957年版，第49页。虽然延祐二年元政府迫于安抚汉人的压力，恢复科举，不过此时的科举远不如宋代公正。《元史·选举志》所载："试蒙古生之法宜从宽，色目生宜稍加密，汉人生则全。"同时在科举中等与否上，也是偏向蒙古人及色目人。在这样的背景下，即便恢复科举，对于汉族士人的仕途之路也仅可谓杯水车薪。

科举的废止及随后恢复科考的不公平政策加上取士人数稀少，使得原本以"修身、齐家、治国、平天下"为务、以文化的传承者自居的书生儒士，在元代仕进之路栓塞的情况下失去了四民之首的地位，"朝为田舍郎，暮登天子堂""状元试三场，一生吃不尽"① 的美好局面在元代被彻底打破。

儒生们所要面对的不仅有心理上的落差，还有生活质量的变化。他们原本试图通过中举获得功名、官职以换取优渥生活的愿望，因科举的废止而被打破，"士失其业"②。这些失落的儒生手无缚鸡之力且缺少理财经商的才能，谋生道途日趋狭窄，被时人所耻笑："小夫贱隶，亦皆以儒为嗤诋"③。正因如此，儒生"时艰士失业，十家九寒饥"④。在这样的背景下，一部分理学化的儒士融入书会才人群体，开始以撰写杂剧作为谋生手段。他们的经济状况本就不甚乐观，迫于养家糊口的压力，他们越过耻于言利的儒家义利观，将知识转化为资本来谋取利益，成为卖文活命的落魄书生。原本以"修齐治平"为务的风雅儒士，至此时则境遇大变。专门编撰剧本的"书会才人"成为儒士谋生的一种重要选择⑤。

什么是"书会才人"？他们是元杂剧的创作主体，也是赋予

---

① ［宋］魏泰撰，燕永成整理：《东轩笔录》卷四，朱易安、傅璇宗等主编：《全宋笔记》第二编第八册，郑州：大象出版社，2017年版，第109页。

② ［元］揭傒斯：《文安集》卷十《富州重修学记》，《文渊阁四库全书》第1208册，台北：商务印书馆，1986年版，第232页。

③ ［元］余阙：《青阳集》卷二《贡泰父文集序》，《文渊阁四库全书》第1214册，台北：商务印书馆，1986年版，第381页。

④ ［元］仇远：《金渊集》卷一《寄钱塘亲旧》，《文渊阁四库全书》第1198册，台北：商务印书馆，1986年版，第14页。

⑤ 《元史》中记载，儒生可选取的谋生之路还有从事"吏胥""仆役""工匠"等。参见《元史》卷八十一《选举一》。

作品内涵的决定因素。"书会"一词在南宋便有记载，且内涵多样。据《都城纪胜·三教外地》记载："都城内外，自有文武两学、宗学、京学、县学之外，其余乡校、家塾、舍馆、书会，每一里巷须一二所，弦诵之声，往往相闻。"① 这里的书会与乡校、家塾并列，类似于私塾。随后"书会"之内涵再次扩大，逐渐加入了撰写杂剧的士人，正如周密《武林旧事》"书会"条目记载中增加了"作赚绝伦"的李霜涯及"谭词"的李大官人等。各地书会众多，如御京（也作玉京）书会、武林书会（或作古杭书会）等遍及各地。此外，书会一称在杂剧作品中也有体现，如宋代"九山书会"编的《张协状元》《桃源景》中所提到的保定书会，《香囊怨》中提到的汴梁书会。故而在一定程度上说明书会慢慢成为杂剧作者的集合点，或是由元代戏曲作家所结成的团体。聚集于书会之中、编撰杂剧的作者则称为"才人"。"才人"原指有才华、才能之人，但是到了宋元间被冠于进行剧本及话本创作的群体。在宋代文人地位较高的情况下，市井间创作戏曲剧本的"才人"之称并未有褒奖之意，元代文人地位衰降，故而从事杂剧、话本创作之人地位则更为低下。钟嗣成有记录杂剧、话本作者的《录鬼簿》，其在序言中称："人之生斯世也，但以已死者为鬼，而不知未死者亦鬼也，酒罂饭囊，或醉或

---

① ［宋］耐得翁：《都城纪胜·三教外地》，《文渊阁四库全书》第590册，台北：商务印书馆，1986年版，第12页。

梦，块然泥土者，则其人与已死之鬼何异？"① 钟氏以"鬼"称剧作者，便可见其地位低下之状。根据《录鬼簿》《录鬼簿续》《南村辍耕录》等书的记载，可看到宋元之际，戏曲、话本的创作呈现出增长的趋势，这得益于大量儒士融入书会才人群体之中，其中就有很多具有理学素养的文人②。这一变动使书会才人群体数量增加、人员构成多样化。在不被重视的情况下，此群体的数量仍然增加，这与宋元之际较"开放"的社会风气不无关系，但更深层次的原因是宋元之际社会的动荡与儒士地位的变化。

正是因为书会才人地位低下，撰写剧本、话本并非是一件值得别人艳羡的工作。故而元代文人投身戏剧创作也并非心甘情愿。研究《录鬼簿》及《录鬼簿续编》中记载的228位杂剧作

---

① [元]钟嗣成：《录鬼簿·自序》，上海：上海古籍出版社，1978年，第2页。钟嗣成编撰《录鬼簿》并非讽刺挖苦元杂剧作者，相反钟氏本身也是儒士，而在元朝仕途之路举步维艰的情况下，委身于杂剧创作中，他在自序中有言："缅怀古人，门第卑微，职位不振，高才博艺，具有可录。"（《录鬼簿·自序》），所以，正如朱凯序中所言："故其胸中耿耿者，借此为喻，实为己而发之。"（《录鬼簿·朱凯序》）钟嗣成既是在为元杂剧作者留名，也是在感慨自身的境遇。

② 元杂剧作者中融入了大量具有理学素养的儒士，他们虽然不一定都是纯粹的理学名士，但是在程朱理学被奉为圭臬的教育体制下，这其中尤以恢复科举之后，他们收到理学的影响是毋庸置疑。参见张维娟：《元杂剧作家的女性意识》，北京：中华书局，2007年版，第173页。

者①,可见众多知识分子沉沦于社会底层、混迹勾栏瓦肆。这些人中有像关汉卿、马致远和白朴等旧家子弟,他们或家族世代为官(官阶不一),或家境殷实,自幼接受传统的儒家教育,在士大夫阶层的文化氛围中长大②。按照原本的轨迹,他们应修习学业、科举中第,属于准"士大夫阶层"。在元代特殊的社会背景下,他们因仕途前景渺茫而忘情于勾栏瓦肆之间,排解心中的阴郁。还有另一类人,则是原本寄希望于考取功名,却因科举无望,将知识转化为资本来谋取利益,成为卖文活命的落魄书生。

在"文翰晦盲"的时代,这些知识分子可谓生不逢时。在他们的人生中,社会动荡、科举废止阻塞了他们仕途的晋升道路,理想的破灭使他们走进勾栏瓦肆,与下层民众、娼优杂伎艺人为伍,这样的境遇使他们比前朝的士大夫更了解社会底层的生活。生活境遇使这些知识分子型的书会才人也不同于那些完全混迹社会的世俗作者,他们虽不能出将入相,但是仍然区别于市井小民。他们具有双重的身份和心态:一方面,他们有正统的教育的经历,拥有儒家文化的根底,故而他们内心仍保留着儒家的

---

① 《录鬼簿》《录鬼簿续编》中记载元杂剧作者中有47位被称为"前辈名公有乐章传于世者",他们被钟嗣成认为是元杂剧的先驱,这其中除了"董解元"无官衔以外,其他诸如太保刘秉忠、学士阎仲章、参政姚燧等,皆有较高的政治身份地位。他们现存著作中与此相关的多为散曲,并未有完整的杂剧作品存世,他们列于《录鬼簿》之卷首,亦可说明钟嗣成有藉此抬高中下层戏曲创作群体地位的目的。此外在元代杂剧作家的队伍中,存在较多儒士,且为"儒吏",根据《录鬼簿》和其他书补录,有近百位较为出名的杂剧作家,或是儒士出身,或以吏为业,兼做杂剧作家,或先后从事吏职和杂剧作家。不过也不尽然,也有纯粹的杂剧作家,并非传统儒士出身。

② 根据《录鬼簿》《录鬼簿续编》《延祐四明志》等诸多文献记载,元杂剧作家中亦有一些通过不同途径进入仕途的人,诸如马致远官至江浙儒学提举,杨梓官至浙东宣慰副史,这些人虽也有官位不低之辈,但不能否认他们儒士的身份。

"安身立命、修齐治平"的政治渴望；另一方面，迫于生活的压力，他们又沉沦于下层社会，委身于勾栏瓦肆之间，从事世俗文学的创作来满足生活的基本需求，所以他们内心中充满了"骂世、叹世、怨世"的愁苦情绪。故而在市井小民的心中，这些杂剧作者仍然是儒雅文士，并非纯粹意义上的世俗才人。这种双重身份和矛盾的心态，使他们的杂剧作品中具有了独特的内涵，他们既有着传统儒家知识分子的情怀，也体会过世间疾苦，"人间多少不平声"敲打着他们的心灵，他们将书写剧本看作表达情怀的重要途径。比如白朴的《唐明皇秋夜梧桐雨》与《裴少俊墙头马上》，前者塑造失路文人气质中的儒家风骨，后者泼辣李千金体现市井小民的民间色彩，亦展现了对封建道德的批判，这便是这两重身份在作品中的体现。故而黄宗羲给予部分杂剧作者很高的评价，他认为："王实甫、关汉卿之院本，皆其一生之精神所寓也"①。

政治身份及待遇的转变，仕途无望的沮丧及生活的压力，促使理学化的儒士自觉降低自身精英的身份，转投元杂剧创作群体。他们的加入促使文化传播下移，也直接抬升了书会才人群体的出身和文化修养。虽身居市井之中，但他们的内心仍然具有传统儒士"兼济和独善"的处世情怀，虽不能成为辅佐君王的肱骨之臣，但可将理想寄托在杂剧描绘中的人物身上，正如荀子所言："儒者在本朝则美政，在下位则美俗。"② 市井生活的磨砺又

---

① ［清］黄宗羲撰，沈善洪主编，吴光执行主编：《黄宗羲全集·靳熊封诗序》，杭州：浙江古籍出版社，2005年版，第62页。
② ［清］王先谦撰，沈啸寰、王星贤点校：《荀子集解·儒效》，北京：中华书局，1988年版，第120页。

使他们有别于传统儒士，社会底层悲欢离合促使他们更清晰地看到人间百态，对下层社会观念的阐扬中包含对传统伦常的反抗。故而这些非传统意义上的"理学家"所创作元杂剧作品中，就呈现出理学思想影响下的伦常观念和内圣外王的救世情怀，以及民间世俗思想影响下讽刺社会、呼吁公平的反传统思想。

二 元杂剧中理学伦理思想的体现

古代戏剧发展历经数个阶段，元之前的戏剧故事性较弱，如王国维所言："古剧者，非尽纯正之剧，而兼有竞技游戏在其中，既如前二章所述矣。盖古人杂剧，非瓦舍所演，则于宴集用之。瓦舍所演者，技艺甚多，不止杂剧一种；而宴集时所以娱耳目者，杂剧之外，亦尚有种种技艺。观《宋史·乐志》《东京梦华录》《梦粱录》《武林旧事》，所载天子大宴礼节可知。即以杂剧言，其种类亦不一。正杂剧之前，有艳段，其后散段谓之杂扮，二者皆较正杂剧为简易。此种简易之剧，当以滑稽戏竞技游戏充之，故此等亦时冒杂剧之名，此在后世犹然。"[1] 宋金时期"杂剧院本者，其中有滑稽戏，有正杂剧，有艳段，有杂班，又有种种技艺游戏"[2]。从唐代的歌舞剧到宋金的滑稽戏，随着宋元小说文本的发展，杂剧的故事内容和教化功能也不断增加[3]，

---

[1] 王国维：《宋元戏曲史》，北京：中华书局，2015年版，第67页。
[2] 王国维：《宋元戏曲史》，第71页。
[3] 王国维有言："宋之滑稽戏，虽托故事以讽时势，然不以演事实为主，而以所含之意义为主。虽其变为演事实之戏剧，则当时之小说，实有力焉。"（《宋元戏曲史》，第31页。）

故而有了"而论真正之戏曲,不能不从元杂剧始"① 的评价。

但是宋代理学家重道轻文。程、朱就反复强调"作文害道",将诗歌创作称为"闲言语",朱熹强调:"至于文词,一小伎耳;以言乎迩,则不足以治己;以言乎远,则无以治人。"②诗词尚且如此,市井文学的代表就更难入理学家之眼,即便到了明清也被弃于正统文学之外,王国维先生曾言:"凡一代有一代之文学:楚之骚、汉之赋、六代之骈语、唐之诗、宋之词、元之曲,皆所谓一代之文学,而后世莫能继焉者也。独元人之曲,为时既近,托体稍卑,故两朝史志与《四库》集部,均不著于录;后世硕儒,皆鄙弃不复道。"③

在宋元文道关系融合及杂剧故事性增强的双重作用下,杂剧被儒士所鄙弃的状态在元代稍有转变。这其中重要的因素正是前文所述儒士地位转变。少量儒士默守书斋将经典通俗化,更多的儒士流落民间,广泛搜集民间孝行故事、英雄传说。他们用巧妙的笔法,生动地刻画了众多阐扬儒家伦理道德、修身齐家治国平天下的人物形象,呈现给世人大量宣传儒家伦理道德和社会道德的元杂剧伦理剧④。这些被历代儒士斥为难登大雅之堂、不被"性理之学"所重视的民间戏曲作品,也在一定程度为理学家所了解,成为阐发理学思想的媒介之一。理学化的伦常观念和内圣外王的救世思想表现尤为突出。

---

① 王国维:《宋元戏曲史》,第70页。
② [宋]朱熹撰,朱杰人、严佐之等主编:《朱子全书·晦庵先生朱文公文集》卷五十九《答汪书耕》,第1813页。
③ 王国维:《宋元戏曲史·自序》,第1页。
④ 参见陈谷嘉:《元代理学伦理思想研究》,长沙:湖南大学出版社,2010年版,第270—271页。

（一）忠君、孝悌观念

孔孟的伦理观念至宋元得到强化，封建礼仪秩序被融进了程朱的"理"学概念，封建伦理道德因此成为不可破坏的道德秩序。元杂剧产生的时代是封建道德伦常最为兴盛的年代，自然也受其影响。以备受推崇的"孝悌"观念为例，孔子有言："其为人也孝悌，而好犯上者鲜矣。不好犯上而好作乱者，未之有也。君子务本，本立而道生。孝悌也者，其为仁之本与？"（《论语·学而》）可见在中国封建社会"孝"为仁之本，既是理学伦理思想的基础，更是儒家思想的根基。元朝虽为少数民族立国，亦标榜孝道，至元年间有大臣进言，"钦惟国家四海乂安，百有余年，列圣相承，典礼具备，莫不以孝治天下"①。世祖忽必烈认可此事便是实证。正因如此，元杂剧中对孝悌观念的描述最为普遍。

元杂剧中树立了众多具有孝悌观念的孝子贤母形象。作为"总编修帅首"的关汉卿这方面的作品尤多，《感天动地窦娥冤》便是其中最具代表的作品。《窦娥冤》出自《汉书·于定国传》《列女传》中的"东海孝妇"传说，关汉卿将"孝妇"形象中的"孝"观念无限放大，我们从作品中看到的是一个将儒家传统伦常中的孝道发挥到极致的女性形象。窦娥丈夫死后，生活艰辛不易，但在与蔡婆相依为命之时，窦娥心中唯有两个念头："我将这婆侍养，我将这服孝守，我言词须应口。"② 支撑她生活。在窦娥心中，"将这婆侍养""将这服孝守"是她此生应尽

---

① ［明］宋濂：《元史》卷七十七《祭祀·至正亲祀太庙》，第1912页。
② ［元］关汉卿：《感天动地窦娥冤》第一折《天下乐》，王季思主编《全元戏曲》（第1卷），北京：人民文学出版社，1999年版，第186页。

的义务。而在蔡婆被主审官用刑之时,窦娥却说道:"休打我婆婆,情愿我招了罢。"①以死保全婆婆性命。直至被斩之时,仍不忘嘱咐父亲:"俺婆婆年纪高大,无人侍养,你可收恤家中,替你孩儿尽养生送死之礼。"②关汉卿塑造的窦娥形象,把恪守孝道发挥到了极致。

刘唐卿的《降桑椹蔡顺奉母》同样塑造了一个极致孝顺的形象。《降桑椹》源自"二十四孝"③,刘唐卿在杂剧作品中将此故事重塑。蔡顺严守孝道,认为"想人子立身,莫大于孝。孝乃百行之源,万善之本也"④,其患病母亲时至隆冬,有意吃桑椹,却无法获取。蔡顺便对天发誓,"则愿的母病安妥,父命延长,子寿愿夭"⑤,愿意以自己的生命换取母亲的安康,天地为之动容,最终的结果虽有神话色彩,仍然表达了作者对孝感动天观念的认同。

史友弟恭也是儒家伦理道德的重要方面,在元杂剧中也有诸多描述。如秦简夫的《宜秋山赵礼让肥》以《汉书·赵孝传》作为原型,讲述赵礼、赵孝兄弟间的情谊,弟弟为了母亲与哥哥能充饥,让自己饿肚子,却"陪着个笑脸儿百般的喜恰"⑥;兄

---

① [元]关汉卿:《感天动地窦娥冤》第二折《采茶歌》,第196页。
② [元]关汉卿:《感天动地窦娥冤》第四折《鸳鸯煞尾》,第210页。
③ 《二十四孝》中记载:"汉,蔡顺少孤,事母至孝。遭王莽乱,岁荒不给拾桑,以异器盛之。赤眉贼见而问之,顺曰,黑者奉母,赤者食。贼悯其孝,以白米三斗,牛蹄一只与之。有诗为颂,诗曰:'黑桑奉萱帏,饥啼泪满衣。赤眉知孝意,牛米赠君归。'"
④ [元]刘唐卿:《降桑椹蔡顺奉母》第一折首语,王季思主编《全元戏曲》(第2卷),北京:人民文学出版社,1999年版,第564页。
⑤ [元]刘唐卿:《降桑椹蔡顺奉母》第二折《逍遥乐》,第576页。
⑥ [元]秦简夫撰:《宜秋山赵礼让肥》第一折《醉扶归》,王季思主编:《全元戏曲》(第5卷),北京:人民文学出版社,1999年版,第5页。

长听闻弟弟赴死则哭喊:"他是我一父母的亲兄弟,兄弟有难,要我做甚么?可不道兄弟如手足!"① 他们共同谱写一部兄友弟恭的伦理感情剧。秦氏的《贤达妇杀狗劝夫》则是从反面说明兄弟间如不相亲相爱,就会受到坏人挑拨,后果不堪设想。

封建纲常观念在理学盛行的时代被理学家们抬升到了至高的地位,杂剧作品中歌颂三纲五常的作品也愈发盛行。从南戏《琵琶记》中既有贞烈兼具的赵贞女,又有全忠全孝的蔡伯喈,描绘出一幅"子孝与妻贤"② 的美好画面开始,至关汉卿《窦娥冤》被进一步抬升,此后诸如秦简夫《东堂老劝破家子弟》里浪子回头的扬州奴、《宜秋山赵礼让肥》里兄友弟恭的赵氏兄弟、《晋陶母剪发待宾》里母慈子孝的陶侃母子,皆可为固守封建伦常的典范之作。

理学将封建纲常与天地本原的"理"相联系,封建伦理便具有了先天道德的背景,无条件的遵从成为准则。理学所宣扬的"三纲五常"等封建条例被融入其中,成为传播理学道统思想的工具,亦为封建统治者的利益服务。这就造成一些文人在创作杂剧时,一味宣扬没有底线的遵守忠孝仁义。这是元杂剧伦理思想中理学因素的另一种表现。

"君为臣纲,父为子纲,夫为妇纲"的"三纲"观念是封建统治得以生存发展的精神支柱。在理学家们看来,君臣、父子、夫妇严格的等级从属关系是不可僭越的,从而有了"君要臣死,臣不得不死,父让子亡,子不得不亡""天下无不是的父母"

---

① [元] 秦简夫:《宜秋山赵礼让肥》第二折《随煞尾》,第12页。
② [元] 高明:《蔡伯喈琵琶记》第一折《水调歌头》,王季思主编:《全元戏曲》(第10卷),北京:人民文学出版社,1999年版,第133页。

"饿死事小,失节事大"等极端的愚忠、愚孝的伦常道德观念。

古代社会认为子女的孝是天经地义,要求子女对父母绝对服从。司马光曾言:"凡诸卑幼,事毋大小,毋得专行,必咨禀于家长。"① 他认为子女的权利、自由受到父母的约束。这一观点在元杂剧描述的父子关系中多有表现。如在《张公艺九世同居》中,张公艺子嗣的生活已被其安排妥当,"大的个治家,第二个习文,第三个习武"②。子女的生活、未来的规划皆由父母定夺,子女所能做的就是"为男的孝于父母,做女的善待公姑"③,且不能产生异议。子女的婚配也遵从"父母之命,媒妁之言"的封建规制。《竹坞听琴》的郑彩鸾,她无法在没有父母之命的情况下去寻求一个如意郎君,在面对官府政令的逼迫时,只能委身于道观。正如其言:"师父但放心,你着我如今嫁那个人去?不如出家倒也干净。"④ 此时出家并非郑彩鸾看破红尘,而是在抗议父权家长社会对父母主婚的推崇而对传统礼教的盲目因循。而在这样的前提下,加之政治、经济等利益的驱使,父母为其子女所做的就是按照自己的利益需求,安排子女的婚配。《闺怨佳人拜月亭》中王尚书就为了自家光耀门楣,强行为女儿和养女各自选取文、武状元为婿,此事惹得女儿王瑞兰叹息:

他则图今生贵,岂问咱夙世缘。违着孩儿心,只要遂他

---

① [宋]司马光撰,张焕君点校:《司马氏书仪》卷四《居家杂仪》,《儒藏精华编》第73册,北京:北京大学出版社,2012年版,第1066页。
② [元]无名氏:《张公艺九世同居》第一折首语,王季思主编:《全元戏曲》(第7卷),北京:人民文学出版社,1999年版,第159页。
③ [元]无名氏:《张公艺九世同居》第一折《混江龙》,第160页。
④ [元]石子章:《秦修然竹坞听琴》楔子,王季思主编:《全元戏曲》(第3卷),北京:人民文学出版社,1999年版,第235页。

家愿。则怕他夫妻百年，招了这文武两员，他家里要将相双权。不顾自家嫌，则要旁人羡。①

此外《朱太守风雪渔樵记》中刘父嫌弃女婿"偎妻靠妇，不肯进取功名"，不顾女儿的夫妻情谊，强逼玉天仙索取休书，并言："你若讨了休书，我拣着那官员士户财主人家，我别替你招了一个；你若是不讨休书呵，五十黄桑棍，决不饶你！"② 尽管也有描述反抗父母对子女婚姻问题独断专权的作品，但是更多杂剧作品的婚恋戏最终以所谓的"美满婚姻"收场。这恰恰反映了父权、夫权社会中"三从四德"对女性的压迫，而且不论是否反抗父母对于婚姻问题的宰制，元杂剧中所反映的女性"及时成婚"，其实在一定程度上也是为了满足政令中对婚龄的要求③，并非完全出自个人意识的表现，也不能等同于现代意义的男女爱情，这样建立的家庭也多数是为了满足男性权利的要求。

《窦娥冤》中的窦娥、《看钱奴》中的周长寿皆因为父卖身，生活悲惨，这些皆是"父为子纲"牺牲品。而在无名氏的杂剧《小张屠焚儿救母》中，作者描绘的是一个为母治病而不惜一切代价的孝子形象，但是其做法却是将亲生孩子投入香炉以祈求一缕青烟换母病得愈，这与《二十四孝》中的"郭巨埋儿"、《元典章》中的"刘信投子"一样骇人听闻。虽然剧中孝子最终感

---

① [元]关汉卿：《闺怨佳人拜月亭》第四折《庆东原》，载徐沁君校点《新校元刊杂剧三十种》，北京：中华书局，1980年，第52页。
② [元]无名氏：《朱太守风雪渔樵记》第二折首语，王季思主编《全元戏曲》（第6卷），北京：人民文学出版社，1999年版，第391页。
③ 关于"及时成婚"观念，参见张维娟：《元杂剧作家的女性意识》第一章。

动东岳神灵，为彰显其孝子之行，其母病痊愈，孩儿亦未死去，但是这样的愚孝观念仍然代表理学强化后伦常观念的极端化①。

愚忠愚孝、"三从四德"这些观念在元杂剧尤其是其发展后期的作品中体现尤多，正如兰雪主人在《元宫词》中评价《尸谏灵公》这部杂剧作品称："尸谏灵公演传奇，一朝传到九重知，奉宣赉与中书省，诸路都教唱此词。"② 这些作品受到统治者的喜爱，与理学占据统治思想的主流有不可磨灭的关系③。这些杂剧中的伦常观念虽然是极端化的表现，但是他们与前文所讲的合理的忠孝仁义观念一样，都代表了杂剧作品对理学化的伦常观念的吸收。

(二) 内圣外王之道

除了孝悌观念之外，理学家们亦讲究内圣外王之道。宋代理学家重视探讨心性伦理，侧重"内圣"④。宋亡后，饱受学者诟病的理学家开始转向实务，加之元朝是少数民族建立的王朝，急需巩固政权，统治者需要的是治理天下的方法，而不仅仅是对天

---

① 《焚儿救母》所表现出来的孝悌观念是儒家伦常观念与民间迷信崇拜的结合，朝廷亦是反对的，称此"伤残骨肉，灭绝天理。"（陈高华等校点：《元典章》卷五十七《禁投醮舍身烧死赛愿》，北京：中华书局；天津：天津古籍出版社，2011年，第1949年。）故而《焚儿救母》此作品流传甚少。参见邓黛：《儒家伦理观与元杂剧中的慈孝风俗画》，《戏曲艺术》2014年第2期，第103页。）

② 傅乐淑：《元宫词百章笺注》，北京：书目文献出版社，1995年，第11页。

③ 参见赫广霖：《宋元理学与杂剧兴衰》，《信阳师范学院学报》2003年第6期，第99—103页。根据王国维《宋元戏曲史》及徐扶明《元代杂剧艺术》都对杂剧历史分期做了说明，前者根据《录鬼簿》人物年代分三期，后者则根据杂剧创作的优劣分为四个时期，两者在最后的时期都说明了元杂剧的衰败，其中主要原因就是杂剧内容平庸，少有佳作，更多的是像《赵礼让肥》之类的符合统治者需求的歌颂封建道德之作。

④ 参见（美）刘子健著，赵冬梅译：《中国转向内在——两宋之际的文化内向》，南京：江苏人民出版社，2012年版。

理人欲观念的深度分析，所以诸如元代理学家的代表许衡、姚枢等人，在传承理学心性义理层面有所贡献，更重要的是他们针对宋理学的流弊，提出经世致用的政治主张，增加理学中"外王"内涵。元杂剧作者作为没落的理学化知识分子，无法晋身仕途，亦无法实现治国平天下的夙愿，他们不能像许衡等少数精英一样真正辅佐于君王左右，实现"外王"理想，所以他们将人生理想寄托在杂剧作品中英雄人物的行为活动中。

诸多杂剧作品的人物原型来源于古代王朝中辅佐君王的股肱之臣。这其中有对忠勇的武将进行描写的，如关汉卿《关大王独赴单刀会》、无名氏《关云长千里独行》（又称《霸陵桥曹操赐袍》）。这些杂剧中塑造的关云长集结了忠孝仁义、勇猛果敢等诸多特征。《单刀会》中描述关羽"想关云长但上阵处，凭着他坐下马、手中刀、鞍上将，有万夫不当之勇"[1]，勇猛无畏；而《千里独行》则通过刘备的评价"想兄弟您为俺三房头家小，您不得已而降曹操。你虽身居重职，你不改其志，此为仁也……不一时立斩蔡阳，此为智也……据兄弟您仁义礼智信俱全。则今日敲牛宰马，做个庆喜的筵席"[2]，塑造了关羽仁义为先兼具礼智的形象。《尉迟恭单鞭夺槊》《尉迟恭三夺槊》等诸多剧目则以唐代名将尉迟恭为原型，展现出一个忠勇护国的将军形象。

元杂剧对忠君直谏的文官形象刻画也较为丰富。如郑光祖《伊尹耕莘》（又称《耕莘野伊尹扶汤》）中塑造的伊尹忠君爱

---

[1] ［元］关汉卿：《关大王独赴单刀会》第一折《寄生草》，王季思主编《全元戏曲》（第1卷），北京：人民文学出版社，1999年版，第55页。
[2] ［元］无名氏：《关云长千里独行》第四折《挂玉钩》，王季思主编《全元戏曲》（第6卷），北京：人民文学出版社，1999年版，第734页。

国形象，其誓为"辅佐的中华社稷安，揩磨的乾坤日月辉。展经纶补完天地，尽忠诚心若金石"①。同时作者在剧中明确指出"大丈夫生于天地之间，济世安民，忠君报国"②才是男儿所为，为男儿立志报国提供了榜样。而杨梓《忠义士豫让吞炭》中豫让忠勇直谏，即便在"若有苦谏，定行斩首"的威胁下，仍然有言："古者天子有诤臣七人，虽无道不失其天下。诸侯有诤臣五人，虽无道不失其国。大夫有诤臣三人，虽无道不失其家。父有诤子，则身不陷于不义。今我主人陷于不义，岂可自取安逸？当力谏则个。"③

除所述之外，还有众多作品中都出现正直、勇敢的英雄形象，诸如《周公摄政》中为国为民的周公旦，《荣归故里》中的薛仁贵，《包待制三勘蝴蝶梦》《包待制智斩鲁斋郎》《包待制断烟花鬼》中在阴阳两界皆断案如神、还天下以清白的包拯。书会才人们通过树立这些箭垛式的人物，将同一类型的情节安置在同一个人物上，形成一个兼具凝聚力和包容性的人物，诸如胡适评价杂剧中的包拯："包龙图——包拯，也是一个箭垛式的人物。古来有许多精巧的折狱故事，或载在史书，或流传民间，一般人不知道他们的来历，这些故事遂容易堆在一两个人的身上。在这些侦探式的清官之中，民间的传说不知怎样选出了宋朝的包拯来做一个箭垛，把许多折狱的奇案都射在他身上。包龙图遂成

---

① [元]郑光祖：《立成汤伊尹耕莘》第三折《滚绣球》，王季思主编《全元戏曲》（第4卷），北京：人民文学出版社，1999年版，第478页。
② [元]郑光祖：《立成汤伊尹耕莘》第二折《幺篇》，第475页。
③ [元]杨梓：《忠义士豫让吞炭》第一折《醉扶归》，王季思主编《全元戏曲》（第4卷），北京：人民文学出版社，1999年版，第746页。

了中国的歇洛克、福尔摩斯了。"① 无论是忠孝的慈母孝子，还是兼济天下的英雄谏臣，他们无不表现出作者对建功立业的渴望，以及对现实的无奈，他们借作品宣泄其"兼济天下"的情怀。

理学在少数民族统治的时代必然无法全然地按照之前的发展轨迹运行，理学家开始调整状态，对理学进行改造，以期适应社会的需要，促进中原文化的发展。这其中一部分具有理学素养的知识分子沉沦于市井生活，原本于书斋中畅谈学术的学子们饱受人间疾苦，原本研习经典的他们被迫从事文艺创作。元代理学的世俗化和伦理化深刻影响士人的行为，强化了他们的纲常意识和君臣观念。士人们作为儒家思想维护者，社会责任感和道统传承的责任使他们在创作之时，将理学思想和儒家情怀付诸作品之中②。忠孝仁义、君臣父子等观念都蕴含在元杂剧丰富的创作实践中。理学与元杂剧创作的这种结合方式也体现了元代理学发展的方向，就是向基层社会传布，通过通俗易懂的方式将理学的教化内涵变为一种社会准则，使其从精英思想变成影响社会生活的价值准则。这些杂剧作者与许衡、刘因等理学家在理想上并无差别，只是在途径上有所差异。仕途栓塞无法满足所有士人的抱负，杂剧使沉沦市井的他们的心灵得到一定慰藉。但是杂剧作品通俗性的本质决定了其无法全面地展现理学道心性情等哲理内涵，更多的是体现理学的伦理因素，这是杂剧作品自身表现形式的局限性决定的，但是这并不妨碍元杂剧承载"厚人伦、美风

---

① 胡适：《三侠五义序》，海口：海南出版社，1992年版，第1页。
② 参见唐朝晖：《元代理学与元遗民文人群心态》，《文学评论》2010年第3期，第176—179页。

化"的理学教化功能①。

三 儒士的困境与元杂剧反理学因素的呈现

元杂剧作为市井文化的代表,并未完全反映上层统治者的意志。一方面,杂剧作家虽然是儒士出身,但是地位低下。窘迫的生活处境,使他们深刻认识到社会的不公。另一方面,作为汉文化代表的理学在少数民族政权建立初期,并非是封建统治者的绝对选择,故而思想对社会的约束力有衰弱之势。加之这些知识分子远离政治中心,在元代相对宽容的文化政策引导下,他们的思想中的离心倾向愈发明显,淡化了理学天理人欲之辨的思想桎梏。这正反映了杂剧作者儒士与市井小民的双重身份在促使他们在作品中反映理学伦常观念的同时,往往也体现诸多反抗社会不公正的内涵,这也曲折地体现了其中反理学与讽刺现实的思想内涵②。有学者更是认为"自元代开始,中国文学走上与封建社会背离的道路"③。

在中国古代道德的发展中,道德的双向性往往被忽略,更强

---

① 元代夏庭芝:"(杂剧)可以厚人伦、美风化。又非汉唐之传奇,宋之戏文,金之院本,所可以同日语矣。"参见[元]夏庭芝:《青楼集志》,俞为民、孙蓉蓉主编:《历代曲话汇编:新编中国古典戏曲论著集成》(唐宋元编),合肥:黄山书社,2006年版,第469页。

② 这里用反理学和讽刺现实,可以看到儒士化的书会才人在社会磨难的洗礼下,看到社会的不公、政治的黑暗、理学理欲之辨对人性的钳制等问题,他们通过杂剧创作呼吁道德的回归和社会平等和政治清明,并非要推翻封建的政治制度另立新的制度。亦可参见查洪德:《元杂剧的淑世精神与社会重建意识》,《南开大学学报》(哲学社会科学版) 2019 年第 5 期,第 143—145 页。

③ 扎拉嘎:《北方少数民族对中国文学的贡献》,《社会科学战线》2003 年第 3期,第 94 页。

第五章 文化交融：元代理学的社会关怀与实践　　·401·

调各司其职。成中英将儒家这样的道德规范称为"对应德行"，在每个家庭、社会关系中按照自己所处的位置行使自己所应具有的责任，故成氏说："此项'对应德行'并非现代社会基于理性德则与意志同意规范出来的'交互权责'（reciprocal rights/duties）。"① 如成中英用"慈孝"为例，指出儒家的父慈子孝观念的界定并非是规定权利和义务的对等关系②。这就意味着父母不需要用"慈"才能换取子女的"孝"，所以在这种情况下父母对子女的要求愈发苛刻，从而出现中国古代传统家庭代际伦理中的不平等，尤其是父子间的代际关系不平等。

男女间的道德也是单向、双重标准。石子章撰写《竹坞听琴》的过程中作品表现出男子可以再娶，女子却不可再嫁的双重道德。元代虽规定订婚女性如男方无故五年不娶便可再嫁③。但是作者并未遵循此令，而是以苛刻的封建道德要求郑彩鸾，只能以出家入道容身。而与其订婚的秦修然却并不在意此婚约，在求取功名之时心中满是"不知若个豪门女，亲把丝鞭递小生"④

---

① 成中英：《论儒家孝的伦理及其现代化》，《文化、伦理与管理——中国现代的哲学省思》，贵阳：贵州人民出版社，1991年版，第151页。
② 他将中国古代的孝归纳为五点："1. 孝乃子女自我实现的德行，而不仅为对父母的责任。孝可包含责任，但孝的责任不等于孝。2. 孝不以'对等的交互权责'为前提了解，'天下无不是的父母'，人子不可因父不慈而不孝。3. 父母的权威是天之所赋，古《孝经》说'终身不可违'。4. 子女对父母不可言权利。5. 一切德行均要以孝为基础、为起点：国家伦理的忠与社会伦理的仁都建筑在孝的伦理上。"参见成中英：《论儒家孝的伦理及其现代化：责任、权利与德行》，《文化、伦理与管理——中国现代的哲学省思》，第170—171页。
③ 《通制条格》卷四《户令·嫁娶》记载："为婚已定，若女年十五以上，无故五年不成，及夫逃亡五年不还，并听离，不还聘礼。"方龄贵：《通制条格校注》，第162页。
④ [元]石子章：《秦修然竹坞听琴》第一折，王季思主编《全元戏曲》（第3卷），北京：人民文学出版社，1999年版，第236页。

的美梦。

对封建道德的理解与程朱理学一味强调道德的单向性不同，元杂剧作家更多是强调道德的对等和双向性。他们希望通过杂剧作品将理学所倡导的"三纲五常"恢复为原来的"君义臣忠、父慈子孝、夫义妻贤、兄友弟恭"的双向道德。相对于传统的忠君思想，杨梓《承明殿霍光鬼谏》塑造的霍光形象打破这一常态。他以西汉霍光废帝事件为原型，一方面霍光坚守着对西汉王朝的"忠"，另一方面他保持清醒的认知，提出"君贤臣忠"的诉求。面对昏庸的昌邑王，霍光直言："为君未及一月，造下罪一千一百二十七桩，殿下犹不知罪！""陛下！道你污滥如宠西施吴王，好色如奸无祥楚王，乱宫如宠妲己纣王。"[①] 因昌邑王无道而另立新君，这在严守君为臣纲的封建时代是很难出现的。《霍光鬼谏》讽刺了传统君臣道德中的愚忠思想，打破了君权天授的一贯观念。而针对代际关系不平等的极端发展，《李亚仙花酒曲江池》中的郑元和与李亚仙，在只讲孝道、忽视父母义务的社会，斥责其父母不慈、不仁。此外还有很多这样的例子，虽然他们依然是在封建道德的范畴下呼喊道德公平，但是他们对道德责任的重新认识，要求平等的履行道德责任，这无疑是对程朱理学固守的封建伦理的一种讽刺和反抗[②]。

另一种对理学和传统的反抗，集中表现为女性自我意识的萌芽。意识的觉醒伴随着抗争，而"觉醒意味着一种自我意识的

---

① [元]杨梓：《承明殿霍光鬼谏》第一折《天下乐》《那咤令》，王季思主编《全元戏曲》（第4卷），北京：人民文学出版社，1999年版，第728页。
② 参见郭英德：《元杂剧与元代社会》，北京：北京师范大学出版社，1996年版，第224页。

抗争，在其文化上则表现为对于自身所处文化的实质内涵的抗争"①。封建社会中女性是作为男性的附属品出现②，"三从四德"观念使女性丧失自我。对于丈夫来说，妻子是随时可弃置的物品，如玩物般对待，或逼妻为娼、或典妻换金。《墙头马上》裴少俊初见李千金便言"这小姐有倾城之态，出世之才，可为囊箧宝玩"③，将李千金比作自己"囊箧"中的玩物。关汉卿《赵盼儿风月救风尘》中的妓女宋引章，她嫁于周舍后常遭虐打，面对赵盼儿的控诉，周舍却有恃无恐地说："丈夫打杀老婆，不该偿命。"④元代法令中也规定在一定原因下丈夫打杀妻妾可以免刑⑤。这样的残酷现实冲击着杂剧作者的心灵。元杂剧作者对传统观念的反抗中，在杂剧作品中塑造了许多鲜活的女性形象，来对不平等关系提出质疑和反抗⑥。

在元杂剧中，妓女形象是书会才人们关注度较高的形象之一，原因是杂剧作者沦落下层，与艺妓关系密切。如关汉卿就

---

① 赵旭东：《文化的表达：人类学的视野》，北京：中国人民大学出版社，2009年版，第58页。
② 恩格斯曾形容家庭女性地位："丈夫占据一种无需有任何特别的法律特权的统治地位，在家庭中，丈夫是资产阶级，妻子则相当于无产阶级。"（参见恩格斯：《家庭、私有制和国家起源》，《马克思恩格斯选集》第4卷，第70页。）
③ [元]白朴：《裴少俊墙头马上》第一折《幺篇》，王季思主编：《全元戏曲》（第1卷），北京：人民文学出版社，1999年版，第515页。
④ [元]关汉卿撰：《赵盼儿风月救风尘》第三折《幺篇》，王季思主编：《全元戏曲》（第1卷），北京：人民文学出版社，1999年版，第102页。
⑤《元史》记载，"诸妻悖慢，其舅姑、其夫殴之致死者，杖七十七。诸夫卧病，妻不侍汤药，又诟詈其舅姑，以伤其夫之心，夫殴之，邂逅致死者，不坐。"参见《元史》卷一百零五《刑法志》四，第2677页。
⑥ 罗斯宁《在闺阁文学和青楼文学的交叉坐标上——元杂剧妇女形象新论》（《中山大学学报》2002年第1期，第76—82页）将元杂剧中妇女形象分为三类，分别是"聪明美丽而泼辣大胆的歌妓形象""既言情又言性的闺阁小姐形象""勾栏戏剧中的妇女形象"，而这三类女性中都体现了传统儒学的教化和市井文化的浸染。

言:"普天下君郎领袖,盖世界浪子班头""占排场风月功名首"①。杂剧作者同情她们的遭遇,更加关注她们对于自身自由的追求。在杂剧作品中我们可以看到,女性被母亲、养母、老鸨等当作"衣食饭碗"。如《灰阑记》中刘氏所言:"俺家祖传七辈是科第人家,不幸轮到老身,家业凋零,无人济养。老身出于无奈,只得着女儿卖俏求食。"②沦落风尘的女性不堪老鸨压迫,开始对自由有所追求。《曲江池》中的李亚仙便痛斥老鸨的狠毒:"俺娘眼上带一对乖,心内隐着十分狠,脸上生那歹斗毛,手内有那握刀纹,狠得来世上绝伦,下死手无分寸,眼又尖手又紧。俺娘呵则是个吃人脑的风流太岁,剥人皮的娘子丧门。"③毅然决然从良,甘愿跟从穷困书生郑元和。此类妓女从良追求自由的作品屡见不鲜④。

同样反映意识觉醒的还有普通家庭女性形象。尤其是在关汉卿的作品中,窦娥的反抗、杜蕊娘的泼辣、谢天香的博才、赵盼儿的侠义机智、谭记儿的典雅等,皆体现了女性意识的觉醒⑤。这与元代妇女自理生计成风不无关系⑥。

---

① [元]关汉卿:《南吕·一枝花·不伏老》,载隋树森编《全元散曲》,北京:中华书局,1964年,第172页。
② [元]李行道:《包待制智勘灰阑记》楔子,王季思主编:《全元戏曲》(第3卷),北京:人民文学出版社,1999年版,第566页。与此相似的作品如《金钱池》《青衫泪》《玉壶春》《曲江池》等。
③ [元]石君宝:《李亚仙花酒曲江池》第二折《一枝花》《梁州第七》,王季思主编:《全元戏曲》(第3卷),北京:人民文学出版社,1999年版,第510页。
④ 杂剧中妓女从良中有获得幸福,也有不幸的存在,如《救风尘》中的"宋引章"、《灰阑记》中的"张海棠"、《后庭花》的"王翠鸾"最后的结局都是不幸的,本书暂不论述,另做他文。
⑤ 参见关汉卿:《感天动地窦娥冤》《杜蕊娘智赏金线池》《钱大尹智宠谢天香》《赵盼儿风月救风尘》《望江亭中秋切脍》,载王季思主编:《全元戏曲》(第1卷)。
⑥ 郭英德:《元杂剧与元代社会》,第224页。

女性意识觉醒在杂剧中体现得最为明显的是对爱情的追求。大量的爱情题材的杂剧作品"宣扬了爱情婚姻上自由结合的合理性，表现了一种要求婚姻自主的民主的思想倾向"①。封建社会女性的婚姻正如前文所说"父母之命，媒妁之言"，而在杂剧作品中，女性开始追求自由恋爱，通过自身的努力来决定婚姻的发展②。《拜月亭》中的王瑞兰敢于追求爱情，她与书生蒋世隆相恋，其父因世隆出身低微，强行拆散，王瑞兰便怨恨其父，说世间父亲"都不似俺那恨爹爹"③。虽然王瑞兰仅仅是对封建门第观念的怒斥，但已然是一种意识的萌芽。《东墙记》中的董秀英、《破窑记》中的刘月娥，不顾父母反对和门第观念，分别嫁给自己选择的马文辅和吕蒙正。《西厢记》中的崔莺莺也为了追求自己的幸福，抛弃封建的传统婚姻而自许终身，虽过程波折，但也终得以圆满。更为直接的是以私奔、幽会等方式寻求爱情、对抗封建礼教，这些女性形象在元杂剧中更是不胜枚举。《墙头马上》的李千金待字闺中时便言："我若还招得个风流女婿，怎肯教费工夫学画远山眉。宁可教银缸高照，锦帐低垂；菡萏花深

---

① 邓绍基：《元代文学史》，北京：人民文学出版社，1991年版，第140页。
② 幺书仪曾认为"在婚姻方面，蒙古族的乱混习俗冲击了程朱理学束缚妇女的链条，纲常观念在一定程度受到削弱，从这个意义上说，元代女子可以说得到一种暂时的，有限的'解放'，元人爱情剧中的女子常常带着'野性'，富有胆识、敢作敢为，少有封建伦理道德观念的负担，应是这一时代社会现状的真实反映。"如此可见，元代理学虽被统治者认可，但是元代蒙古统治者自身的民族特质却冲击着理学的思想禁锢，促使杂剧作品中呈现反理学因素。（参见幺书仪著：《元人杂剧与元代社会》，北京：北京大学出版社，1997年版，第46页。）
③ [元] 关汉卿：《闺怨佳人拜月亭》第四折《二煞》，王季思主编：《全元戏曲》（第1卷），北京：人民文学出版社，1999年版，第439页。

鸳并宿,梧桐枝隐凤双栖"①,表现出对爱情的渴望。当她与裴少俊一见钟情,便与之相会于花园,暗许芳心,虽被嬷嬷撞见也并未放弃,坦言自己的爱情主张后便与裴少俊私奔而去。而《倩女离魂》中的张倩女更是大胆冲破枷锁,与王生私会。与胆小怕事、被封建礼教所束缚的王生相比,她在面对封建礼教束缚时豪言相对:"你振色怒增加,我凝睇不归家,我本真情,非为相唬,已主定心猿意马。"②张倩女的胆识是王生所不及的,高益荣称这种情况为"男女角色'颠倒'"③,这些都是杂剧中女性意识提高的表现。她们试图冲破封建束缚的牢笼,改变自身的命运,这是对封建制度的讽刺,也是对理学禁锢女性的一种反击。故而学界对于无剧中的女性意识的觉醒有评价:"元代爱情婚姻剧或者宣扬私奔,或是歌颂未婚同居等……具有思想解放的特点",是一曲曲"歌颂婚姻自由的颂歌"④。

书会才人们身处下层社会,由于他们与市民融为一体,故作品也就更平民化。理学化的儒士迫于形势而委身于下层社会,这样的生活使他们感触到人间疾苦、社会不平等。理学的纲常伦理观念与深处底层的痛苦现实感受在这些儒士的内心不断地斗争,他们对现实生活的抱怨和无奈会战胜他们内心作为儒士的防线,使其对伦常道德也产生了一定的反抗情绪。元代社会环境相对开放,思想控制较弱,如蒙思明所言:"由于元代统治的粗疏,特

---

① [元]白朴:《裴少俊墙头马上》第一折《混江龙》,王季思主编:《全元戏曲》(第1卷),北京:人民文学出版社,1999年版,第515页。
② [元]郑光祖:《迷青琐倩女离魂》第二折《雪里梅》,王季思主编:《全元戏曲》(第4卷),北京:人民文学出版社,1999年版,第591页。
③ 高益荣:《元杂剧的文化精神阐释》,北京:中国社会科学出版社,2005年版,第106页。
④ 袁行霈:《中国文学史》(三),北京:高等教育出版社,1999年版,第293页。

别是在意识形态方面的控制没有过去那样的严格,人们有机会摆脱旧意识形态的某些束缚"①。这些因素就使那些因科举废止而被排除于统治中心的理学士人们与封建正统观念的裂痕和离心倾向愈发明显,杂剧作品中的反理学、讽刺现实倾向就成为他们宣泄心中压抑的重要表现。

元杂剧是社会生活的体现,也是社会众多矛盾冲突的结果。正如普列汉诺夫所言:"在革命时期也和在以前的一切时代一样,戏剧也是社会生活同它的矛盾和被这些矛盾所引起的阶级斗争的真实的反映。"② 元杂剧的创作也是社会诸多矛盾的体现,士人"兼济天下"的政治抱负与科举废止、晋身无门的矛盾,奉行理学纲常伦理的信念与市井文化浸染的矛盾,耻于言利的儒家"义利观"与落魄到卖文谋生境遇的矛盾,儒雅士人与世俗才人的矛盾,等等,这些矛盾促使理学化的儒士融入书会才人群体中,赋予了元杂剧丰富的思想内涵。

元代对于儒士来说是一个不幸的时代,仕途栓塞使大量儒士沦落市井,为果腹而放弃原本自命清高的态度,混迹于勾栏瓦肆之间。这些儒士与原本的社会精英不同,他们将目光投向更广阔的市民阶层,切身的体会使他们能够写实地反映原本他们不曾关注的那个世界。他们曾研习经典,精通儒家文化;又迫于无奈,流于市井,深谙民间疾苦。正如前人评价关汉卿:"他既有'博学能文'的才学,'不屑仕进'的经历,又有'混迹勾栏'的生

---

① 蒙思明:《元代社会阶级制度》,上海:上海人民出版社,2006年版,第10页。
② (俄)普列汉诺夫(Georgi Valentinovich Plekhanov)著,曹葆华译:《从社会学观点论18世纪法国戏剧文学和法国绘画》,《普列汉诺夫美学论文集》,北京:人民出版社,1983年版,第494页。

涯和'面傅粉墨'的体验。"① 别样的经历使这些儒士既有儒家士人的情怀，也有市井小民的认知，双重身份使他们的作品在关注元代理学所倡导的伦常道德的同时，又不失下层社会的悲欢离合。

元代特殊的社会背景使元杂剧在理学盛行的时代实现了雅俗的融合，它兼具传统儒学的教化功能和通俗艺术的娱乐性质，既有对理学传统道德的阐发褒奖，又有对封建伦常不公观念的反抗冲击。这种融合并非完美结合，也时常呈现出矛盾的表征，但是不可否认的是，理学借助杂剧这一载体实现了自身的社会化、世俗化，将理学的价值观和伦理思想进一步转化为大众的行为准则、道德准则，以杂剧"厚人伦、美风化"的手段实现了思想下移、教化大众的目的。而杂剧则通过理学和反理学思想的渗入，增加了自身理性和深邃的内涵。这一融合在理学及杂剧艺术的发展史上都具有不可小觑的影响。

本章小结

理学的官学化是元代理学的一大特色，在元代统治者与理学名臣的共同努力下，理学一步步上升为元代的官方学术。而元代理学的特色并不仅限于此，作为一种意识形态和元代思想文化的组成部分，元代理学影响着社会的诸多方面。作为一种意识形态，元代理学影响着社会的发展，统治者在其指导下制定相应的

---

① 幺书仪：《元人杂剧与元代社会》，第114页。

政策法令。而对于乡村社会而言，理学则通过士绅和儒生们的努力，在政治上影响着乡村秩序的构建，在经济上促进地方经济发展，在文教上扩大地方办学的规模。作为一种思想文化的组成部分的理学，它与元代思想文化中的其他方面，诸如史学、文学交相呼应，共同构建完整的元代文化体系。元代理学在官学化的同时，成为真正意义上影响整个社会的学术思想。

余论：元代理学的发展与历史地位

蒙古人入主中原后，接踵而来的民族、政治、经济、文化及意识形态方面的多重冲突，造成了巨大的社会矛盾。虽然蒙古人是征服者，但是在面对文明发展层次较高的汉族时，统治者不得不借助汉族已经相对成熟的典章制度来稳固王朝的统治。理学肇始于北宋，南宋时期经由朱熹集大成而逐渐发展成为主流学术；作为一种由传统儒学发展而来的新的学术形态，它具有较强的适应性和变通性。面对元代复杂的社会环境，理学展现出其时代性，即便是在政权更替、蒙古人入主中原的情况下，它依然保持着顽强的生命力。在元代独特的社会背景下，经过社会各阶层人士的不懈努力，理学逐渐被统治者认可，并与政治话语相结合，成为元代官方学术；在社会关怀与实践层面，理学亦被社会大众推广运用，成为指导社会活动行为准则，实现了自身的社会化，亦完成了理学在宋代未完成的任务，影响着整个元代甚至是明清理学的发展。

一

理学在元代实现了官学化的关键性转变①,这在理学史上功不可没。

统治者的认可是一种思想成为官方学术的必要条件。入主中原的蒙古统治者意识到要改变"只识弯弓射大雕"形象,应适应中原地区的统治秩序。所以他们将儒家理论作为治国理论,采纳了中原地区原有的政治制度,任用汉人,实行"汉法"政策。在这一时期的元朝政府中已经有许衡、姚枢等一批理学家,统治者对他们的态度已经从最初信奉佛道时期的排斥变成默许。在对儒释道三者治国之道的反思中,理学思想逐渐在元代立国中起到主导作用,这从忽必烈以《周易》"乾元"之意更定国号便可看出,黄宗羲更是直言:"(草庐、鲁斋、静修)元之所藉以立国者也"②,黄氏所称道的许衡、吴澄、刘因皆为元代理学大家,即可说明理学在元代立国中起到的重要作用。

理学家将"理"作为历史发展中永恒不变的本体,使其超越民族界限,成为一切的法则,成为衡量政权合法性的标准,从而使地域、民族差异让位于思想、文化的统一,冲破理学家所认知的"华夷之防"观念,从而使抛弃了民族主义的汉族理学家

---

① 理学官学化的转变开始于南宋,在朱熹将理学集大成后,程朱理学逐渐成为学术的主流,民间书院及私塾的教学内容主要是程朱理学。宋理宗崇尚理学,理学的地位逐渐提高,但是并没有与当时的科举考试相衔接,而真正完成是在元代,元仁宗恢复科举,将程朱理学定为科考的必备,程朱理学真正成为官方学术,完成民间学术思想向官方学术的转变。

② [清]黄宗羲原著,[清]全祖望补修,陈金生、梁运华点校:《宋元学案》卷九十一《精修学案》,第3021页。

在元代可以建功立业。他们在既维护道统，又能促进理学发展的前提下，在特殊历史时期思考理学的发展方向。他们认识到在这个社会变革的时代，蒙古人需要的不是穷究性命义理的形而上的哲学理论，而是理学倡导的伦理纲常等那些能够稳定社会秩序、维护封建统治的实用性理论。故而理学家们以维护道统为己任，适合时宜的提出"行中国之道，即为中国之主"的政治理论，为蒙元王朝的建立营造一个只要维护道统便是合乎正统的合理依据。理学家将理学思想与汉法政策相融合，并糅合了"天道"的内涵；他们以"卫道士"的名义涉足元朝的各个领域，与统治者合作并参与政策的制定。许衡、郝经及窦默等人在政治实践中积极出谋划策，同时也在社会实践中将理学向务实的方向引领，在他们不遗余力的倡导下，元朝统治者认识到理学思想的重要作用，也促成元仁宗恢复科举。理学家们可谓功不可没。

随着统治者的思考和理学家们的努力，理学在维护统治、制定社会秩序中的作用日益凸显。元朝统治者希望通过理学来维护统治，建立稳定的社会秩序，这就为理学家们晋身仕途和传播理学创造了机会。同时理学家在政治实践中积极出谋划策，加深了统治者对理学的信任，促进了理学的发展。在两者的合力下，仁宗延祐元年（1314）科举恢复，程朱理学的典籍尤其是朱熹《四书章句集注》成为科举考试的必备书目。元代统治者对理学的态度由最初的"冷漠"到窝阔台、忽必烈时的"默许、反思"再到仁宗朝的"接受、崇尚"，理学逐渐走到台前，成为意识形态的主导，成为元代的官方学术①。

二

理学真正走向社会，成为世人的道德准则是在元代完成的，它标志着理学的社会化的形成。

理学家通过研究理学、从事传道授业的工作将理学向社会传播，但真正促使理学在元朝实现社会化的、更直接的推动者是基层社会的士绅及元朝的少数民族儒士。多民族融合元朝政权是一个由蒙古、女真、契丹、畏兀儿等少数民族与汉人组成的复杂共同体。而官方学术地位决定了理学在元代的普及面相较宋代更为广阔，其中基层社会和少数民族地区的发展尤其值得注意。政权稳定、文教发展，元代统治者开始重视对少数民族子弟的教育，在国子监中设立专门教授蒙古人子弟的国子学②，选许衡、王恂等精通理学的儒士教授生徒。少数民族聚居地区也出现了不少崇尚和研习理学的学者，这其中既有初识儒学的回回人阔里吉思、

---

① 关于元代理学官学化的影响，一般学者认为元代理学官学化，使理学成为官方学术，促进了理学的发展。但是也有持不同意见，葛兆光认为理学官学化也对理学的发展造成了负面影响，他认为，理学与政治和经济利益紧密连接，如理学成为科考的程式，理学经由政治权力成为制度，表面上看是理学进入权力中心，但是同时理学也放弃了政治权力之外的相对独立的、民间社会和乡绅阶层的批评立场，也逐渐丧失了自我超越和不断更新的空间（《中国思想史》第二卷，第257页）。正如本书第五章论述元代科举时，科举时程朱理学成为程式，文字间的刻板背诵成为主流，阻碍了思想创造；程朱成为官学，也约束了不同思想间的碰撞，一定程度上阻碍了学术的发展。不过这也要从两方面看，毕竟理学官学化是对理学的肯定。

② 1271年设国子学"增置司业、博士、助教各一名，选随朝百官近侍蒙古、汉人子孙及俊秀者充生徒"（详见《元史》卷七《世祖本纪四》，第90页），其后又增加色目人等，蒙古人占一半，色目、汉人各占四分之一。

赡思丁、亦有倾心理学的康里部人不忽木、畏兀儿族人廉希宪，更加有精研理学的蒙古人保巴、女真族人术鲁翀、契丹族人耶律有尚之辈。他们虽然不能像许衡、刘因那样深谙理学，并在性命义理上对元代理学做出重大贡献，但是他们的出现足以说明元代理学已经得到少数民族士人的认可。同时，这些少数民族学者作为各民族的代表，也在为官或教书期间积极传播理学知识，如孛术鲁翀、耶律有尚继承许衡在国子监传授理学，更有效地扩大了理学在少数民族中的影响。

元初科举废止致使大量知识分子、乡绅无法进入政治权力中心，传统的"治国平天下"的理想无法实现。士绅和下层知识分子不得不将理学的实践转向乡村社会，将精力放在基层社会与个体家庭中。士绅将齐家与治国平天下等同，他们通过重建宗族、制定乡约、完善社会公共设施、建立学校等方式将理学的理念施于乡村社会，试图在基层社会构建一个符合理学设想的社会秩序，以此等同于服务国家秩序的建设。他们利用自身的修养，将国家法度、伦理道德等"文明"观念从城市扩散到乡村社会，从中心向边缘扩散。这时理学化的乡绅在乡村社会中的作用与许衡、刘因等传播理学的作用不相上下，在理学社会化的这一点上，他们甚至已经超越了许、刘等人的作用，真正地使理学走向大众，与社会相结合。

元代理学在统治者、理学家、少数民族儒士、乡绅等社会各阶层人士的合力下，完成了理学的官学化和社会化，这是理学发展史上的重要一步。

三

而在理论方面，元代理学直承宋代，因此清代经学大师皮锡瑞曾言："元人则墨守宋儒之书，而于注疏所得甚浅。"[①] 他认为元代对于理学的发展创造性不突出，葛兆光更是认为元代理学官学化约束了思想的创新[②]，这也是为什么元代理学不受重视，在理学发展史上地位尴尬的原因所在。思想学术的发展与社会背景有直接的关系，纵观元朝的社会现状，元代崇尚理学的士人们在总结宋代理学的经验教训的同时，不断调整理学的适应性，使元代理学并非如前人所述那般空洞不实，而是有自身独具一格的特色。

偏安一隅的南宋理学家钟情于"内圣之学"，对政治抱着若即若离的态度，致使理学呈现一种"内向"的发展趋势。他们信奉"修身以达反求诸己"的理念，付诸"外王"之道的前提必须是"内圣"，所以就出现南宋理学家投身学术或教育而不问政治的局面[③]。南宋末年刘克庄、周密等人就曾以此批判理学士

---

① ［清］皮锡瑞著，周予同注释：《经学历史》，第283页。
② 参见葛兆光：《中国思想史》第二卷，第257页。葛兆光认为将理学作为官方意识形态，理学被充满世俗欲念的读书人复制，思想的创造性和革命性逐渐泯灭，它的本质也逐渐扭曲。
③ 余英时《朱熹的历史世界》一书认为南宋转向内向的原因是熙宁变法的失败，使原本与政治若即若离的理学家群体对政治的诉求出现了失望的情绪，所以转向自身，转向"内圣之道"（第398页）。朱熹就多次拒绝为官，曾言"熹自幼愚昧，本无宦情"（《朱子全书·晦庵先生朱文公文集》卷二十五《与龚参政书》，第1130页）。姜广辉更是因为宋代理学重心性、空虚不实而将理学定义为"学圣人的思想活动"这个观点相对客观（详见姜广辉《理学与中国文化》，上海：上海人民出版社，1994年版）。

人,周密曾言:"今之学者,但是议论中理会太深切,不加意于实行,只如人学安定先生,有何差错?若学伊川、喻子才、仲弥性之传,岂不误事?张南轩亦为人误耳。"[1] 在蒙古军队南下攻宋之时,理学家苟且偷安,未能针对时势提出可行的应对策略,以挽救南宋危机,"空谈误国"是时人批判理学的重要原因。相较而言,元朝统治者更讲求务实性,元代理学家们针对时弊,更加注重对"外王之道"进行探索。许衡在评价宋代理学时称"宋文章近理者多,然得实理者亦少"[2],认为理学不仅仅是纸面上的工夫。他在传播理学过程中更加注重"洒扫应对"的日常工夫以及理学的实用性,提倡将理学家的儒家思想运用于政治实践中,将"道"施于日用平常,解决真实出现的各种社会问题,正如他所说"观其运,用天理,而见诸于行事"[3]。许衡一生积极参与政治活动,他的《时务五事》包含了农桑、生财、养民等众多内容,在当时提出了一整套系统的"治生"理论。以许衡、郝经、姚枢等代表的一批理学家们影响了整个元代理学学风,他们在重视义理传播的同时,也重视经世致用的政治实践。元代理学家对理学实用性的探讨和发挥,弥补了宋代理学过度重视"内圣之道"所造成的空疏学风,同时也赢得了封建统治者对理学的信任,促进了理学的发展。

元代理学在应对社会变革时积极改变,同时在义理研究上也并不满足于承袭宋代,他们进行理论创新的一个重要表现就是

---

[1] [宋]周密撰,吴企明点校:《癸辛杂识》别集下《空谈实效》,第282页。
[2] [元]许衡撰,王成儒点校:《许衡集》卷一《语录上》,第13页。
[3] [元]许衡撰,王成儒点校:《许衡集》卷十四《门人许约题从祀告文》,第341页。

"和会朱陆"思想。宋代理学中"朱陆之辨"是理学研究中不可绕过的话题。理学发展至元代,随着朱熹、陆九渊相继去世,朱陆弟子所倡导的两家学术逐渐走向极端,朱子后学发挥朱熹读书博览的主旨,但却偏向"流为训诂之学"[①],而陆学传人则过分强调本心,"一网踏空,流于狂禅"[②]。元代理学中朱学"格物"更加泛滥,陆学的"本心"被进一步禅学化,不论是朱熹还是陆九渊的后学,都意识到学术的发展已经偏离了朱陆二人的学术宗旨,这样的发展不利于理学的延续。元代理学传人逐渐打破宋代形成的门户之见,"和会""兼宗""会通"的思想成为元代理学的特色。以吴澄、郑玉、刘埙等一批理学家为代表,他们在相对公允的情况下评价朱陆两家学术,认为两家同为圣贤之道。郑玉总结:"陆子之质高明,故好简明;朱子之质笃实,故好邃密。"[③] 同时指出朱陆二人"支离泛滥"和"没有致知之功"的不足,又如袁桷提倡折衷朱陆,兼长避短"补两家之未备"[④]。所以只有调和两家的思想,才能有利于元代理学发展。

元代理学"和会朱陆"之风不但扭转了朱陆两家思想的流弊,也开启了明代"阳明心学"的先河。王阳明在总结元代"和会"思想的方法和理论下,更加精细地融会了朱陆的思想,对心物关系、知行关系等有了更加合理的认识,最终将朱陆的

---

① [清] 黄宗羲原著,[清] 全祖望补修,陈金生、梁运华点校:《宋元学案》卷八十九《介轩学案》,第2970页。
② [清] 黄宗羲原著,[清] 全祖望补修,陈金生、梁运华点校:《宋元学案》卷七十五《絜斋学案》,第2528页。
③ [元] 郑玉:《师山集》卷三《送葛子熙之武昌学录序》,《文渊阁四库全书》第1217册,第25页上。
④ [元] 袁桷撰,杨亮校注:《袁桷集校注》卷二十一《龚氏四书朱陆会同序》,第1089页。

"致知"与"立志"融为一体,达到"即上即下"①,形成了一套更为精深的理学理论,元代"和会朱陆"思想的启迪作用不可谓不大。

四

理学作为元代思想的代表,是元代多元文化的重要构成,并非孤立存在。多元文化融合交会,在良性互动中相互促进,相互发展,这其中理学与史学、文学的联系最为紧密。

元代的理学家如许衡、吴澄、郝经等人,也是元代的史学家,因此元代的理学与史学联系密切。一个时代的哲学发展对历史的研究和史学思想的发展有深刻的影响,元代理学上升为官方学术,其思想也影响着史学的发展。元代理学家将"理本体"引入对历史兴衰的论证中。元代许多理学家直承程朱理学,认为"理"是宇宙本源,郝经在看待历史的盛衰兴废时认为"天下有定理而无定势"②,天下的盛衰是不定的"势",而圣人真正治理天下所凭借的则是不变的"理"。许衡更认为在天理不变的情况下,历史遵循着治乱交替的循环法则。元代理学家在经史关系的认识上纠正了宋代程朱理学重经轻史的流弊③,刘因即认为"古无经史之分",这对明代李贽、王阳明,甚至是清代章学诚提出

---

① 参见侯外庐、邱汉生、张岂之主编,张岂之修订:《宋明理学史》中册,第722页。
② [元]郝经撰,邱居里、赵文友点校:《郝文忠公陵川文集》卷三十九《上宋主陈请归国万言书》,《儒藏精华编》第245册,第669页。
③ 朱熹曾说:"读书须是以经为本,而后读史。"《朱子全书·朱子语类》卷一百二十二,第3851页。

的"六经皆史说"都有深远影响。元代理学影响下的史学开始注重理在认识历史和研究历史中的重要作用,这样就使史学不仅仅是对史实的罗列,以及对人物、事件等的简单考证,而在思想境界上上升到新的高度。

文理交融的文风是元代理学与文学紧密联系的标志。在反思宋代文弊的前提下,宋代理学家心中"文以害道"的观念逐渐被"文道相浸""文道交融"所取代。理学影响下的文学创作逐渐渗透入哲理的内容,使作品更具内涵,而理性的抒发情感,使文学作品避免了滥发情感。文学创作中的情感抒发注入理学著作中,也使枯燥无味的性理之谈具有生动的形象。经史结合、文道相融,良性的互动中,促进了元代多元文化的共同繁荣。

元代理学承接两宋理学,但不能简单地将元代理学归为宋代的延续①。元代理学家在总结宋代思想流弊的情况下对理学进行创新性发展,既深化了理学思想内涵,也在总结朱陆异同的前提下提出了"和会朱陆"思想。在政治实践中运用理学,发展了理学经世致用的"外王之道"。这些推陈出新的变化不但延续了理学的生命,也纠正了理学及其后学的流弊,开启明代理学发展的先河。在文化上,理学与其他文化构成部分的互动,促进了整个元代文化的繁荣发展。

元代理学更大的特色在于其与社会的互动。理学作为汉族文化的代表,它并没有因为元朝的统治而衰败,崇尚理学的儒士、理学化的乡绅及汉化的少数民族士人在保持理学传统的基础上,

---

① 元代理学衰落的原因有很多,黄宗羲将元代理学衰落的原因归结于元代理学仅仅是"洛、闽之沾溉者宏",有偏颇。参见[清]黄宗羲原著,[清]全祖望补修,陈金生、梁运华点校:《宋元学案》卷九十五《萧同诸儒学案》,第3142页。

适应时事对理学思想进行创新，在社会秩序建设中形成一套契合蒙古人统治的理论。理学就成为蒙汉联系的纽带，促进了民族认同和文化认同。形而上的理论落脚于日用平常，成为社会秩序重建的理论指导，亦真正成为一种普遍的、影响全社会的思想学术。

元代立国虽不足百年，但是它是中国历史的重要阶段，元代理学亦是中华传统文化的重要组成部分，承上启下的元代理学是理学发展史上，甚至是中国思想史研究不可或缺的重要部分。

参考文献

(一) 古籍文献

1. 正史、政书

[宋] 孟珙撰，[清] 曹元忠校注：《蒙鞑备录校注》，《续修四库全书》第423册，上海：上海古籍出版社，2002年版。

[金] 宇文懋昭撰，李西宁点校：《大金国志》，济南：齐鲁书社，2000年版。

[元] 脱脱等：《宋史》，北京：中华书局，1977年版。

[元] 脱脱等：《金史》，北京：中华书局，1975年版。

[元] 脱脱等：《辽史》，北京：中华书局，1974年版。

[元] 佚名撰，路芜等点校：《元朝秘史》，济南：齐鲁书社，2000年版。

陈得芝、邱树森、何兆吉辑点：《元代奏议集录》，杭州：浙江古籍出版社，1998年版。

[元] 佚名：《庙学典礼》，《文渊阁四库全书》第648册，台北：商务印书馆，1986年版。

[明] 宋濂：《元史》，北京：中华书局，1977年版。

[清] 徐松辑：《宋会要辑稿》，北京：中华书局，1957年版。

［清］张廷玉等：《明史》，北京：中华书局，1974年版。

［清］黄虞稷撰，瞿凤起等整理：《千顷堂书目》，上海：上海古籍出版社，2001年版。

陈高华、张帆、刘晓点校：《元典章》，北京：中华书局，天津：天津古籍出版社，2011年版。

柯劭忞：《新元史》，北京：开明书店，1935年版。

《石刻史料新编》，台北：新文丰出版公司，1989—2006年版。

屈文军点校：《宪台通记新点校》，香港：华夏文化艺术出版社，2006年版。

方龄贵校注：《通制条格校注》，北京：中华书局，2001年版。

《清实录》，北京：中华书局，1986年版。

2. 地方志

［清］何应松修，方崇鼎纂：道光《休宁县志》，影印嘉庆二十年刊本，台北：成文出版社，1985年版。

［清］李师沆、葛荫南修：《凤台县志》，影印光绪十九年刊本，台北：成文出版社，1989年版。

［清］范承勋等纂修：康熙《云南通志》，中国地方志集成，南京：凤凰出版社，2009年版。

［清］蒋灿纂修：《婺源县志》，影印康熙三十二年刊本，台北：成文出版社，1985年版。

［清］李兴元修，欧阳主生等纂：《吉安府志》，影印顺治十七年刊本，台北：成文出版社，1976年版。

［清］廖腾煃修，汪晋征纂：《休宁县志》，影印康熙三十二年刊本，台北：成文出版社，1970年版。

［清］聂缉庆修，桂文炽纂：《临桂县志》，影印光绪十八年刊本，台北：成文出版社，1974年版。

［清］谢旻等修：《江西通志》，《文渊阁四库全书》第513—518册，

台北：商务印书馆，1986年版。

［清］岳濬等修：《山东通志》，《文渊阁四库全书》第539—541册，台北：商务印书馆，1986年版。

龙云、卢汉纂修：民国《新纂云南通志》，中国地方志集成，南京：凤凰出版社，2009年版。

3. 著述文集

［周］左丘明撰，［晋］杜预注，［唐］孔颖达正义，浦卫忠、龚抗云等整理，杨向奎审定：《春秋左传正义》，北京：北京大学出版社，1999年版。

［汉］公羊寿撰、［汉］何休解诂，［唐］徐彦疏，浦卫忠整理，杨向奎审定：《春秋公羊传注疏》，北京：北京大学出版社，2003年版。

［汉］孔安国传，［唐］孔颖达疏，廖明春、陈明整理，吕绍纲审定：《尚书正义》，北京：北京大学出版社，1999年版。

［晋］范宁集解，［唐］杨士勋疏，夏先培整理，杨向奎审定：《春秋穀梁传注疏》，北京：北京大学出版社，2000年版。

［魏］何晏注，［宋］邢昺疏，朱汉民整理，张岂之审定：《论语注疏》，北京：北京大学出版社，1999年版。

［唐］皇甫湜：《皇甫持正集》，《文渊阁四库全书》第1078册，台北：商务印书馆，1986年版。

［唐］王通撰，郑春颖译：《文中子中说译注》，哈尔滨：黑龙江人民出版社，2003年版。

［唐］韩愈撰，马其昶校注、马茂元整理：《韩昌黎文集校注》，上海：上海古籍出版社，1986年版。

［宋］司马光编，［元］胡三省音注：《资治通鉴》，北京：中华书局，1956年版。

［宋］司马光撰，张焕君点校：《司马氏书仪》，《儒藏精华编》第73册，北京：北京大学出版社，2012年版。

［宋］欧阳修撰，李逸安点校：《欧阳修全集》，北京：中华书局，2001年版。

［宋］王安石撰，王水照主编：《王安石全集》，上海：复旦大学出版社，2017年版。

［宋］苏轼撰，张志烈、马德富、周裕锴主编：《苏轼全集校注》，石家庄：河北人民出版社，2011年版。

［宋］周敦颐撰，陈克明点校：《周敦颐集》，北京：中华书局，1990年版。

［宋］张载撰，章锡琛点校：《张载集》，北京：中华书局，1978年版。

［宋］程颢、程颐撰，王孝鱼点校：《二程集》，北京：中华书局，1981年版。

［宋］朱熹：《四书章句集注》，北京：中华书局，1983年版。

［宋］朱熹撰，朱杰人，严佐之等主编：《朱子全书》，上海：上海古籍出版社，合肥：安徽教育出版社，2002年版。

［宋］吕祖谦撰，黄灵庚等编：《吕祖谦全集》，杭州：浙江古籍出版社，2008年版。

［宋］张栻撰，杨世文点校：《张栻集》，北京：中华书局，2015年版。

［宋］陆九渊撰，钟哲点校：《陆九渊集》，北京：中华书局，1980年版。

［宋］谢良佐撰，［宋］朱熹辑，严文儒点校：《上蔡语录》，《儒藏精华编》第186册，北京：北京大学出版社，2014年版。

［宋］饶鲁：《饶双峰讲义》，《四库未收书辑刊》第二辑第15册，北京：北京出版社，2000年版。

［宋］袁采：《袁氏世范》，《文渊阁四库全书》第698册，台北：商务印书馆，1986年版。

［宋］真德秀：《文章正宗》，《文渊阁四库全书》第1355册，台北：商务印书馆，1986年版。

［宋］魏了翁：《西山文集》，《文渊阁四库全书》第1174册，台北：商务印书馆，1986年版。

［宋］秦观：《淮海集》，《文渊阁四库全书》第1115册，台北：商务印书馆，1986年版。

［宋］李心传辑，朱军点校：《道命录》，上海：上海古籍出版社，2016年版。

［宋］周密撰，吴企明点校：《癸辛杂识》，北京：中华书局，1988年版。

［宋］正觉颂古，［元］行秀评唱：《万松老人评唱天童觉和尚颂古从容庵录》，《大正藏》第48册，台北：新文丰出版有限公司，1986年版。

［宋］谢枋得：《叠山集》，《文渊阁四库全书》第1184册，台北：商务印书馆，1986年版。

［宋］林景熙撰，陈增杰校注：《林景熙诗集校注》，杭州：浙江古籍出版社，1995年版。

［宋］何基：《何北山先生遗集》，《续修四库全书》第1320册，上海：上海古籍出版社，2002年版。

［金］刘祁撰，崔文印点校：《归潜志》，北京：中华书局，1983年版。

［金］孔元措：《孔氏祖庭广记》，《丛书集成初编》第3316—3317册，北京：中华书局，1985年版。

［金］王若虚：《滹南集》，《文渊阁四库全书》第1190册，台北：商务印书馆，1986年版。

［金］赵秉文：《滏水集》，《文渊阁四库全书》第1190册，台北：商务印书馆，1986年版。

［元］郑思肖撰，陈福康点校：《郑思肖集》，上海：上海古籍出版社，1991年版。

［元］耶律楚材撰，谢方点校：《湛然居士文集》，北京：中华书局，1986年版。

［元］耶律楚材撰，向达校注：《西游录》，北京：中华书局，1981年版。

［元］郝经：《陵川集》，《文渊阁四库全书》第1192册，台北：商务印书馆，1986年版。

［元］郝经撰，邱居里、赵文友点校：《郝文忠公陵川文集》，《儒藏精华编》第245册，北京：北京大学出版社，2012年版。

［元］郝经：《续后汉书》，《文渊阁四库全书》第386册，台北：商务印书馆，1986年版。

［元］许衡撰，王成儒点校：《许衡集》，北京：东方出版社，2007年版。

［元］吴澄：《吴文正集》，《文渊阁四库全书》第1197册，台北：商务印书馆，1986年版。

［元］吴澄：《吴文正公外集》，《元人文集珍本丛刊》第4册，影印明成化二十年刊本，台北：新文丰出版公司，1985年版。

［元］刘因撰，商聚德点校：《刘因集》，北京：人民出版社，2017年版。

［元］赵孟頫：《松雪斋集》，《文渊阁四库全书》第1196册，台北：商务印书馆，1986年版。

［元］郑玉：《师山集》，《文渊阁四库全书》第1217册，台北：商务印书馆，1986年版。

［元］程端礼：《程氏家塾读书分年日程》，《丛书集成初编》第59册，北京：中华书局，1985年版。

［元］王柏：《鲁斋集》，《文渊阁四库全书》第1186册，台北：商务印书馆，1986年版。

［元］金履祥：《论语集注考证》，《丛书集成初编》第489—490册，北京：中华书局，1985年版。

［元］金履祥：《孟子集注考证》，《丛书集成初编》第498册，北京：

中华书局，1991年版。

［元］金履祥：《仁山文集》，《文渊阁四库全书》第1189册，台北：商务印书馆，1986年版。

［元］金履祥：《书经注》，《续修四库全书本》第42册，上海：上海古籍出版社，2002年版。

［元］金履祥：《大学疏义》，《文渊阁四库全书》第202册，台北：商务印书馆，1986年版。

［元］许谦撰，蒋金德点校：《许谦集》，杭州：浙江古籍出版社，2015年版。

［元］王恽撰，杨亮、钟彦飞点校：《王恽全集汇校》，北京：中华书局，2013年版。

［元］程钜夫：《雪楼集》，《文渊阁四库全书》第1202册，台北：商务印书馆，1986年版。

［元］姚燧：《牧庵集》，《文渊阁四库全书》第1201册，台北：商务印书馆，1986年。

［元］戴良：《九灵山房集》，《文渊阁四库全书》第1219册，台北：商务印书馆，1986年版。

［元］袁桷撰，杨亮校注：《袁桷集校注》，北京：中华书局，2012年版。

［元］马常祖：《石田文集》，《文渊阁四库全书》第1206册，台北：商务印书馆，1986年版。

［元］虞集：《道园学古录》，《文渊阁四库全书》第1207册，台北：商务印书馆，1986年版。

［元］柳贯撰，魏崇武、钟彦飞点校：《柳贯集》，杭州：浙江古籍出版社，2014年版。

［元］许有壬：《至正集》，《文渊阁四库全书》第1211册，台北：商务印书馆，1986年版。

［元］许有壬：《圭塘小稿》，《文渊阁四库全书》第 1211 册，台北：商务印书馆，1986 年版。

［元］苏天爵撰，陈高华、孟繁清点校：《滋溪文稿》，北京：中华书局，1997 年版。

［元］苏天爵辑撰：《元朝名臣事略》，北京：中华书局，1996 年版。

［元］苏天爵编：《元文类》，上海：商务印书馆，1936 年版。

［元］陈旅：《安雅堂集》，《文渊阁四库全书》第 1213 册，台北：商务印书馆，1986 年版。

［元］黄溍撰，王颋点校：《黄溍集》，杭州：浙江古籍出版社，2013 年版。

［元］姬志真：《知常先生云山集》，《北京图书馆古籍珍本丛刊》第 91 册，北京：书目文献出版社，1991 年版。

［元］耶律楚才：《玄风庆会录》，《道藏》第 3 册，北京：文物出版社，上海：上海书店，天津：天津古籍出版社，1988 年版。

［元］释祥迈：《大元至元辨伪录》，《续修四库全书》第 1289 册，上海：上海古籍出版社，2002 年版。

［元］萧㪺、同恕、杨奂撰，孙学功点校：《元代关学三家集》，西安：西北大学出版社，2015 年版。

［元］戴表元：《戴表元集》，杭州：浙江古籍出版社，2014 年版。

［元］吴师道：《礼部集》，《文渊阁四库全书》第 1212 册，台北：商务印书馆，1986 年版。

［元］赵汸：《东山存稿》，《文渊阁四库全书》第 1221 册，台北：商务印书馆，1986 年版。

［元］陈栎：《定宇集》，《文渊阁四库全书》第 1205 册，台北：商务印书馆，1986 年版。

［元］汪克宽：《环谷集》，《文渊阁四库全书》第 1220 册，台北：商务印书馆，1986 年版。

[元]刘埙：《隐居通议》，《文渊阁四库全书》第866册，台北：商务印书馆，1986年版。

[元]刘埙：《水云村稿》，《文渊阁四库全书》第1195册，台北：商务印书馆，1986年版。

[元]刘岳申：《申斋集》，《文渊阁四库全书》第1204册，台北：商务印书馆，1986年版。

[元]王祎：《王忠文集》，《文渊阁四库全书》第1226册，台北：商务印书馆，1986年版。

[元]方回：《桐江续集》，《文渊阁四库全书》第1193册，台北：商务印书馆，1986年版。

[元]欧阳玄撰：《圭斋文集》，《文渊阁四库全书》第1210册，台北：商务印书馆，1986年版。

[元]吴莱：《渊颖集》，《文渊阁四库全书》第1209册，台北：商务印书馆，1986年版。

[元]李存：《俟庵集》，《文渊阁四库全书》第1213册，台北：商务印书馆，1986年版。

[元]赵偕：《赵宝峰先生文集》，《四库全书存目丛书》集部第21册，济南：齐鲁书社，1997年版。

[元]郑太和：《麟溪集》，《四库全书存目丛书》集部第289册，济南：齐鲁书社，1997年版。

[元]郑太和、郑涛撰：《旌义编》，《四库全书存目丛书》史部第87册，济南：齐鲁书社，1996

[元]王礼：《麟原文集》，《文渊阁四库全书》第1220册，台北：商务印书馆，1986年版。

[元]保巴：《易源奥义　周易原旨》，《文渊阁四库全书》第22册，台北：商务印书馆，1986年版。

[元]丁鹤年：《鹤年诗集》，《文渊阁四库全书》第1217册，台北：

商务印书馆，1986年版。

［元］孛术鲁翀：《菊潭集》，《元人文集珍本丛刊》第6册，台北：新文丰出版公司，1985年版。

［元］陶宗仪：《南村辍耕录》，北京，中华书局，1959年版。

［元］释念常：《佛祖历代通载》，《大正藏》第49册，台北：新文丰出版有限公司，1986年版。

［元］李志常撰，党宝海译注：《长春真人西游记》，石家庄：河北人民出版社，2001年版。

［元］孔齐：《至正直记》，上海：上海古籍出版社，1987年版。

［元］钟嗣成撰，王钢校订：《校订录鬼簿三种》，郑州：中州古籍出版社，1991年版。

［元］夏庭芝：《青楼集志》，俞为民、孙蓉蓉主编：《历代曲话汇编：新编中国古典戏曲论著集成》（唐宋元编），合肥：黄山书社，2006年版。

［明］程敏政辑撰：《新安文献志》，《文渊阁四库全书》第1375—1376册，台北：商务印书馆，1986年版。

［明］程曈：《新安学系录》，《四库全书存目丛书》史部第90册，济南：齐鲁书社，1996年版。

［明］王守仁撰，吴光、钱明、董平、姚延福编校：《王阳明全集》，上海：上海古籍出版社，2011年版。

［明］胡广、杨荣等纂修，周群、王玉琴点校：《四书大全》，武汉：武汉大学出版社，2009年版。

［明］何良俊：《四友斋丛说》，《续修四库全书》第1125册，上海：上海古籍出版社，2002年版。

［明］戴铣编：《朱子实纪》，《续修四库全书》第550册，上海：上海古籍出版社，2002年版。

［明］戴廷明等，朱万曙点校：《新安名族志》，合肥：黄山书社，2007年版。

［清］黄宗羲原著，［清］全祖望补修，陈金生、梁运华点校：《宋元学案》，北京：中华书局，1986年版。

［清］王梓材、冯云濠编撰，沈芝盈、梁运华点校：《宋元学案补遗》，北京：中华书局，2011年版。

［清］黄宗羲编：《明文海》，北京：中华书局，1987年版。

［清］李清馥：《闽中理学渊源考》，《文渊阁四库全书》第460册，台北：商务印书馆，1986年版。

［清］洪吉亮：《北江诗话》，《丛书集成初编》第2598册，北京：中华书局，1985年版。

［清］于敏忠：《日下旧闻考》，《文渊阁四库全书》第497—499册，台北：商务印书馆，1986年版。

［清］赵吉士辑：《寄园寄所寄》，上海：大达图书供应社，1935年版。

［清］陈廷钧编：《先儒赵子言行录》，湖北崇文书局同治四年刊本。

［清］翁方纲：《石洲诗话》，《续修四库全书》第1704册，上海：上海古籍出版社，2002年版。

［清］皮锡瑞：《经学历史》，北京：中华书局，2012年版。

［清］永瑢、纪昀等：《四库全书总目提要》，北京：中华书局，1965年版。

［清］施璜编，陈联、胡中生点校：《紫阳书院志》，合肥：黄山书社，2010年版。

［清］张金吾编纂：《金文最》，北京：中华书局，1990年版。

［清］陈衍辑：《元诗纪事》，《续修四库全书》第1710册，上海：上海古籍出版社，2002年版。

［清］庄仲方选编：《金文雅》，光绪十七年江苏书局重刊本。

王季思主编：《全元戏曲》，北京：人民文学出版社，1992年版。

吴庚舜、吕薇芬主编：《全元散曲》，沈阳：辽宁人民出版社，2000年版。

李修生主编：《全元文》，南京：江苏古籍出版社，1998—2004年版。

水月斋主人：《禅宗师承记》，台北：圆明出版社，2002年版。

(二) 研究专著（今人著作按照出版年排列）

1. 通论

侯外庐主编：《中国思想通史》（第四卷），北京：人民出版社，1959—1960年版。

徐必珍：《中州古代思想家》，郑州：河南人民出版社，1982年版。

唐宇元：《中国古代著名哲学家评传（续编三）》，济南：齐鲁书社，1982年版。

赵吉惠：《中国儒学史》，郑州：中州古籍出版社，1991年版。

徐远和：《理学与元代社会》，北京：人民出版社，1992年版。

秦智勇：《中国元代思想史》，北京：人民出版社，1994年版。

黄钟文：《中国儒学史·宋元卷》，广州：广东教育出版社，1998年版。

冯友兰：《中国哲学史》，上海：华东师大出版社，2000年版。

葛兆光：《中国思想史》第二卷，上海：复旦大学出版社，2000年版。

张岂之主编，朱汉民分卷主编：《中国思想学说史》（宋元卷），桂林：广西师范大学出版社，2007年版。

韦政通：《中国思想史》，长春：吉林出版集团，2009年版。

陈谷嘉：《元代理学伦理思想研究》，长沙：湖南大学出版社，2010年版。

姜国柱：《中国思想通史—宋元卷》，武汉：武汉大学出版社，2011年版。

汤一介、李中华主编，陈来、杨立华、杨柱才、方旭东：《中国儒学史—宋元卷》，北京：北京大学出版社，2011年版。

张岂之主编：《中国思想史》，西安：西北大学出版社，2012年版。

2. 专著

盛朗西:《中国书院制度》,北京:中华书局,1934年版。

蔡美彪:《元代白话碑集录》,北京:科学出版社1955年版。

陈垣:《南宋初河北新道教考》,北京:中华书局,1962年版。

道润梯步译注:《新译简注蒙古秘史》,呼和浩特:内蒙古人民出版社,1978年版。

萧启庆:《元代史新探》,台北:新文丰出版公司,1983年版。

方国瑜:《云南史料目录概说》,北京:中华书局,1984年版。

马积高:《宋明理学与文学》长沙:湖南师范大学出版社,1989年版。

陈垣:《道家金石略》,北京:文物出版社,1989年版。

陈来:《宋明理学》,沈阳:辽宁教育出版社,1991年版。

漆侠:《知困集》,石家庄:河北教育出版社,1992年版。

丁钢、刘琪:《书院与中国文化》,上海:上海教育出版社,1992年版。

幺书仪:《元代文人心态》,北京:文化艺术出版社,1993年版。

徐远和:《儒学与东方社会》,北京:人民出版社,1994年版。

姜广辉:《理学与中国文化》,上海:上海人民出版社,1994年版。

白新良:《中国古代书院发展史》,天津:天津大学出版社,1995年版。

陈正夫:《许衡评传》,南京:南京大学出版社,1995年版。

潘国允、赵坤娟编:《蒙元版刻宗录》,呼和浩特:内蒙古大学出版社,1996年版。

胡青:《吴澄教育思想研究》,南昌:江西教育出版社,1996年版。

胡青:《书院的社会功能及其文化特色》,武汉:湖北教育出版社,1996年版。

郭英德:《元杂剧与元代社会》北京:北京师范大学出版社,1996年版。

商聚德：《刘因评传》，南京：南京大学出版社，1996年版。

陈谷嘉、邓洪波主编：《中国书院制度研究》，杭州：浙江教育出版社，1997年版。

梁庚尧：《宋代社会经济史论集》，台北：允晨文化实业股份有限公司，1997年版。

常建华：《宗族志》，上海：上海人民出版社，1998年版。

陈谷嘉、邓洪波：《中国书院史资料》，杭州：浙江教育出版社，1998年版。

陈垣：《元西域人华化考》，上海：上海古籍出版社，2000年版。

徐梓：《元代书院研究》，北京：社会科学文献出版社，2000年版。

朱汉民：《宋明理学通论》，长沙：湖南教育出版社，2000年版。

范立舟：《理学的产生及其历史命运》，西安：陕西人民出版社，2001年版。

牟宗三：《从陆象山到刘蕺山》，上海：上海古籍出版社，2001年版。

萧萐父、许苏民：《王夫之评传》，南京：南京大学出版社，2002年版。

范立舟：《宋代理学与中国传统历史观念》，西安：陕西人民出版社，2003年版。

邓洪波：《中国书院史》，北京：中国出版集团东方出版中心，2004年版。

方旭东：《吴澄评传》，南京：南京大学出版社，2005年版。

周晓光：《新安理学》，合肥：安徽人民出版社，2005年版。

胡务：《元代庙学——无法割舍的儒学教育链》，成都：巴蜀书社，2005年版。

张岂之主编：《中国思想文化史》，北京：高等教育出版社，2006年版。

萧启庆：《内北国而外中国：蒙元史研究》，北京：中华书局，2007

年版。

陈荣捷：《朱学论集》，上海：华东师范大学出版社，2007年版。

吴铮强：《科举理学化：均田制崩溃以来的君民整合》，上海：上海辞书出版社，2008年版。

毛策：《孝义传家：浦江郑氏家族研究》，杭州：浙江大学出版社，2009年版。

王锟：《朱学正传：北山四先生理学》，上海：上海三联书店，2010年版。

吴立群：《吴澄理学思想研究》，上海：上海大学出版社，2011年版。

杨建新、马曼丽：《成吉思汗、忽必烈评传》：南京：南京大学出版社，2011年版。

余英时：《朱熹的历史世界——宋代士大夫政治文化的研究》，上海：上海三联书店，2011年版。

高云萍：《宋元北山四先生研究》，杭州：浙江大学出版社，2012年版。

马玉华主编：《咸阳王抚滇绩》，哈尔滨：黑龙江教育出版社，2013年版。

侯外庐、邱汉生、张岂之主编，张岂之修订：《宋明理学史》（修订版），西安：西北大学出版社，2018年版。

3. 外国著作

（苏联）符拉基米尔佐夫（B. j. Vladimirtsov）著，余元盦译：《成吉思汗传》，上海：上海巨轮出版社，1950年版。

（俄）乔治·维尔纳德斯基著，札奇斯钦译：《蒙古与俄罗斯》，香港：中华文化出版社，1955年版。

（瑞典）多桑（A. C. M. Dòhsson）著，冯承均译：《多桑蒙古史》，北京：中华书局，1962年版。

（德）卡尔·马克思（Karl Marx）、（德）弗里德里希·恩格斯

（Friedrich Engels），中共中央著作编译局译：《马克思恩格斯选集》，北京：人民出版社，1971年版。

（苏联）符拉基米尔佐夫（B. j. Vladimirtsov）著，刘荣焌译：《蒙古社会制度史》，北京：中国社会科学出版社，1980年版。

（伊朗）志费尼（Ata-Malik Juvaini）著，何高济译：《世界征服者史》，呼和浩特：内蒙古人民出版社，1981年版。

（伊朗）拉施特（Rashid al-Din），余大钧等译：《史集》，北京：商务印书馆，1983年版。

（俄）普列汉诺夫（Georgi Valentinovich Plekhanov）著，曹保华译：《普列汉诺夫美学论文集》，北京：人民出版社，1983年版。

（法）谢和耐（Jacques Gernet）著，刘东译：《蒙元入侵前夜的中国日常生活》，南京：江苏人民出版社，1995年版。

（美）田浩（Hoyt Tillman）著，姜长苏译：《功利主义儒家——陈亮对朱熹的挑战》，南京：江苏人民出版社，1997年版。

（德）傅海波（Herbert Franke）、（英）崔瑞德（DenisTwitchett）编，史卫民译：《剑桥中国辽西夏金元史》，北京：中国社会科学出版社，1998年版。

（法）雷纳·格鲁塞（Rene Grousset）著，蓝琪译：《草原帝国》，北京：商务印书馆，1998年版。

（美）杜维明著，钱文忠、盛勤译：《道学政：论儒家知识分子》，上海：上海人民出版社，2000年版。

（美）包弼德（Peter Bol）著，刘宁译：《斯文：唐宋思想的转型》，南京：江苏人民出版社，2001年版。

（美）田浩（Hoyt Tillman）：《朱熹的思维世界》，西安：陕西师范大学出版社，2002年版。

（法）雷纳·格鲁塞（Rene Grousset）著，龚钺译，翁独健校：《蒙古帝国史》，北京：商务印书馆，2009年版。

（美）安东尼·吉登斯（Anthony Giddens）著，李康译：《社会学》（第五版），北京：北京大学出版社，2009年版。

（德）卡尔·曼海姆（Karl Mannheim）著，姚仁权译：《意识形态与乌托邦》，北京：中国社会科学出版社，2009年版。

（日）土田健次郎著，朱刚译：《道学之形成》，上海：上海古籍出版社，2010年版。

（美）包弼德（Peter Bol）著，（新加坡）王昌伟译：《历史上的理学》，杭州：浙江大学出版社，2010年版。

（美）刘子健（Liu. James T. C.）著，赵冬梅译：《中国转向内在—两宋之际的文化转向》，南京：江苏人民出版社，2012年版。

4. 研究论文

陈高华：《理学在元代的传播和元末红巾军对理学的冲击》，《文史哲》1976年第2期。

吕薇芬：《元代后期杂剧的衰微及其原因》，《文学评论丛刊》1979年第3辑。

陶晋生：《金代政治合法性地位的建立》，《劳贞一先生八秩荣庆论文集》，台北：商务印书馆，1981年版。

唐宇元：《论许衡的哲学思想在中国哲学史上的地位》，《文史哲》1982年第3期。

姚大力：《金末元初理学在北方的传播》，《元史论丛》第二辑，中华书局，1983年版。

萧功秦：《元代理学散论——对蒙古贵族统治时代理学的社会政治作用的考察》，《中国哲学》第十三辑，北京：三联书店，1985年版。

商聚德：《刘因生平思想考辨》，《河北大学学报》1985年第4期。

徐远和：《金元之际北方理学发展的特点及社会作用》，《晋阳学刊》1986年第4期。

徐远和：《刘因思想探索》，《中国哲学史研究》1987年第2期。

（日）牧野修二，赵刚译，刘恩格校：《论元代庙学书院的规模》，《齐齐哈尔师范学院学报》1988年第4期。

陈少彤：《保巴生平、著作及其哲学思想》，《孔子研究》1988年第1期。

翟立伟：《略论耶律楚材在蒙古封建化过程中的作用》，《北华大学学报》1989年第3期。

程方平：《忽必烈教育思想初探》，《民族教育研究》1989第1期。

乌兰察夫：《理学在元代的传播》，《内蒙古社会科学》1991年第2期。

周晓光：《宋元之交与元代的新安理学》，《徽州社会科学》1991年第3期。

王显春：《儒、道、佛文化合流与元杂剧的道德观》，《社会科学研究》1992年第3期。

佟德富：《忽必烈政治哲学思想管窥》，《中央民族学院学报》1992年第5期。

全根先：《忽必烈的用人与其政治目的》，《社会科学辑刊》1992年第6期。

何晓芳：《论耶律楚材多民族文化融合思想及其对中国历史的贡献》，《中央民族大学学报》1992年第6期。

周良霄：《赵复小考》，《元史论丛》第五辑，1993年版。

丘居里：《赵复考略》，《北京师范大学学报》1993年增刊。

白钢：《许衡与传统文化在元代的命运》，《元史论丛》第五辑，1993年版。

周良霄：《程朱理学在南宋、金、元时期的传播及其统治地位的确立》，《文史》第三十七辑，中华书局，1993年版。

唐国军：《许衡在元初倡导理学的思想动机及其实践效果》，《广西民族学院学报》1994年第3期。

魏崇武：《赵复理学活动述考》，《信阳师范学院学报》1995年第1期。

魏崇武：《赵复在北方传播理学的意义和贡献》，《殷都学刊》1995年第2期。

王晓清：《元代关学试探》，《孔子研究》1995年第1期。

佟德真：《理学流变与元杂剧兴衰》，《学术论坛》1995 年第 4 期。

张璞：《元杂剧的兴衰与理学》，《柳州师专学报》1996 年第 4 期。

张林：《耶律楚材与元初儒学的兴盛》，《北华大学学报》1995 年第 7 期。

陈得芝：《论宋元之际江南士人的思想和政治动向》，《南京大学学报》1997 年第 2 期。

徐远和：《论元代新儒学》，《中国哲学》第十八辑，长沙：岳麓书社，1998 年版。

舒顺林：《忽必烈信用儒术刍议》，《内蒙古师大学报》1998 年第 5 期。

查洪德：《理学与元代文学思潮》，《文史知识》1998 年第 9 期。

胡克森：《中国古代正统观的演变与中华民族融合之关系》，《史学理论研究》，1999 年第 4 期。

魏崇武：《金代理学发展初探》，《历史研究》2000 年第 3 期。

罗守让：《文学的文化阐释功能》，《理论与创作》2000 年第 3 期。

姜广辉：《评元代吴澄对〈礼记〉的改编》，载杨晋龙主编：《元代经学国际研讨会论文集》，"中央"研究院中国文哲研究所筹备处，2000 年版。

邹林：《姚枢与元代理学》，《江汉论坛》2001 年第 12 期。

刘卫东：《姚枢、赵复、孙奇逢与百泉书院的复兴》，《史学月刊》2002 年第 8 期。

查洪德：元代理学"流而为文"与理学文学的两相浸润》，《文学评论》2002 年第 5 期。

张林、许洪波：《论耶律楚材对元初文化的历史贡献》，《东疆学刊》2003 年第 4 期。

常江：《耶律楚材与元初统治》，《辽宁大学学报》2004 年第 3 期。

何俊：《庆元党禁的性质与晚宋儒学的派系整合》，《中国史研究》2004 年第 1 期。

陈广恩：《许衡与元初蒙古、色目生员之培养》，《湘潭大学学报》

2005年第2期。

阎秋凤：《许衡在元代理学官学化中的地位》，《河南理工大学学报》2006年第2期。

魏崇武：《论耶律楚材的散文创作》，《民族文学研究》2006年第1期。

申友良：《论忽必烈与儒士关系的转变》，《贵州民族研究》2006年第1期。

王建美：《朱熹理学与元初正统论》，《史学史研究》2006年第2期。

范立舟：《深思慎取、气象浑厚：评何俊〈南宋儒学建构〉》，《湖南大学学报》2006年第6期。

李兵：《元代书院与程朱理学的传播》，《浙江大学学报》2007年第1期。

范冬梅：《试析元杂剧的反传统道德倾向》，《赤峰学院学报》（汉文哲学社会科学版）2007年第3期。

（日）三浦秀一著，杨小江译：《学生吴澄与南宋末叶江西书院》，《湖南大学学报》2007年第3期。

周春健：《许谦与〈读四书丛说〉》，《中国典籍与文化》2007年第4期。

张长杰：《浅谈许衡的"治生"思想和素质教育》，《焦作大学学报》2008年第3期。

范立舟：《论南宋书院与理学的互动》，《社会科学战线》2008年第7期。

张帆：《元代陆学的北传》，《邓广铭教授百年诞辰纪念论文集》，中华书局，2008年版。

章毅：《理学社会化与元代徽州宗族观念的兴起》，《中国社会历史评论》第九卷，2008年版。

王忠阁：《丁鹤年与元末明初社会的变迁》，《民族文学研究》2008年第3期。

周春健：《金履祥与〈论孟集注考证〉》，《中国典籍与文化》2009年第 1 期。

刘成群、韩梦飞：《元儒郑玉〈春秋〉学考述》，《宜宾学院学报》2009 年第 7 期。

陈瑞：《元代徽州的宗族建设》，《安徽师范大学学报》2009 年第 2 期。

颜培建：《简析元仁宗的儒家情结》，《船山学刊》2010 年第 3 期。

祁晓庆：《儒学教化中的民间结社——以教条、乡约为中心的考察》，《社会科学家》2010 年第 4 期。

徐振贵：《元杂剧与理学的关系略论》，《齐鲁学刊》2010 年第 2 期。

李秋丽：《论保巴解〈易〉思想理路》，《周易研究》2011 年第 6 期。

任红敏：《金莲川藩府儒臣诗作所展示的儒者气象》，《民族文学研究》2011 年第 2 期。

任红敏：《金莲川藩府文人仕与隐的冲突》，《中央民族大学学报》2011 年第 3 期。

任红敏：《忽必烈潜邸文人的金莲川情结》，《民族文学研究》2012 年第 6 期。

陈战峰：《简帛文献所见炎黄信仰与儒家道统的关系及意义》，《管子学刊》2014 年第 4 期。

梁涛：《清华简〈保训〉与儒家道统说》，《邯郸学院学报》2013 年第 1 期。

蔡春娟：《许衡的小学教育思想及其实践》，《浙江师范大学学报》2020 年第 4 期。

梁建功：《"行道"与"尊道"：元代士人精神构建——以许衡、刘因为中心》，《内蒙古大学学报》2020 年第 1 期。

王启发：《元代吴澄对〈礼记〉篇章整合重缀的价值探析——以〈丧服小记〉为例》，《湖南大学学报》2019 年第 2 期。

王启发：《吴澄对〈礼记·王制〉篇的改变及其意义解析》，《学海》2020 年第 3 期。

王启发：《元代吴澄〈礼记纂言〉对〈少仪〉篇改变的价值与意义解析》，《湖南大学学报》2020年第4期。

5. 学位论文

孙美贞：《吴澄理学思想研究》，中国社会科学院博士毕业论文，2000年。

李海棠：《儒学在元代的影响》，湖南师范大学硕士学位论文，2001年。

孙建平：《元代理学官学化初探》，湖南大学硕士学位论文，2003年。

阎秋凤：《论许衡的理学思想及其影响》，郑州大学硕士学位论文，2006年。

黄义华：《吴澄"和会朱陆"的思想研究》，首都师范大学硕士学位论文，2007年。

周春健：《元代四书学研究》，华中师范大学博士学位论文，2007年。

卞军凤：《许衡的教育心理思想研究》，上海师范大学硕士学位论文，2008年。

任红敏：《金莲川藩府文人群体之文学研究》，南开大学博士学位论文，2010年。

马倩倩：《许衡理学思想研究》，山东大学硕士学位论文，2010年。

王富河：《和会朱陆—吴澄哲学思想研究》，杭州师范大学硕士学位论文，2010年。

孙增科：《郝经年谱》，河南大学硕士学位论文，2010年。

秀凤：《儒学与忽必烈的治国方略》，内蒙古民族大学硕士学位论文，2012年。

杨璐璐：《吴澄哲学思想研究》，安徽大学硕士学位论文，2012年。

沈莹：《元人刘因研究》，云南大学硕士学位论文，2012年。

朱娜娜《吴澄〈礼记纂言〉研究》，南京师范大学硕士学位论文，2013年。

后 记

  本书是在我的博士论文的基础上修改而成。

  2012年考入西北大学中国思想文化研究所，承蒙张岂之先生不弃，忝列门下，先生博学多闻，治学严谨，先生的教诲使我受益终身。作为宋明理学史方向的博士研究生，从入学起我们便将经典的阅读定为日常任务。宋明理学著述颇丰，思想内涵深厚，考虑到自身的学识能力以及对学界动态的掌握情况，我最终将博士学位论文题目定为"元代理学与社会"。这个题目的选定是在与谢阳举、张茂泽教授以及我的硕士生导师范立舟教授进行多次交流后，经张岂之先生最终确定的。张先生承袭了侯外庐先生思想史与社会史相结合的马克思主义唯物史观研究。在就本选题与张先生的交流过程中，先生特别强调要深入挖掘元代理学家的思想内涵、创新之处，也要注重这一时期思想与社会的互动关系，同时要将元代理学置于整个元代思想文化的整体中去把握，这样才能真正了解元代理学的地位与价值。从论文初稿完成到最终完成答辩，先生不辞辛苦，多次审阅论文，并对论文修改提出意见，大到文章的结构、理论深度的提升，小到章节标题、错字的纠误。先生的悉心指导和细致关怀，我只有无尽的感激。

在西北大学中国思想文化研究所学习和工作的九年里，还要感谢中国思想文化研究所的众位师友。方光华教授、谢阳举教授、张茂泽教授、郑熊教授、李友广教授、陈战峰副教授、宋玉波副教授、李江辉博士、夏绍熙博士、路传颂副教授，在日常工作、学习以及论文撰写、修改过程中给予的指点和帮助。感谢刘薇老师，她所管理资料室为我论文写作、查阅资料给予很大的便利。还要感谢我的硕士阶段的导师杭州师范大学范立舟教授在论文撰写、修改中给予的帮助。

此外，博士学位论文送审中的匿名专家以及答辩委员会中西北政法大学的赵馥洁教授、陕西师范大学的刘学智教授、林乐昌教授都针对我论文中存在的不足提出了中肯的意见和修改建议，此次出版修改和审定的过程中，对以上诸位老师的意见都有所思考和修订。在此一并向诸位老师表示感谢。

数十年的求学路中，感谢我的同窗好友们，在人生的不同阶段给予我学习生活上诸多帮助，使我的学习生活变得丰富多彩。在此次论文修改中还要感谢中国思想文化研究所的赵阳、黄熙、刘育同学在文字校订中提供的帮助。

感谢我的家人，尤其是我的爱人杨娟娟，在我留校后毅然辞去工作，定居西安，在工作之余照顾我们的孩子和整个家庭，正因为有她的辛苦付出和默默支持，我才得以安心完成论文的写作并修改出版。

另外还要感谢四川大学道教与宗教文化研究所将此书纳入《儒道释博士论文丛书》，感谢巴蜀书社各位老师辛苦、严谨的编辑工作。受限于学识水平，该书虽在博士论文基础上做出修订，难免还有错讹谬误，文责自负，恳请方家批评指正。

朱 军

辛丑年正月作于西安

《儒道释博士论文丛书》已出书目

第一批(1999年)

道教斋醮科仪研究　　　张泽洪著
道教炼养心理学引论　　张　钦著
道教劝善书研究　　　　陈　霞著
道教与神魔小说　　　　苟　波著
净明道研究　　　　　　黄小石著

第二批(2000年)

神圣礼乐
　　——正统道教科仪音乐研究
　　　　　　　　　　　蒲亨强著
魏晋玄学人格美研究　　高华平著
明清全真教论稿　　　　王志忠著
佛教与儒教的冲突与融合
　　　　　　　　　　　彭自强著
经验主义的孔子道德思想及其
　　历史演变　　　　　邓思平著

第三批(2001年)

宋元老学研究　　　　　刘固盛著
道教内丹学探微　　　　戈国龙著
汉魏六朝道教教育思想研究
　　　　　　　　　　　汤伟侠著
般若与老庄　　　　　　蔡　宏著
刘一明修道思想研究　　刘　宁著

晚明自我观研究　　　　傅小凡著

第四批(2002年)

近现代以佛摄儒研究　　李远杰著
礼宜乐和的文化思想　　金尚礼著
生死超越与人间关怀
　　——神仙信仰在道教与
　　　民间的互动　　　李小光著
近现代居士佛学研究　　刘成有著
生命的层级
　　——冯友兰人生境界说研究
　　　　　　　　　　　刘东超著

第五批(2003年)

中国佛教僧团发展及其研究
　　　　　　　　　　　王永会著
实相本体与涅槃境界　　余日昌著
斋醮科仪　天师神韵　　傅利民著
荷泽宗研究　　　　　　聂　清著
精神分析与佛学的比较研究
　　　　　　　　　　　尹　立著
太虚对中国佛教现代化
　　道路的抉择　　　　罗同兵著
终极信仰与多元价值的融通
　　　　　　　　　　　姚才刚著

第六批(2004年)
　西学东渐与明清实学　　　李志军著
　上清派修道思想研究　　　张崇富著
　北宋《老子》注研究　　　尹志华著
　相国寺
　　——在唐宋帝国的神圣与
　　　凡俗之间　　　　　　段玉明著
　熊十力本体论哲学研究　　郭美华著
　关于知识的本体论研究
　　——本质　结构　形态
　　　　　　　　　　　　　昌家立著
　明代王学研究　　　　　　鲍世斌著
　中国技术思想研究
　　——古代机械设计与方法
　　　　　　　　　　　　　刘克明著
　朱熹与《参同契》文本　　钦伟刚著
　中国律宗思想研究　　　　王建光著
第七批(2005年)
　元代庙学
　　——无法割舍的儒学教育链
　　　　　　　　　　　　　胡　务著
　牟宗三"道德的形而上学"研究
　　　　　　　　　　　　　闵仕君著
　隋唐五代道教美学思想研究
　　　　　　　　　　　　　李　裴著
　宋元道教易学初探　　　　章伟文著
　杜光庭《道德真经广圣义》的
　　道教哲学研究　　　　　金兑勇著
　天台判教论　　　　　　　韩焕忠著

　杜光庭道教小说研究　　　罗争鸣著
　魏源思想探析　　　　　　李素平著
　泰州学派新论　　　　　　季芳桐著
　《文子》成书及其思想　　葛刚岩著
　傅金铨内丹思想研究　　　谢正强著
第八批(2006年)
　汉末魏晋南北朝道教戒律
　　规范研究　　　　　　　伍成泉著
　两性关系本乎阴阳
　　——先秦儒家、道家经典中的
　　　性别意识研究　　　　贺璋瑢著
　陈撄宁与道教文化的现代转型
　　　　　　　　　　　　　刘延刚著
　扬雄《法言》思想研究　　郭君铭著
　《周易禅解》研究　　　　谢金良著
　明清道教与戏剧研究　　　李　艳著
　王弼易学解经体例探源
　　　　　　　　　　　　　尹锡珉著
　唐代道教管理制度研究　　林西朗著
　四念处研究　　　　　　　哈　磊著
　天人之际的理学新诠释
　　——王夫之《读四书大全说》
　　　思想研究　　　　　　周　兵著
第九批(2007年)
　晚明狂禅思潮与文学思想研究
　　　　　　　　　　　　　赵　伟著
　先秦儒家孝道研究　　　　王长坤著
　致良知论
　　——王阳明去恶思想研究
　　　　　　　　　　　　　胡永中著

伍守阳内丹思想研究 丁常春著
贝叶上的傣族文明
——云南德宏南传上座部佛教
社会考察研究 吴之清著
朱子论"曾点气象"研究 田智忠著
二十世纪中国道教学术的
新开展 傅凤英著
道教与基督教生态思想
比较研究 毛丽娅著
汉晋文学中的《庄子》接受
杨 柳著
马祖道一禅法思想研究 邱 环著
道教自然观研究 赵 芃著

第十批(2008年)

王船山礼学思想研究 陈力祥著
王船山美学基础
——以身体观和诠释学
为进路的考察 韩振华著
马来西亚华人佛教信仰研究
白玉国著
《管子》哲学思想研究 张连伟著
东晋佛教思想与文学研究
释慧莲著
北宋禅宗思想及其渊源
土屋太祐著
早期道教教职研究 丁 强著
隋唐五代道教诗歌的审美管窥
田晓膺著
道教与明清文人画研究 张明学著

道教戒律研究 唐 怡著

第十一批(2009年)

驯服自我
——王常月修道思想研究
朱展炎著
道经图像研究 许宜兰著
阳明学与佛道关系研究 刘 聪著
清代净土宗著述研究 于海波著
宗教律法与社会秩序
——以道教戒律为例的研究
刘绍云著
老子及其遗著研究
——关于战国楚简《老子》、《太
一生水》、《恒先》的考察
谭宝刚著
汉唐道教修炼方式与道教
女性观之变化研究 岳齐琼著
宋元三教融合与道教发展研究
杨 军著
都市佛寺的社会交换研究
肖尧中著
早期天台学对唯识古学的
吸收与抉择 刘朝霞著

第十二批(2010年)

道教社会伦理思想之研究
何立芳著
印度佛教净土思想研究 汪志强著
社会转型下的宗教与健康
关系研究 冯小林著

教化与工夫
　　——工夫论视域中的阳明
　　　　心学系统　　　陈多旭著
心性灵明之阶
　　——早期全真道情欲论思想研究
　　　　　　　　　　刘　恒著
中古道书语言研究　　冯利华著
近现代禅净合流研究　许　颖著
永明延寿心学研究　　田青青著
中国传统社会宗教的世俗化研究
　　——以金元时期全真教社会
　　　　思想与传播为个案
　　　　　　　　　　夏当英著
成玄英《庄子疏》研究　崔珍皙著

第十三批（2011年）

道医陶弘景研究　　刘永霞著
汉代内学
　　——纬书思想通论　任蜜林著
一心与圆教
　　——永明延寿思想研究
　　　　　　　　　　杨文斌著
三教关系视野中的陈景元
　　思想研究　　　　隋思喜著
蒙文通道学思想研究　罗映光著
敦煌本《太玄真一本际经》
　　思想研究　　　　黄崑威著
总持之智
　　——太虚大师研究　丁小平著

明清民间宗教思想研究
　　——以神灵观为中心　刘雄峰著
东晋宋齐梁陈比丘尼研究
　　　　　　　　　　唐　嘉著
《贞观政要》治道研究　杨　琪著

第十四批（2012年）

老子八十一化图研究　胡春涛著
马一浮思想研究　　　李国红著
《老子》思想溯源　　刘鹤丹著
"仙佛合宗"修道思想研究
　　　　　　　　　　卢笑迎著
方东美论道家思想　　施保国著
湛甘泉哲学思想研究　王文娟著
仪式的建构与表达
　　——滇南建水祭孔仪式
　　　　的文化与记忆　曾　黎著
智旭佛学易哲学研究　张韶宇著
悟道·修道·弘道
　　——丘处机道论及其
　　　　历史地位　　赵玉玲著
隋唐道教与习俗　　　周　波著

第十五批（2013年）

庄子哲学的后现代解读　郭继明著
法藏圆融之"理"研究　孙业成著
汉传佛教寺院经济演变研究
　　　　　　　　　　于　飞著
魏晋南北朝社会生活与道教文化
　　　　　　　　　　刘　志著

中古道官制度研究　　　刘康乐著
金元道教信仰与图像表现
　　——以永乐宫壁画为中心
　　　　　　　　　　　　刘　科著
元代道教戏剧研究　　　　廖　敏著
明代灵济道派研究　　　　王福梅著
中国宗教的慈善参与新发展
　　及机制研究　　　　明世法著
两晋南北朝时期河陇佛教
　　地理研究　　　　　杨发鹏著

第十六批(2014年)
道教气论学说研究　　　路永照著
历史中的镜像——论晚明
　　僧人视域中的《庄子》周黄琴著
从玄解到证悟——论中土
　　佛理诗之发展演变　　张君梅著
回归诚明——李翱《复性书》
　　研究　　　　　　　韩丽华著
图像与信仰——中古中国
　　维摩诘变相研究　　肖建军著
中国道教经籍在十九世纪
　　英语世界的译介研究　俞森林著
四川道教宫观建筑艺术研究
　　　　　　　　　　　李星丽著
道与艺——《庄子》的哲学、
　　美学思想与文学艺术　胡晓薇著
李光地易学思想研究　　冯静武著
显隐哲学视域中的文艺
　　审美　　　　　　　杨继勇著

第十七批(2015年)
赞宁《宋高僧传》研究　　杨志飞著
自我与圣域——现代性
　　视野中的唐君毅哲学　胡　岩著
明代道教文化与社会生活
　　　　　　　　　　　寇凤凯著
道教医世思想溯源　　　杨　洋著
近代以来中国佛教慈善事
　　业研究　　　　　　李湖江著
现代性和中国佛耶关系
　　(1911—1949)　　　周晓薇著
西域佛教演变研究　　　彭无情著
藏族古典寓言小说研究
　　　　　　　　　觉乃·云才让著
藏传佛教判教研究　　　何杰峰著
藏彝走廊北部地区藏传
　　佛教寺院研究　　　李顺庆著

第十八批(2016年)
重庆华岩寺佛教仪式音乐
　　与传承　　　　　　陈　芳著
明末清初临济宗圆悟、法
　　藏纷争始末考论　　吕真观著
《文子》思想研究　　　姜李勤著
汉末至五代道教书法美学
　　研究　　　　　　　沈　路著
佛教传统的价值重估与重建

——太虚与印顺判教
思想研究 邓莉雅著
边缘与归属:道教认同的
文化史考察 郭硕知著
道教时日禁忌探源 廖宇著
清代清修内丹思想比较
研究——以柳华阳、闵
一得、黄元吉为对象 张涛著
闵一得研究 陈云著

第十九批(2017年)

中医运气学说与道教关
系研究 金权著
《道枢》研究 张阳著
全真教制初探 高丽杨著
道教师道思想研究 孙瑞雪著
生命哲学视域下的道教
服食研究 徐刚著
"真心观"与宋元明文艺
思想研究 曹磊著
礼法与天理:朱熹《家礼》
思想研究 彭卫民著
儒佛融摄视野下的马一
浮、熊十力思想
比较研究 王毓著
道教与书法关系研究 阳志辉著
近代城市宫观与地方
社会——以杭州玉
皇山福星观为中心 郭峰著

第二十批(2018年)

法相唯识学认知思想研究
　　　　　　　　　　石文山著
禅观影像论 史文著
早期道教经韵授度体系
研究 陈文安著
明清禅宗"牧牛诗组"之
研究 林孟蓉著
道教内外丹关系研究 盖菲著
先秦道家人性论研究 周耿著
王弼易学研究
——以体用论为中心 张二平著
究天人之际
——从《尚书》上探儒
家本色 黄靖雅著
上阳子陈致虚生平及思想
研究 周冶著

第二十一批(2019年)

《春秋》纬与汉代思想世界
　　　　　　　　　　王小明著
道教与唐前志怪小说专题
研究 徐胜男著
康有为、梁启超与谭嗣同佛
教思想研究 赵建华著
先秦儒道本体论研究 王先亮著
张万福与唐初道教仪式
的形成 田禾著

"三纲九目":朱子《小学》
　思想研究　　　　　徐国明著
先秦儒家天命鬼神观研究 胡静静著
汉末道教的"真道"观及其
　展开——基于《太平经》
　《老子想尔注》《周易参
　同契》的研究　　　孙功进著
道德与解脱:中晚明士人
　对儒家生死问题的辩论
　与诠释　　　　　　刘琳娜著
王阳明与其及门四大弟子
　的情论研究　　　　张翅飞著
大道鸿烈——《淮南子》汉
　代黄老新"道治"思想
　研究　　　　　　　　高　旭著

第二十二批(2020年)
元代理学与社会　　　　朱　军著
《晏子春秋》研究　　　袁　青著
明代寺院经济研究　　周上群著
《老子指归》的哲学研究 袁永飞著
南宋士人笔记中的宋代
　道士形象研究　　　武清旸著
唐玄宗道儒佛思想研究
　——以注疏三经为中心
　　　　　　　　　　王玲霞著
陈景元美学思想研究　罗崇蓉著
敦煌本《大乘百法明门论》
　注疏研究　　　　　张　磊著
川北地区道教宫观建筑
　思想及历史文化研究 王鲁辛著
德国巴伐利亚州立图书
　馆藏三类金门瑶经书
　抄本研究　　　　　肖　习著

图书在版编目（CIP）数据

元代理学与社会/朱军著.—成都：巴蜀书社，2022.1
（儒道释博士论文丛书）
ISBN 978-7-5531-1592-4

Ⅰ.①元… Ⅱ.①朱… Ⅲ.①理学－研究－中国－元代 Ⅳ.①B244.05

中国版本图书馆 CIP 数据核字（2022）第 004008 号

元 代 理 学 与 社 会
YUANDAI LIXUE YU SHEHUI

朱 军 著

责任编辑	易欣輂
出　　版	巴蜀书社
	成都市槐树街2号　邮编610031
	总编室电话：(028) 86259397
网　　址	www.bsbook.com
发　　行	巴蜀书社
	发行科电话：(028) 86259422　86259423
经　　销	新华书店
印　　刷	四川宏丰印务有限公司
	电话：(028) 85726655　13689082673
版　　次	2022年1月第1版
印　　次	2022年1月第1次印刷
成品尺寸	203mm×140mm
印　　张	14.5
字　　数	420千字
书　　号	ISBN 978-7-5531-1592-4
定　　价	82.00元

本书如有印装质量问题，请与印刷厂调换